Johann J. Hagen
Wolfgang Maßl
Alfred J. Noll
Gerhard Oberkofler (Hrsg.)

querela iuris

Gedächtnisschrift für
Eduard Rabofsky
(1911–1994)

SpringerWienNewYork

Univ.-Prof. Dr. Johann J. Hagen
Institut für Rechtssoziologie, Universität Salzburg, Österreich

DDr. Wolfgang Maßl
Arbeiterkammer NÖ, Wien, Österreich

Dr. Alfred J. Noll
Rechtsanwalt in Wien, Lehrbeauftragter an der Donau-Universität Krems,
Österreich

Univ.-Prof. Dr. Gerhard Oberkofler
Institut für Geschichte, Universität Innsbruck, Österreich

Die Drucklegung dieses Buches wurde freundlichst gefördert durch:
Kammer für Arbeiter und Angestellte Niederösterreich
Kammer für Arbeiter und Angestellte Wien
Stiftungs- und Förderungsgesellschaft der Paris-Lodron-Universität Salzburg
Österreichische Vereinigung demokratischer Juristinnen und Juristen (ÖVDJ)
Gewerkschaft der Privatangestellten (GPA)

Das Werk ist urheberrechtlich geschützt.
Die dadurch begründeten Rechte, insbesondere die der Übersetzung, des Nachdruckes, der Entnahme von Abbildungen, der Funksendung, der Wiedergabe auf photomechanischem oder ähnlichem Wege und der Speicherung in Datenverarbeitungsanlagen, bleiben, auch bei nur auszugsweiser Verwertung, vorbehalten.

© 1996 Springer-Verlag/Wien
Printed in Austria

Druck und Bindearbeiten: Ferdinand Berger & Söhne Ges.m.b.H., A-3580 Horn

Graphisches Konzept: Ecke Bonk

Gedruckt auf säurefreiem, chlorfrei gebleichtem Papier – TCF

Die Deutsche Bibliothek – CIP-Einheitsaufnahme

Querela iuris : Gedächtnisschrift für Eduard Rabofsky (1911 – 1994) / hrsg. von Johann J. Hagen ... – Wien ; New York : Springer, 1996
ISBN 3-211-82787-0
NE: Hagen, Johann Josef [Hrsg.]; Rabofsky, Eduard: Festschrift

---

ISBN 3-211-82787-0 Springer-Verlag Wien New York

Zum Geleit

Die vorliegende Anthologie ist dem Gedenken Eduard Rabofskys gewidmet. Der Titel *querela iuris* soll sinnfällig machen, daß sich für den Verstorbenen das positive Recht nie als etwas endgültiges dargestellt hat. Für Rabofsky war die Rechtsordnung stets das änderungsbedürftige Instrument widerstreitender gesellschaftlicher Akteure: sein ganzes Leben war ein Streit ums bessere Recht. Diesen Streit focht er in Österreich freilich weitgehend ohne Anerkennung. Allzu rasch wurde mit dem Kommunisten auch der Jurist Rabofsky zur *persona non grata* – selten nur wurde er kritisiert, meist fiel es seinen Widersachern leichter, Person und Werk zu ignorieren. Zurecht spricht Walter J. Pfeil in seinem Beitrag einleitend davon, daß es sich bei Rabofsky wohl um einen Mann handelte, „dem Zeit seines Lebens in der österreichischen Rechtswissenschaft, zumal jener im Arbeits- und Sozialrecht, nicht jene Anerkennung zuteil wurde, die er eigentlich verdient hätte". Die vorliegende Gedächtnisschrift will hier Terrain gutmachen.

Die im Anhang abgedruckte und von Gerhard Oberkofler zusammengestellte Übersicht „Eduard Rabofsky: Zeittafel" geht bewußt über den sonst üblichen akademischen Horizont hinaus. Sie erweist den Verstorbenen als aktiven, allseitig interessierten Streiter für die Rechte der Arbeitnehmer, als nimmermüden Begründer und Fortentwickler der alpinen Unfallkunde in Österreich und – vor allem! – als unerbittlichen und unermüdlichen Kämpfer gegen alle Formen des Nationalsozialismus und dessen Verharmlosung. Der Abdruck eines darüberhinausgehenden Lebenslaufes schien den Herausgebern im Hinblick auf die vorzügliche biographische Darstellung von Fritz Hanacik in der Festschrift Rabofsky („Rechtswissenschaft und Arbeiterbewegung", Hrsg Hagen/Römer/Seiffert, Köln 1976) entbehrlich; zudem geben die abgedruckten Beiträge von Berghold und Schwarz ein überaus plastisches und facettenreiches Bild der Person Eduard Rabofskys.

„Wodurch sich der Mensch kenntlich macht, das sind seine Handlungen, was der Mensch ist, zeigt die Seite seiner Taten, das *ist* er", sagt uns Hegel in seiner Vorlesung über die *Philosophie des Geistes* aus dem Jahre 1827/28. „Da ist nicht etwas anderes in ihm als seine Taten, was er ist, zeigt er *dadurch*." Wer heute ein Urteil über Eduard Rabofsky fällt, der kann sich daran halten – und daher fühlen selbst jene, die Rabofskys politische

Ansichten nicht im mindesten zu teilen vermochten, rückblickend vor allem eines: Respekt vor der Konsequenz und Glaubwürdigkeit dieses Praktikers des Rechts. Wir haben zu wenige davon.

Johann J. Hagen
Wolfgang Maßl
Alfred J. Noll
Gerhard Oberkofler

Inhaltsverzeichnis

Mitarbeiterverzeichnis IX

Ludwig Adamovich
Das Unbehagen in der Zweiten Republik 1

Franz Berghold
Mein Lehrer Eduard Rabofsky 11

Manfred Buhr
Ich machte die Erfahrung von der Verkehrtheit des Weltlaufs 23

Wolfgang Däubler
Das Recht der postsowjetischen Gesellschaften – eine erste Annäherung ... 33

Nikolaus Dimmel
Armenhilfe im Wohlfahrtsstaat 43

Hans Floretta, Gustav Wachter
Anmerkungen zur Kündigungsschutzklage nach §§ 8 und 9
Arbeitsvertragsrechts-Anpassungsgesetz 59

Peter Goller
Einleitung und Kommentar zum „Prager Memorandum für die positivistische Philosophie" (Entgegnung auf Christian von Ehrenfels' Kritik an Josef Petzoldt und Hans Kleinpeter, verfaßt von Anton Lampa, unter Mitwirkung von Philipp Frank und unterstützt von Albert Einstein [1914]) 73

Bernhard Graefrath
Gleichberechtigung der Staaten – Voraussetzung für Internationale
Strafgerichtsbarkeit 113

Johann J. Hagen
Die Zukunft des Rechts 125

Udo Jesionek
Gedanken eines Richters zur Rechtsprechung in einem Terrorregime 139

Hans R. Klecatsky
Brief an Eduard Rabofsky 143

Hermann Klenner
Mandela zum Nach-Denken 145

Rudolf Machacek
Das CPT im Lichte seiner General Reports 151

Theo Mayer-Maly
Das Arbeitsrecht und das 7. Gebot 163

Rudolf Mosler
Neue Wege und Perspektiven im österreichischen Arbeitsschutzrecht 171

Alfred J. Noll
Verfassungsgerichtsbarkeit in Österreich (1885 bis 1928) am Beispiel
der Arbeiten von Georg Jellinek, Franz Weyr, Alfred von Verdroß und
Herbert Kier 191

Gerhard Oberkofler
Ein ungedruckt gebliebener Vortrag von Eduard Winter über die
Gemeinsamkeiten von Christus und Lenin aus dem Jahr 1968 221

Walter J. Pfeil
Rechts- und Regelungsprobleme bei der Erlassung von (Landes-)
„Heimgesetzen" 235

Peter Römer
Übervater Schmitt – Hüter der Demokratie? 259

Karl-Heinz Schöneburg
Nazifaschistische Verfassungsleere 279

Bernhard Schwarz
Eduard Rabofsky als Arbeitsrechtler in der Arbeiterkammer Wien 285

Rudolf Strasser
Zu den Rechtsgrundlagen für Betriebsvereinbarungen
im Arbeitszeitgesetz 295

Eduard Rabofsky: Zeittafel 307

Mitarbeiterverzeichnis

o. Univ.-Prof. Dr. Ludwig Adamovich, Wien
geb. 1932, Präsident des Verfassungsgerichtshofes der Republik Österreich. – *Veröffentlichungen ua*: Handbuch des österreichischen Verfassungsrechts[6] (1971); Österreichisches Verfassungsrecht[3] (1985, mit Funk); Allgemeines Verwaltungsrecht[3] (1987, mit Funk).

Univ.-Doz. Dr. Franz Berghold, Salzburg
Bergrettungsarzt, Vorstandsmitglied des Österreichischen Kuratoriums für Alpine Sicherheit.

em. Prof. Dr. Manfred Buhr, Berlin
geb. 1927, ehem. Direktor des Zentralinstituts für Philosophie der Akademie der Wissenschaften der DDR. – *Veröffentlichungen ua*: Revolution und Philosophie (1965); Der Anspruch der Vernunft[2] (1976, mit Irrlitz); Vernunft – Mensch – Geschichte (1977); Immanuel Kant[4] (1981); Verzicht auf Fortschritt, Geschichte, Erkenntnis und Wahrheit (1981, mit Steigerwald); Vernünftige Geschichte (1986); Aktuelle Vernunft[2] (1990, mit d'Hondt und Klenner); Fichte – die Französische Revolution und das Ideal vom ewigen Frieden (1991, mit Losurdo).

Univ.-Prof. Dr. Wolfgang Däubler, Bremen
geb. 1939, Universitätsprofessor für Arbeits-, Handels- und Wirtschaftsrecht an der Universität Bremen. – *Veröffentlichungen ua*: Der Streik im öffentlichen Dienst[2] (1971); Gesellschaftliche Interessen und Arbeitsrecht (1974); Das Grundrecht auf Mitbestimmung und seine Realisierung durch tarifvertragliche Begründung von Beteiligungsrechten[3] (1975); Koalitionsfreiheit (1976, mit Hege); Privatisierung als Rechtsproblem (1980); Das zweite Schiffsregister (1988); Das Arbeitsrecht, Bd 1[11] (1990), Bd 2[7] (1990); Gleichberechtigung und Arbeitsförderungsgesetz[2] (1992); Gewerkschaftsrechte im Betrieb[7] (1992); Tarifvertragsrecht[3] (1993).

DDr. Nikolaus Dimmel, Salzburg
geb. 1959, ehem. Leiter des Sozialamtes der Stadt Salzburg (1992–1995). – *Veröffentlichungen ua:* Sozialhilfe (1989, mit Gahleitner ua); Soziologie für Juristen[4] (1990, mit Hagen); Juristen ohne Zukunft? (1991); Juristische Berufsbilder (1992).

em. Univ.-Prof. Dr. Hans Floretta, Salzburg
geb. 1923, Universitätsprofessor für Arbeitsrecht an der Universität Salzburg; ehem. Direktor der Kammer für Arbeiter und Angestellte Salzburg. – *Veröffentlichungen ua*: Arbeitsrecht und Europäische Menschenrechtskonvention (1967); Rechtsdogmatisches und Rechtspolitisches zur Konstruktion und zum Inhalt des

allgemeinen Kündigungs- und Entlassungsschutzes im Arbeitsrecht (1971); Kommentar zum Betriebsrätegesetz[2] (1973, mit Strasser); Kommentar zum Arbeitsverfassungsgesetz (1975, mit Strasser); Das erste Jahrzehnt der Kodifikation des österreichischen Arbeitsverfassungsrechts aus dem Jahre 1974 (1987, mit Strasser und Trost); Arbeitsverfassungsgesetz-Kurzkommentar[2] (1988, mit Strasser); Arbeitsrecht I: Individualarbeitsrecht[3] (1988, mit Spielbüchler).

Dr. Peter Goller, Innsbruck
geb. 1961, Archiv der Universität Innsbruck. – *Veröffentlichungen ua*: Die Lehrkanzel für Philosophie an der Philosophischen Fakultät der Universität Innsbruck 1848–1945 (1989); Die Matrikel der Universität Innsbruck, 4 Bde (1992 ff); Zur Geschichte der Universität Innsbruck (1995, mit Oberkofler).

Prof. Dr. Bernhard Graefrath, Michaelsdorf (BRD)
geb. 1928, ehem. Leiter des Bereichs Völkerrecht am Institut für Theorie des Staates und des Rechts der Akademie der Wissenschaften der DDR und Mitglied der International Law Commission (ILC). – *Veröffentlichungen ua*: Die Vereinten Nationen und die Menschenrechte (1956); Zur Stellung der Prinzipien im gegenwärtigen Völkerrecht (1968); Völkerrecht, 2 Bde (1981, mit Bauer-Oeser ua); Menschenrechte und internationale Kooperation (1988).

o. Univ.-Prof. Dr. Johann J. Hagen, Salzburg
geb. 1943, Universitätsprofessor für Rechtssoziologie, Allgemeine Verfahrenslehre und Zivilprozeßrecht an der Universität Salzburg; Präsident der Österreichischen Vereinigung demokratischer Juristinnen und Juristen (ÖVDJ). – *Veröffentlichungen ua*: Hauptprobleme des österreichischen Bestandverfahrens (1971); Allgemeine Verfahrenslehre und verfassungsgerichtliches Verfahren (1971); Elemente einer allgemeinen Prozeßlehre (1972); Soziologie und Jurisprudenz (1973); Rationales Entscheiden (1974); Soziologie für Juristen[4] (1990, mit Dimmel).

Hon.-Prof. Dr. Udo Jesionek, Wien
geb. 1937, Richter, Präsident des Jugendgerichtshofes. – *Veröffentlichungen ua*: Jugendgerichtsgesetz 1988 (1994); Richterdienstgesetz[2] (1995, mit Fellner und Spehar).

em. Univ.-Prof. Dr. Hans R. Klecatsky, Innsbruck
geb. 1920, Bundesminister für Justiz a.D. – *Veröffentlichungen ua*: Österreichisches Staatskirchenrecht (1958, mit Weiler); Das österreichische Zollrecht (1966, mit Kobzina); Der Rechtsstaat zwischen heute und morgen (1967); Staat und Verkehr (1968); Die verfassungsrechtliche Problematik des modernen Wirtschaftsstaates (1968); Der Einzelne und die Massenmedien (1969); Die Lage des österreichischen Berufsbeamtentums (1976); Das österreichische Bundesverfassungsrecht[3] (1982, mit Morscher); Gerichtsbarkeit des öffentlichen Rechts (1984, mit Öhlinger); Die Volksanwaltschaft (1989, mit Pickl); Die österreichische Bundesverfassung[7] (1995, mit Morscher).

em. Prof. Dr. Hermann Klenner, Berlin
geb. 1926, Ehrenpräsident der Internationalen Vereinigung für Rechts- und Sozialphilosophie (IVR). – *Veröffentlichungen ua*: Formen und Bedeutung der Gesetz-

lichkeit als einer Methode in der Führung des Klassenkampfes (1953); Der Marxismus-Leninismus über das Wesen des Rechts[2] (1955); Studien über die Grundrechte (1964); Rechtslehre – Verurteilung der Reinen Rechtslehre (1972); Rechtsphilosophie in der Krise (1976); Freiheit, Gleichheit und so weiter (1978); John Locke und der Formierungsprozeß der politisch-juristischen Standardtheorie des Bürgertums (1979); Marxismus und Menschenrechte (1982); Revolutionsprogramm als Reformationstheorie (1983); Vom Recht der Natur zur Natur des Rechts (1984); Gesellschaftsvertragstheorien von der Antike bis zur Gegenwart (1985, mit Müller); Des Thomas Hobbes bellum omnium contra omnes (1989); Deutsche Rechtsphilosophie im 19. Jahrhundert (l991).

Hon.-Prof. Dr. Rudolf Machacek, Wien
geb. 1927, Mitglied des Verfassungsgerichtshofes der Republik Österreich und 1989 vom Ministerkomitee des Europarates zum Mitglied des European Committee for the Prevention of Torture and Inhuman or Degrading Treatment (CPT) gewählt. – *Veröffentlichungen ua*: Juristische Aufsätze (1988); Verfahren vor dem VfGH[2] (1992); Austrian Contributions to the Rule of Law (1994).

DDr. Wolfgang Maßl, Wien
geb. 1950, Kammer für Arbeiter und Angestellte Niederösterreich. – *Veröffentlichungen ua*: ABGB und Arbeitsvertragsrecht[4] (1987, mit Csebrenyak, Geppert und Rabofsky).

o. Univ.-Prof. DDr. h.c. Dr. Theo Mayer-Maly, Salzburg
geb. 1931, Universitätsprofessor für Römisches Recht, Juristische Dogmengeschichte und Allgemeine Privatrechtsgeschichte an der Universität Salzburg; Mitglied der Österreichischen Akademie der Wissenschaften. – *Veröffentlichungen ua*: Erwerbsabsicht und Arbeitnehmerbegriff (1965); Rechtskenntnis und Gesetzesflut (1969); Österreichisches Arbeitsrecht (1970); Kommentar zum Gleichbehandlungsgesetz (1981); Gedanken über das Recht (1985); Das österreichische Arbeitsrecht, Bd I: Individualarbeitsrecht (1987); Der Jurist (1988); Rechtswissenschaft[5] (1991); Ausgewählte Schriften zum Arbeitsrecht (1991).

Univ.-Doz. Dr. Rudolf Mosler, Salzburg
geb. 1959, Assistenzprofessor am Institut für Arbeits- und Sozialrecht der Universität Salzburg. – *Veröffentlichungen ua*: Bildschirmarbeit und Arbeitsrecht (1991); Arzt und gesetzliche Krankenversicherung (1995, mit Grillberger).

Dr. Alfred J. Noll, Wien
geb. 1960, Rechtsanwalt. – *Veröffentlichungen ua*: Neutralität – Staatsvertrag – EG-Beitritt (1989); „Sicherheitsstaat" Österreich? (1991); Internationale Verfassungsgerichtsbarkeit (1992); Handbuch zum Übersetzungsrecht und Übersetzer-Urheberrecht (1994); Verfassunggebung und Verfassungsgericht (1994); Demokratische Gerechtigkeit (1995); Sachlichkeit statt Gleichheit? (1996, im Druck); Daheim im Rechtsstaat (1996, im Druck).

o. Univ.-Prof. Dr. Gerhard Oberkofler, Innsbruck
geb. 1941, Universitätsprofessor für neuere österreichische Geschichte und Wissenschaftsgeschichte an der Universität Innsbruck; Leiter des Universitätsarchivs der Universität Innsbruck. – *Veröffentlichungen ua*: Studien zur Geschichte der

österreichischen Rechtswissenschaft (1984); Verborgene Wurzeln der NS-Justiz (1985, mit Rabofsky); Die Tiroler Arbeiterbewegung[2] (1986); Studien zur Geschichte der österreichischen Wissenschaft zwischen Krieg und Frieden (1987, mit Rabofsky); Pflichterfüllung für oder gegen Österreich (1988, mit Rabofsky); Wissenschaft in Österreich 1945–1960 (1989, mit Rabofsky); Zur Geschichte der Universität Innsbruck (1995, mit Goller).

Univ.-Doz. Dr. Walter J. Pfeil, Salzburg
geb. 1957, Assistenzprofessor am Institut für Arbeits- und Sozialrecht der Universität Salzburg. – *Veröffentlichungen ua*: Sozialhilfe (1989, mit N. Dimmel ua); Österreichisches Sozialhilferecht (1989); Die Neuregelung der Pflegevorsorge (1994).

Univ.-Prof. Dr. Peter Römer, Stadtallendorf
geb. 1936, Universitätsprofessor für Wissenschaftliche Politik am Institut für Politikwissenschaft der Universität Marburg. – *Veröffentlichungen ua*: Entstehung Rechtsform und Funktion des kapitalistischen Privateigentums (1978); Recht und Demokratie bei Wolfgang Abendroth (1986); Im Namen des Grundgesetzes (1989).

Prof. Dr. Karl-Heinz Schöneburg, Potsdam
ehem. Bereichsleiter am Institut für Theorie des Staates und des Rechts der Akademie der Wissenschaften der DDR; Richter am Verfassungsgericht des Landes Brandenburg. – *Veröffentlichungen ua*: Die Zersetzung richterlicher Unabhängigkeit unter dem Adenauer-Regime (1955); Das Verhältnis des staatlichen Gesetzes zum Naturrecht in der neu-thomistischen Rechtsphilosophie (1955); KPD und Staatsfrage (1986, mit Fischer ua); Für eine neue Verfassung und reale Bürgerrechte (1990, mit Boden ua).

Dr. Bernhard Schwarz, Wien
geb. 1948, Kammer für Arbeiter und Angestellte Wien. – *Veröffentlichungen ua*: Arbeitszeitgestaltung (1987, mit Mesch und Stemberger); Arbeitsverfassungsrecht, Bd 2 (1992, mit Cerny ua); Arbeitsverfassungsrecht, Bd 3 (1994, mit Cerny ua).

em. Univ.-Prof. Dr. h.c. Dr. Rudolf Strasser, Linz
geb. 1923; ehem. Ordinarius für Privat-, Arbeits- und Sozialrecht an der Universität Linz. – *Veröffentlichungen ua*: Leitfaden für das arbeitsgerichtliche Verfahren (1952); Die Betriebsvereinbarung nach österreichischem und deutschem Recht (1957); Kollektivvertrag und Verfassung (1968); Der Kollektivvertrag im Spannungsfeld von Privatautonomie, Verbandsautonomie und Verfassung (1969); Die Beendigung der Gesellschaft nach bürgerlichem Recht (1969); Der Arbeitskampf (1972, mit Reischauer); Kommentar zum Betriebsrätegesetz[2] (1973, mit Floretta); Kommentar zum Arbeitsverfassungsgesetz (1979, mit Floretta); Aktuelle Probleme des Universitätsrechts (1982); Österreichisches Hochschulrecht[3] (1986, mit Ermacora und Langeder); Das erste Jahrzehnt der Kodifikation des österreichischen Arbeitsverfassungsrechts aus dem Jahre 1974 (1987, mit Floretta und Trost); Arbeitsverfassungsgesetz-Kurzkommentar[2] (1988, mit Floretta); Arbeitsrecht II: Kollektives Arbeitsrecht[3] (1990); Betriebspension und Gleichbehandlung (1991); Die Betriebsratswahl[4] (1991); Labour Law and Industrial Relations in Austria (1992); Kommentar zum Aktiengesetz[3] (1993, mit Jarbornegg und Schiemer).

ao. Univ.-Prof. Dr. Gustav Wachter, Innsbruck
geb. 1945, Vorstand des Instituts für Arbeits- und Sozialrecht der Universität Innsbruck. – *Veröffentlichungen ua*: Wesensmerkmale der arbeitnehmerähnlichen Personen (1980); Rechtsprobleme bei Arbeits-, Natural-, Werks- und Mietwohnungen von Arbeitnehmern² (1983); Beiderseitiges Verschulden bei der vorzeitigen Auflösung des Arbeitsverhältnisses (1992); Arbeitsrecht. Sammlung arbeitsrechtlicher Gesetze⁶ (1995); Das Arbeitsrecht der Europäischen Union (1995, mit Egger und Grömmer).

Das Unbehagen in der Zweiten Republik

Ludwig Adamovich, Wien

I.

Die Persönlichkeit des Mannes, dem dieser Beitrag gewidmet ist, verlangt eine Vorbemerkung. Ich habe seine politische Überzeugung nicht geteilt, gleichwohl aber Respekt vor seiner Konsequenz und seiner Glaubwürdigkeit gehabt. Ich wußte mich mit ihm einig in der Ablehnung des Nationalsozialismus, die er zu Zeiten vertrat, zu denen es im wahrsten Sinn des Wortes lebensgefährlich war. Sein Bruder ist dem Regime zum Opfer gefallen.

Aus einem Gespräch mit Eduard Rabofsky weiß ich, daß er den Begriff der „österreichischen Nation" ablehnte. Ich beurteile das differenzierter; davon wird noch die Rede sein müssen.

Eduard Rabofsky ist „Antifaschist" gewesen. Dazu habe ich einiges anzumerken. Ich schätze den Ausdruck nicht sehr; keineswegs deshalb, weil ich Sympathien für den Faschismus hätte. Aber der Ausdruck ist oft genug verwendet worden, um Verwirrung zu stiften und mehr als das. Vor allem kann er leicht zur Herstellung des Eindruckes verwendet werden, als gäbe es autoritären Stil, Totalitarismus und Repression nur in von „rechten" Ideologien angehauchten Systemen. Wollte man aber – was allerdings nicht dem gängigen Verständnis entspricht – den Ausdruck „antifaschistisch" zur Brandmarkung eines jeden autoritären und menschenverachtenden Stils verwenden, gleichgültig, ob der Wind von links oder rechts weht, so bekenne auch ich mich mit Überzeugung zu einem solchen Antifaschismus.

II.

Dem Kenner der Werke Sigmund Freuds wird auffallen, daß der Titel dieses meines Beitrages in Anlehnung an den Titel einer berühmten Schrift dieses Autors gewählt ist: „Das Unbehagen in der Kultur". Passender wäre es wohl, vom „Unbehagen *an* der Zweiten Republik" zu sprechen, aber ich halte mich mit Bedacht an die Freudsche Terminologie. Mir geht es nämlich auch und vor allem um die Analyse des Hintergründigen. Und insoweit sehe ich mich der Freudschen Methodik verpflichtet.

Wenn von der Zweiten Republik gesprochen wird, drängt sich sofort eine grundsätzliche Frage auf: Gibt es sie überhaupt? Wenn man vom Standpunkt der Kontinuität ausgeht, und das Verschwinden der Republik Österreich von der politischen Landkarte als eine bloße Beschränkung der Handlungsfähigkeit betrachtet, so gibt es nur *eine* Republik Österreich und keine Erste oder Zweite Republik. Dazu paßt es auch, daß man 1945 ganz bewußt die Bundesverfassung von 1920 in der Fassung von 1929 wieder in Geltung gesetzt hat.

Aber allein schon die Tatsache, daß diese Verfassungsordnung wieder in Geltung gesetzt werden mußte, zeigt deutlich, wo das Problem liegt. Ihre Geltung und Wirksamkeit ist nämlich durch mindestens zwei revolutionäre Akte – durch die Erlassung der Verfassung 1934 und durch den rechtlich verbrämten „Anschluß" – beseitigt worden. Daß der zweite revolutionäre Akt im Zusammenhang stand mit einer völkerrechtswidrigen Besetzung österreichischen Gebiets durch deutsche Truppen, ändert nichts am Bruch der Rechtskontinuität. Und so betrachtet ist es durchaus begreiflich, daß Walter/Mayer[1] die Proklamation der Provisorischen Staatsregierung vom 27. April 1945 als die historisch erste Verfassung vom Standpunkt der derzeit geltenden Verfassungsordnung ansehen. Diese Unabhängigkeitserklärung sei von den Vorständen der politischen Parteien Österreichs, der SPÖ, der ÖVP und der KPÖ, die sich ohne rechtliche Grundlage gebildet hatten, erlassen worden. Diese Personen seien von keiner zur Zeit ihres Handelns geltenden Rechtsordnung zur Erlassung einer Verfassung berufen, sodaß ihr Vorgehen nur dann als Verfassungserlassung gedeutet werden könne, wenn man ihre Befugnis hiezu *annimmt*. Deshalb handle es sich – wie die Autoren im Gegensatz zur herrschenden, von Werner begründeten Lehre annehmen – wieder um einen revolutionären Akt.

Dagegen gibt es freilich ein triftiges Argument. Dieses liegt im Selbstverständnis der erwähnten Proklamation. Sie geht nämlich eindeutig von der Kontinuität der Republik Österreich aus, was nicht zuletzt aus dem Verweis auf die Deklaration der Krim-Konferenz und der Außenministerkonferenz von Moskau im Oktober 1943 hervorgeht. Dieses Verständnis hat auch die österreichische Außenpolitik, zumindestens bis zum Abschluß des Staatsvertrages vom 15. Mai 1955, geprägt.

Es ist freilich anderseits zuzugeben, daß dieses Argument nicht in jeder Hinsicht überzeugend ist. Völkerrechtliche und verfassungsrechtliche Kontinuität müssen nicht zusammenfallen.[2] Denn selbst wenn man den Gedanken der Kontinuität auch in staatsrechtlicher Sicht bejaht, ist doch die von Walter/Mayer aufgeworfene Frage legitim, wieso gerade die Vorstände der drei politischen Parteien, die die Deklaration ausgesprochen haben, dazu legitimiert waren. Es bleibt allerdings der Umstand, daß die Wertung dieser

---

[1] Walter/Mayer, Grundriß des österreichischen Bundesverfassungsrechts[7] (1992), 31.
[2] Vgl Adamovich/Funk, Österreichisches Verfassungsrecht[3] (1985), 15 f.

Deklaration als „revolutionärer Akt" ganz und gar nicht zu den Intentionen dieser Deklaration paßt. Aber es ist dies nicht der erste Fall einer in verfassungsrechtlicher Sicht nicht leicht lösbaren grundlegenden Problematik.

III.

Wenn man den Inhalt der erwähnten Deklaration betrachtet, muß man zunächst den Eindruck gewinnen, daß das nationalsozialistische Regime in Österreich auf einem bloßen Gewaltakt beruhte. Immerhin aber wird in der Proklamation auch ein wichtiger Satz der erwähnten Moskauer Konferenz zitiert, der so lautet:

> „Jedoch wird Österreich darauf aufmerksam gemacht, daß es für die Beteiligung am Kriege auf seiten Hitlerdeutschlands Verantwortung trägt, der es nicht entgehen kann, und daß bei der endgültigen Regelung unvermeidlich sein eigener Beitrag zu seiner Befreiung berücksichtigt werden wird."

Auch dieser Satz wirft gewisse juristische Schwierigkeiten auf, weil sich die Frage stellt, in welcher Form Österreich eigentlich im Krieg „auf seiten Hitlerdeutschlands" am Krieg teilgenommen hat. Es ist leicht zu sehen, daß der Ausdruck „auf seiten" die rechtliche und tatsächliche Situation unzutreffend wiedergibt. Aber das scheint mir nicht das wirklich grundlegende Problem zu sein. Die Frage ist vielmehr: War das nationalsozialistische Regime irgendwann von der Mehrheit der Österreicher gewollt oder nicht?

Daß die Farce der Volksabstimmung vom 10. April 1938 in dieser Hinsicht keinerlei Aussagekraft hat, ist festzuhalten; aber auch damit ist die Frage nicht beantwortet. Man wird also immer zu einem gewissen Grad auf Spekulationen angewiesen sein.

Man muß, um das Problem unvoreingenommen zu analysieren, zweierlei sehr deutlich sehen. Zum einen, daß der Anschlußgedanke und der Nationalsozialismus im Grunde zwei völlig unterschiedliche Phänomene sind. Der Anschlußgedanke ist eine Frucht des nationalstaatlichen Denkens, das sich im 19. Jahrhundert entwickelt hat, und letzten Endes zur Zerschlagung der Habsburgermonarchie führte. Der Nationalsozialismus ist eine Ideologie, die sich in den Dienst dieses Gedankens gestellt hat; trotzdem ist eine Identifizierung völlig falsch. Im November 1918 haben so gut wie alle politischen Kräfte im neu entstandenen Deutsch-Österreich den Anschluß gewollt; vom Nationalsozialismus konnte damals noch keine Rede sein, er existierte bestenfalls in den Köpfen einiger weniger.

Man muß aber auch sehen, daß die Problematik historisch noch viel weiter zurückreicht als in das 19. Jahrhundert. Sie wurzelt letzten Endes im Herrschaftsanspruch der Dynastie Habsburg-Lothringen über das als Nationalstaat noch nicht bestehende Deutschland *und* über die Kronländer nichtdeutscher Sprache und Kultur. Habsburg wollte beides: Die erste Position in „Deutschland" und die Beibehaltung der übrigen Besitztümer. Das konnte auf Dauer nicht gutgehen. Denn dieser doppelte Anspruch mußte das Haus Habsburg in den Augen der immer radikaler werdenden deutschen Nationalisten geradezu als Verräter an der deutschen Sache erkennen lassen.

Es wird gelegentlich – vor allem in Deutschland – hervorgehoben, daß Adolf Hitler aus Österreich kam. Das ist schon richtig; aber er wollte ja gerade kein Österreicher sein. Und nicht zufällig sah er in Preußen und mitnichten in Österreich das Vorbild eines neu zu schaffenden Reiches.

Auch der Begriff der „deutschen Kulturnation" spielt im gegebenen Zusammenhang eine nicht unwesentliche Rolle.[3] Auch dieser Begriff ist umstritten. Ich glaube, daß man nicht leugnen kann, daß es vor allem auf dem Gebiet der Literatur eine deutsche Kulturnation gibt; dies schließt aber die Existenz einer spezifisch österreichischen Kultur keineswegs aus. Näher möchte ich hier auf diese Frage nicht eingehen.

IV.

Unabhängig von der Frage, ob die Mehrheit der Österreicher wenigstens irgendwann den Nationalsozialismus gewollt hat oder nicht, muß das Problem der Teilnahme von Österreichern am Zweiten Weltkrieg gesehen werden, das in einer so dunklen Weise in der Moskauer Deklaration erwähnt wird. Wer im Rahmen einer schätzenswerten Sendereihe des französisch-deutschen Fernsehsenders „Arte" die Wiedergabe der Wochenschauen von 1944 und 1945 verfolgt hat, sieht eines deutlich: Vor allem für die USA waren deutsche Soldaten gleichbedeutend mit Nazis. Ein verständlicher, aber trotzdem ein folgenschwerer Irrtum. Man wird heute ebensowenig rekonstruieren können, wie die Mehrheit der aus Österreich stammenden Soldaten ihre Rolle eingeschätzt hat, wie man die Haltung der Mehrheit der Österreicher zum Nationalsozialismus im Jahr 1938 genau einschätzen kann. Mit Sicherheit aber ist festzustellen, daß viele Soldaten mit subjektivem Idealismus an diesem Krieg teilgenommen haben, und daß sie später keinen Grund dafür gesehen haben, sich dessen zu schämen. Eine Haltung, die im Ausland – vor allem wieder in den USA – schwer verstanden wurde. Es ist jedenfalls eine Erfahrungstatsache, daß ältere Menschen im Rückblick dazu neigen, die Erfahrungen ihrer Jugend zu idealisieren. Viele sind als Soldaten in Funktionen tätig gewesen, die sie später im bürgerlichen Leben nicht mehr erreicht haben. Der „Luftraum über den Stammtischen" kann davon Zeugnis geben. Und mit der Idealisierung der Kriegsteilnahme ist – wie immer man sonst über die Zusammenhänge

---

[3] Vgl dazu und zum folgenden Matzner-Holzer, Verfreundete Nachbarn (1995).

denken mag – mittelbar auch sehr leicht der Hang zur Idealisierung des Systems gegeben, das Deutschland zur Zeit des Zweiten Weltkrieges beherrscht hat.

Der mißbrauchte Idealismus stellt also ein überaus ergiebiges Thema dar. Dies nicht zuletzt deshalb, weil Idealismus in der heutigen Konsumgesellschaft keinen hohen Stellenwert hat. *Es zählt primär der äußere Erfolg; zunehmender Wohlstand fördert Egoismus und Neid.*

Auf der anderen Seite darf nicht übersehen werden, daß auch Ideale mit sehr unterschiedlichen Methoden verfolgt werden können. Das heute überall feststellbare Anwachsen der Aggressionsbereitschaft läßt sich solcherart mühelos mit der Aggressivität koppeln, die mit jeder erfolgreichen Kriegsführung verbunden ist. Das macht es auch erklärlich, wieso „alte Kameraden" und junge Menschen heute sehr häufig der gleichen Ideologie anhängen.

Jedes totalitäre Regime arbeitet mit griffigen und auf den ersten Blick überzeugenden Vereinfachungen. Eben solche Vereinfachungen spielen heute in der Werbung eine bedeutende Rolle. Mit derselben Primitivität, mit der Erzeugnisse angeboten werden, kann man auch Feindbilder produzieren, wie Juden, Kapitalisten, Ausländer und dergleichen. Solcherart ist dem einzelnen Gelegenheit zum Abreagieren seiner eigenen durchaus persönlich motivierten Aggressionen gegeben.

V.

Wenn vom Unbehagen in der Zweiten Republik die Rede ist, muß man trachten zu unterscheiden zwischen einem spezifisch österreichischen Unbehagen und einem solchen, das anderswo auch anzutreffen ist.

Es gibt gewisse Faktoren, die von vornherein die Position der pluralistischen parlamentarischen Demokratie gegenüber anderen Staatsformen schwächen, und zwar auch dann, wenn kein Mißbrauch getrieben wird.

Die parlamentarische Demokratie setzt den kritischen, mündigen, aber nicht destruktiv denkenden Menschen voraus. Sie baut auf einem optimistischen Menschenbild auf.[4] Die Erfahrung lehrt leider, daß dieses mit den Fakten nicht immer übereinstimmt. Insbesondere ein gewisser primitiver Neid kann sehr leicht dazu mißbraucht werden, die vergleichsweise komplizierten Institutionen der parlamentarischen Demokratie als teuer und daher überflüssig abzutun.

Tocqueville hat darauf hingewiesen, daß eine falsche, aber einfache Idee sich leichter durchsetzt als eine wahre, aber komplexe. Die in der parlamentarischen Demokratie unvermeidliche Diskussion ist zeitraubend und nicht frei von Kompliziertheit. Die parlamentarische Demokratie ist ein

---

[4] Vgl Adamovich, Handbuch des österreichischen Verfassungsrechts[6] (1971), 82, insbes FN 16.

rationales System, vielleicht sogar ein zu rationales. Der Mensch läßt sich aber – entgegen anderslautenden Behauptungen – keineswegs immer von der Vernunft leiten, im politischen Bereich schon gar nicht. Zugkräftige irrationale Bilder können sich daher leicht gegenüber rationalen Modellen durchsetzen. Jedes totalitäre Regime ist demgegenüber primitiver und muß zwangsläufig mit einer Schwarz-Weiß-Malerei operieren. Es wird auf Dauer nicht umhin können, repressive Maßnahmen anzuwenden. Aber insgesamt gesehen, ist ein solches System wahrscheinlich auch billiger. In der Neidgenossenschaft, die zu Zeiten zunehmenden Wohlstandes nicht geringer, sondern größer wird, ist dies ein nicht zu unterschätzender Faktor. Die Schwarz-Weiß-Malerei, die von Repräsentanten der parlamentarischen Demokratie insbesondere zu Zeiten des Wahlkampfes angewendet wird, kommt der eines totalitären Systems sehr nahe.

Der ideologische Relativismus, der zu einem gewissen Grad mit dem System des demokratischen Parlamentarismus verbunden ist, stellt – jedenfalls in psychologischer Sicht – ein Paradoxon dar. Niemand wird seine persönliche Auffassung überzeugend vertreten können, wenn er ständig betont, sie sei rein subjektiv und somit zu relativieren.[5] Ein konsequentes Zuendedenken des pluralistischen Relativismus führt außerdem dazu, daß auch ein totalitäres System als eine Lösung gelten muß, die bei Einhaltung demokratischer Spielregeln herbeigeführt werden kann.

Das Fatale liegt nun darin, daß die parlamentarische Demokratie sehr häufig ihren Gegnern in die Hände arbeitet und somit Selbstauflösung betreibt. Dies gilt insbesondere dann, wenn Parlamentarier selbst nicht an die Sinnhaftigkeit ihrer Tätigkeit glauben und somit der Gesetzwerdungsprozeß zu einem Ritual erstarrt.[6] Auch die mangelnde Präsenz in den parlamentarischen Sitzungen ist ein gefährliches Symptom.

Eine besondere Betrachtung verdient die Rolle, die der Autorität in der Demokratie zukommt. Der Begriff „Autorität" ist mehrdeutig.[7] Man spricht etwa von einer Autorität auf einem bestimmten Fachgebiet und meint damit die epistemische Autorität (die Autorität des Wissenden). Man spricht aber auch von einem autoritären Staat, einem autoritären Stil, von autoritären Führungsmethoden und meint damit ein System, das mehr mit Gewalt als mit Überzeugung operiert.

Das zuletzt genannte System entspricht nicht der Konzeption einer pluralistischen Demokratie. *Aber anderseits ist auch in der Demokratie Autorität im Sinne von notwendigen Entscheidungen unbedingt erforderlich.* Nur sollte diese Autorität auch rational überzeugen. Daß dies nur annäherungsweise erreicht werden kann, liegt schon im Wesen des demo-

---

[5] Treffend Frankena, Analytische Ethik[4] (1986), 45.
[6] Vgl Adamovich, Die Gesetzesflut, in: Jahrbuch des Österreichischen Parlaments (1994), 125 ff.
[7] Vgl Bochènski, Was ist Autorität? (1974).

kratischen Pluralismus. Es wird immer solche geben, die mit einer getroffenen Entscheidung nicht einverstanden sind.

Auch hier zeigt sich die Verwundbarkeit der pluralistischen Demokratie. Viele Kritiker finden geradezu ein sadistisches Vergnügen daran, Entscheidungsträger heruntermachen. Freilich besorgen dies Entscheidungsträger mitunter auch selbst, wenn ihnen jene Glaubwürdigkeit abgeht, durch die allein überzeugende Autorität hergestellt werden kann.

Tocqueville hat den folgenden hervorragenden Ausspruch gemacht: „Die menschlichen Institutionen sind ihrer Natur nach so unvollkommen, daß es, um sie zu zerstören, fast immer genügt, aus ihren Grundgedanken alle Konsequenzen zu ziehen". Hans Kelsen bewegt sich – bewußt oder unbewußt – auf den Spuren Tocquevilles bei seiner Bewertung der Rechtsfigur der parlamentarischen Repräsentation.[8] Daß Repräsentation eine Fiktion darstellt, hat er klar ausgesprochen, und er hat auch die Gefahr dieses Sachverhalts erkannt. Mit der Qualifikation der Repräsentation als Fiktion werde den Gegnern das Argument in die Hände gespielt, daß die Demokratie auf einer handgreiflichen Unwahrheit aufbaue. Kelsen schreibt aber weiters, und hier erweist er sich als Gefolgsmann Tocquevilles, die Repräsentationsfiktion habe die unter dem gewaltigen Druck der demokratischen Idee stehende politische Bewegung des 19. und 20. Jahrhunderts auf einer vernünftigen mittleren Linie gehalten. Sie habe eine exzessive Überspannung der demokratischen Idee in der politischen Wirklichkeit verhindert.

Natürlich liefert auch dieser Gedanke den Gegnern Argumente. Wenn einmal eine Staatsform als wertvoll anerkannt ist, sollte man glauben, daß es eine exzessive Überspannung der ihr zugrundeliegenden Idee gar nicht geben kann. Aber Tocqueville hat völlig richtig gesehen, daß es im Wesen menschlichen Denkens liegt, daß man einen guten Gedanken auch übertreiben kann. Fanatiker und Fundamentalisten werden dies freilich immer in Frage stellen.

VI.

Soviel also zu den Gefahren, denen jede parlamentarische Demokratie heute ausgesetzt ist. Was aber sind die österreichischen Besonderheiten?

50 Jahre nach dem Wiederersehen der Republik Österreich ist im politischen Bereich eine deutliche Destabilisierung zu verzeichnen. Sie geht – und das ist bemerkenswert – nicht Hand in Hand mit einer wirtschaftlichen Destabilisierung. Gäbe es diese auch, könnte man von einer Katastrophe sprechen. So aber muß man von einem spezifisch österreichischen Unbehagen sprechen und versuchen, dieses zu analysieren.

Die innenpolitische Situation ist zunächst gekennzeichnet durch eine zunehmende Erosion der bisher großen politischen Parteien. Sie sind in

---

[8] Kelsen, Vom Wesen und Wert der Demokratie² (1929/1963), 30 ff.

einen Zweifrontenkrieg verwickelt, den sie einerseits gegen die Oppositionsparteien, andererseits gegen die Interessenvertretungen führen müssen. Wobei begreiflicherweise diese zweite Front nach außen hin nicht als solche bezeichnet werden darf. Aber die großen Zeiten der Sozialpartnerschaft in Österreich sind sicher vorbei. Konflikte zwischen Regierung und Interessenvertretungen hat es natürlich immer schon gegeben, aber sie wurden nicht so offen ausgetragen, wie das heute der Fall ist.

Die katholische Kirche, die, gleichgültig ob man das schätzt oder nicht, doch ein ganz entscheidendes Fundament auch für das politische Geschehen gewesen ist, sieht sich ebenfalls mit einer äußerst kritischen Entwicklung konfrontiert. Wenn man auch keineswegs von einer Kirchenspaltung sprechen kann, werden doch die Gegensätze zwischen einem konservativen und einem eher liberalen, auf persönliches Gewissen gegründeten Flügel immer deutlicher.

Dazu tritt die zunehmende Aggressivität der Medien; sie ist ohne Zweifel aus den USA importiert; siehe den Slogan: „Only bad news are good news".

Junge Leute kann man mit den Gespenstern des Krieges und des Nationalsozialismus kaum mehr beeindrucken. Das wirkt sich in Verbindung mit den bereits unter IV. erörterten Phänomenen atmosphärisch recht bedenklich aus.

Der Zusammenbruch der Sowjetunion und des sogenannten Ostblocks hat zu mehr Problemen geführt, als man in allzu euphorischer Stimmung zunächst gedacht hätte. Der Schreiber dieses Beitrages war gewiß kein Freund des Marxismus-Leninismus und ist es auch heute nicht. Es ist aber nicht zu übersehen, daß dieses repressive System immerhin auch einen Ordnungsfaktor dargestellt und Kriminalität sowie extreme nationalistische Tendenzen unter Kontrolle gehalten hat. Die Ansätze der Demokratie in den Staaten auf dem Gebiet der früheren Sowjetunion und des Ostblocks waren verheißungsvoll. Heute zeigt sich sehr deutlich, daß die Einführung der Marktwirtschaft allein noch keine demokratische Gesellschaft herzustellen vermag. Leider machen sich offenbar die Schattenseiten des demokratisch fundierten marktwirtschaftlichen Systems gerade in den Reformstaaten außerordentlich bemerkbar. Diese Entwicklung strahlt infolge der geographischen Nähe auch nach Österreich aus.

VII.

Das Unbehagen in der Zweiten Republik ist zunächst nichts anderes als ein durchaus legitimes Resultat einer kritischen Haltung, die in einer parlamentarischen Demokratie nicht nur zulässig, sondern auch notwendig ist. *Bedenklich wird die Situation erst dann, wenn das bestehende System insgesamt auf dem Prüfstand steht, und wenn aus den Mängeln dieses Systems der messerscharfe Schluß gezogen wird, jedes anders geartete*

System könne nur besser sein. Daß ein solcher Schluß geradezu verheerend ist, muß wohl nicht erst betont werden; ich habe allerdings den Verdacht, daß er ziemlich verbreitet ist.

Die Geschichte wiederholt sich nicht; insbesondere die galoppierenden industriellen und sonst technischen Entwicklungen schaffen vollkommen neue Rahmenbedingungen. Wenn man aber in Betracht zieht, daß ziemlich genau 50 Jahre nachdem Napoleon I. sich zum Kaiser proklamiert hat, ein Napoleon III. das gleiche getan hat, wird man nachdenklich. Gewiß: Dieser Napoleon III. war in keiner Hinsicht mit seinem bedeutenden Onkel zu vergleichen. Aber er selbst hat sich wohl mit ihm identifiziert, und das allein ist schon bedenkenswert.

Ein deutlich sichtbarer Irrationalismus begünstigt die Chance der charismatischen Politiker im Sinne von Max Weber. Es wird dazu kritisch immer wieder der Ausdruck „Populismus" verwendet. Das legt die Frage nahe, ob es in der Demokratie Populismus überhaupt geben kann. Die zunehmende Gefahr der Verdummung durch gewisse Formen von Kommerz und Werbung begünstigt die Chance eines jeden „terrible simplificateur", wobei nochmals betont sei, daß nahezu jeder Politiker gezwungen ist, in der breiten Öffentlichkeit zu vereinfachen, wenn er verstanden werden will.

Eine besonders deutlich sichtbare Gefahr liegt im zunehmenden verbalen Radikalismus. *Es ist eine psychologische Grundeinsicht, daß verbaler Radikalismus über kurz oder lang auch zum Radikalismus in Taten führt.* Der Verfasser dieses Beitrages ist gewiß alles andere als ein Marxist. Wenn aber im Geschäftsleben der höchste Wert in skrupellosem Niederkämpfen von Konkurrenten und in einem möglichst großen Profit gesehen wird, darf man sich nicht wundern, daß auch im Bereich der Politik solche besonders große Erfolge erzielen, die in ihren Methoden nicht sonderlich wählerisch sind. *Rücksichtslosigkeit neigt dazu, in alle Lebensbereiche einzudringen.*

Ohne ein Existenzminimum von Ethik kann ein Staat und kann eine demokratische Gesellschaft nicht bestehen. Aber wer fördert diese Ethik in glaubwürdiger Weise? Für einen Politiker ist es äußerst schwer, glaubwürdig zu sein, weil er sich zunehmend destruktiver Kritik gegenübersieht. Und mit dem Eintreten für bestimmte ethische Grundwerte könnte man ja vielleicht Wählerstimmen verlieren. Politische Parteien, Verbände und auch Religionsgesellschaften sind heute keine überzeugenden Vermittler sozialer Werte mehr. Man kann nur auf das hoffen, was Kant als praktische Vernunft bezeichnet hat. Trotz aller Probleme, die mit diesem Begriff verbunden sind, hat meiner Überzeugung nach der Mensch im großen und ganzen gesehen eine angeborene Tendenz zum ethischen Verhalten. Sie kann allerdings nur allzuleicht verschüttet oder mißbraucht werden.

Mein Lehrer Eduard Rabofsky

Franz Berghold, Kaprun

*Niemand kann euch etwas eröffnen,
das nicht schon im Dämmern eures Wissens
schlummert.
Der Lehrer, der zwischen seinen Jüngern
im Schatten des Tempels umhergeht, gibt nicht von
seiner Weisheit, sondern eher von seinem Glauben
und seiner Liebe.
Wenn er wirklich weise ist, fordert er Euch nicht auf,
ins Haus seiner Weisheit einzutreten,
sondern führt Euch an die Schwelle
eures eigenen Geistes.*

KHALIL GIBRAN

Meine sehr persönlichen Erinnerungen an diesen großen Menschen sind nicht nur geprägt von seiner Weisheit und Strenge, sondern viel mehr noch von seiner unglaublich tiefen Menschlichkeit, seinem liebevollen Verständnis – beides Charakterzüge, die nach außen hin oft unsichtbar blieben, weil er sie so gerne versteckte, hinter allem verbarg, was er tat. Es hat daher auch ziemlich lange gedauert, bis mir das bewußt wurde. Und deshalb betrachte ich es immer mehr als eine Gnade, Eduard Rabofsky begegnet, ein großes Stück Weges gemeinsam mit ihm gegangen zu sein.

Die überragende Bedeutung dieses genialen Vorausdenkers, unerbittlichen Wissenschaftlers, brillianten Analytikers, unbeugsamen Kämpfers, ja im wahrsten Sinn des Wortes nahezu erschreckend unermüdlichen Arbeiters würdigen zu wollen, wäre schlichtweg vermessen. Aber darum geht es gar nicht, wenn man die Persönlichkeit des Menschen Eduard Rabofsky wirklich zu ergründen versucht. Wer tatsächlich behaupten will, diese nach außen hin so vielschichtige Persönlichkeit, diesen faszinierenden, unbequemen Geist an Hand seiner Leistungen wirklich begriffen zu haben, ist, gelinde ausgedrückt, überaus mutig. Diejenigen Begleiter seines Lebensweges, die glaubten, ihn wirklich zu kennen, ihn zu verstehen, unterlagen, wie ich oft beobachtet habe, nicht selten der Illusion einer naiven Vordergründigkeit. Auch wenn sie das so nicht wahrhaben wollten.

Ich glaube, nur sehr wenige Menschen kannten ihn wirklich. Aber das ist offensichtlich das Schicksal aller ganz großen Menschen: Sie sind Eremiten. Sie bleiben im Grunde immer unverstanden, einsam. Auch wenn sie noch so viel und vor allem maßgeblich beeinflußt, in Bewegung gesetzt haben.

Ohne jeden Zweifel: Eduard Rabofsky hat viele und vieles entscheidend beeinflußt, und wir alle wissen nur zu gut, daß uns Eduard Rabofsky, jedem auf seine Weise, ganz wesentlich geprägt hat. So vieles wäre ohne ihn zweifellos nicht in Fluß geraten. Und doch konnte er, nach so vielen unermüdlichen Jahrzehnten, nicht dagegen an, daß sich in seinem Inneren Resignation breitmachte. Aber warum denn, möchte man sich fragen, er hat doch so viel erreicht mit seinem umfassenden Tun und Wirken?

Der große Mann geht seiner Zeit voraus, der Kluge geht mit ihr auf allen Wegen, der Schlaukopf beutet sie aus, der Dummkopf stellt sich ihr entgegen, sagt Winkelt; es bleibt vorerst einmal jedem von uns, die wir mit ihm zu tun hatten, aufrichtigen Gewissens und selbstkritisch überlassen, in welche dieser Kategorien er sich ihm gegenüber einreihen möchte.

Ich jedenfalls kann heute natürlich nur von mir selbst, meiner persönlichen Beziehung zu Eduard Rabofsky sprechen. Eines steht dabei fest: Kaum eine Begegnung hat meinen Lebensweg so sehr beeinflußt. Aber das ist nicht so entscheidend. Vielmehr hat mich kaum jemand als Person, als Mensch derart nachhaltig berührt. Und es war nicht so sehr das so offensichtlich Greifbare, wovon ich so wie ja auch viele andere gezehrt und profitiert habe – der schwierige, außergewöhnliche, rätselhafte Mensch, der irgendwo hinter jener letztlich unergründlichen Person Eduard Rabofsky stand, die so meisterhaft auf manchem Klavier zu spielen verstand, dem wir alle so gebannt lauschten – das ist es, was mich seit jeher am meisten beschäftigt hat.

Er möge mir daher verzeihen, wenn ich mich hier nicht an seine großen, unbestrittenen Leistungen erinnere, sondern an die ganz persönlichen Eindrücke, die sich in mir so unauslöschlich eingeprägt haben. Sie stellen für mich das Prägende, Faszinierende, das Wesentliche dar, das, wie Exupery meint, für die Augen meist unsichtbar bleibt, weil man nur mit dem Herzen wirklich gut sieht. Und auf diesem „Auge" sind wir ja leider so oft unglaublich blind.

Eduard Rabofsky ist für mich schlechthin der Inbegriff einer widersprüchlichen, vielschichtigen, facettenreichen und doch letztlich auf eine homogene Wurzel zurückgehenden Persönlichkeit. Einiges davon möchte ich hier zu skizzieren versuchen, so wie ich es sehr persönlich erlebt habe.

Ich erinnere mich beispielsweise noch allzu gut an jenen Tag, der für mich auch heute noch quasi das Rabofskysche Schlüsselerlebnis bedeutet: An damals vor rund fünfundzwanzig Jahren, als ich ihm das allererste Mal begegnet bin. Diese Begebenheit möchte ich ein wenig ausführlicher schildern, weil sie mir so typisch erscheint. An einem Winterabend stapfte ich zu Fuß im heftigen Schneegestöber von Mitterndorf durch einen düsteren Bergwald auf die Tauplitzalm. Dort fand bei Hermann Bratschko eine Art Kampfsitzung des Skilehrerverbandes statt. Eine entschlossene Verschwörerrunde würde sich dort einfinden, so hieß es, um die bösen Dinge, die damals anstanden, zum Besseren zu wenden.

Ich gehörte, wohl weil ich in der Szene noch zu jung war, nicht zum engeren Kreis der Verschwörung. Dafür aber einige meiner älteren, ganz offensichtlich eingeweihten Freunde. Sie besprachen schon vorher oft die betreffende Situation, bei abendlichen Diskussionen auf der Oberwalderhütte oder bei unserer Spitzbergendurchquerung oder weiß Gott sonst wo.

Und dabei fiel immer wieder der Name Rabofsky, und man sprach von ihm, der hinter allem der treibende Geist sei, der die geheimnisvollen Fäden eigentlich in der Hand hielte, wie von einem unheimlichen Dämon, dem man gleichermaßen bewunderte wie fürchtete. Ein brillanter Stratege wäre er, ein allen weitaus überlegener Intellekt, ein messerscharfer Demagoge, ein Kommunist zwar, aber immerhin. Ich muß gestehen, daß mich diese Attribute mehr beschäftigten als die aktuelle Thematik der Auseinandersetzung, lange bevor ich ihm das erste Mal begegnete. Wer ist dieser Professor Rabofsky wirklich, fragte ich mich damals?

Und dann, im überfüllten Gastzimmer des Jagdhauses auf der Tauplitz, sah ich ihn das erste Mal, und dieser Eindruck wird mir für immer unvergeßlich bleiben: Während alle anderen gerade heftig diskutierten, daß nur so die Fetzen flogen, und ich mich verstohlen in eine Ecke drückte, weil die Debatte bei meinem Eintreffen schon voll im Gang war, saß er, Eduard Rabofsky, der Dämon, wie abwesend vor sich hinblickend, aber mit jeder Faser konzentriert, auf einer Bank im Hintergrund. Da saß er also, mit glasigem Blick, stierte ins Unendliche, geistig hellwach und doch im Gedanken scheinbar ganz woanders, und ließ die anderen geduldig dahinreden, beachtete ihre Argumente scheinbar kaum.

Plötzlich gab es dann im fanatischen Disput, geprägt von der starken, kämpferischen Dominanz Hermann Bratschkos, so etwas wie eine Erschöpfungspause im allseits einstimmigen, aber nichtsdestotrotz sich gegenseitig emotionell überbietenden Protest. Genau da, in dieser Pause, begann Rabofsky plötzlich zu reden, leise, schleppend, monoton, wie von weit weg her, in komplizierten, kunstvoll ineinander verschachtelten Satzkonstruktionen, scheinbar nüchtern-kalt sezierend, scheinbar weit ausholend dozierend, scheinbar, weil so umständlich formulierend, im Juristenjargon halt – aber jedes Argument, jedes Wort saß! Es wirkte, wurde aufgenommen, begriffen, zumindest aber akzeptiert von allen, tatsächlich von allen, die da andächtig zuhörten, von den Intellektuellen gleichermaßen wie von Bauernburschen. Ein unbegreifliches Phänomen für mich, auch heute noch.

Nie vorher oder nachher in meinem Leben ist mir jemand begegnet, der etwas auch nur ähnliches zustande gebracht hätte. Ich war wie gelähmt, hypnotisiert wie von der Schlange in Rudyard Kiplings berühmten Dschungelbuch. Niemand hatte wirklich verstanden, was er sagte, dazu war sein Geist zu weit jenseits unseres Fassungsvermögens. Aber alle hatten irgendwie begriffen, was er meinte. Und jeder, seltsamerweise, konnte damit schließlich auch etwas anfangen. Es war tatsächlich dämonisch, was sich da abspielte.

Ich meine heute, nach mittlerweile vielen Jahren intensiver Kontakte mit diesem außergewöhnlichen Menschen, der später zu meinem väterlichen Freund geworden war, daß hinter diesem Phänomen Rabofskys ein wesentliches Geheimnis verborgen liegt, das kaum jemand ganz erfaßt hat, der mit ihm je näher zu tun hatte.

Einem so sehr, wenn ich das so sagen darf, aus dem Alltag herausragenden, einem sich so ausgeprägt intellektuell darbietenden Individuum unterstellt man einfach keine sehr persönlichen, menschlichen Emotionen, Gefühle, Sehnsüchte, vor allem: Seelische Wunden. Man akzeptiert unbewußt das brilliante Außergewöhnliche als Selbstzweck, als sich selbst vollauf genügenden Lebensinhalt dieses Menschen. „Der Edi braucht das halt."

Wir alle machen einen klassischen Fehler, der uns verhaltenspsychologisch eigentlich daran erinnern sollte, daß wir gefühlsmäßig noch immer im Neandertal leben, wenn wir glauben: Eine außergewöhnliche Persönlichkeit wie Rabofsky, ein so offensichtliches Leitbild, eine allseits akzeptierte Führerfigur genüge sich selbst.

Es liegt vielleicht im Wesen unserer Zeit, daß wir das neugierige Empfinden für die ganz persönliche Geschichte eines Gegenüber verloren haben.

Wir alle hören uns nämlich immer wieder geduldig an, nehmen es nachsichtig als eine Art Marotte hin, weil es uns, seien wir ehrlich, in Wirklichkeit nicht so sonderlich aufregte: Wenn er nämlich dann und wann plötzlich von seinen sehr persönlichen bitteren Demütigungen der Zwischenkriegszeit erzählte, von seinem für uns heute natürlich unvorstellbaren (wenn auch nicht besonders vom Hocker werfenden, denn der Tüchtige hat ja immer Glück) Herauswursteln aus der Misere eines menschenunwürdig traktierten Arbeitersprößlings durch Matura und Studium im Gefängnis. Vom Spanischen Bürgerkrieg, von seiner lebensgefährlichen Fluchthilfe politisch und rassisch Verfolgter, von seinem antifaschistischen Geheimsender der Roten Armee auf der Kaunergrathütte (während sich hinter einer Holzwand NSdAP-Kursteilnehmer grölend zuprosteten), vom sinnlosen Justizmord an seinem Bruder zum Kriegsende, von seinem hartnäckigen, wissenschaftlich aufgearbeiteten Anprangern der NS-Justiz.

Die universitäre Karriere des Professor Rabofsky – eine Äußerung einer wissenschaftlich sublimierten, also nüchtern-steril aufgearbeiteten Vergangenheitsbewältigung? Als wir Bergführer vor einigen Jahren in Imst unsere Jahreshauptversammlung abhielten, holte ich dazu Edi vom Bahnhof Ötztal ab. Er stieg aus dem Zug, blickte auf einmal lange und nachdenklich auf den Wald hinter dem Bahnhofsgebäude und erzählte mir dann traurig, daß er damals gerade in diesem Wald, plötzlich verfolgt von einem NS-Schergen, um seine Haut zu retten, und nicht aus eiskaltem Kalkül gegenüber dem

Gegner, seinen Verfolger vermutlich erschoß. Das einzige Mal in seinem Leben, daß er zur Pistole griff, daß er töten mußte. Er, der den Krieg und das Töten so sehr verabscheute. Das machte ihn selbst nach über vierzig Jahren noch unheimlich betroffen, so lange Zeit danach. Nichts von alledem war mittlerweile in ihm verheilt.

Was muß dieser Mensch alles mitgemacht haben! Nicht erst damals wurde mir bewußt, daß Eduard Rabofskys eigentliche Motive, sich alsbald so vehement auch der alpinen Unfallkunde zu widmen, wohl im Grunde darauf zurückzuführen sind, daß er ein Leben lang auf der verzweifelten Suche nach Gerechtigkeit gegenüber dem war, was wir vermeintlich Schicksal nennen, was sich die Menschen aber selbst einander antun. Denn gerade in der politischen Konstellation, in die er hineingeboren wurde, wurden diese zutiefst humanistischen Bedürfnisse zynisch und brutal mit Füßen getreten. Auch Millionen andere hatten zu klagen und zu leiden – er aber widmete diesem Kampf mit aller Konsequenz sein ganzes Leben.

Der Preis dafür: Es verwehrte ihm das Glück, die Geborgenheit der Liebe, der Familie, des Zufriedenseins mit seinem Umfeld. Es zwang ihn in ein Leben der Ruhelosigkeit, der Einsamkeit, in die Rolle des Sehenden, Erkennenden gegenüber den Grausamkeiten dieser Welt. Und damit geriet er zwangsläufig in permanenten, hellwachen Widerspruch zum allgegenwärtigen Trend des Vergessens.

Wir alle, die wir in der „Gnade der späten Geburt" aufgewachsen sind, müssen uns daher schon allein aus Ehrfurcht vor einem allzu vordergründigen, allzu leichtfertigen Urteil hüten. Niemand kann mit seiner Existenz in zufriedenem Einklang leben, wenn ihm die bitteren Narben seiner Vergangenheit die innere Ruhe verwehren. Warum wohl schrieb Eduard Rabofsky ruhelos einen Traktat nach dem anderen, ein Buch nach dem anderen?

Ein Beispiel für die ziemlich hahnebüchene, ja geradezu unverfrorene Oberflächlichkeit, mit der ihn der überwiegende Teil seiner Umwelt (darunter leider auch einige meiner Freunde) beurteilte: Immer wieder wurde ihm bei aller sonstiger Wertschätzung seine politische, nämlich seine kommunistische (manche sagen sogar stalinistische) Ideologie vorgeworfen, an der er ja bis zuletzt festhielt. Man verstand es auch nicht, daß er als Arbeitsrechtler ausgerechnet an der ostdeutschen Alexander-Humboldt-Universität habilitieren mußte.

Da galt selbst der Einwand wenig, daß gerade diese Universität international ein besonders hohes Ansehen genießt. Und man neigte als typischer Österreicher auch dazu, Verständnis dafür zu zeigen, wenn Eduard Rabofsky als bekennender Kommunist zuvor jahrelang an allen österreichischen Universitäten abgeblitzt war. Man stelle sich nur einmal vor: In einem Land wie Österreich, das sich sehr gerne selbstgefällig gerade auf seine politische Liberalität und freiheitliche Toleranz so unglaublich viel einbildet, dessen diesbezügliche nationale Realität aber, wie wir alle wissen sollten, derartige Ansprüche tagtäglich als heuchlerische Farce demaskieren.

Diese niederträchtige Kritik an Eduard Rabofsky war daher nicht nur außerordentlich frivol und infam, sondern vor allem im höchsten Maße respektlos. Ich habe mich über diese üblen Tuscheleien hinter seinem Rücken immer besonders aufgeregt, obwohl oder gerade weil ich selbst alles andere als ein Kommunist bin. Zumal sie nicht selten von Leuten ausgingen, die sich ansonsten als seine Freunde bezeichneten und im übrigen sehr gerne und bequem auf dem Zug mitfuhren, den er für uns alle in Bewegung gesetzt hat. Solche Hinterfotzigkeiten hatte dieser Mann nicht verdient.

Eduard Rabofsky war, allen dümmlichen Anfechtungen zum Trotz oder vielleicht auch gerade deshalb, ein hochpolitischer Mensch, und das war eine seiner wertvollsten Eigenschaften. (In altgriechischen Demokratien übrigens nannte man das Gegenstück zum „polites", also zum aktiv politischen Bürger, bezeichnenderweise „idiotes".) Er hat zwar seine bekannte politische Weltanschauung meines Wissens nie jemandem aufgedrängt, aber er hat stets mit Recht unermüdlich darauf hingewiesen, daß auch die alpine Unfallkunde eine maßgebliche politische Aufgabe im wahrsten Sinn des Wortes innehaben muß.

Wenn sie sowas aus seinem Munde gehört haben, sind dann manche einfältigen Geister jedesmal gleich erschreckt zusammengezuckt, wie wenn sie mit einem heißen Eisen berührt worden wären, weil sie daraus doch glattweg schlossen, Rabofsky wolle als kommunistischer Agent das Kuratorium für alpine Sicherheit, den Skilehrer- oder Bergführerverband und überhaupt die gesamte österreichische Alpinszene heimlich zu Unterabteilungen des ZK der KPdSU umfunktionieren.

Ich weiß nicht, ob Eduard Rabofsky über solchen Schwachsinn jedesmal lachen oder sich grämen mußte. Aber ich weiß, daß seine parteipolitische Ideologie nicht nur auf seiner schmerzvoll erlebt und erlittenen antifaschistischen Vergangenheit beruhte, sondern vor allem ein Ausdruck seines zutiefst humanistisch geprägten Weltbildes war; auch da ist er aus Erfahrung kompromißlos geworden. Beides verlangt gerade auch von Andersdenkenden zumindest gehörigen Respekt.

Ähnlichen Respekt erfordert auch in gewisser Weise, wie ich heute erkennen muß, sein geradezu diktatorischer Führungsstil im Kuratorium. Freilich, Rabofsky war kein Demokrat, er blieb nach außen hin stockkonservativ, und er wußte auch, daß ich gerade deswegen gelegentlich leidenschaftliche Kritik geäußert hatte. Der Abstimmungsmechanismus bei Generalversammlungen etwa, oder gar die rüde Art und Weise, wie kritische Stimmen innerhalb und außerhalb des Kuratoriums von ihm üblicherweise abgeschmettert wurden, war mir nachgerade oftmals unerträglich.

Aber allmählich wurde mir auch klar: Die konkrete Erfahrung mag ihn wohl nachhaltig gelehrt haben, daß dieses inhomogene „Ensemble" (wie er es gerne vieldeutig bezeichnet) angesichts des zur Verfügung stehenden

Apparates nicht anders über die Runden gerettet werden konnte. Darüber kann man zwar geteilter Meinung sein, aber dem aus seiner außergewöhnlichen Persönlichkeit rührenden Stil im Umgang mit Andersdenkenden gebührte zumindest ein gewisses Verständnis. Weil wir alle nicht über diese seine spezifische Lebenserfahrung verfügten.

Glaube nur ja niemand, daß auch mir in meiner langjährigen engen Zusammenarbeit mit Eduard Rabofsky dieses manchmal Despotische, Unduldsame, ja geradezu Starrsinnige an seinen Reaktionen nicht auch gehörig zu schaffen gemacht hätte. Unausgegorene Halbheiten haßte er, wobei natürlich nur seine Maßstäbe zu gelten hatten. Andere als seine eigenen wissenschaftlichen Methoden verachtete er ziemlich weitgehend. Und was darüber hinaus nicht von ihm kam oder nicht exakt in seine Konzepte integrierbar war, qualifizierte er unüberbietbar geringschätzig mit einem seiner wohl liebsten Attribute ab: „Mist!"

Vor allem dann, wenn es von außerhalb des Kuratoriums stammte, geriet es unweigerlich und vor allem unerbittlich unter seine alles zermalmenden Räder. Und wer sich selbst innerhalb seines Einflußbereiches mit Neuem, Andersartigem, vielleicht noch Unausgegorenem zu präsentieren versuchte, der benötigte ein saudickes Fell, nahezu unmenschliche Nehmerqualitäten, eine geradezu heroische Leidensfähigkeit. Nur wer so stur sein konnte wie er, konnte vor ihm bestehen. Oder aber er gab seine eigenständigen Ideen ihm gegenüber kampflos auf, hielt den Mund und ordnete sich willfährig unter. Aber das war auch nicht jedermanns Sache, und somit waren permanent vorprogrammierte Konflikte ein geradezu immanentes Markenzeichen der Zusammenarbeit mit Eduard Rabofsky.

Wir alle wissen es, und manche von uns haben es auch an sich selbst leidvoll erfahren müssen, was seine messerscharfe Dialektik, seine geniale Demagogik, seine brillante Rhetorik und seine meisterhafte Fähigkeit zu oft geradezu heimtückischen Attacken zu bewirken in der Lage waren, wenn es galt, die Schwächen des Gegners bloßzulegen. Niemandem lief man so unversehens ins offene Messer.

Wen Rabofsky in seiner Gnadenlosigkeit zu exekutieren beabsichtigte, war ohne jede Chance. Und wenn er gar in erhobenem Tonfall drohte: „Ich möchte nicht mein eigener Feind sein!", dann hieß es schleunigst den Kopf einziehen und das Weite suchen. Dantes Inferno war dagegen ein freundlicher Regenschauer, wenn er jemanden oder etwas ins Visier nahm und den „Abzughahn" drückte. Toleranz war dem Vernehmen nach offensichtlich auch nie Rabofskys besondere Stärke. Alles in allem ein ohne Zweifel charakteristisches Merkmal des Sternbildes Löwe. Als sein Weggefährte mußte man halt damit leben lernen. Was einem bei all dem nämlich verunsicherte: Nicht selten behielt er mit seinen kompromißlosen Vorurteilen schlußendlich auch noch recht!

In meiner leidenschaftlich positiven, weil sehr neugierigen Einstellung gegenüber dem Andersartigen, Neuen, Widersprüchlichen bin ich zu

Rabofsky völlig diametär. Mein großes Problem in der Zusammenarbeit mit meinem Lehrer Rabofsky bestand daher stets vor allem auch darin, zwischen seinen und meinen oder anderen, nämlich von ihm abgelehnten Ansichten die Quadratur des Kreises zu versuchen. Aber auch in so rein stilistischen Details wie beispielsweise im mühseligen Sisyphuskampf um seine unerreicht kunstvollen Satzverschachtelungen, die ich ebenso grenzenlos bewunderte wie ich sie meist selbst nach mehrmaligem Lesen nicht kapieren konnte, gab es zahllose Auseinandersetzungen mit ihm.

Es war für mich als Nichtjurist völlig aussichtslos, einen seiner nicht selten halbseitigen Satzwürmer auf einzelne, nämlich leichter verdauliche Sätze aufzuteilen oder doch zumindest literarisch greifbarer zu formulieren. Da wurde er oft richtig böse, denn damit würde das Gewicht der Aussage verfälscht, meinte er. Und so wie er schrieb, sprach er auch bei Vorträgen, Interviews oder in Diskussionen. Auch wenn das sphärisch hohe Niveau seiner ausgeprägten Formulierungskunst für uns Publikum meist unerreichbar blieb.

Komplexe Zusammenhänge, davon rückte er in der Regel unter gar keinen Umständen ab, könnten eben nur in komplizierten Haupt- und Nebensatzkonstruktionen wahrheitsgerecht wiedergegeben werden. Da half auch nicht der zaghafte Hinweis, daß er von seinem überragenden Intellekt nicht automatisch auf jenen doch relativ bescheideneren von uns Lesern rückschließen dürfe. Wer zu dumm ist, soll's bleiben lassen.

Mehr als einmal landeten Produkte meiner monatelang von ihm unterstützten Arbeiten letztlich in seinem Papierkorb. Nichts war ihm gut genug. Mein gelegentlicher Einwand, daß ich's halt nicht besser könne, wurde dann stets mitleidlos verworfen. Selbst wenn ich mich in meiner verzweifelten Resignation manchmal dazu durchrang, erschöpft Ja und Amen zu sagen und plagiativ exakt so zu formulieren, als hätte er es eigenhändig verfaßt, kritzelte, strich, baute um, ergänzte, strich wieder, verwarf, formulierte er mit einer geradezu an Boshaftigkeit grenzenden Verbissenheit wollüstig an meinem Manuskript herum, daß man dann den ursprünglichen Text darunter oft nicht einmal mehr optisch erkennen konnte. Zeitweise war ich auch schlicht fassungslos, denn er kritisierte und verwarf gelegentlich sogar Dinge, die er noch kurz zuvor genau so und nicht anders haben wollte.

Das war manchmal regelrecht zum Aus-der-Haut-Fahren: War man dergestalt nach nächtelangen Diskussionen, monatelangen Umgestalten ausgelaugt an der Endfassung, am Ziel einer Arbeit angelangt, kam statt Zufriedenheit oder gar Anerkennung sein vernichtendes Urteil: Mist, so, und jetzt fang' endlich deine Arbeit an. Für mich war Edi manchmal auch ein unübertroffener Meister im Zertrampeln von Motivierungen. So stelle ich mir das biblische Fegefeuer vor.

Mehr als einmal warf ich ihm daher den ganzen Krempel hin, weil ich einfach genug hatte von seinen oft undurchschaubaren Rösselsprüngen, von seiner hemmungslosen Despotie. Ich hatte ja nicht meine Zeit gestohlen, meine Energien bis zum Geht-nicht-mehr verschlissen, nur daß das gemeinsam produzierte Ergebnis dann in tausend Stücke zerfetzt wird. Außerdem lege ich bei aller Loyalität großen Wert auf Eigenständigkeit im Denken. Ich hatte manchmal einfach die Nase voll von den ständigen Bevormundungen und Herumnörgeleien.

Erstaunlicherweise war er nur über ein einziges Buch von mir ganz unerwarteterweise voll überschwenglichen Lobes, und das war ausgerechnet jenes Buch, das ich quasi hinter seinem Rücken, ohne seine geringste Mithilfe, ja ohne daß er das Manuskript dazu auch nur gelesen hätte, veröffentlicht hatte. Da kenne sich einer aus! Aber auch das war eben unverkennbar Eduard Rabofsky.

Heute aber weiß ich es voll unendlicher Dankbarkeit: Nie hätte ich auf dieser Welt einen besseren Lehrer finden können. Wie oft hatte er recht behalten in seiner Kritik! Nur dadurch, daß er mich mit rücksichtsloser Strenge bis weit über meine Möglichkeiten und Grenzen hinaus gefordert hatte, war ich Schritt für Schritt weitergekommen. So wie mit seinen Schülern ging er ja auch mit sich selber um. Warum sonst hätte er mir so viel Zeit und so akribischen, unerbittlichen Einsatz gewidmet, er hätte sich's doch weitaus bequemer mit sich und anderen richten können.

Ob sich sein Engagement für meine Arbeit tatsächlich gelohnt hat, muß ich hier natürlich dahingestellt lassen. Aber es war diese besondere, oft falschverstandene Art von liebevoller Zuneigung, die sich hinter seiner Kratzbürstigkeit verbarg. Der Prophet des levantinischen Philosophen Khalil Gibran, den ich eingangs zitiert habe, trifft da genau den Punkt, wenn er an einer anderen Stelle von der Liebe sagt: „Auch wenn das unterm Gefieder versteckte Schwert dich verwunden kann, sie drischt dich, um dich nackt zu machen, sie siebt dich, um dich von deiner Streu zu befreien, sie mahlt dich, bis du weiß bist."

Sie mahlt dich, bis du weiß bist. Man erahnt das wahre Wesen dieses Menschen nur, wenn man trotz aller scheinbar so berechnenden Sturheit erfuhr, wie warmherzig und liebevoll Edi in Wirklichkeit zu seinen Mitmenschen war.

Und wie verletzlich! Auch das begreift man in den wahren Dimensionen meist erst hinterher. So geschah es ganz charakteristisch anläßlich meines Habilitationskolloquiums, dem Höhepunkt und Abschluß eines auch für ihn ungeheuer aufwendigen Prozesses, dessen Triebfeder ja nicht ich, sondern er war. Meiner alpinunfallkundlichen Habilitation an der Universität Salzburg hat Rabofsky Jahre seines Lebens gewidmet, wohl auch deshalb, weil ihm selbst dieser Schritt, wie bereits erwähnt, so ungerechterweise versagt blieb.

Dem Kolloquium blieb er dann aber auf einmal demonstrativ fern, für alle Anwesenden völlig unerwartet, gerade weil er ursprünglich unbedingt aktiv daran teilnehmen wollte und auch herzlich dazu eingeladen war. Ich persönlich war ungemein betroffen von seiner überraschenden Abwesenheit, zumal ich allerorts nie einen Zweifel darüber gelassen hatte, daß mir diese Würde eigentlich nur stellvertretend für Eduard Rabofsky zustand.

Aber er kam nicht. Und zwar deshalb nicht, weil er nur eine allgemeine Dekanatsmitteilung und keine persönliche Einladung durch den Dekan erhalten hatte. Er erschien auch nicht bei der anschließenden Feier im persönlichen Kreis. Als ich ihm später endlich zu einem gemeinsamen Gläschen Wein geradezu nötigen mußte, um ihm für alles zu danken, da setzte er angesichts des schönen gemeinsamen Erfolges bloß eine säuerlich-mieselsüchtige Miene auf. Ich mußte gnadenlos etwas ausbaden, wofür ich nichts konnte.

Wehe, man reagierte darauf in ähnlicher Weise mimosenhaft eingeschnappt – wie von meiner Seite aus dann auch geschehen, denn auch ich kann halt nicht aus meiner Haut heraus. Dann hatte man ihn nämlich ein weiteres Mal überhaupt nicht verstanden. Und daran war man ein weiteres Mal selber schuld.

Wer nämlich glaubte, Edi hätte aus verletzter Eitelkeit so scheinbar kleinlich reagiert, vielleicht, weil er seine Person von Seiten der Hohen Schule nicht angemessen gewürdigt gesehen hätte, der befand sich ganz gewaltig auf dem Holzweg. Es ging ihm überhaupt nicht um seine Person, sondern um die universitäre Anerkennung der wissenschaftlichen Alpinunfallkunde, als deren Symbol er sich und seine Arbeit – mit aller Berechtigung – verstanden wissen wollte. An einem Hüttentisch gemeinsam mit einfachen Bergführern, da fühlte er sich nämlich wesentlich mehr zu Hause als im gelackten Elfenbeinturm.

Freilich, ganz ohne Hang zum Vornehmen war auch er nicht: Da hatte er mir irgendwann einmal, auf einer stinklangweiligen Veranstaltung, einen seiner berühmten Zettelchen zugesteckt, und zwar mit der Bemerkung, daß er eigentlich Anspruch auf den britischen Hochadel hätte. Auf dem Zettel stand „Rab-of-Sky" ...

Damit wird es Zeit, auf eine Facette Rabofskys hinzuweisen, die auf keinen Fall unerwähnt bleiben darf: Auf seinen ausgeprägten, sehr subtilen Sinn für Humor. Was haben wir schon gelacht, wenn er in schrulliger Manier Anekdoten oder auch bloß geistvolle Witze zum Besten gab! Manche seiner in guter Stimmung verfaßten Briefe an mich sind so voller Witz und Charme, daß ich sie, was sonst nicht meine Art ist, an einem besonderen Ort aufbewahre und immer wieder lese.

So ist er auch ein wahrer Meister der Selbstironie. Sein Standardhistörchen von jenem verirrten Ballonfahrer, dem auf die Frage „Wo bin ich" geantwortet wird: „In einem Heißluftballon", worauf ersterer aufbegehrt, das wisse er ja selbst, was den um Auskunft gefragten Passanten zur Feststellung veranlaßt: „Was erwarten Sie sich denn besseres von einem Juristen – meine Auskunft war prägnant, sachlich richtig und nichts wert" war Legende. Auch dieser amüsant-geistreiche Charakterzug Rabofskys machte das Zusammensein mit ihm so ungemein wertvoll.

Ich komme nun zum Schluß meiner Gedankenausflüge durch einige – und beileibe nicht alle – Seiten Eduard Rabofsky, so wie ich sie erlebt und empfunden habe. Und wenn ich so zurückblicken darf wie heute, dann bin ich voll grenzenloser Bewunderung und liebevoller Zuneigung zu diesem Schwierigen, diesem väterlichen Freund. Voll tiefem Dank auch dafür, daß er wie viele andere auch mich unter seine unvergleichlichen Fittiche genommen hat. Und voll Stolz, sein Schüler gewesen zu sein.

Ich machte die Erfahrung von der Verkehrtheit des Weltlaufs

Manfred Buhr, Berlin

I.

Dieser Satz Hegels aus einem Brief an Niethammer vom 22. Dezember 1810 war Ausgangspunkt eines langen Gesprächs mit Eduard Rabofsky Anfang September 1990, das wir unweit von Graz in einem Kaffeehaus führten. Es ging dabei, und zwar nicht das erstemal, um die historischen Brüche, die in den achtziger Jahren eingetreten waren. Dabei spielte die Niederlage und noch mehr die Selbstaufgabe eines Teils der internationalen Arbeiterbewegung eine zentrale Rolle. Wir sprachen über mögliche Ursachen dieser Niederlage bzw. Selbstaufgabe, noch mehr jedoch darüber, ob diese ein Ende oder eine Chance bedeuten. Wir gaben der Chance den Vorzug und verwarfen das Ende. Dies nicht aus Trotz, sondern auf Grund der Gewißheit, daß der Geschichtsprozeß keine Ende kennt, alternativ verläuft, offen und durch Brüche gekennzeichnet ist. Edi meinte, daß eine kritische Situation nicht dadurch aus der Welt geschafft werden kann, wenn diese zu einem Ende stilisiert werde. Die Rede vom Ende der Geschichte offenbare Unsicherheit bei jenen, die sie verkünden. Zudem können die historischen Brüche, die als ein Ende ausgegeben werden, nicht nur von jener Seite her gesehen werden, die als Sieger daherkommt. Mit Schwarz-Weiß-Denken sei die eingetretene Situation weder theoretisch noch praktisch zu bewältigen. Vonnöten sei vielmehr Orientierung, Besinnung, kritische Reflexion, Würde und Ziel. Dabei müsse der Teufelskreis der nun einsetzenden Legendenbildungen durchbrochen werden. Sehr schnell kamen wir in unserem Gespräch auf das Thema der Geschichte und Zukunft des Marxschen Denkens. An dieser Problematik bissen wir uns fest, weil wir sie für zentral für unsere gegenwärtige Bruchsituation hielten und uns durch ihr Bedenken Orientierung versprachen. In den folgenden Ausführungen bringe ich Grundgedanken meines Gesprächs mit Edi ein.

Unser Gespräch war kein bloßes Theoretisieren. Diesem setzte Edis Lebenserfahrung schon die Schranke. Es war ein Gespräch in „weltbürgerlicher Absicht". Zum Beispiel meinte Edi, daß es ein unglückliches und unproduktives Verhalten sei, wenn nunmehr viel über Verfassungsfragen diskutiert werde. Dadurch gerate der Kampf der Klassen aus dem Blick.

Außerdem seien solche Diskussionen eine „Flucht in die Unwirklichkeit der Literaturkritik", der große Staatsrechtslehrer könne zur Zeit sowieso nicht verortet werden. Vordringlich dagegen seien Fragen des Erbes (Aufklärung, Französische Revolution, Oktoberrevolution), dessen Unabgegoltenheiten eingefordert werden müßten. Dazu kämen Fragen der Geschichte als Prozeß, der internationalen Solidarität, der ideellen und mentalen Dimension der europäischen Einigungsbestrebungen und schließlich, was Edi die meisten Sorgen bereitete, die Würde der angeblich Besiegten. Edi entwickelte seine Gedanken auf der Grundlage der Hegel-Marxschen Methodologie, ohne dabei in irgendeiner Weise an einem Dogma hängen zu bleiben oder autoritätsgläubig zu argumentieren. Je mehr in Frage gestellt wurde, umsomehr kamen jene Grundlinien zum Vorschein, an denen festgehalten werden müsse, um sich in der Gegenwart zu behaupten. Edis Grundüberzeugungen, hervorgegangen aus einem kampferfüllten Leben, waren fest und nicht wendeanfällig. Dabei war sein Denken offen, für Alternativen zugänglich und überschreitend. Es wurde getragen von etwas, das selten geworden ist, nämlich von Güte und Tugend. Gerade das aber verlieh seinen Argumenten Kraft und Orientierung, Optimismus und Zukunftsgewißheit. Irgendeine Schwäche war in unserem Gespräch nicht zu bemerken. Hingegen strahlte Edi, ungeachtet seines hohen Alters, Stärke und Würde aus, auch sein sprichwörtlicher Humor war ungebrochen.

II.

Es ist wohl unbestritten, daß unsere Gegenwart die Zeit eines historischen Bruchs, genauer: die Zeit von historischen Brüchen darstellt, in der überkommene Weltbilder und Werte, soziale und politische, auch rechtliche Orientierungen und darauf beruhende Politik nicht mehr greifen, und zwar allenthalben, also weltweit. In solcher Zeit hat es „die Tugend niemals eilig"[1]. Mit Hegel könnte gesagt werden: „Die ganze Masse der bisherigen Vorstellungen, Begriffe, die Bände der Welt, sind aufgelöst und fallen wie ein Traumbild in sich zusammen."[2]

Zu fragen ist hier, ob es gerechtfertigt ist, sich in unserer Zeit auf diese Hegel-Stelle zu berufen. Mir scheint, daß dies nur mit Einschränkung möglich ist. Hegel lebte in der Zeit eines Übergangs von einer Gesellschaftsformation zu einer anderen, seine Zeit war eindeutig die einer historischen Vorwärtsentwicklung. Unsere Zeit dagegen ist, welthistorisch gesehen, eher die einer Rückwärtsbewegung, welche sich durch Orientierungslosigkeit und Unübersichtlichkeit auszeichnet. Was der Oktober 1917 in Fortführung von 1789 in die Welt bringen wollte, wird heute mit vielen

---

[1] D'Hondt, Die Ethik und der Weltlauf, in: Zur Rekonstruktion der praktischen Philosophie, Hrsg: Apel (1990), 60.
[2] Hegel, Dokumente zu Hegels Entwicklung, Hrsg: Hoffmeister (1936), 352.

Fragen versehen und ist dabei, eine andere Gestalt anzunehmen. Es könnte von einer Erschöpfung des Impulses von 1789/1917 gesprochen werden. Das historisch Neue hat einen Rückschlag erlitten, befindet sich in der Auflösung und muß sich erst wieder formieren. Was sich formiert und wie es sich formiert ist noch nicht auszumachen. Trotz dieses Befundes wäre es dem Geschichtsprozeß nicht angemessen, die Hände in den Schoß zu legen und auf das zu warten, was da kommt und ob es überhaupt kommt. Das Gegenteil ist notwendig. Die Revolution ist nicht zu Ende, wohl aber muß sie lernen und forschen. Lucien Sève hat diesen Sachverhalt 1990 in einigen Fragen formuliert, die zugleich auch immer eine Antwort enthalten, die zumindest bedenkenswert, wenn nicht richtungsweisend sind. Unter dem Titel „Eine Revolution muß forschen" fragt er: „Hat der epische Ausgang der achtziger Jahre das Jahr 2000 verändert? Ist der Kommunismus nun aus der Zukunft getilgt? Hat die Geschichte mit dem Kapitalismus ihr letztes Wort gesprochen? ..." Sève verneint diese Fragen entschieden und antwortet:

> „Wenn das von Marx ausgehende Denken weiterhin unersetzlich ist, um die Widersprüche des Kapitals kritisch zu begreifen, warum scheint es ihm dann schwer zu fallen, sich in einer operativen Theorie ihrer Überwindung fortzusetzen? ... Muß man aber deswegen die Flinte ins Korn werfen? Wenn ein Sozialismus stirbt, versucht ein anderer zu entstehen ... Ist das nicht die große Neuheit dieses Jahrhunderts? ... So bleibt die Aufgabe, obwohl in ihren so verschiedenen Formen von den Wirbeln der Geschichte kräftig erneuert, ihrem Inhalt nach mehr als je überall dieselbe: Es geht darum, die Wege einer neuen sozialen und weltweiten Ordnung anzumahnen, worin die Menschheit zwar all das bewahrt, was sie unter dem Kapitalismus an höchst Wertvollem erwerben konnte, aber zugleich seinen Makeln und seinen Dramen endgültig den Abschied gibt."[3]

In diesem Zusammenhang ist nun die eben angeführte Hegel-Stelle doch bedenkenswert. Was Hegel nämlich meinte ist, daß wir uns überzeugen müssen, daß es historisch-gesellschaftliche Bruchsituationen gibt, die wertmäßige und epistomologische Brüche an sich haben, denen wir uns stellen müssen. Einer solchen Bruchsituation kann aber gleichermaßen nur mit Kraft, Geduld, Besinnung, kritischer Selbstreflexion und nachdenkendem Denken begegnet werden. Das heißt, daß theoretisches Denken, Nachdenken und Bedenken gefordert sind – ein Denken also, das nicht bloß in der Gegenwart verweilt, sondern diese überschreitet und so durch die Gegenwart hindurch sich auf die Zukunft orientiert.[4] Weniger dagegen

---
[3] Sève, Communisme: quel second souffle? (1990), 3 f.
[4] Wer das Überschreiten des gegebenen Zustands vernachlässigt, gar vergißt, oder sich nur im Analytischen tummelt, der denkt nicht mehr, weil er aus dem Geschichtsprozeß die Dimension der Zukunft ausschaltet, ohne die weder Vergangenheit noch Gegenwart zu denken sind. Er sperrt sich so in den Käfig der Jetztzeit, was zur blinden Apologie des Gegebenen führt.

sollten vorschnelles Urteilen und vorlautes Verkünden oder messianische Schwärmerei zu Eigenschaften der Zeit gemacht werden, weil diese Orientierungslosigkeit, Leerräume, Ausgrenzung und intellektuelle Verarmung nach sich ziehen.

Meine Überzeugung ist, daß die gegenwärtige historische Bruchsituation nur mit angestrengter theoretischer Arbeit zu bewältigen ist, weil sie nur so erklärt werden kann. Ich meine eine theoretische Arbeit, die den Mut aufbringt, auf Kontinuität und Diskontinuität zu setzen, die Bisheriges nicht ersatzlos streicht, in dem sie sich diesem unter dem Druck der unmittelbaren Gegenwart verweigert, die aber zugleich das Bisherige kritisch hinterfragt und sich dessen ganzer Geschichte in ihrer Komplexität versichert.

Ich hebe die Forderung nach angestrengter theoretischer Arbeit auch deshalb hervor, weil Theorielosigkeit immer Phantasielosigkeit nach sich zieht. Phantasielosigkeit aber blockiert historisches Fortschreiten, indem sie immer auf die je dominierende Macht setzt, sich auf die Seite der Sieger oder vermeintlichen Sieger schlägt und so jeder Form von Stagnation und Restauration in die Hände arbeitet. Im Hinblick auf die Frage nach der Zukunft der Marxschen Theorie scheinen mir diese Feststellungen nicht unwichtig. Geht es doch dabei um die weitergehende Frage, ob Emanzipation weiterhin Ziel und Triebkraft des Geschichtsprozesses ist, sein kann und sein soll. Denn die Marxsche Theorie entstand als Emanzipationstheorie, woraus ihre unvergleichliche Wirkung hervorging und weiter hervorgehen wird.

III.

Nun liegt die Versuchung nahe, angesichts der vor sich gehenden Veränderungen, der sich vollziehenden Umbrüche in der Gegenwart, den Geschichtsprozeß tagesaktuell begreifen zu wollen. Eine solche Vorgehensweise aber ist kurzschlüssig. Perspektive, Zukunft und Ziel geraten aus dem Blick. Mit Bezug auf die Vergangenheit wird sie zur Grundlage von Legendenbildungen beliebiger Art, die zu einer Weise negativer Tugend der Gegenwart geworden sind.[5] Man muß sich anstrengen, einer solchen

---

[5] Legendenbildung zu betreiben, statt sich des Geschichtsprozesses zu verpflichten ist in historischen Bruchsituationen eine weit verbreitete Erscheinung. In diesem Spiel wirken mehrere Faktoren: historische Unwissenheit und mangelnde Allgemeinbildung, lineares und ahistorisches Denken, gesellschaftsbedingter Egoismus, Unfähigkeit in Alternativen zu denken u.a.m., vor allem aber menschliche Schwächen. Aus gegebenem Anlaß schrieb Hegel am 15. März 1810 an Niethammer darüber: „Wenn es mein Beruf gewesen wäre, etwas darüber zu schreiben, so hätte ich demonstriert, daß diese Menschen, die diesen Lärm der Niederträchtigkeit machten, weder Esel, noch Ochsen, noch Schafe, noch Füchse u.s.f. sind, denn alle diese Tiere haben in der besonderen Art von Dummheit und Roheit, die ihnen zukommt, eine gewisse Konsequenz und Ordentlichkeit; sondern daß sie Schweine sind, deren Natur ist, Verstand und Dummheit, Unwissenheit und Unverschämtheit, Schuftigkeit und Feigheit, Pfiffigkeit und Plattheit, Osten und Westen ohne Scheu ganz säuisch durcheinander zu

Versuchung zu widerstehen und dennoch in der Gegenwart verankert zu bleiben, um sie nicht zu überspringen. Doch sollten wir uns keinen Illusionen hingeben. Was in der Welt (und gerade eben in der Gegenwart) zunächst zählt, und was in gesellschaftliche Handlungsmotive eingeht, das ist das Bewußtsein mit seinen endlichen Zwecken, seinen vordergründigen Zielen, das Verweilen und das sich Festhalten in der Jetztzeit, um in dieser nicht zu kurz zu kommen. Hier kann mit Leibniz angemerkt werden, daß uns die Vergangenheit zwar bedingt, aber nicht zwingt.[6] Die Vergangenheit muß gedacht und bedacht werden. Aber sie kann nicht fortgeschrieben werden, auch wenn man die Vorzeichen vertauscht. Eine zunehmende Distanz vom Geschichtsprozeß wäre die Folge. Deshalb ist jede Form linearen Denkens zu verwerfen, auch wenn es das Wort „Dialektik" im Munde führt. Denn durch ein solches Denken erschließt sich weder der Geschichtsprozeß noch die eigene Biographie. Näher betrachtet ist solches Denken ein Fluchtversuch aus der Geschichte.

IV.

Zu diesem Fluchtversuch aus der Geschichte gehören auch primär die in unserer Gegenwart prononciert vorgetragenen Thesen vom Tod der Marxschen Theorie, ihrem Versagen, ihrer Unangemessenheit für unsere Zeit und unsere Zukunft – Thesen, die schließlich und endlich auf die Behauptung vom Ende der Geschichte hinauslaufen.

Allein welche Vorbehalte für den Tod, das Versagen und die Unangemessenheit der Marxschen Theorie auch ins Feld geführt werden, es gibt Gründe, die solchen Behauptungen entgegenstehen. Diesen Gründen muß man sich versichern, um nicht vorschnell der Behauptung vom Tod der Marxschen Theorie zu verfallen. Einige solcher Gründe möchte ich hier anführen.

1. Das Marxsche Denken ist ein Bestandteil der europäischen Ideen-, Theorien- und Gesellschaftsgeschichte und hat darüber hinaus in anderen Kulturen Einzug gehalten. Was in ihr einmal zur Wirkung gekommen ist, das kann nicht per Dekret ungeschehen gemacht werden. Es wirkt – positiv oder negativ – in der Gegenwart weiter. Dieses gegenwärtige Weiterwirken der Marxschen Theorie verbürgt aber auch ihre Wirkung in der Zukunft.
2. Das Marxsche Denken gehört so unverzichtbar zur europäischen Kultur, es ist aus ihr nicht wegzudenken. Auf Marx verzichten zu wollen

---

wühlen und ein Chaos von Morast und Gestank hervorzubringen, daß diejenigen, gegen welche sie ihren Pfuhl anrichten, sich alle Sinne beleidigen müssen, wenn sie diesen Säubrei etwas anhaben wollen. Man könnte dies jenen als eine List und Verdienst anrechnen, wenn es nicht die natürliche Natur des Kots wäre, es zu erschweren, sich damit zu befassen."

[6] Horn, Monade und Begriff. Der Weg von Leibniz zu Hegel (1965), 7.

hieße, auf wesentliche Bestandteile der europäischen Kulturentwicklung seit der Mitte des 19. Jahrhunderts verzichten zu wollen. Das gilt sowohl für Erscheinungen, die positiv an Marx anknüpfen als auch für jene, die sich als Gegenzug zu Marx verstanden und verstehen.[7]

3. Die in der Gegenwart dominierende Gesellschaft, der Kapitalismus, ist in seiner derzeitigen Ausprägung ohne Marx und seine Wirkungsgeschichte nicht zu denken. Das betrifft insbesondere ihren politischen und sozialen Bereich. „Es ist sicherlich eine Ironie, daß ... Marx selbst teilweise verantwortlich erscheint für die Fähigkeit des entwickelten Kapitalismus, einige seiner offensichtlich selbstzerstörerischen Tendenzen zu korrigieren. Jedoch wird niemand, der sich der List der Vernunft bewußt ist, über diese dialektische Wendung angesichts der Aufnahme marxistischer Ideen in die moderne Geschichte erstaunt sein."[8]

4. Das Marxsche Denken ist seiner Intention nach ein kritisches Korrektiv zur bürgerlich-kapitalistischen Gesellschaft. Sie ist ihre Analyse und orientiert über diese hinaus, in dem sie Freiheit ohne Gleichheit nicht denkt und in diesem Zusammenhang am universellen Menschen- und Menschheitsbegriff festhält. Dieses – und nicht nur dieses – verweist darauf, daß Marx im Zusammenhang mit der europäischen Aufklärungsbewegung, der Französischen Revolution und der klassischen deutschen Philosophie und Literatur gesehen werden muß. Er hat deren Erbe aufgenommen und fortgesetzt. Das bedeutet: Wird auf Marx verzichtet, so verzichtet man zugleich auf wesentliche Teile der Tradition der europäischen Aufklärungsbewegung, der Französischen Revolution und der klassischen deutschen Philosophie und Literatur.[9]

---

[7] Avineri (Karl Marx – hundert Jahre danach, in: Dialektik 6 [1983], 14) hat hierzu festgehalten: „Nähme man den marxistischen Beitrag aus der modernen Geschichte und ihren intellektuellen Begleiterscheinungen heraus, so bliebe schwerlich ein Bereich menschlicher Wissenschaft der gleiche ... Der Marxismus ... verwandelte das gesamte Selbstverständnis des modernen Menschen in den verschiedensten Bereichen, nicht indem er uns alle zu ‚Marxisten' machte, sondern weil er in alle Bereiche des Denkens und Handelns in einem solchen Maße eingedrungen ist, daß es unmöglich ist zu unterscheiden, was marxistisch ist und was nicht. Er wurde soweit universalisiert, daß er in vielen Fällen nicht mehr zu unterscheiden ist vom allgemeinen intellektuellen Erbe der gegenwärtigen Menschheit in den meisten Sphären menschlicher Verständigung. Er hat die Vorstellungen, Begriffe und Bezugspunkte politischer, sozialer und menschlicher Auseinandersetzung auf eine Art und Weise verändert, wie es unter dem Eindruck keiner anderen Denker oder Schulen geschehen ist. Er ist – wenn auch für viele manchmal unbewußt – Gemeingut der modernen Menschheit geworden. Dadurch hat er genauso viel getan, die Welt zu verändern wie sie zu interpretieren."

[8] Avineri, aaO.

[9] In seiner Studie „Marx, die liberale Tradition und der universelle Menschenbegriff" (in: Actuel Marx, 5/1989) hat Losurdo diesen Tatbestand herausgearbeitet. Er betont in dieser „die fundamentalen Schranken des klassischen liberalen Denkens: die Tatsache, daß es den universellen Menschenbegriff sowohl bezüglich der Lohnarbeiter als auch bezüglich der Kolonialvölker ignoriert. Andere Tendenzen im bürgerlichen politischen Denken – Hegel und

5. Das Marxsche Denken ist eine Theorie der Geschichte, eine Geschichtsphilosophie, die auf ein Fortschreiten des Geschichtsprozesses aus ist. Es kennt kein Ende der Geschichte. Wohl aber kennt es Rückschläge, Niederlagen, Umwege, Stagnationen, Sackgassen und auch zu früh Gekommenes, weil es die Geschichte als einen Prozeß nimmt.
6. Das Marxsche Denken verschmolz wie keine andere Theorie mit einer gesellschaftlich-praktischen Bewegung, der Arbeiterbewegung, deren Wirkung weltweit war und ist.
7. Durchgängig ist der Marxschen Theorie der Bezug auf ein humanistisches Anliegen. Es ist der Ausgangs- und der Endpunkt des Marxschen Denkens. Erst unter Berücksichtigung des humanistischen Anliegens der Marxschen Theorie sind ihre einzelnen Teile produktiv zu machen und kritisch zu hinterfragen.
8. Die Marxsche Theorie ist die Einheit eines Weltmodells. Sie ist „ein systematisch ausgearbeitetes Erklärungsmuster für die Welt ..., daß ... auf keine außerweltlichen und unerkennbaren Gründe für den Weltlauf zurückgreifen muß, um in sich schlüssig zu sein". Das bedeutet nicht, daß die Marxsche Theorie ein Dogma wäre. Im Gegenteil. Die Feststellung, daß die Marxsche Theorie „ein systematisch ausgearbeitetes rationales Erklärungsmuster für die Welt" ist, gilt nur unter der Voraussetzung (und das „für die Welt" zeigt das schon an), daß sie Entwicklungen unterliegt, weiterentwickelt werden muß, für den Geschichtsprozeß immer wieder neu fruchtbar zu machen ist. Sie hat sich den Herausforderungen des Geschichtsprozesses und den Fortschritten der Wissenschaften zu stellen. Dazu ist das Gespräch mit den Toten und Lebenden notwendig. Daß die Marxsche Theorie entwicklungsfähig ist und bleiben muß, „heißt nicht, daß sie beliebig verändert werden kann". Die Marxsche Theorie „wäre nicht mehr (sie) selbst, würde (sie) die Erkenntnis abschreiben, daß alle Geschichte eine Geschichte von Klassenkämpfen ist".[10]

Diese angeführten Gründe, sicher nicht vollständig, sind für mich Merkmale, daß die Marxsche Theorie eine Zukunft hat.

V.

Die Marxsche Theorie war und ist verbunden mit einer gesellschaftlich praktischen Bewegung, der Arbeiterbewegung. Dieser Tatbestand kann im

---

die rousseauistisch-jakobinische Tradition – sowie die sozialistische und marxistische Tendenz brachten sowohl diesen Begriff als auch eine Theorie der Freiheit hervor, die es ablehnt, die Freiheit von der Gleichheit zu trennen." Vgl auch Losurdo, Selbstbewußtsein, falsches Bewußtsein, Selbstkritik des Abendlandes, in: Buhr (Hrsg), Das geistige Erbe Europas (1994), 733 ff.

[10] Holz, Niederlage und Zukunft des Sozialismus (1991), 25.

nachhinein und insgesamt bedauert werden. Allein dieser Tatbestand ist es aber, auf dem die anhaltende Wirkung des Marxschen Denkens beruhte und beruht. Ihn zu leugnen würde bedeuten, sich der Geschichte nicht zu stellen. Sich der Geschichte zu verpflichten, scheint mir aber eines der Grundprobleme unserer unmittelbaren Gegenwart zu sein. Dies umsomehr als der Ausstieg aus der Geschichte gegenwärtig weit verbreitet ist. Ein unhistorisches Bewußtsein macht sich breit. Dieses wiederum verstärkt die Orientierungslosigkeit. So hat es jede Art von Marx-Gegnerschaft leicht, in die dadurch entstehenden Leerräume einzudringen, sich in ihnen festzusetzen. Dieser Vorgang sollte nicht nur theoretisch genommen werden. Er ist von höchst praktisch-gesellschaftlicher Bedeutung. Wird auf Marx vorschnell verzichtet, so geht das wohl wirkungsvollste Analyseinstrument der in der Gegenwart dominierenden Gesellschaft, des Kapitalismus, verloren. Das Ende der Geschichte ist dann leicht proklamiert und dringt ins allgemeine Bewußtsein. Die Verkehrtheit des Weltlaufs wird dann nicht mehr hinterfragt. Kommt es aber nicht gerade in unserer Zeit darauf an, der Proklamation des Endes der Geschichte die Stirn zu bieten, um sich in eben unserer Zeit zu orientieren und so orientiert in die Zukunft blicken zu können? Mit der These vom Ende der Geschichte wird ja das Marxsche Denken nicht nur allgemein in Frage gestellt, sondern primär ihr Charakter als Emanzipationstheorie und darüber hinaus Emanzipation als Grundzug und Ziel der Geschichte insgesamt. Die Verkehrtheit des Weltlaufs wird so nicht mehr hinterfragt, sondern zur Norm erhoben.

VI.

Meine Absicht konnte es nicht sein, die Frage nach der Zukunft des Marxschen Denkens, die die weitverzweigte Geschichte dieses Denkens einschließt, auch nur annähernd beantworten zu wollen.[11] Mir ging es darum, einige Fragen, die ich für Grundfragen unserer Zeit halte, aufzuwerfen und darauf mögliche Antworten zu formulieren. Ob diese in eine tragfähige Richtung weisen, wird der Geschichtsprozeß offenbaren. Allein um eines ist es mir auf keinen Fall gegangen, nämlich mit der Mode zu gehen, die Vorzeichen einfach zu verkehren. Damit mag man Augenblickserfolge verbuchen können, der Weg der Gerechten und der Raum der Wachen wird damit nicht erreicht. Wie überhaupt, so ist gerade in Zeiten historischer Brüche zwischen Geschichtsprozeß und Legende zu unterscheiden. Niemand kann aus der Geschichte aussteigen, auch nicht, wenn er, um sein Gewissen zu beruhigen, sich der Legende hingibt. Irgendwie begibt man sich dann doch in die Rolle jenes Scholastikers, der die Sterne

---

[11] Vgl ausführlicher Buhr, A história e o futuro da teoria da teoria de Marx, in: Vértice (Lisboa), 61, 69 ff.

nicht wahrhaben wollte, die er durch Galileis Fernrohr sah, weil es diese nach der überlieferten Lehre nicht geben durfte.

Ich führe eine kleine Geschichte an, die Ernst Bloch in seinen „Spuren" festgehalten hat, und die Eduard Rabofsky so liebte und die ihn zugleich bewegte, weil sein Leben weitgehend Spurensuche war. Sie trägt den Titel „Kleinkarierte Mitstreiter" und erzählt eine Grundbefindlichkeit unserer Gegenwart, über die ich eben gesprochen habe:

> „Als es mir unpassend schien, noch länger an einer politischen Zeitschrift mitzuarbeiten, die sehr subalterne Beiträge hatte, antwortete mir ein davon unberührter Freund: ‚Wenn hundert Katzen vor dem Berliner Schloß stehen und miauen, so achte ich nicht darauf, daß es Katzen sind, sondern daß sie protestieren, stelle mich neben sie und miaue mit.' Das war zweifellos gut gesehen, das verwendete Bild stimmte. Nur: es gibt heutzutage eine Unmenge Leute, die kein Recht darauf haben, recht zu haben. Die den kalten, gar vorher den heißen Krieg mitmachten und nun sozusagen dasselbe sagen wie rote Getreue, die mit viel gar uneins sind, was aus den herrschenden Genossen geworden ist. Nur *diese* Art Unzufriedene, als eine bewährte, zum Unterschied von den bloßen Katzen des kalten Krieges, kann heute ihren Mann stehen, buchstäblich ihren Mann mit Rat und Tat, nicht ihren opportunistischen Tagdieb."

Dieser kleinen Geschichte kann ein Satz von Bloch zur Erläuterung angefügt werden, die sein Anliegen schlagartig erhellt: „So rasch sinken ... Menschen zusammen, verlieren ihren Pol, wenn man ihnen die äußere Fixierung entzieht."[12]

Durch die Entziehung der äußeren Fixierung sind in der Tat viele Menschen zusammengesunken. Eine Antwort auf die Frage nach der Zukunft der Marxschen Theorie kann mithelfen, die verloren gegangene äußere Fixierung wiederherzustellen. Sie ist notwendig, um im gegenwärtigen Geschichtsprozeß die Orientierung zu behalten und sein Emanzipationsziel nicht zu vergessen.

Dieser Feststellung füge ich zum Beschluß Kant an, der im Abschnitt „Völkerrecht" seiner Schrift „Über den Gemeinspruch: Das mag in der Theorie richtig sein, taugt aber nicht für die Praxis" schrieb:

> „Ich werde also annehmen dürfen: daß, da das menschliche Geschlecht beständig im Fortrücken in Ansehung der Kultur, als dem Naturzwecke desselben ist, es auch im Fortschreiten zum Besseren in Ansehung des moralischen Zwecks seines Daseins begriffen sei, und daß dieses zwar bisweilen *unterbrochen*, aber nie *abgebrochen* sein werde. Diese Voraussetzung zu beweisen, habe ich nicht nötig; der Gegner derselben muß beweisen."

Und Kant fügt an:

> „Diese Hoffnung besserer Zeiten ... hat auch jederzeit auf die Bearbeitung der Wohldenkenden Einfluß gehabt ... Bei dem traurigen Anblick, nicht so

---

[12] Bloch, Spuren, Gesamtausgabe 2 (1977), 30 ff.

wohl der Übel, die das menschliche Geschlecht aus Naturursachen drücken, als vielmehr derjenigen, welche die Menschen sich unter einander selbst antun, erheitert sich doch das Gemüt durch die Aussicht, es könne künftig besser werden."[13]

---

[13] Kant, Werke, Hrsg: Weischedel, Bd VI, 1964, 167 f.

Das Recht der postsowjetischen Gesellschaften – eine erste Annäherung

Wolfgang Däubler, Bremen

I. Das Wahrnehmungsproblem

Sowjetisches Recht zur Kenntnis zu nehmen und zu bewerten, war in der Vergangenheit mit kaum überwindbaren Schwierigkeiten verbunden. Auf der einen Seite stand die mächtige Front der Antikommunisten, die im „Reich des Bösen" nur Schlimmes entdecken konnte. Selbst harmlose und für den einzelnen nützliche Vorschriften konnten nichts anderes sein als eine besonders hinterhältige Form von Repression. Auf der anderen Seite standen die bedingungslosen Apologeten – in den sozialistischen Ländern waren sie die (allein) herrschende Meinung, im Westen ein in die Ecke gedrängtes Häuflein, das sich gerade aufgrund der Ausgrenzung durch die hier Herrschenden mit der sowjetischen Gesellschaft ungemein stark identifizierte.

Wissenschaftliche Arbeit kann unter solchen Voraussetzungen nur wenig gedeihen. Zwar ist es der einen wie der anderen Position möglich, die Existenz von Rechtsnormen und (vielleicht auch) ihre Handhabung durch die Gerichte nachzuvollziehen, doch die Wissenschaft muß vor der zentralen Aufgabe kapitulieren, ob das Recht überhaupt die Wirklichkeit gestaltet, ob es für die Akteure handlungsleitend ist. Die „Gefahr" eines differenzierten Ergebnisses, bei dem sich Licht und Schatten mischen, ist für beide inakzeptabel. Am ehesten konnte man objektive Informationen noch von jenen erwarten, die mit dem Handelsverkehr und westlichen Investitionen in sozialistischen Ländern befaßt waren – wer Geschäfte machen will, braucht nicht Ideologie, sondern Information über Realität. Dies betraf jedoch nur einen kleinen Sektor des gesamten Rechtssystems; in allen übrigen Teilen war man auf empirisch nur wenig untermauerte Vermutungen angewiesen.

An dieser Situation hat sich auch nach dem Zerfall der Sowjetunion nichts wesentliches geändert. Zwar haben die Ideologien ihre Grundlage verloren, die in der Vergangenheit die Scheuklappen verpaßten – gleichwohl ist in den GUS-Staaten schon angesichts der sich auflösenden Ressourcen der Hochschulen keine ernsthafte rechtssoziologische Forschung in Sicht.[1] Gleichzeitig sind in den Ländern der ehemaligen Sowjetunion zahlreiche westliche Experten am Werk, die neue Gesetzbücher entwerfen. Der legislatorische Erfolg dieser Bemühungen ist derzeit (Mai 1995) noch gering. Außer einigen Gesetzen in den baltischen Staaten und dem ersten Teil des Bürgerlichen Gesetzbuchs der Russischen Föderation ist kaum ein konkreter Erfolg zu verzeichnen. Insoweit ist es sicherlich nicht zu spät, ein wenig darüber nachzudenken, welche Rolle dem Recht überhaupt in den Nachfolgestaaten der Sowjetunion zukommt. Dabei soll es im folgenden nur um eine allererste Skizze gehen, die Erfahrungen des Verfassers wiedergibt, die er als Berater in der kirgisischen Republik sowie auf einigen Seminaren in Moskau gesammelt hat.

Ist die Gedächtnisschrift Rabofsky der richtige Ort für solche Überlegungen? Ich meine ja. Der zu Ehrende war in seinen politischen Überzeugungen keinem der beiden beschriebenen Lager zuzurechnen. Daß er nicht zu den Antikommunisten gehörte, verstand sich von selbst. Aber er war auch kein Apologet, sondern ein ehrlicher, an der Realität orientierter Mensch. Er hätte nicht in der DDR leben wollen, hat er einmal gesagt. Mich hat dies damals gewundert, heute verstehe ich ihn besser. Auch Gorbatschow hat er sehr realistisch eingeschätzt; sein Einreißen von Strukturen, seine Zerstörung sowjetischer Identität durch „Vergangenheitsbewältigung" mache den Rest an Arbeitsmotivation und Kooperationsfähigkeit kaputt, der allen Alltagsproblemen und allen vorgeschriebenen Verhaltensritualen zum Trotz noch erhalten geblieben war.[2] Daß sich Eduard Rabofsky auf die Auseinandersetzung mit den Problemen seiner Gesellschaft konzentrierte und die Fehler der Brüder nicht öffentlich zum Thema machte, sollte man voll akzeptieren. Die Trümmer unvoreingenommen zu sichten und sich darüber Gedanken zu machen, wie man Neues aufbauen könnte, wäre eine Haltung, die Eduard Rabofsky nicht nur unterstützt, sondern auch praktiziert hätte. Nichts anderes hat er nach 1945 getan.

II. Die Juristenbrille

Wer sein Leben mit der Auslegung und Anwendung von Rechtstexten verbringt, neigt dazu, diese vielleicht nicht als Nabel der Welt, so doch als ein ganz zentrales Stück gesellschaftlicher Realität zu sehen. Abweichungen vom gesollten Verhalten sind Ausnahmen. Man kümmert sich um sie, repariert den Schaden, verhängt Sanktionen und stellt den „Rechtsfrieden" wieder her. Ausnahmen dieser Art sind Realitäten zweiter Klasse; der

---

[1] Einen wichtigen ersten Schritt tut die „Rechtstheorie" von Liwschiz (Liwschiz, Teorija prawa [1994]), die der „Realisierung der Rechtsnormen" ein spezielles Kapitel widmet (129–149) und dabei auch die in früherer Zeit behandelten (engen) Fragestellungen aufgreift.

[2] Zu dieser Problematik s Hoffer, Perestroika. Die unfreiwillige Zerstörung des sowjetischen Vergesellschaftungszusammenhangs oder: Warum das letzte Gefecht verloren ging (1992).

Normalfall ist das normgemäße Verhalten, für das gewissermaßen eine unerschütterliche Vermutung spricht. Unbewußt mag bei dieser Sicht auch das Bedürfnis durchschlagen, die Grundlage der eigenen Profession nicht in Frage zu stellen: Was wäre doch der Jurist für eine armselige Figur, würde man sein ABGB oder sein Strafgesetzbuch nicht für ernst nehmen – vergleichbar einem Theologen, dem die Gläubigen mehr und mehr abhanden kommen.

Eine solche Herangehensweise mag in Österreich oder Deutschland einigermaßen plausibel sein, wird doch niemand ernsthaft bestreiten können, daß es mächtige „Rechtsapparate" gibt, die soziale Konflikte in der Tat nach den Regeln des Rechts (in der von ihnen für richtig gehaltenen Auslegung) schlichten. In anderen Gesellschaften, insbesondere in den Ländern der früheren Sowjetunion, ist eine solche Herangehensweise zumindest leichtfertig. Die Alltagserfahrung wie die Einschätzung zahlreicher Experten sprechen dafür, daß das Recht dort in weiten Teilen nur die Bedeutung von „Lyrik" hat: Es geht um die Formulierung mehr oder weniger einleuchtender Ansprüche, das reale Verhalten der Menschen richtet sich nach völlig anderen Regeln. Im folgenden soll daher bewußt die „Nichtjuristen-Brille" aufgesetzt und von der Hypothese ausgegangen werden, daß das geschriebene Recht in der sozialen Realität ohne Bedeutung ist. Dies wird sich – so kann man vermuten – in dieser Radikalität nicht generell aufrechterhalten lassen, aber es könnte immerhin einen „Normalfall" darstellen mit der Folge, daß wirksame Rechtsnormen in unserem Sinne zur begründungsbedürftigen Ausnahme würden. Dies hat erhebliche Konsequenzen nicht nur für die Einschätzung dieser Gesellschaften als ganzer, sondern auch für den vielerorts unternommenen Versuch, eine neue und „modernere" Rechtsordnung zu schaffen – was ja nicht den Sinn haben soll, überkommene Bekundungen durch ebenso folgenlose Deklarationen gegenläufigen Inhalts zu ersetzen.

III. Recht ohne Durchsetzungsinstanzen

Nehmen wir an, ein Polizeibeamter verdiene 80,– DM pro Monat, ein Richter 120,– DM, ein Ministerialbeamter je nach Rang irgendwo zwischen 100,– und 150,– DM. Wie würden Mitteleuropäer auf eine solche Situation reagieren? Vergleichbares ist in den Nachfolgestaaten der Sowjetunion durchaus an der Tagesordnung, wobei man vom Wohnen abgesehen unser Preisniveau zugrunde legen muß.

Die erste Konsequenz wäre das, was man so schön als „Motivationskrise" umschreibt. Dienstliche Aufgaben würden nur noch erfüllt, soweit dies absolut unabdingbar ist. Dabei weiß man, daß es insbesondere in größeren Organisationen, wo Vorgesetzte und Untergebene in derselben Situation sind, unschwer möglich ist, Aktivitäten zu simulieren statt wirklich zu arbeiten. Der Streifengang des Polizisten führt nur zur nächsten

Kneipe, der Richter setzt „wegen Überlastung" keine Termine an, der Ministerialbeamte schreibt keine Papiere, sondern gibt nur eine vorläufige mündliche Einschätzung.

Viel wichtiger ist eine zweite Konsequenz. Da man von den genannten Beträgen ersichtlich nicht leben kann, ist anderweitiger Gelderwerb angesagt. Bei Personen in untergeordneter Funktion führt dies zur Annahme eines zweiten oder dritten Jobs, was einen unzumutbar langen Arbeitstag zur Folge hat, überdies aber – was hier primär interessiert – die dienstliche Aufgabenerfüllung noch weiter minimalisiert.

Personen, die über ein kleines Stückchen Macht verfügen, gehen andere Wege. Polizisten drücken ein Auge zu, wenn Straßenhändler oder Gastwirte Unerlaubtes tun – freilich nur um den Preis einer ordentlichen „Wohlverhaltensprämie", die ein Mehrfaches des Monatsgehalts ausmachen kann. Bisweilen greifen sie sich auch einen Ausländer, nehmen ihn mit zum Kommissariat und stellen ihn dort vor die Alternative, entweder für einige Zeit im ungastlichen Polizeigefängnis zu bleiben oder aber 100 Dollar zu bezahlen.

Bei Richtern sieht der Mechanismus verbreiteter Einschätzung nach so aus, daß jede Terminsanberaumung eine Zahlung durch die sie begehrende Partei voraussetzt. Zur Käuflichkeit der Entscheidung selbst wird Widersprüchliches berichtet. Es scheint eine Reihe von Richtern zu geben, die entsprechende „Geschäfte" generell ablehnen, aber auch solche, die hier ihren Haupterwerb finden. Dabei gibt es ein „anständiges" und ein „unanständiges" Modell: Im ersten Fall zahlt nur die Partei, die auch definitiv gewinnt, im zweiten bezahlen beide und der Prozeß geht zugunsten der Seite aus, die den höheren Betrag aufgebracht hat. Die Begründung macht in der Regel keine Probleme, da trotz aufwendiger Kodifizierungen in der Regel kaum Richterrecht vorhanden oder verfügbar ist, so daß die Auslegungsspielräume beträchtlich bleiben.[3] Bei Ministerialbeamten geht es in der Regel darum, sich für die Beteiligung an bestimmten Entscheidungen ein Entgelt auszubedingen. Ein Tourismusunternehmen bekommt seine Lizenz eben nur dann, wenn es nicht nur die bescheidenen gesetzlich vorgesehenen Gebühren, sondern auch die verkehrsüblichen Zahlungen an die in der Genehmigungsbehörde Tätigen entrichtet. Wer vom Wehrdienst befreit werden will, muß gesundheitliche Gründe vorschützen. Dies läßt sich mit etwa 1.000 Dollar bewerkstelligen, wobei dieser Betrag zwischen den Ärzten und Mitarbeitern des Krankenhauses auf der einen sowie den Mitgliedern der Musterungskommission auf der anderen Seite aufgeteilt

---

[3] Vgl etwa – um ein relativ harmloses, seiner Struktur nach „systemneutrales" Beispiel zu wählen – die Kommentierung der Vorschriften zum sowjetischen Urlaubsrecht (Rahmengesetzgebung der UdSSR und Arbeitskodex der RSFSR) in: Allunions-Forschungsinstitut für sowjetische Gesetzgebung (Hrsg), Kommentarij k sakonodatjelstwu o trudje[2] (1986), 128 ff.

wird. Wer eine einfache Ministerentscheidung benötigt, kommt – wie aus gut unterrichteter Quelle verlautet – in der kirgisischen Republik mit weniger als 1.000 Dollar aus. Auch beim Zoll wird gut verdient. Wer beispielsweise 30 Autos in die Russische Föderation importieren will, kann natürlich für jedes Stück 30% des Neuwerts als Zoll bezahlen. Statt dessen kann er mit den Zöllnern jedoch auch vereinbaren, daß nur 10 Autos verzollt und die übrigen 20 „übersehen" werden. Das mangelhafte Zählen kostet dann – je nach Verhandlungsgeschick – ungefähr so viel, wie man für 5–10 Wagen bezahlen müßte. Das Ganze wird so zu einem vorteilhaften Geschäft auf Gegenseitigkeit. Ähnlichen Regeln folgt der Umgang mit der Finanzverwaltung, soweit eine solche überhaupt existiert und Aktivitäten entfaltet.

Das Recht wird in allen diesen Fällen zum Tauschobjekt. Eine effektive Durchsetzung des vom Normsetzer Gewollten findet ausnahmsweise dann statt, wenn sich ein Beteiligter uneinsichtig erweist und auf ein Zubrot als Musterungsarzt verzichtet oder als Importeur alle 30 Fahrzeuge verzollen möchte. Denkbar ist auch, daß ein Richter in Einzelfällen unentgeltlich Recht spricht, weil ihm sein soziales Gewissen keine andere Wahl läßt. Schließlich können Fälle auftreten, in denen sich beispielsweise Straftaten gegen Mächtige oder ihnen verbundene Personen richten, so daß Handeln gemäß dem geltenden Recht unmittelbar geboten erscheint. So wurde etwa in der kirgisischen Republik ein ausländischer Experte seines Aktenköfferchens beraubt, hatte sich jedoch die Fahrzeugnummer der Täter gemerkt: Da er eine relativ wichtige Person war, machte die Polizei die Täter ausfindig, die ohne irgendwelche Zusatzzahlung vom Gericht zu Gefängnisstrafen verurteilt wurden. Die Rückkehr zum „Normalmodell" in unserem Sinne war jedoch von kurzer Dauer: Nach 14 Tagen wurden die Täter aus der Haft entlassen, da der Staat nicht genügend Geld hatte, um für eine ausreichende Ernährung zu sorgen. „Was sollen wir die durchfüttern" war die offiziell gegebene Begründung.

IV. Die Übermacht des Informellen

Rechtsnormen ohne wirksame Sanktionen werden nicht ernst genommen. Sie sind in vielen Fällen gerade noch „Aufhänger" für den zwischen Bürger und Behörde geschlossenen Deal: Je höher der Zoll, um so höher das Bestechungsgeld.

Das Versagen des Rechts führt nun nicht etwa dazu, daß Anarchie ausbricht. Vielmehr orientieren sich Bürger wie „Obrigkeit" an anderen, hier als „informell" bezeichneten Regeln. Dahinter steht das Bedürfnis nach einem Minimum an Berechenbarkeit und Rationalität, bisweilen auch der Fortbestand moralischer Überzeugungen, wonach bestimmte Formen von grob unfairem Verhalten Sanktionen verdient haben. Das Phänomen sei an einzelnen Beispielen verdeutlicht.

Privatunternehmer müssen auf Gewinne Steuern bezahlen, die in Kirgisistan bei 90% liegen, die in der Russischen Föderation wegen der unkoordinierten Steuererhebung durch zentrale und lokale Instanzen aber durchaus die 100%-Grenze überschreiten können. Statt mit der Steuerverwaltung einen teuren Handel abzuschließen, geht man zu verdeckten Geschäften über, die in bar abgewickelt werden. Das Arbeiten an den Büchern vorbei führt dazu, daß auch relativ ordentlich gehende Unternehmen offiziell nur mit Verlust arbeiten. Für Arbeitnehmer hat dies zur Folge, daß sie gleichfalls eine (geringe) offizielle und eine sehr viel größere inoffizielle Vergütung erhalten: Die Spielregel kennt jeder, sie einzuhalten ist ein Gebot des wirtschaftlichen Überlebens. Das Modell stößt allerdings an seine Grenzen, wenn es um die Gewährung von Darlehen geht; kaum eine Bank wird Vertrauen in diese Art von Unternehmensführung entwickeln.

Auf großen Märkten, aber auch im Bereich der sehr verbreiteten Straßenhändler müssen „Schutzgelder" bezahlt werden. Die „Marktleitung" legt die Preise fest. Wer sich hier nicht einfügt, riskiert nach vorheriger Warnung physische Gewalt. Im Verhältnis zum Käufer gilt das „Marktübliche"; völlig undenkbar, gewissermaßen eine westeuropäische Skurrilität, sich etwa auf Mängel der Ware zu berufen oder gar mit dem Kadi zu drohen. Vermutlich würde ein Kunde, der Derartiges ernsthaft in Erwägung zieht, alsbald von drei sehr kräftigen Männern angesprochen und darauf hingewiesen, daß ein solches Verhalten die persönliche Sicherheit gefährde.

Wer als Arbeitnehmer schlecht behandelt wird, wird schwerlich daran denken, die finanziellen und sonstigen Beschwernisse eines gerichtlichen Verfahrens auf sich zu nehmen. Nein, sie würde nicht klagen, wenn sie ihre recht gute Position bei einer deutschen Stiftung durch Kündigung verlieren sollte, sagte dem Verfasser eine russische Verwaltungskraft in Moskau. Nein, auch dann nicht, wenn der Kündigungsgrund an den Haaren herbeigezogen wäre. Wie es denn wäre, wenn sie einen männlichen Chef hätte, der mit ihr ins Bett wolle und sie entlasse, weil sie dieser Idee nichts abgewonnen habe? Ja, war die Antwort, hier würde man reagieren. Sie hätte da einige Freunde, die in einem solchen Fall ihre Baseballschläger mitnehmen und dem Chef an einer dunklen Stelle auflauern würden. Auch die Welt des Informellen kennt ihre Gemeinheiten und die dafür vorgesehenen Strafen.

Die informellen Regeln gibt es nicht nur in der Wirtschaft, sondern auch in der Politik. Wer als Journalist in der kirgisischen Republik den Präsidenten kritisiert, riskiert zwar nicht mehr, ins Gefängnis zu wandern (zumal dies ja den Staat unzumutbar belasten würde). Seine Zeitung wird jedoch möglicherweise mit der Situation konfrontiert sein, daß in der dem Staat gehörenden einzigen Druckerei für sie partout kein Papier mehr zur Verfügung steht. Wo die Grenze des politisch noch Akzeptierten verläuft, ist von Staat zu Staat verschieden; in der kirgisischen Republik oder in der russischen Föderation läßt sich vieles schreiben, was in Usbekistan Sanktionen auslösen würde. Auch wo Freiheiten bestehen, existieren sie jedoch nur bis auf Widerruf. Niemand kann garantieren, daß die Zügel nicht gestrafft werden und von da an die Grenze sehr viel früher beginnt.

In einzelnen Fällen werden die informellen Regeln durch selbständige Organisationen etabliert, überwacht und exekutiert. Erscheinungen dieser Art gibt es insbesondere im Handel, doch sind auch andere Lebensbereiche davon nicht frei. Wird physische Gewalt gegen Regelverletzer angewandt, oder mit Drohung und Einschüchterung gearbeitet, spricht man gemeinhin von „Mafia". Die Grenzen zu „organisierter Selbsthilfe" sind bisweilen fließend. Macht sich ein ganzer Stadtteil selbständig, so ist – wie einzelne Beispiele aus Lateinamerika zeigen – durchaus auch der Fall denkbar, daß dort mehr Freiheit und fairere Regeln bestehen als im offiziellen Rahmen des mehr oder weniger autoritären Staates.

Versucht man, den Inhalt und die Funktionsweise der informellen Regeln im Zusammenhang zu sehen, so werden drei Dinge deutlich:

- Der „Schattenordnung" fehlen alle sozialstaatlichen Elemente. Dem entspricht es, daß Rentner, die auf Zahlungsansprüche im formellen Sektor verwiesen sind, zu den ärmsten Teilen der Gesellschaft gehören. Ihr physisches Überleben ist nur dann gesichert, wenn sie familiären Rückhalt besitzen. Auch andere Sozialleistungen schrumpfen auf eine mehr oder weniger symbolische Bedeutung. Die unentgeltliche Krankenversorgung wird dadurch ad absurdum geführt, daß nur derjenige ernsthaft behandelt wird, der dem Arzt dafür privat ein Honorar bezahlt.
- Der durch die informellen Regeln gestaltete Markt ist im wesentlichen auf Bargeschäfte beschränkt. Ein Schutz des Schwächeren existiert nicht. Die Preise können jederzeit abgesprochen werden, ohne daß sich eine (vielleicht gerade von westlichen Experten liebevoll konzipierte) Kartellbehörde einschalten würde. Auch auf dem Arbeitsmarkt wird das freie Spiel der Kräfte kaum korrigiert; wirksame Absprachen mit Gewerkschaften über Mindestarbeitsbedingungen sind die Ausnahme, nicht die Regel.
- Der Staat wie auch parastaatliche Organisationen bedienen sich des Modells von Befehl und Gehorsam. Demokratische Strukturen wie z.B. Wahlen haben in der Regel eher den Charakter von Beiwerk. Die Kandidaten verschiedener Parteien kommen aus derselben Oligarchie. Ein „Ausscheren" könnte die eigene Position gefährden. Jede Dezentralisierung wird als Einbuße eigener Macht, nicht als Mittel zur Effizienzsteigerung gesehen. Soweit sie stattfindet, geschieht dies aus Mangel an Ressourcen, über die die zentrale Einheit verfügt.

Das „Schattenrecht", die Gesamtheit der die Realität prägenden informellen Normen, entspricht in der Wirtschaft dem eines naturwüchsigen Frühliberalismus. Die politische Struktur weist eher Ähnlichkeiten mit dem Mittelalter auf; von Land zu Land verschieden, gibt es einen (mehr oder weniger) großen und viele kleine Fürsten. Auch die Sanktionen, die bei Normverstößen vorgesehen sind, sind vor-neuzeitlich. Wo es keine Freiheitsstrafen mehr gibt, ist in schweren Fällen die Sanktion der physischen Gewalt unausweichlich, die im Extremfall bis zum Mord gehen kann. Auch existiert kein rechtsstaatliches Verfahren, in dem festgestellt wird, ob ein Händler wirklich gegen die für seinen Platz geltenden Regeln verstoßen oder ein Kunde einen Diebstahl begangen hat.

Die Masse der Bevölkerung kann sich auf dem Markt nur das Notwendigste (und erst recht keine Amtshandlungen) kaufen. Wo es eine Großfamilie gibt, wird sie zu einer zentralen Auffanginstitution, wo noch ein Stückchen Solidarität existiert. Die Ernte im Garten wird zu einem Ereignis, das vielen zugute kommt. Die Gesellschaft wird als in hohem Maße dichotomisch empfunden; man hat doch keine Chance, irgend etwas gegen „die da oben" auszurichten: Die Korruption ist ebenso bekannt wie die Vergeblichkeit der Abhilfe.

V. Wege zum Rechtsstaat?

Trifft die hier gegebene Beschreibung zu, so ist es ohne jedes Interesse, ob man das überkommene sowjetische Recht durch neue Vorschriften ersetzt und wie diese beschaffen sind. Was sowieso für das reale Verhalten ohne Bedeutung ist (oder allenfalls die „Bestechungstarife" beeinflußt), kann man auswechseln wie das Präsidentenbild an der Wand oder die Hymne, die man bei feierlichen Gelegenheiten singt.

Will man Märkte und/oder politisches Handeln rechtlich normieren und damit berechenbar machen, benötigt man funktionsfähige Durchsetzungsinstanzen. Dies heißt nicht, das Recht von vornherein nur als Zwangsordnung zu sehen und nicht auch auf die Übereinstimmung mit den Interessen und Vorstellungen der Normadressaten und ihre Bereitschaft zur freiwilligen „Rechtstreue" zu setzen. Dennoch: Wenn jeder weiß, daß auch ein flagranter Rechtsbruch keine ernsthaften Folgen hat, wird das Recht nach einiger Zeit zu einer Ansammlung frommer Wünsche, die man nur noch dann befolgt, wenn es bequem ist oder mit den eigenen Interessen übereinstimmt.

Von einem funktionsfähigen Staat kann ersichtlich nur dann die Rede sein, wenn seine Bediensteten so viel verdienen, daß sie auch ohne „Privatisierung" von Amtshandlungen einigermaßen leben können. Nur dann könnte sich das Bewußtsein entwickeln, ein wenig auch das Allgemeininteresse im Blick zu haben und nicht nur für die eigene Tasche zu wirtschaften. Die für einen solchen „großen Sprung" nötigen finanziellen Mittel kann sich die Öffentliche Hand wiederum nur beschaffen, wenn die Wirtschaft soviel Erträge abwirft, daß ein Teil im Wege von Steuern und Abgaben abgeschöpft werden kann, ohne daß deshalb Chancen zur Gesundung und Expansion ernsthaft beschnitten werden. Diese Voraussetzung ist derzeit in keinem der Nachfolgestaaten der früheren Sowjetunion erfüllt. Selbst wenn es anders wäre, müßte man im übrigen damit rechnen, daß die Zerschlagung bestehender Macht- und Einflußpositionen, insbesondere parastaatlicher Organisationen, nicht ohne erhebliche Auseinandersetzungen möglich wäre.

Gibt es einen Ausweg? Oder wird die Situation auch noch in fünf oder zehn Jahren der heutigen ähneln? Wird die große Mehrheit der Bevölkerung weiter in bitterer Armut leben und ums Überleben kämpfen, während auf der anderen Seite eine kleine Schicht von vielleicht 5 bis 10% über „marktgängige Waren" verfügt, deren Verkauf ein ordentliches Leben garantiert?

Das Einsteigen in die konkrete Realität macht Prognosen wie auch Utopien sehr viel schwieriger. Niemand kann ausschließen, daß die Verhältnisse weiter dem heutigen Muster folgen, was eine große Zahl Betroffener auf eine Art Subsistenzwirtschaft verweist und den Status als Entwicklungsland für lange Zeit festschreibt. Möglich ist freilich auch eine autoritäre Variante der Art, daß informelles und formelles Herrschaftssystem zusammengeführt und im Wege autoritativer Kommandowirtschaft die Unternehmen wieder einigermaßen ans Laufen gebracht werden. Dies könnte nur für eine Übergangszeit funktionieren, nach deren Ablauf der Spielraum der Unternehmen wie der Beschäftigten erweitert werden müßte. Dies wäre eine Art chinesischer Weg – von allen Übeln möglicherweise das geringste. In diesem Zeitpunkt wären dann auch die Juristen wieder gefragt – derzeit sind sie darauf beschränkt, die Unterschiedlichkeit der Welten zu konstatieren.

Armenhilfe im Wohlfahrtsstaat

Nikolaus Dimmel, Salzburg

1. Staatliche Armenhilfe als Element sozialer Inklusion

Zwecksetzung der staatlichen Sozialversicherung als dem ersten sozialen Netz ist es, soziale Sicherheit überwiegend von der kontinuierlichen und disziplinierten Verwertung der Lohnarbeitskraft abhängig zu machen. Demgegenüber versteht sich das zweite soziale Netz, die Armenhilfe, als administrative Veranstaltung zur sozialen Inklusion. Inklusion zielt dabei auf die soziale Sicherung all derjenigen, welche aus dem ersten sozialen Netz der Sozialversicherung nicht genügend Ressourcen erhalten, um sich als autonome Marktsubjekte bedarfsgerecht zu reproduzieren und deshalb als armutsgefährdet gelten. Armutsgefährdung meint hier nicht Einkommensarmut, sondern jede Form sozialer Randständigkeit, erfaßt also auch Risiken der Desintegration, Isolation, prekären Raumversorgung, chronischen Krankheit uam. Im Kern des zweiten sozialen Netzes stehen die Sozial- und Behindertenhilfe, umkränzt von der Jugendwohlfahrt und Familienhilfe, vom (Landes-) Pflegegeld und der experimentellen Arbeitsmarktförderung.

Zentrales Legitimationsproblem der staatlichen Armutshilfe ist, daß sich das Phänomen der Armut nur noch in sozialen Randgruppen in Form einer absoluten Deprivation bzw Verelendung ausdrückt. Arme sind nicht mehr vom Verhungern bedroht, verfügen über Telephon und Fernsehgerät. Das macht die Armenhilfe zum Gegenstand ausgreifender Projektionen über die „sozialstaatliche Hängematte". Zudem erscheint das Phänomen der Armut faktisch nicht mehr als ausgeprägte, randständige Subkultur sozialer Unterschichten. Vielmehr tritt Unterversorgung zunehmend passager in Lebensphasen auch sozial integrierter Populationen auf. Armut diffundiert in die Normalbevölkerung ein. Im Modernisierungslift der letzten beiden Jahrzehnte haben sich dabei Risikopopulationen herausgebildet. Zu diesen zählen ua alleinerziehende Mütter, Langzeitarbeitslose, chronisch Kranke oder junge kinderreiche Familien in jeweiligen Lebensabschnitten. In der sozialpolitischen Auseinandersetzung wurde zugleich die Gegenstandsbestimmung staatlicher Armutspolitik schwieriger. Zumal sich hier das Problem der Operationalisierung des Armutsbegriffs sowie der Implementation präventiver Maßnahmen gegen die Ausbreitung von

Armutsrisken demonstrativ stellt. In operationaler Hinsicht kann Armut nicht mehr nur als prozentueller Abstand zum gewichteten durchschnittlichen Haushaltseinkommen, also als Einkommensarmut gefaßt werden. Alternativ muß ein mehrdimensionaler, lebenslageorientierter Armutsbegriff angestrengt werden, um soziale Randständigkeit präventiv, kostengünstig und professionell zu erfassen. Tatsächlich figuriert sich Armut als kumulierte Unterversorgung in den Bereichen Arbeits-, Transfer- und Fürsorgeeinkommen, Bildung, Wohnen, Gesundheit, körperliche und familiale Funktionsfähigkeit, als deren Ergebnis erst eine depravierte Lebenslage entsteht (Hanesch [1994], 25). Staatliche Eingriffe in diese Lebenslagen wiederum müssen, sollen sie effektiv sein, intentional, folgenorientiert und flexibel erfolgen.[1] Faktisch kleidet sich die Armutsverwaltung oftmals aber in strikt-konditionale Handlungsmuster, überläßt es Klientel oder Medien, Zugriffe und Leistungen auf ihre Adäquanz und Effizienz hin zu prüfen. Deshalb fehlt ein sachlicher, öffentlicher Thematisierungszusammenhang der Armutspolitik weitgehend. Armut hat keine Lobby. Dies wiederum spiegelt sich in einer verfestigten Schräglage zwischen ziviler Gesellschaft und staatlicher Administration.

Staatliche Armutspolitik muß aber nicht nur mit ihrer Eigenlegitimation zu Rande kommen. Sie hat sich auch an einer zunehmend komplexen Verflechtung von Sozialversicherung und Sozialhilfe – als Synonym für den Kernbereich der Armutspolitik – abzuarbeiten. Ist dabei das Sozialversicherungssystem vom Gedanken der Leistungsäquivalenz von Beitragszahlung und Versicherungsleistung geprägt, so wird das zweite soziale Netz von bedarfs- und fallweise auch bedürfnisorientierten Grundsätzen durchzogen. Geht es im Sozialversicherungssystem um Formen kollektivierter und standardisierter Statussicherung, so geht es im Gefüge der Armenpolitik um Formen der individualisierten, bedarfsbemessenen Mindestsicherung.

Beide Systeme hängen zumindest in dreierlei Weise zusammen: zum *ersten* rekrutieren sich die budgetären Mittel der Armutspolitik aus dem Steueraufkommen der Wertschöpfung. Bereits das Sozialversicherungssystem muß in Rechnung stellen, daß bei steigender Inanspruchnahme das Beitragsaufkommen sinkt und umgekehrt. Soziale Sicherheit ist damit eine Verteilungsfrage und abhängig von Gerechtigkeits- und Verteilungskonsensen. Umso mehr gilt dies für das zweite soziale Netz, dessen Leistungen äquivalenzlos aus allgemeinen Steuermitteln gewährt werden. Zum *zweiten* verändert sich, gerade weil Armut nicht mehr in Form absoluter Deprivation, sondern in Form kumulierter, relativer Deprivationslagen in Erscheinung tritt, auch die Legitimationsfähigkeit sozialgestaltender Zugriffe und Leistungen. Das betrifft nicht nur die Verteilung monetärer Ressourcen an

---

[1] Aufsuchende Sozialarbeit oder „streetwork", Delogierungsprävention oder Umschuldung sind Beispiele für derart de-eskalierende Formen soziotechnischer Intervention.

Nichtarbeitende. Es betrifft auch die Akzeptanz nivellierend-regulierender Eingriffe gegenüber Familie und Individuum, welche sich im Zuge der gesellschaftlichen Individualisierung und Autonomisierung verringert. Es erfaßt aber auch die Distinktionsbedürfnisse derjenigen, welche im Modernisierungslift Wohlfahrtseinbußen hinnehmen müssen. Im Ergebnis wächst die Bereitschaft zur Entsolidarisierung, zur Wahrung des Mindestabstands- bzw „less-eligibility"-Prinzips.[2] Zum *dritten* sind beide Systeme dadurch verknüpft, daß hier Funktionsdefizite des Sozialversicherungssystems funktional hinunterdelegiert werden. Dies geschieht zB dergestalt, daß, je prekärer sich die Arbeitsmarktsituation darstellt, desto stärker auch die Sozialhilfe als Einkommensersatz oder Einkommensergänzung beansprucht wird.[3]

Maßstab aller Maßnahmen der Armenhilfe ist die Intensität sozialer Inklusion im Sinne einer Begrenzung sozialer Ungleichheit. Konditionalprogrammatische Rechtsformen sind hier allenfalls begrenzt sinnvoll einsetzbar, weil sie nur beschränkt geeignet sind, die komplexe, rekursiv verkoppelte Armutslebenslage zu erfassen. Armut ist oftmals ein intergenerational vererbtes soziales Dispositiv. Sie drückt sich in Verhaltensmustern aus, welche vielfältig mit Mängellagen und versagten Chancen verknüpft sind. Interventionistische Rechtsformen müssen von daher prozedural offen, situativ flexibel und kontextorientiert sein. Ihre Sicherungsversprechen müssen zugleich final als substantielle Zwecksetzungen gehalten werden. Substantielle Zwecksetzungen sind einmal die Hilfe zur Selbsthilfe, die Stabilisierung einer körperlichen Beeinträchtigung, ein ander Mal die Befähigung eines Jugendlichen zur selbständigen Lebensführung. Diesen Zwecksetzungen korrespondieren widersprüchliche, paarweise anordnete Handlungsorientierungen. Zu diesen zählen ua „Inklusion und Lohnarbeitszentrierung" oder „Bedarfsorientierung und Disziplinierung". Diese kontrapunktisch gesetzten Parameter verstehen sich als jeweilige doktrinäre Gegengewichte im Rahmen einer situativen Abwägung im Verwaltungsverfahren. Die Ratio staatlichen Handelns besteht in diesen Verfahren

---

[2] Danach muß das Leistungsniveau der Armutspolitik deutlich unterhalb des Sicherungsniveaus des Sozialversicherungssystems liegen. Zwecksetzung des Abstandsprinzips ist einerseits die deutliche Präferenz der Lohnarbeitszentrierung, andererseits die kulturell und lebensweltlich vermittelte Sichtbarmachung sozialer Unterschiede.

[3] Analog dazu kann man fortführen: je rigider der Zugang zum Regelarbeitsmarkt, desto problematischer auch die Vermittlungsfähigkeit beeinträchtigter Arbeitskräfte und desto größer die Nachfrage nach Sozial- und Behindertenhilfe. Je niedriger der Lebenseinkommensniveaus und Einkommensverläufe, desto größer die Nachfrage nach Bezuschussungsleistungen im Bereich der Anstalten- und Heimunterbringung von Senioren. Je prekärer die Vernutzung der Arbeitskraft, desto größer die Pflegegeldneigung der Population. Je desorganisierter die Institution der Kleinfamilie, desto größer die Nachfrage nach Regulativen der Jugendwohlfahrt. Je aggressiver die Kreditwerbung der Banken, desto größer die Nachfrage nach den Entschuldungsverfahren der Schuldnerschutzorganisationen. Die Liste ließe sich schier endlos fortsetzen.

darin, die erfaßten Populationen einerseits sowohl normativ als auch sozialtechnologisch zu erfassen und zu beamtshandeln, andererseits eine Selektion der randständigen bzw bedürftigen Population zB in ehrliche, eingeschränkte und unehrliche, simulierende Arme, in „working poor" und „classes dangereuses" vorzunehmen.

Aus dieser Selektionsfunktion ergeben sich unterschiedliche Ausprägungen des Inklusionspostulates. Soziale Inklusion setzt sich in der Folge aus aktivierenden, remunerierenden und stigmatisierenden Elementen zusammen. Als aktivierend können all jene Elemente verstanden werden, welche eine selbständige Disposition und Diskretion des Subjekts nicht nur am Arbeitsmarkt zum Ziel haben. In die gleiche Richtung zielen all jene Maßnahmen, welche diszipliniertes Wohlverhalten (zB Vermeidung von Rückfällen) zum Gegenstand haben. Als remunerierend, stützend und belohnend können all jene Maßnahmen verstanden werden, welche als Ergänzungsleistungen bzw Gratifikationen aufgrund kontinuierlichen Erwerbsverhaltens gewährt werden.[4] Als repressiv-stigmatisierend schließlich können all jene Maßnahmen verstanden werden, welche nicht-erwünschtes Verhalten, zB ein Ausklinken aus einem zumutbaren Suchverhalten am Arbeitsmarkt, sanktionieren.

Im Ergebnis finden sich in allen Eingriffsinstrumentarien der Armenhilfe jeweilige Mischungsverhältnisse aus aktivierenden, remunerierenden und stigmatisierenden Elementen. In dieser Komposition spiegelt sich jeweils die Janusköpfigkeit sozialstaatlicher Intervention. Jeder Zugriff verfügt zugleich über sozialdisziplinierende und sozialpädagogische Komponenten. Hilfe wird um den Preis sozialer Kontrolle gewährt, Autonomie um den Preis der Deprivation erkauft. Auf der einen Seite soll die Armenhilfe systematisch individuelle Reproduktionsrisiken erfassen und die Leistungen des ersten sozialen Netzes wo erforderlich ergänzen oder ersetzen. Auf der anderen Seite soll sie die Armutsbevölkerung polizeilich regularisieren. Einerseits besteht ihre Aufgabenstellung in einer individualisierten, bedarfsorientierten, nachrangigen (subsidiären) und familienorientierten Hilfe zur Selbsthilfe. Andererseits wird persönliches Marktversagen als individualisierter Inkompetenzbefund verhandelt. Linkerhand folgt sie den Grundsätzen der bedarfsorientierten Individualisierung sowie einer Orientierung des Verwaltungsvollzugs an einer ganzheitlich zu betrachtenden Armutslebenslage. Rechterhand setzt sie den individuellen Bedürfnissen Durchschnittssätze und oftmals unhinterfragte Normalitätsannahmen entgegen.

---

[4] Dazu zählen Arbeitnehmerfreibeträge im Sozialhilferecht ebenso wie die Abgangsdeckung im Bereich der geschützten Arbeit im Behindertenwesen oder erwerbsbefähigende sozialpädagogische Maßnahmen im Bereich der Jugendwohlfahrt.

2. Ökonomisch-politische Grenzen der Armenhilfe

Die „öffentliche Armenhilfe" kapituliert auf Gemeinde- und Landesebene vor der schwierigen Aufgabe der gleichzeitigen Trennung und Vermittlung zwischen Arbeiterinnen- und Armenpolitik. Gründe dafür finden sich auf den Ebenen der Ökonomie, des Rechts und der Ideologie, von Politik und Öffentlichkeit sowie der Administration (su). Einerseits haben sich relevante gesellschaftliche Interessen im Modernisierungslift vom Postulat einer Integration bzw Inklusion von sozial randständigen und armutsgefährdeten Bevölkerungsgruppen abgewendet. „Entsolidarisierung nach unten" wurde zu einer tragenden gesellschaftlichen Wertprojektion. Im gesellschaftlichen „common-sense" gewinnt das Heraustreten von Risikogruppen wie Arbeitslosen, Alleinerziehenden, Niedrigqualifizierten, Wohnungslosen, Behinderten, chronisch Kranken oder Senioren (Hanesch [1994], 31 ff) Normalstatus. Ausformungen der materiell-sozialen Unterversorgung werden gesellschaftspolitisch entproblematisiert. Randständigkeit wird zum privaten Vorsorge- und familiären Subsidiaritätsproblem. Andererseits ist der Vollziehungszusammenhang der Armenhilfe in sich vielfältig widersprüchlich: so drängt die Verwaltung darauf, nur diejenigen Innovationen zu realisieren, welche ihre Reproduktionsinteressen und Machtpositionen unberührt lassen. Unbestimmte Rechtsbegriffe werden nicht nur operationalisiert, um die Fülle möglicher Bedarfslagen entsprechend zu erfassen, sondern auch, um das situative Entscheiden der Administration und ihre Implementationsspielräume gegenüber der Politik abzusichern. Zudem entlasten sie das politische System von „hard choices" und den damit verknüpften Risiken und Legitimationsnotständen, welche wiederum der Verwaltung (re)delegiert werden. Beide, Politik und Administration, nutzen diffuse Zwecksetzungen im Sozialrecht, um ihre jeweiligen politisch-ideologischen wie ökonomisch-budgettechnischen Optionen umzusetzen. Im Ergebnis wird die kollektive Vorstellung sozialstaatlicher Risikoprävention permissiver. Zwischenzeitig werden 12% der Haushalte und 13% der Personen in Österreich als arm bzw armutsgefährdet eingestuft (Lutz/Wagner/Wolf [1993], 39).

- *Ökonomie:* Reproduktionsrisiken einzelner Risikogruppen haben sich bei einem anhaltend hohen Niveau der Arbeitslosigkeitsbelastung verstetigt und sich mit den strukturellen Problemen der ausgebliebenen Umverteilungs-, Bildungs- und Wohnungsbewirtschaftungspolitik, aber auch mit den Folgen ausbleibender Wohnbau- und Familienpolitik verknüpft. Deshalb sieht sich das politisch-administrative System der Länder und Gemeinden unter den gegebenen föderativen Zuständigkeitsverteilungen, den politischen Mehrheitsverhältnissen und vor allem aufgrund des geltenden Finanzlastausgleiches gehalten, auf diese Problemstellungen, budgetären wie organisationellen Zumutungen und

Aufgabenstellungen restriktiv zu reagieren.[5] Und tatsächlich nimmt die Kostenlast des Netzes sozialer Infrastrukturleistungen deutlich zu. Der Anteil des Wohlfahrtsaufwandes der Länder am Budget (Sozialquote) beträgt zwischen 23% und 27%, liegt damit aber noch immer unter demjenigen des Bundes mit 29%. Die – kaum einwandfrei zu ermittelnde – Sozialquote der Statutarstädte, die aufgrund ihrer „Zentrale-Orte-Funktion" ein überdurchschnittlich hohes Maß an sozialer Infrastruktur (Kindergärten, Horte, Schulen, Seniorenheime, betreute Unterkünfte, soziale Dienste uam) zur Verfügung stellen müssen, liegt bereits bei durchschnittlich 27%. Jedoch sollte nicht übersehen werden, daß die Armenhilfe nur einen verhältnismäßig kleinen Funktionsteil der sozialen Infrastruktur abdeckt und der reine Sozialhilfeaufwand gerade ein Viertel des Wohlfahrtsaufwands der Länder bestreitet.[6] Ungeachtet dessen sieht sich das politisch-administrative System der Länder und Gemeinden seit Beginn der 90er Jahre gerade unter Hinweis auf die steigenden Kosten der Sozialhilfe veranlaßt, das Inklusionsprinzip der Armenpolitik aufzuweichen und zugleich damit auch die soziale Infrastruktur dem Restriktionsdiktat der öffentlichen Kassen zu unterwerfen. Zwar ist das Argument zutreffend, daß sich relevante Verteilungsströme zuungunsten der Sicherungsfunktion der Sozialhilfe entwickelt haben und es zwischen dem ersten und zweiten sozialen Netz zu einem dramatischen Auseinanderklaffen der Sicherungsniveaus kommt. Zwar ist richtig, daß die Armenhilfe der Länder und vor allem der Statutarstädte subsidiär für das Fehlfunktionieren des ersten sozialen Netzes komplementär zuständig wird. Doch liegt das mittelfristige Finanzierungsproblem gerade nicht im Bereich der Sozialhilfe als Kernbestand der Armenhilfe, sondern im Funktionsbereich der Seniorenhilfe. Zwischenzeitig werden annähernd über 70% des Wohlfahrtsaufwandes der Länder für Personen über 65 aufgewendet, die damit einen immer größeren Teil des sozialpolitischen Handlungsspielraumes der Länder und Gemeinden absorbieren. Die erforderlichen Leistungsbereinigungen bei diesen Beziehergruppen werden jedoch durch die aufgrund vielfältig ideologischer Werthaltungen (Aufbaugeneration, Generationenvertrag, Wählerpotentiale der „Alten" uam) sakrosankte Sozialpolitikposition

---

[5] In mehreren Bundesländern, aktuell Oberösterreich, Niederösterreich, Vorarlberg und Salzburg werden 1994/95 dem Vernehmen nach grundsätzliche, neuerlich restriktive Veränderungen der Sozialhilfeorganisation in Erwägung gezogen. Die Salzburger Sozialhilfegesetznovelle 1994 (in Kraft 1. 5. 1995) etwa schließt den Großteil der Fremden hinkünftig aus der Pflichtleistung aus.

[6] So scheint die Kostenlast der eigentlichen Armenhilfe mit 18,325 Mrd Sozialhilfeaufwand, was 3,19% (Rechnungsabschluß 1992 StatZA) des Sozialbudgets der Gebietskörperschaften entspricht, marginal: der Anteil der Sozialhilfe am BIP 1992 (2.028 Mrd) beträgt 0.903%; der Anteil der Sozialhilfe an den Landesbudgets bewegt sich zwischen 4,9% und 7,8% und liegt zwischen 0,411% (Stmk) und 0,934% (Wien) des jeweiligen Landesbeitrags zum BIP.

der Senioren erschwert. Noch fehlt der Konsens, daß das Reproduktionsrisiko „Alter" nur im Sinne einer Mindestsicherung sozialisierbar ist und Mischformen öffentlich-privater Vorsorge an die Stelle des gegenwärtigen Leistungsangebots treten müssen, wo es um Formen der Lebensstandardsicherung geht. Diese Entscheidungskonstellation überfordert die vorhandenen Planungs- und Entscheidungsressourcen des politisch-administrativen Systems der Länder und Gemeinden, noch dazu, wo für die sich abzeichnende Finanzierungskrise der sozialen Infrastruktur auch ein fundamentaler Politikverzicht im Bereich der regionalen Einkommensumverteilung (Stichwort: Wohnbauförderung als Mittelstandsförderung), des Finanzausgleichs sowie der Sozialraumentwicklung ursächlich ist.

- *Öffentlichkeit:* Zentrale Legitimationsprobleme (aber auch Entwicklungschancen) der Armenhilfe liegen in ihrer fehlenden Transparenz. Empirisch dunkel bleibt, welche Bevölkerungsgruppen Nutznießer jeweiliger Transfer- und Hilfeformen sind und welche Leistungen direkt oder indirekt dadurch ermöglicht werden. Aus konservativer Position wird ein übergewichtiger Randgruppenbias der Armenhilfe zugunsten von Unterstandslosen, Alkoholikern, Devianten oder arbeitsunwilligen, ihre Arbeitsunfähigkeit Simulierenden und anderen Gruppen von (wie immer moralisch) ungerechtfertigt Leistungen Beziehenden behauptet. Dieser Verzerrung der politisch-medialen Wahrnehmung entspricht das weitgehende Fehlen eines fachlichen Disputes. Das politische System verzichtet teils aus kognitiver Überforderung, teils aus irrationalem Machtkalkül auf eine ökonomische Analyse der Armenhilfe, die zeigen würde, welche Beschäftigungs- und Verteilungswirkungen die ausgezahlten Sachleistungen und Geldmittel aber auch erbrachten sozialen Dienstleistungen hinsichtlich der dadurch geschaffenen Arbeitsplätze, der erzielten Einkommen sowie des dadurch ermöglichten Nachfrageverhaltens haben.

Wäre dem nicht so, würde ua sichtbar, daß sich ausgaben- und haushaltstechnisch eine ungefähre Dreiteilung der mit Hilfe der gewährten Sozialhilfemittel ermöglichten Geldflüsse vornehmen läßt. Dabei stellen ca 25% operatives Budget der Hilfsbedürftigen selbst dar und gehen als kaufkraftfähiges Einkommen in die allgemeine Nachfrage ein. 33% stellen überwiegend neutrale Durchflüsse in den öffentlichen Budgets dar. 42% gehen direkt Händler, Makler und Rentiers (zB Vermieter) und verkörpern folglich Bezuschussungen zum Profit einzelner Unternehmungen und Kapitalanleger. Derartige Überlegungen weisen darauf hin, daß die Sozialhilfe realiter eine verdeckte Wirtschaftsförderung und verdecktes arbeitsloses Einkommen für Rentiers darstellt. Weiters würde sichtbar, daß die Aufwendungen für die Familienhilfen zu über 90% unmittelbar am Konsumgütermarkt nachfragewirksam werden. Gleichgerichtet fließen annähernd 85%

der Aufwendungen für die Behindertenhilfe und Jugendwohlfahrt in den geschlossenen Bereich, also in betreute Unterbringungen bzw sozialtherapeutische Wohnformen und Formen geschützter Arbeit bzw Hilfen zur Arbeitsmarktintegration. Hier wird also nicht nur sozial benachteiligten bzw unterversorgten Personen geholfen, sondern werden auch Arbeitsplätze im sozialpädagogischen Bereich alimentiert. 15% können dem Bereich der Strukturhilfen (zB Rollstühle, Therapien, Wohnraumschaffung und -adaption uam) zugeschlagen werden. Schließlich können die Aufwendungen für den Bereich der experimentellen Arbeitsmarktförderung beinahe zur Gänze als Form der Lohn- und Strukturkostenbezuschussung als direkt am Arbeitsmarkt einkommenswirksam zugeordnet werden.

Im Ergebnis ist ein Randgruppenbias der Armenhilfe nicht feststellbar ebensowenig wie ausgeprägte „Trittbrettfahrerphänomene" oder „moral hazard" attestiert werden kann; gleichwohl zu konzedieren ist, daß unterschiedliche Formen der Fehlnutzung bzw Fehladressierung von Hilfen durchaus rechtspolitischen Handlungsbedarf indizieren.

- *Administration:* Nicht nur die Kritik an der Überbeanspruchung und Unfinanzierbarkeit des Wohlfahrtsaufwandes von Ländern und Gemeinden basiert auf empirisch substanzlosen Vermutungen, auch die Kritik an der bürokratischen Organisationsform der Armenhilfe vergreift sich im Befund. Nicht die Verwaltung per se scheint überfordert. Vielmehr sind es zB die (durchaus veränderbaren) geschäftsordnungstechnischen Rahmenbedingungen der kommunalen Polizeiverwaltung und Landesverwaltung, welche sich im Gefüge der Sozialpolitik oftmals als kontraproduktiv erweisen. Nicht nur entsprechen die verwaltungspolizeilichen Geschäftsordnungen den Problemstellungen soziotechnischer Intervention nicht, auch die Aufbauorganisation der Wohlfahrtsverwaltung folgt oftmals eher taktischen Machtkalkülen denn sachlichen Entscheidungskriterien. Im Ergebnis fallen Sachverantwortung und Ressourcenkompetenz auseinander. Sind machthaltende Entscheider vom tatsächlichen Geschehen zu weit entfernt, so verfügen fachlich kompetente Zuständige nicht über die materiell-personellen Ressourcen, die sie zur Wahrnehmung ihrer Verantwortung bräuchten. Diese Problemlagen sind auf eine Umpolung von Macht- und Entscheidungsstrukturen zurückzuführen: dabei delegiert das politische System seine genuin politische, willensbildende Kompetenz substantiell der Verwaltung, deren Spitzen nicht nur auf dem Wege von Amtsvorschlägen, gutachtlichen Stellungnahmen, Legistenentwürfen oder Ressortvorlagen nunmehr tatsächlich Politik und nicht Administration betreiben, sondern auch Personal-, Raum- oder Sachmittelentscheidungen untrennbar mit eigentlich sozialpolitischen Sachfragen verquicken. Seine Ursache findet diese verdeckte Delegation in der nachhaltigen Ausdünnung der Innovationskompetenz des politischen Systems, seiner offenkundigen Überforderung und strategischen Beschränkung auf vorgegebene Legitimationszyklen wie Wahlen oder innerparteilichen Entscheidungen.

- *Ideologie:* Die beschriebenen ökonomischen Finanzierungsprobleme und vielgestaltigen Ressourcenverschiebungen zwischen Politik und Administration finden ihren Nährboden im ideologisch-kulturell begründeten Zerfall des keynesianischen Sozialstaatsparadigmas. Dies erschwert die akzentuierte Vertretung inklusionspolitischer Positionen entscheidend. In der gegenwärtigen Reformdiskussion verknüpfen sich mehrere Motivlagen: dabei greifen ordoliberale Ideologieproduzenten immer wieder Elemente der Sozialschmarotzer- und Sozialmißbrauchsdebatte auf, um von dieser Position aus grundsätzliche Einschnitte im Armenwesen zu befürworten. Redundant wird eine wohlfahrtsstaatlich nicht mehr legitimierbare soziale Hängematte behauptet,[7] um in weiterer Folge umfassende Überforderungserscheinungen zu attestieren. Sozialreformistischen Positionierungen, welche demgegenüber eine Strategie der systematischen Neugestaltung des Wohlfahrtsgefüges der Länder auch im Sinne einer Grundsicherung proponieren, befinden sich in der Defensive.
- *Recht:* Dem neokonservativen Unbehagen im Wohlfahrtsstaat und der damit umstandslos legitimierten Restriktionspolitik liegt im Recht selbst der Sachverhalt zugrunde, daß die ursprüngliche Konstruktion der Armenhilfe, welche im Grundmuster eine nachrangige, bedarfsbezogene Einzelfallhilfe vorsah, konzeptionell nicht mehr dazu geeignet ist, standardisierte, typisierte oder massenhaft wiederkehrende Risiken abzusichern. Tatsächlich hat die Armenhilfe zwischenzeitig umfassend sämtliche Lücken im ersten sozialen Netz über 18 unterschiedliche Mindeststandards hinweg zu kompensieren. Einesteils wird sie als Einkommensergänzung oder Einkommensersatz gewährt, anderenteils funktioniert sie als Garant einer minimalen Wohnversorgung oder als Zutrittsmöglichkeit in die Krankenversicherung. Sie fängt Versorgungslücken im Gesundheits- und Pflegebereich ab und unterstützt die familienpolitischen Leistungen des Bundes. Angesichts der immer breiter werdenden Palette abzudeckender Risiken liegt denn auch die Latte für die zu entwickelnden sozialtechnologischen Präventionsstrategien der Länder und Gemeinden enorm hoch. „Poverty traps" resultieren nun aber nicht nur aus dem Wechselverhältnis von Politik und Verwaltung, sondern auch aus der mangelhaften Vernetzung und Verknüpfung von Landes- und Bundesgesetzgebung. Weithin bekanntes Beispiel hierfür

---

[7] Eine zentrale Argumentationsfigur dabei ist die durch Formen des „moral hazard" hervorgerufene Überforderung des Sozialstaats, woraus ein Umbauerfordernis im Wohlfahrtsstaat abgeleitet wird; so spricht zB Korosec ([1994], 434) von „einem Sozialsystem, das zum billigen Selbstbedienungsladen verkommt und Versorgungsmentalität und Abhängigkeit erzeugt."

ist die ausgebliebene Grundsatzgesetzgebung des Bundes im Sozialhilfebereich als dem Kernbereich der Armenhilfe.[8] Zudem behindert nicht nur der – auch verfassungsrechtlich vorgeordnete – verhältnismäßig geringe Spielraum der kleineren Gebietskörperschaften eine mittelfristige, antizyklische Sozialpolitikstrategie.

3. Entwicklungsperspektiven wohlfahrtsstaatlichen Handelns

Aufgrund knapper werdender budgetärer Gestaltungsspielräume der Sozialhilfeträger (Länder und Sozialhilfeverbände) vor allem aber einer verengten Legitimitätsposition der Armenhilfe werden gesellschaftlich vermittelte Risiken (zB Arbeitslosigkeit und Pflegebedürftigkeit) in ihrem „offenen Vollzugsprogramm" individualisiert bzw flexibilisiert und damit als gesellschaftspolitische Probleme vorerst unkenntlich gemacht. Das politische System verfolgt angesichts der hochkomplexen Bearbeitungsstrategien im Rahmen regional-kommunaler sozialpolitischer Sicherungsvorhaben, sein (kurzatmiges) Interesse, Armenhilfepolitik als Spiel sequentieller Einzelfallösungen zu betreiben. Demgegenüber verfolgt die Sozialverwaltung, gerade weil die Legitimierbarkeit der Armenhilfe an ihre Grenzen gerät, ihre Bestandserhaltungsinteressen. Beide zusammen erklären den Tauschobjektcharakter armenpolitischer Interventionen und Leistungen. Ermöglicht wird dieses Bargaing durch die Diffusität, mangelnde statistische Erfassung, konzeptionelle Leistungs- und Substanzschwäche aber auch durch die teilweise beklagenswerte Rechtskultur der Wohlfahrt. Veränderung tut im Lichte dieses Befundes not, will das sozialpolitisch-sozialadministrative System seine strategische Handlungsfähigkeit erhalten. Aus der Fülle möglicher Reformoptionen werden im folgenden zwei, nämlich eine Veränderung des Anwendungs- sowie des Entstehungszusammenhangs des Sozialrechts, kurz skizziert.

---

[8] Nachdem Österreich Teil des deutschen Reichs wurde, trat das nationalsozialistische Fürsorgerecht in Geltung. Dessen Vorschriften wurden 1945 materiell in die österreichische Rechtsordnung übernommen. Erst nachdem die Entwürfe bzw Vorlagen des Bundes zu einem Sozialhilfegrundsatzgesetz in mehreren vergeblichen Anläufen in den 50er und 60er Jahren seitens der Länder wiederholt abgelehnt wurden, erklärte das zuständige Ministerium 1968 im Erlaßwege, von der Grundsatzgesetzgebungskompetenz wiederum keinen Gebrauch zu machen und ließ es den Ländern frei, neue Landesfürsorgegesetze zu erlassen. Die Länder erließen daraufhin im Laufe der 70er Jahre die heute im wesentlichen geltenden Landessozialhilfegesetze, welche einesteils an die vormaligen Landesfürsorgegesetze anknüpften, sich anderteils auf einen Referentenentwurf der Länder aus dem Jahre 1971 stützten, der wiederum in weiten Teilen thematisch und formal dem deutschen BSHG entnommen war.

3.1 Finalisierung und Prozeduralisierung des Armenrechts

Die das Recht der Armenhilfe kennzeichnende Flexibilität von Regelungszugriffen muß erhalten bleiben, so lange ihr komplementärer und subsidiärer Status, ihre „Generalkompetenz", alles, was im ersten sozialen Netz nicht geregelt wird, im zweiten aufzufangen, aufrecht bleibt. Anzusetzen hätte eine Reform am noch immer dominanten Strukturtypus konditionaler Steuerung sowie am Fehlen adäquater Verfahrensregeln.[9] Zudem muß die Armenhilfe in der turbulenten Gemengelage des Problemtransfers aus über- und nebengeordneten Systemen nicht abgestimmte Externalisierungen vermeiden, in deren Folge Probleme bloß unsystematisch (und kostenintensiv) verschoben werden. Auch deshalb müssen innerhalb der Armenhilfe sozialpolitische Grundsatzfragen wie die Auseinandersetzung um ein garantiertes Mindesteinkommen. bzw eine Sockelung bestehender Transfers verhandelt werden.[10]

Eine Möglichkeit, den fundamentalen inneren Widerspruch der Armenhilfe, gleichzeitig Substituierung und Disziplinierung, Hilfe zur Selbsthilfe und Repression, passagere Stabilisierung und individuelle Arbeitsmarktmobilität herzustellen, Bedürftigkeit und Unterversorgung immer nur im nachhinein kurativ zu behandeln und kaum über präventive Instrumente zu verfügen, aufzulösen, läge einerseits in einer verstärkten Zielbindung der jeweiligen normativen Zugriffe, andererseits in einer partizipatorischen Öffnung nicht nur der Verfahrensorganisation der Leistungskonkretisierung und -gewährung. Beides setzt eine fundamentale Veränderung des Anwendungszusammenhangs sozialrechtlicher Interventionen voraus. Unmittelbare Handlungsmöglichkeiten liegen nicht nur in der Inartikulation eines prozeduralisierten, auf die Einbringungslogik der Klientel achtenden Verfahrensrechts mit erleichtertem Zugang zum und erhöhten Durchsetzungschancen von Recht, sondern auch in einer dezi-

---

[9] Besonders anschaulich wird jene Diffusität an der Sozialhilfe, die jeweils komplementär zu 18 unterschiedlichen Mindeststandards bzw Existenzminima abzustimmen ist. Sozialhilfe wird als situative, subsidiäre bzw nachrangige und mit Legalzession bewehrte Mindestsicherung gewährt, je nachdem, ob es sich um Ausgleichslagen, Pfändungsfreigrenzen nach dem Lohnpfändungsgesetz, Unterhaltsverpflichtungen, Pflegegeld, Arbeitslosengeld, Notstandshilfe, Karenzurlaubsgeld, eine Versehrtenrente, Integritätsabgeltung, Krankengeld oder andere Einkommensersatzleistungen handelt.

[10] Noch werden die spärlichen Thematisierungschancen der Einführung eines Mindestlohns, eines Mindestarbeitslosengeldes, einer Anhebung des ASVG-Ausgleichszulagenrichtsatzes oder einer Vereinheitlichung der unterschiedlichen Existenzminima seitens des politischen Systems der Länder und Gemeinden nicht genutzt, weil für derartige Lösungen in den Ländern keine politischen Mehrheiten beschafft werden können. Ganz im Gegenteil wird im Zeitalter des angebotstheoretisch grundierten Neoliberalismus mehr denn je am „less eligibility"-Konzept als Abstandsprinzip festgehalten. Demnach muß das Inklusionsniveau der Armenhilfe immer unter dem Mindeststandard der Leistungen von Versicherungsträgern liegen, um einen (wie immer unrealistischen) Anreiz zur Selbstintegration in den Lohnarbeitsmarkt zu gewährleisten.

diert finalen Orientierung des Hilfensettings. Finalität bedeutet dabei auch die Entwicklung von effektiven Hilfeinstrumenten und -ressourcen auf Basis konzertierter Sozialplanung. Letzteres setzt zweifellos eine weitreichende Schwerpunktverlagerung der Hilfen weg von der Privatwirtschaftsverwaltung hinein in den verwaltungsverfahrensrechtlich geordneten Pflichtleistungsbereich voraus.

Diese Finalisierung zB unbestimmter Rechtsbegriffe (wie Notwendigkeit, Zumutbarkeit, Angemessenheit, Menschenwürde etc), ua durch die Inartikulation eines Verfahrensrechts, welches die Thematisierungs- und Mobilisierungschancen der Klientel erhöht, hängt zugleich auch von den artikulationsfähigen sozialen Interessen außerhalb des politisch-administrativen Systems ab. In seinem Inneren spricht alleine schon aus kostentechnischen Gründen einiges für eine weitergehende Pluralisierung bzw Flexibilisierung des Einsatzes der Armenhilfe (zB der Amtswegigkeit, Prävention und nachgehenden Hilfe). Die in der Folge differenzierten, dezentralen, situativen und indirekten Steuerungsformen können jedoch ambivalente Folgen (Martinsen [1994], 143 ff) zeitigen. Auch die Definitivstellung der sozialpädagogischen Prognostik (Einsatz von Sozialarbeit) steigert die Effizienz wohlfahrtsstaatlicher Maßnahmen nur dann, wenn konzeptionelle Normalitätsannahmen zugunsten der lebensbiographischen Vielgestaltigkeit der Bedürfnislagen zurückgenommen werden. Auch die Definition von operativen Schnittstellen zwischen freien Wohlfahrtsträgern und Behörden ist nur zielführend, wenn sich darin kein reduktionistisches Delegationsverhältnis entwickelt. Zielführend ist die Entwicklung von Anreizsystemen, bei der Integration am Arbeitsmarkt mitzuwirken, nur bei gleichzeitigem Verzicht auf Strategien der repressiven Zurückverweisung in ohnehin geschlossene Arbeitsmarktsegmente. Effizient ist die Einrichtung von Obergrenzen für die Kostentragung privater Senioren- und Pflegeheime auch bei anteiliger Kostentragung durch die Pensionsversicherungsanstalten nur dann, wenn mittelfristig eine stärkere Verlagerung der Pflege auf Wohnpflege, ambulante Pflegeformen und Selbsthilfestrukturen erfolgt.

3.2 Diskursöffentlichkeit in sozialrechtlichen Angelegenheiten

Der Entstehungs- und Geltungszusammenhang des Armenhilferechts ist, anders als dies zB in umwelttechnischen Materien oder (hier sogar sozialpartnerschaftlich regulierten) Bereichen wie der Pensionsversicherung der Fall ist, bis auf wenige Ausnahmen durch ein auffälliges Maß an fehlender Fachöffentlichkeit gekennzeichnet. Weder sind differenzierte Begutachtungsverfahren vorgesehen noch zählt das sozialtechnologische Interventionsbesteck zum Wissensbestand der Entscheidungsträger. Eine systematische Reflexion in Form vergleichbarer Sozialdatenbestände erfolgt nicht. Soziale Intervention wird konsequent als Re-Aktion auf unvorhergesehene

Legitimations- und Handlungsbedarfe betrieben. Dies ermöglicht eine Politik zweiter Ordnung, in welcher sozialpolitische Entscheidungen oftmals über Formen von Bargaining, situativem Entscheiden der Verwaltung[11] oder Intervention getroffen werden. Das vorgesehene Forum für eine länderübergreifende Willensbildung, die Landessozialreferentenkonferenz, erscheint von außen eher als eine Art „under-cover-Gremium", in dem „Arkanwissen" verhandelt wird. Die daraus resultierende mangelnde Transparenz der Armenhilfe stellt gewissermaßen den Nährboden für überschießende sozialpolitische Phantasien dar.[12] Noch dazu sind die praxisrelevantesten Vollzugsgrundlagen für die Armenhilfe, nämlich behördeninterne Weisungen, Erlässe und Anordnungen, als Rechtsquellen äußerst problematisch, weil sie, worauf der Verwaltungsgerichtshof in ständiger Rechtsprechung erkennt, für eine Bescheidbegründung nicht taugen, da aus grundsätzlichen Erwägungen nur diejenigen Normen für eine Bescheidbegründung herangezogen werden können, welche auch ordnungsgemäß kundgemacht worden sind. Praktisch spielt die Rechtsprechungs- bzw Erkenntnistätigkeit des Verwaltungsgerichtshofes hier aber nur eine verhältnismäßig geringe Rolle,[13] was in erster Linie damit zusammenhängt, daß einschlägige Beschwerden nach Ausschöpfung des Instanzenzugs immer ein hohes Maß an sozialer und verbaler Kompetenz, aber auch an ökonomischen Ressourcen voraussetzen. Daraus wiederum resultiert ein sehr geringer Druck zur Rechtsfortbildung durch die richterliche Spruchpraxis.

---

[11] Plastisch werden die Konsequenzen derartiger Rechtskulturen am Sozialhilferecht, wo Richtsatzverordnungen zu den jeweiligen Landes-Sozialhilfegesetzen in der Praxis zumeist jährlich per Verordnung eine idR am ASVG orientierte Angleichung erfahren. Deren politisches Kalkül wiederum zielt auf Legitimation und Konfliktneutralisierung, ohne sich zugleich auf eine politische Auseinandersetzung um die Zweckmäßigkeit der gewährten Leistungen einlassen zu müssen. Funktionsprobleme der Sozialhilfe wurden und werden hier über das Mittel der Richtsatzerhöhung aufgefangen. Zudem werden die Richtsätze aufgrund von Verordnungs-Ermächtigungen in den Materiengesetzen zur Sozialhilfe von den zuständigen Referaten der Ämter der Landesregierungen erarbeitet, wobei eine Reihe von verdeckten Interessen und Motivlagen virulent wird. Ein strukturell vergleichbares Regelungsgefüge dethematisierter Steuerungsinteressen findet sich auch im Bereich der anstaltlichen Behindertenhilfe, der stationären Jugendwohlfahrt, den sozialen Diensten sowie den sozialökonomischen Beschäftigungsprojekten.

[12] Diese Situation spiegelt sich auch in der gegenwärtigen Diskussion um die Novelle einiger Landessozialhilfegesetze. Weder hat die Grundsatzabteilung des BMAS einen Entwurf für ein BundessozialhilfeG oder ein Sozialhilfe-GrundsatzG vorgelegt, noch werden mW die verhandelten Novellierungen rechtspolitisch auf einer breiten, auch der Öffentlichkeit zugänglichen Basis verhandelt.

[13] In diesem Zusammenhang ist darauf hinzuweisen, daß der Instanzenaufbau der SH grundsätzlich zweischichtig ist insofern, als er immer von der Bezirksverwaltungsbehörde bzw Statutarstadt zur Landesregierung geht. Die Länder (Ämter der Landesregierungen) sind also als Träger der SH (abgesehen von den Sozialhilfeverbänden) Berufungsbehörde. Im Rückersatzbereich entscheiden über Rechtsmittel die Unabhängigen Verwaltungssenate. Erst nach Ausschöpfung des ordentlichen Rechtswegs, dh nach Entscheidung der Berufungsbehörde, ist eine Anrufung des VwGH zulässig.

Öffentlichkeit im Entstehungszusammenhang des Wohlfahrtsregulativs setzt die Teilnahme sowohl von Hilfeempfängern als auch Leistungserbringern wie intermediären Organisationen voraus. Öffentlichkeit ist zugleich Voraussetzung der Verknüpfung der sozialpräventiven[14] Aspekte sozialer Infrastrukturen, betreuter Wohnformen, sozialraumbezogener Reproduktionsweisen, sozialer Dienste oder auch der Gesundheitsförderung. Im öffentlichen Diskurs wäre die spezifische Unwirtschaftlichkeit des Ausbleibens von Wohlfahrtspolitik herauszuarbeiten. Dabei geht es auch um Verteilungsgerechtigkeit. Hilfeformen wären daher im Hinblick auf die soziale Verteilung der Transfers zu entflechten wie zB durch die Auslagerung der Wohnkosten aus der Sozialhilfe in eigene Wohnbeihilfen- oder Wohnungsförderungsgesetze, wobei zugleich auch Anreizsysteme zum Wohnungswechsel, zum Wohnungstausch oder zur Beschaffung einer dem jeweiligen regionalen Mietenniveau entsprechenden Wohnung einzubauen sind.[15] Auch der Mittelmix aus stationärer Intensivversorgung und ambulanten Formen (soziale Dienste, Pflegefamilien) wäre erst auf Basis transparenter Kosten-Nutzen-Verteilungen Gegenstand einer rationalen Wohlfahrtsdebatte. In jeder Richtung freilich ist eine Machbarkeitsgrenze dadurch gezogen, daß die Implementation von Maßnahmen nur dann rational, wirtschaftlich, präventiv und nachgehend sinnvoll ausgestaltet werden kann, wenn die Struktur- und Personalkosten in eine nachprüfbare Relation zum Kostenvolumen bzw Reduktionsvolumen gesetzt werden. Je mehr Behörden wie freie Wohlfahrtsträger strukturell wie personell unterausgestattet „hinten-nach-arbeiten", desto teurer werden bei gleichbleibenden rechtlichen Rahmenbedingungen die sozialen Folgekosten in der Armenhilfe.

Literatur

Döring D, Hanesch W (Hrsg), Armut im Wohlstand, Frankfurt 1990.
Döring D, Hauser R (Hrsg), Soziale Sicherheit in Gefahr, Frankfurt 1994.
Gantner M, Finanzwissenschaftliche Analyse des Salzburger Sozialhilfegesetzes, Innsbruck 1994 (MS).
Hanesch W, et al., Armut in Deutschland, Frankfurt 1994.
Hendler R, Grundprobleme der Entregelung im demokratischen Rechts- und Sozialstaat, in: Voigt R (Hrsg), Gegentendenzen zur Verrechtlichung, Opladen 1993, 59 ff.
Klipcera C, Soziale Dienste, Wien 1993.
Köppl F, Steiner H, Sozialhilfe – ein geeignetes Instrument zur Bekämpfung sozialer Not, in: Dimmel N, et al (Hrsg) Sozialhilfe – Strukturen, Mängel, Vorschläge, Wien 1990, 33 ff.

---

[14] Prävention bedeutet hier auch die gleichgewichtige Entwicklung von sozialen Infrastrukturen in ländlichen Räumen und städtischen Agglomerationsbereichen; es ist nicht einsichtig, daß Personen Subjekt/Objekt der Armenhilfe werden, die aufgrund der soziotechnischen Unterausstattung von Landbezirken die Versorgungssysteme der Stadt und deren Anonymität suchen.

[15] Faktum ist ja, daß die Notversorgung im Wohnungsbereich zB in Pensionen die sowohl ökonomisch als auch im Hinblick auf die sozialpädagogischen Folgekosten teuerste aller Unterbringungsformen ist.

Korosec I, Sozialpolitik der Gegenwart – Schritte zu einer leistungsfähigen sozialen Sicherung, in: Prisching M, Schützenhofer H (Hrsg), Soziale Sicherheit im Umbruch, Graz 1994, 43 ff.

Krammer N, Die Sozialhilfe im Zeichen der Krise des Wohlfahrtsstaates, Diplomarbeit, MS, Salzburg 1993.

Lutz H, Wagner M, Wolf H, Von Ausgrenzung bedroht. Struktur und Umfang der materiellen Armutsgefährdung im österreichischen Wohlfahrtsstaat der achtziger Jahre, Wien 1993.

Martinsen R, Umbau des Wohlfahrtsstaates? Jenseits der linearen Optionen von Sozialstaatsabbau versus Sozialstaatsausbau. Journal für Sozialforschung 2 (1994), 135 ff.

Statistisches Zentralamt, Sozialhilfe 1992, Wien 1993.

de Swaan, A, Der sorgende Staat, Frankfurt 1993.

Talos E (Hrsg), Der geforderte Wohlfahrtsstaat, Wien 1992.

Treutner E, Rückzug des Staates oder subtilere Steuerung im Bereich der Arbeits- und Sozialpolitik?, in: Voigt R (Hrsg), Abschied vom Staat – Rückkehr zum Staat?, Baden-Baden 1993, 351 ff.

Vobruba G, Lohnarbeitszentrierte Sozialpolitik in der Krise der Lohnarbeit, in: ders (Hrsg), Strukturwandel der Sozialpolitik, Frankfurt 1990, 11 ff.

Wollmann H, Entbürokratisierung von unten, in: Voigt R (Hrsg), Gegentendenzen zur Verrechtlichung, Opladen 1993, 242 ff.

Anmerkungen zur Kündigungsschutzklage nach §§ 8 und 9 Arbeitsvertragsrechts-Anpassungsgesetz

Hans Floretta, Salzburg
Gustav Wachter, Innsbruck

1. Einleitung

Das österreichische Arbeitsrecht ist grundsätzlich durchaus auf der Höhe des europäischen Arbeitsrechts. Umstürzlerische Einflüsse aus Brüssel auf das österreichische Arbeitsrecht haben sich daher weder im Zuge des Inkrafttretens des EWR am 1. 1. 1994 ergeben, noch sind sie aufgrund der nunmehr gegebenen Mitgliedschaft Österreichs in der EU in Zukunft zu erwarten. In Teilbereichen sind aber – trotz der sehr langsamen Umsetzung der sozialen Dimension auf der europäischen Ebene – doch wichtige Impulse denkbar. Es können dabei auch Fragenkomplexe in Bewegung geraten, bei denen dies ohne den Anstoß des europäischen Rechts vermutlich noch lange Zeit nicht der Fall gewesen wäre. Die europäische Integration eröffnet insofern auch im Rechtswesen neue Perspektiven – und zwar sowohl, was die Inhalte, als auch, was die Methoden[1] anlangt – und kann einen Beitrag dazu leisten, allzu eingefahrene Geleise zu verlassen.[2]

Ein Bereich, in welchem dieses Phänomen in Österreich bereits deutlich zu spüren war, ist die Frage des Einflusses des Betriebsübergangs auf das Arbeitsverhältnis. Hier hat der österr. Gesetzgeber schon im Jahre 1993 (sozusagen im Vorgriff auf den EWR) die Richtlinie 77/187/EWG in das österr. Recht umgesetzt. Das Ergebnis dieser Umsetzung waren die §§ 3 ff des Arbeitsvertragsrechts-Anpassungsgesetzes (AVRAG).

Ein anderes Beispiel ist die RL 91/533/EWG betreffend die Pflicht des Arbeitgebers zur Unterrichtung des Arbeitnehmers über die für seinen Arbeitsvertrag oder sein Arbeitsverhältnis geltenden Bedingungen. Einen Anspruch auf Aushändigung einer schriftlichen Aufzeichnung über die wesentlichen Rechte und Pflichten aus dem Arbeitsvertrag („Dienstzettel") hatten früher nur einzelne (eher systemlos zusammengewürfelte) Gruppen

---

[1] So hat man jetzt zB in Österreich erstmals die „richtlinienkonforme Interpretation" in den Kanon der Auslegungsmaximen aufzunehmen.

[2] Wachter, Die neue österreichische Regelung der arbeitsrechtlichen Folgen des Betriebsüberganges. Ein Beispiel der Umsetzung der EG-Richtlinie 77/187, ArbR 1994, 95 ff.

von Arbeitnehmern; zum Teil war der Anspruch überdies von einem entsprechenden Verlangen des Arbeitnehmers abhängig.[3] Mit § 2 des bereits genannten AVRAG wurde auch die erwähnte RL in das österreichische Recht umgesetzt und dort für sämtliche Arbeitnehmer ein entsprechender gesetzlicher Anspruch verankert, den der Arbeitgeber unverzüglich nach Beginn des Arbeitsverhältnisses von sich aus erfüllen muß.

Ein weiteres Feld, in welchem der Einfluß des EU-Rechts ebenfalls recht massiv ist, ist das Arbeitnehmerschutzrecht – ein Gebiet, auf dem die EU seit Jahren besonders aktiv ist.[4] Schon aufgrund des EWR-Abkommens hat sich die Notwendigkeit ergeben, die Vorschriften auf dem Gebiet des technischen und arbeitshygienischen Arbeitnehmerschutzes zu ändern. Dem ist ua mit der Neufassung[5] des ASchG Rechnung getragen worden, die mit 1. 1. 1995 in Kraft getreten ist. Außerdem war die Notwendigkeit gegeben, die in den Arbeitnehmerschutzrichtlinien der EG enthaltenen arbeitsvertragsrechtlichen und betriebsverfassungsrechtlichen Regelungen in das österreichische Recht umzusetzen. Dies ist durch eine Novellierung des AVRAG[6] und des ArbVG[7] erfolgt. Im AVRAG wurden vor allem die §§ 8 und 9 eingefügt; enthalten sind in diesen Bestimmungen im wesentlichen

- Benachteiligungsverbote sowie ein Kündigungs- und Entlassungsschutz für Arbeitnehmer, die bei unmittelbarer Gefahr ihren Arbeitsplatz verlassen, und
- Benachteiligungsverbote sowie ein Kündigungs- und Entlassungsschutz für Arbeitnehmer mit besonderen Funktionen bei Sicherheit und Gesundheitsschutz.

Auf diesen Kündigungs- und Entlassungsschutz soll im Rahmen dieses Beitrages etwas näher eingegangen werden.

Die Abhandlung ist zugleich dem Gedächtnis an Eduard Rabofsky gewidmet, der sich als prominenter Arbeitsrechtler auch mit den Fragen des Kündigungs- und Entlassungsschutzes befaßt hat.

---

[3] Zur früheren Rechtslage s statt aller Spielbüchler, in: Floretta/Spielbüchler/Strasser (Hrsg), Arbeitsrecht I[3], 101.

[4] S dazu zB Egger, Das Arbeits- und Sozialrecht der EG; Schnittstellen mit der österreichischen Rechtsordnung (1993), 130 ff mwN.

[5] Da die Anpassung des österreichischen Rechts an die EG-Richtlinien zahlreiche Bestimmungen des alten ASchG sowie der dazu erlassenen Verordnungen betraf, wurde im Interesse der Klarheit und Übersichtlichkeit eine Neufassung einer bloßen Novellierung des alten ASchG vorgezogen. Weiters sollen – auf der Grundlage des nun geltenden neuen ASchG – neue Durchführungsverordnungen erlassen werden. Geplant sind zB Verordnungen zu folgenden Bereichen: Arbeitsstätten, Arbeitsmittel, Arbeitsstoffe, Gesundheitsüberwachung, Fachkenntnisse, Präventivdienste, Bildschirmarbeit (s 1590 BlgNR 18. Gp, 65).

[6] Art III des BGBl 1994/450.

[7] Art IV des BGBl 1994/450.

2. Der Zweck der einschlägigen Bestimmungen

Der Zweck der einschlägigen Bestimmungen und auch der konkrete europarechtliche Hintergrund von §§ 8 und 9 AVRAG werden in den Gesetzesmaterialien[8] mit den folgenden Worten recht gut umschrieben:

„§ 8 AVRAG regelt ein Benachteiligungsverbot von Arbeitnehmern, die bei Gefahr ihren Arbeitsplatz verlassen oder Maßnahmen ergreifen, um die Folgen einer Gefahr abzuwehren. Artikel 8 Abs 4 der Rahmenrichtlinie (89/391/EWG) verlangt, daß einem Arbeitnehmer, der bei ernster und unmittelbarer Gefahr seinen Arbeitsplatz oder einen gefährlichen Bereich verläßt, kein Nachteil entstehen darf und er gegen alle nachteiligen und ungerechtfertigten Folgen entsprechend den einzelstaatlichen Rechtsvorschriften geschützt werden muß. Um diese Forderung zu erfüllen, wurde im Gesetz ein Benachteiligungsverbot des Arbeitnehmers, der bei Gefahr seinen Arbeitsplatz verläßt, festgeschrieben. Kündigungen oder Entlassungen, die entgegen diesem gesetzlichen Verbot ausgesprochen werden, können bei Gericht angefochten werden. Die Anfechtungsregelung ist jener des Gleichbehandlungsgesetzes nachgebildet.[9]

Dasselbe hat nach Artikel 8 Abs 5 der zitierten Rahmenrichtlinie auch für Arbeitnehmer zu gelten, die bei ernster und unmittelbarer Gefahr für die eigene Sicherheit bzw die Sicherheit anderer Personen unter Berücksichtigung ihrer Kenntnisse und technischen Mittel Maßnahmen treffen, um die Folgen der Gefahr zu vermeiden. Das Benachteiligungsverbot sowie der Kündigungs- und Entlassungsschutz sind dann nicht gegeben, wenn der Arbeitnehmer bei der Gefahrenbekämpfung grob fahrlässig gehandelt hat.

§ 9 AVRAG regelt entsprechend Art 11 der Rahmenrichtlinie (89/391/EWG) das Benachteiligungsverbot für Arbeitnehmervertreter mit einer besonderen Funktion bezüglich der Sicherheit und beim Gesundheitsschutz der Arbeitnehmer. Nach Art 3 lit c dieser Rahmenrichtlinie sind dies Personen, die gemäß den nationalen Rechtsvorschriften ausgewählt oder benannt wurden, um die Arbeitnehmer in Fragen der Sicherheit und des Gesundheitsschutzes der Arbeitnehmer bei der Arbeit zu vertreten. Dabei handelt es sich wie bisher um Sicherheitsvertrauenspersonen. Art 11 Abs 4 der Rahmenrichtlinie sieht vor, daß Arbeitnehmern mit besonderen Funktionen bei der Sicherheit und beim Gesundheitsschutz durch ihre Schutztätigkeiten und ihre Tätigkeiten zur Verhütung berufsbedingter Gefahren keine Nachteile entstehen dürfen. Art 7 Abs 2 sieht ein entsprechendes Benachteiligungsverbot für die mit Schutzmaßnahmen und Maßnahmen zur Gefahrenverhütung beauftragten Arbeitnehmer vor. Dabei handelt es sich um Sicherheitsfachkräfte und Arbeitsmediziner sowie deren Fach-

---

[8] 1590 BlgNR 18. Gp, 128.

[9] Gemeint ist offenbar der Kündigungs- und Entlassungsschutz gemäß § 2a Abs 8 GlBG [die Verfasser].

oder Hilfspersonal. Das Benachteiligungsverbot für diese Personen ist § 115 Abs 3 ArbVG nachgebildet (Abs 1).

Da – wie bereits zu § 8 AVRAG (neu) ausgeführt – das von der Richtlinie geforderte Benachteiligungsverbot auch einen Kündigungs- und Entlassungsschutz zu beinhalten hat und Sicherheitsvertrauenspersonen, Sicherheitsfachkräfte und Arbeitsmediziner auch in Betrieben, die nicht unter den Geltungsbereich des ArbVG fallen, zu bestellen sind, ist es erforderlich, einen Kündigungs- und Entlassungsschutz auch außerhalb des ArbVG vorzusehen. Im AVRAG ist daher für diese Arbeitnehmer, die in Betrieben beschäftigt sind, die nicht dem ArbVG unterliegen, ein entsprechender Kündigungs- und Entlassungsschutz zu schaffen. Vorgesehen ist eine Anfechtungsmöglichkeit von Kündigungen oder Entlassungen, die wegen der Tätigkeit für die Sicherheit und den Gesundheitsschutz der Arbeitnehmer erfolgte. Der damit geschaffene Schutz läßt den besonderen Kündigungsschutz, wie er zB nach dem MuSchG oder BEinstG besteht, unberührt".

3. Zum Anwendungsbereich

Was den Geltungsbereich der §§ 8 und 9 AVRAG anlangt, kommt zum einen die Bestimmung des § 1 AVRAG zur Anwendung. Nach der Generalklausel des § 1 Abs 1 AVRAG gilt dieses Bundesgesetz für Arbeitsverhältnisse, die auf einem privatrechtlichen Vertrag beruhen. § 1 Abs 2 AVRAG zählt allerdings eine Reihe von Arbeitsverhältnissen auf, die von der Anwendung ausgenommen sind. In den Gesetzesmaterialien[10] heißt es dazu ua:

> „Da die EG-Richtlinien grundsätzlich auf alle Arbeitsverhältnisse anzuwenden sind, ist der Geltungsbereich des Entwurfes eines EG-Anpassungsgesetzes möglichst weit zu fassen. Die Ausnahmen beruhen zum Teil auf verfassungsrechtlichen Überlegungen (Landarbeiter, Dienstverhältnisse zu Ländern und Gemeinden), zum Teil auf der Erwägung, daß für den Bereich des Dienstrechtes eigenständige Regelungen bestehen".

Gegen die Nichtumsetzung der EG-Richtlinien für einen Teil der Arbeitnehmer bestehen allerdings trotz des Versuchs einer Rechtfertigung in den Gesetzesmaterialien massive Bedenken. Das gilt namentlich hinsichtlich der Arbeitsverhältnisse zu Ländern, Gemeindeverbänden und Gemeinden. Es ist zwar tatsächlich so, daß aufgrund der einschlägigen Kompetenztatbestände des B-VG[11] der Bund nicht die Zuständigkeit zur Gesetzgebung

---

[10] 1077 BlgNR 18. Gp, 9.

[11] Insbesondere Art 10 Abs 1 Z 11, Art 11 Abs 1 Z 2, Art 12 Abs 1 Z 6, Art 14, Art 15 sowie Art 21 B-VG; s zum Ganzen zuletzt den überaus gründlichen Beitrag von Spielbüchler, Vertragsrecht, Arbeitsvertragsrecht und Vertragsbediensteterecht, in: FS Strasser (1993), 341 ff mwH.

für alle erwähnten Arbeitnehmer hat. Das kann jedoch die unvollständige Umsetzung der EWG- bzw EG-Richtlinien nicht wirklich rechtfertigen. Es müßte vielmehr entweder die Kompetenzregelung modifiziert werden oder es müßten – solange die Kompetenzlage nicht geändert ist – die zuständigen Gesetzgeber tätig werden (dh bei Zuständigkeit der Länder eben die Länder). Letzteres ist bislang aber bei weitem nicht überall und in dem Umfang, wie es erforderlich wäre, geschehen.[12]

§ 8 Abs 2 AVRAG spricht (zum Unterschied von § 9 Abs 2 AVRAG) ganz allgemein vom „Arbeitnehmer". Der Kündigungsschutz nach § 8 Abs 2 AVRAG kommt demnach (in dem durch § 1 AVRAG umschriebenen Bereich) auf sämtliche Arbeitnehmer zur Anwendung. Da das AVRAG unverkennbar ein arbeitsvertragsrechtliches Gesetz ist, muß dabei der arbeitsvertragsrechtliche Arbeitnehmerbegriff zugrundegelegt werden (und nicht etwa der betriebsverfassungsrechtliche des § 36 ArbVG).

Anders als bei § 8 Abs 2 AVRAG ist die Situation beim Kündigungs- und Entlassungsschutz gemäß § 9 Abs 2 AVRAG. In dieser Bestimmung wird an einen Arbeitnehmer angeknüpft, „der nicht dem Kündigungsschutz nach § 105 Abs 3 Z 1 lit g ArbVG unterliegt". Der Kündigungs- bzw Entlassungsschutz nach § 9 Abs 2 AVRAG kommt also nur auf Arbeitnehmer zur Anwendung, die nicht in den Genuß des Kündigungsschutzes nach § 105 Abs 3 Z 1 lit g ArbVG kommen.[13] Bei Arbeitnehmern, die dem Kündigungsschutz nach § 105 Abs 3 Z 1 lit g ArbVG unterliegen, muß eine Kündigung bzw Entlassung, die aus dem in § 9 Abs 2 AVRAG genannten verpönten Motiv erfolgt, auf der Basis von § 105 ff ArbVG bekämpft werden (und nicht auf jener von § 9 Abs 2 AVRAG).

---

[12] Positive Ansätze bilden zB das Tiroler Landesgesetz vom 23. 11. 1994, LGBl 1995/7, und das Salzburger Landesgesetz vom 8. 2. 1995, LGBl 1995/49, mit denen die Tiroler und die Salzburger Landarbeitsordnung geändert wurden. Mit diesen Landesgesetzen wurden im Rahmen der Zuständigkeit des Landes Tirol und des Landes Salzburg für den Bereich der Landarbeiter durch eine Änderung der Tiroler und der Salzburger Landarbeitsordnung ua die Nachweisrichtlinie (91/833/EWG) und die Betriebsübergangsrichtlinie (77/187/EWG) in das Tiroler bzw Salzburger Landesrecht umgesetzt. Eine Umsetzung derjenigen Richtlinien, die auf Bundesebene der Auslöser für die Schaffung der §§ 8 und 9 AVRAG waren, ist im Zuge der erwähnten Novellierung der Salzburger und der Tiroler Landarbeitsordnung allerdings ebenfalls noch nicht erfolgt. Und ein Regelungsdefizit besteht zB auch noch insofern, als hinsichtlich der Vertragsbediensteten der Länder, Gemeindeverbände und Gemeinden die RL 77/187/EWG (die auf Bundesebene zu den §§ 3 ff AVRAG geführt hat) noch nicht in das österreichische Recht umgesetzt wurde.

[13] Als Gründe für die Nichtanwendung von § 105 Abs 3 Z 1 lit g ArbVG auf einen Arbeitnehmer kommen zB in Frage: der Arbeitnehmer ist in einem Betrieb beschäftigt, auf den das Betriebsverfassungsrecht nicht zur Anwendung kommt; der betroffene Arbeitnehmer ist zwar Arbeitnehmer iS des Arbeitsvertragsrechts, nicht aber iS des Betriebsverfassungsrechts; der Arbeitnehmer ist in einem Kleinstbetrieb (mit dauernd nicht mindestens 5 stimmberechtigten Arbeitnehmern) beschäftigt.

4. Zur Konzeption des Kündigungs- und Entlassungsschutzes nach § 8 Abs 2 und § 9 Abs 2 AVRAG

Mit dem Kündigungs- und Entlassungsschutz nach § 8 Abs 2 und § 9 Abs 2 AVRAG sollen die Interessen des einzelnen von der verpönten Kündigung bzw Entlassung betroffenen Arbeitnehmers geschützt werden. Aufgrund dessen wurde dieser Schutz nicht der Mitbestimmung der Belegschaft zugeordnet, sondern dem betroffenen Arbeitnehmer eingeräumt, wie es in der Vergangenheit schon des öfteren für alle Kündigungen aus verpöntem Motiv vorgeschlagen wurde.[14] Träger des materiellen Anfechtungsrechts ist daher im gegenständlichen Fall nicht die Belegschaft, sondern der gekündigte bzw entlassene Arbeitnehmer. Ein Sperrecht des Betriebsrats besteht schon aus diesem Grunde nicht. Auch das formelle Anfechtungsrecht steht ausschließlich dem betroffenen Arbeitnehmer zu. Kurz: Der Kündigungs- und Entlassungsschutz nach dem AVRAG ist unverkennbar individualrechtlich konzipiert.

5. Das Verhältnis des individualrechtlich konzipierten Schutzes nach § 8 Abs 2 und § 9 Abs 2 AVRAG zum betriebsverfassungsrechtlichen Kündigungs- bzw Entlassungsschutz nach § 105 ArbVG

Trotz oder gerade wegen der soeben getroffenen eindeutigen Feststellung stellt sich die Frage nach dem Verhältnis des Kündigungs- bzw Entlassungsschutzes nach dem AVRAG zu jenem nach dem ArbVG.

Was die Anfechtung als solche anlangt, kann es zu einer unmittelbaren Überschneidung zwischen dem Schutz nach dem AVRAG und dem nach dem ArbVG im Falle des *§ 8 Abs 2 AVRAG* nicht kommen. Bei den gemäß § 8 Abs 2 AVRAG anfechtbaren Kündigungen bzw Entlassungen handelt es sich zwar auch um solche, die aus einem verpönten Motiv ausgesprochen worden sind. Dieses Motiv ist aber in der Aufzählung des § 105 Abs 3 Z 1 ArbVG nicht enthalten. Es ist daher in solchen Fällen ausschließlich eine Anfechtung auf der Basis von § 8 Abs 2 AVRAG möglich. Ein Konkurrenzverhältnis zwischen dem AVRAG und dem ArbVG ist insoweit nicht gegeben. Allerdings trägt eine durch den Arbeitgeber ausgesprochene Kündigung ja keine Masche, anhand welcher ersichtlich wäre, daß die Kündigung aus dem im § 8 Abs 2 AVRAG genannten verpönten Motiv

---

[14] So bereits Strasser in seinem im Auftrag des BMS erstellten Entwurf über die Beendigung des Arbeitsverhältnisses und der gleichnamige Gesetzesentwurf des BMS aus dem Jahre 1981 sowie Floretta, DRdA 1982, 8, und WBl 1987, 80. Nach Mayer-Maly entspricht der gesamte Kündigungs- und Entlassungschutz nur dann dem Art 6 MRK, wenn er individualrechtlich konstruiert ist (s Österreichisches Arbeitsrecht, Bd I, 174, und jüngst JBl 1992, 63).

ausgesprochen worden ist.[15] Außerdem kann es sein, daß eine Kündigung sowohl aus dem im § 8 Abs 2 AVRAG genannten Motiv als auch aus einem oder mehreren der in § 105 Abs 3 Z 1 ArbVG genannten Motive ausgesprochen worden ist. Und schließlich kann eine Kündigung auch noch zusätzlich zur Verpöntheit nach § 8 Abs 2 AVRAG sozial ungerechtfertigt iS von § 105 Abs 3 Z 2 ArbVG sein. Es muß daher letztlich doch geklärt werden, in welcher Relation eine Anfechtung gemäß § 8 Abs 2 AVRAG zu einer Anfechtung gemäß § 105 Abs 3 ArbVG steht.

Auszugehen ist dabei davon, daß auch eine aus einem verpönten Motiv iS von § 8 Abs 2 AVRAG ausgesprochene Kündigung eine Kündigung iS von § 105 Abs 1 und 2 ArbVG ist. Sofern also das betreffende Arbeitsverhältnis dem betriebsverfassungsrechtlichen Kündigungsschutz unterliegt, hat der Betriebsinhaber daher in einem solchen Fall wie bei jeder anderen Kündigung auch (bei sonstiger Rechtsunwirksamkeit der Kündigung) das betriebsverfassungsrechtliche Vorverfahren gemäß § 105 Abs 1 und 2 ArbVG einzuhalten. Dem Betriebsrat kommt hier als Vertreter der Belegschaft nur ein Recht auf Information, Beratung und Stellungnahme, nicht aber auf Anfechtung (also Mitbestimmung) zu. UE bestehen dabei auch keine Bedenken dagegen, daß der Betriebsrat etwa im Zuge allfälliger Beratungen iS des § 105 Abs 2 ArbVG den Betriebsinhaber darauf hinweist, daß die beabsichtigte Kündigung nach Auffassung des Betriebsrats auch im Hinblick auf § 8 Abs 2 AVRAG unterbleiben sollte. Im übrigen sind aber die Anfechtungsmöglichkeit nach § 8 Abs 2 AVRAG und jene nach § 105 ArbVG zwei getrennte Dinge, die je nach Lage der Dinge durch die jeweils Anfechtungsberechtigten in dem jeweils dafür zur Verfügung stehenden Verfahren auch nebeneinander verfolgt werden können.

Im einzelnen sind dabei im vorliegenden Zusammenhang insbesondere folgende Varianten denkbar:

- Der Arbeitnehmer unterliegt nicht dem betriebsverfassungsrechtlichen Kündigungs- und Entlassungsschutz: Möglich ist ausschließlich eine individualrechtliche Anfechtung gemäß § 8 Abs 2 AVRAG durch den betroffenen Arbeitnehmer selbst. Es handelt sich um eine Arbeitsrechtssache iS von § 50 Abs 1 Z 1 ASGG.
- Der Arbeitnehmer unterliegt dem betriebsverfassungsrechtlichen Kündigungs- und Entlassungsschutz: Hier kann zum einen der Arbeitnehmer die erfolgte Kündigung bzw Entlassung gestützt auf die in § 8 AVRAG genannten Gründe individualrechtlich anfechten. Zusätzlich kann die Kündigung oder Entlassung durch den Betriebsrat bzw (nach

---

[15] Bei der Ermittlung des Motivs wird das Gericht meistens auf Vermutungen und Schlüsse angewiesen sein, sodaß der Kläger den Beweggrund der Kündigung nur glaubhaft zu machen hat (s Floretta, in: Floretta/Spielbüchler/Strasser (Hrsg), Arbeitsrecht I³, 281; Wachter, ZAS 1984, 71; sowie die §§ 105 Abs 5 ArbVG, 8 Abs 2 und 9 Abs 2 AVRAG).

Maßgabe von § 105 Abs 4 und 6 ArbVG) durch den betroffenen Arbeitnehmer selbst gestützt auf die Gründe des § 105 Abs 3 ArbVG bzw § 106 ArbVG betriebsverfassungsrechtlich angefochten werden. Bei der zuletzt genannten Anfechtung handelt es sich um eine betriebsverfassungsrechtliche Streitigkeit iS von § 50 Abs 2 ASGG.[16] Wird schlußendlich durch das Gericht auch nur einer der beiden Anfechtungsklagen stattgegeben, so ist die Kündigung/Entlassung rechtsunwirksam.

Einfacher als bei § 8 Abs 2 AVRAG ist die Situation im Zusammenhang mit *§ 9 Abs 2 AVRAG*. Dort kann es zu einem Nebeneinander von individualrechtlichem Kündigungs- und Entlassungsschutz nach § 9 Abs 2 AVRAG und betriebsverfassungsrechtlichem Kündigungs- und Entlassungsschutz nach §§ 105 ff ArbVG von vornherein nicht kommen. Die individualrechtliche Anfechtungsmöglichkeit besteht nämlich hier – wie dargelegt – ausschließlich für Arbeitnehmer, die nicht dem Kündigungsschutz nach § 105 Abs 3 Z 1 lit g ArbVG unterliegen. Bei Arbeitnehmern, die dem Kündigungsschutz nach § 105 Abs 3 Z 1 lit g ArbVG unterliegen, ist auch das verpönte Motiv, daß die Kündigung bzw Entlassung wegen ihrer Tätigkeit für die Sicherheit und den Gesundheitsschutz der Arbeitnehmer erfolgt ist, im Rahmen des betriebsverfassungsrechtlichen Kündigungs- bzw Entlassungsschutzes geltend zu machen. Die Grundlage dafür bietet § 105 Abs 3 Z 1 lit g ArbVG. Dieses verpönte Motiv kann entweder isoliert oder kumulativ mit anderen verpönten Motiven bzw der Sozialwidrigkeit der Kündigung bzw Entlassung aufgegriffen werden. Im Falle des in § 9 Abs 2 AVRAG genannten verpönten Motives kommt es also entweder zu einem üblichen kollektivrechtlichen Kündigungs- bzw Entlassungsschutzverfahren nach §§ 105 ff ArbVG oder einem individualrechtlichen Anfechtungsverfahren nach § 9 Abs 2 AVRAG.

6. Zur Anfechtungsfrist

Die Kündigung bzw Entlassung kann sowohl nach § 8 Abs 2 AVRAG als auch nach § 9 Abs 2 AVRAG *„binnen einer Woche nach Zugang der Kündigung oder Entlassung"* bei Gericht angefochten werden. Diese Regelung erweckt auf den ersten Blick keinen besonders problemträchtigen Eindruck. Die nähere Betrachtung zeigt aber, daß sie doch einige Fragen aufwirft.

So stellt sich zB die Frage, ob es sich bei der genannten Frist nach § 8 bzw 9 AVRAG um eine materiellrechtliche Präklusivfrist oder eine prozessuale Frist handelt. Zu beantworten ist diese Frage im selben Sinne wie die nach der Rechtsnatur der in § 105 Abs 4 ArbVG enthaltenen Frist. Zur

---

[16] Das spielt nicht zuletzt im Hinblick auf die Kostenersatzregelung des § 58 Abs 1 ASGG eine Rolle.

letztgenannten Bestimmung hat der OGH[17] vor einiger Zeit die Auffassung vertreten, daß die dort normierte, der Einleitung eines gerichtlichen Verfahrens dienende Frist eine prozessuale Frist ist und daher auch die Wiedereinsetzung in den vorigen Stand zulässig ist.

Ein weiteres Problem besteht darin, wie die Anfechtungsfrist zu berechnen ist, insbesondere welchen Stellenwert in diesem Zusammenhang Samstage, Sonntage, Feiertage und der Karfreitag haben. Klar ist aufgrund ausdrücklicher gesetzlicher Anordnung in §§ 8 und 9 AVRAG, daß die Frist mit Zugang der Kündigung bzw Entlassung beginnt. Wann die Kündigung bzw Entlassung zugegangen ist, richtet sich nach den diesbezüglich zur Kündigung ganz allgemein vertretenen Grundsätzen. Dh, die Kündigung bzw Entlassung ist zu dem Zeitpunkt zugegangen, zu dem erwartet werden kann, daß der Empfänger unter gewöhnlichen Verhältnissen von der Erklärung Kenntnis erlangen kann.[18] Was das Ende der Frist anlangt, kommt es im Ergebnis erfreulicherweise nicht darauf an, ob man die erwähnten Frist dogmatisch als prozessuale oder als materiellrechtliche ansieht. Qualifiziert man die Frist als prozessuale, ist sie anhand von § 125 Abs 2 und § 126 ZPO sowie des Bundesgesetzes BGBl 1961/37 zu berechnen. Das bedeutet konkret, daß die Frist mit dem Ablauf desjenigen Tages endet, welcher durch seine Benennung dem Tag entspricht, an welchem die Kündigung bzw Entlassung dem Arbeitnehmer zugegangen ist; fällt das Ende der Frist auf eine Samstag, Sonntag oder Feiertag oder den Karfreitag, so ist der nächste Werktag als letzter Tag der Frist anzusehen.[19] Ordnet man die erwähnten Frist als materiellrechtliche Präklusivfrist ein, sind § 902 Abs 2 sowie § 903 ABGB und das Bundesgesetz BGBl 1961/37 anzuwenden. Diese Bestimmungen führen jedoch exakt zu dem bereits zuvor dargelegten Ergebnis.

Die §§ 8 und 9 AVRAG werfen ferner die Frage auf, ob die Tage des Postlaufes in die Anfechtungsfrist einzuberechnen sind oder ob die Anfechtung rechtzeitig ist, wenn sie am letzten Tag der Frist zur Post gegeben wird.[20] Auch in diesem Zusammenhang spielt es uE für das Ergebnis keine Rolle, ob man die gegenständliche Frist als prozessuale oder als materiellrechtliche einstuft. Wird die Frist als prozessuale betrachtet, werden gemäß § 89 Abs 1 GOG die Tage des Postenlaufes in die Frist nicht eingerechnet. Qualifiziert man die Frist als materiellrechtliche, liegt uE hinsichtlich der

---

[17] 6. 12. 1989, ZAS 1990/20 (mit ablehnender Anmerkung von Andexlinger, dessen Ausführungen sich allerdings – wie das bei seinen literarischen Äußerungen häufig zu konstatieren ist – weniger durch dogmatischen Scharfsinn als durch Polemik und leicht erkennbares interessenmäßiges Vorverständnis auszeichnen).

[18] S statt aller Floretta, in: Floretta/Spielbüchler/Strasser (Hrsg), Arbeitsrecht I³, 261 f.

[19] Ist zB eine Kündigung dem Arbeitnehmer am Freitag, den 7. 4. 1995 zugegangen, ist der letzte Tag der Anfechtungsfrist nicht etwa Freitag, der 14. 4. 1995 (Karfreitag), sondern der nach dem Ostermontag gelegene Dienstag, der 18. 4. 1995.

[20] Vgl zu dieser Frage schon Wachter, Postenlauf und Anfechtungsfrist bei der Kündigungsanfechtung, RdW 1986, 147 f.

angesprochenen Frage eine Gesetzeslücke vor. Diese ist durch analoge Anwendung von § 169 ArbVG zu schließen. Die letztgenannte Norm verweist auf die §§ 32 und 33 AVG weiter. Daraus wiederum ergibt sich, daß die Tage des Postenlaufes in die Frist nicht eingerechnet werden.[21] Auf diese Art und Weise wird der Gleichlauf der Fristberechnung bei der individualrechtlichen Anfechtung einerseits und der betriebsverfassungsrechtlichen Anfechtung andererseits gewährleistet. Im Ergebnis reicht es also aus, wenn die Anfechtung der Kündigung bzw Entlassung gemäß §§ 8 und 9 AVRAG am letzten Tag der Frist zur Post gegeben wird.

Ungeachtet dieser nach unserer Auffassung gegebenen rechtlichen Situation ist allerdings für die Praxis die Empfehlung zu geben, die Anfechtung zur Sicherheit doch so rechtzeitig abzuschicken, daß gesichert ist, daß die Anfechtung noch innerhalb der Wochenfrist bei Gericht einlangt.

7. Die Anfechtungsvoraussetzungen

Als Gründe für die Anfechtung einer Kündigung bzw Entlassung nach dem AVRAG kommen folgende in Frage:
Der Arbeitnehmer ist gekündigt oder entlassen worden, weil er

- bei ernster und unmittelbarer Gefahr für Leben und Gesundheit den Gefahrenbereich verlassen hat (§ 8 Abs 2 iVm § 8 Abs 1 Satz 1 AVRAG);
- unter Berücksichtigung seiner Kenntnisse und der zur Verfügung stehenden technischen Mittel selbst Maßnahmen zur Abwehr der Gefahr getroffen hat, wenn er die sonst zuständigen Personen nicht erreichen konnte, es sei denn, seine Handlungsweise war grob fahrlässig (§ 8 Abs 2 iVm § 8 Abs 1 Satz 2 AVRAG);
- weil er als Sicherheitsvertrauensperson oder Arbeitnehmer, der als Sicherheitsfachkraft, Arbeitsmediziner oder als deren Fach- oder Hilfspersonal beschäftigt war (§ 9 Abs 2 iVm § 8 Abs 1 AVRAG).

Diese Anfechtungsgründe sollten im einzelnen keine besonderen Probleme aufwerfen, sodaß an dieser Stelle keine eingehenden Ausführungen notwendig sind.

Fraglich ist allerdings, ob es im Zusammenhang mit einer Entlassung nicht eine zusätzliche Anfechtungsvoraussetzung ist, daß der betreffende Arbeitnehmer *keinen Entlassungsgrund gesetzt* hat. Ausdrücklich enthalten ist dieses Erfordernis weder in § 8 noch in § 9 AVRAG. Darin liegt ein bemerkenswerter verbaler Unterschied zu § 106 Abs 2 ArbVG. Die Gesetzesmaterialien geben bedauerlicherweise keinen ausreichenden Aufschluß darüber, ob die Abweichung von § 106 Abs 2 ArbVG mit Absicht erfolgt

---

[21] § 33 Abs 2 AVG.

ist oder ob bloß ein Versehen vorliegt. UE sollte allerdings mit §§ 8 und 9 AVRAG keine für Österreich völlig neuartige Art von Entlassungsschutz eingeführt werden, die den Arbeitnehmer in Abkehr vom ArbVG auch vor einer durch einen hinreichenden Entlassungsgrund gerechtfertigten, und damit rechtmäßigen Entlassung schützt. Mit §§ 8 und 9 AVRAG sollten vielmehr einerseits die beiden oben als erstes aufgelisteten verpönten Motive im Zusammenhang mit Kündigungen und Entlassungen als zusätzliche Anfechtungstatbestände eingeführt werden; und andererseits sollte die oben als drittes genannte Anfechtungsmöglichkeit auch Arbeitnehmern eröffnet werden, die nicht dem ArbVG unterliegen. Es erscheint daher uE geboten, auch bei Entlassungsanfechtungen nach §§ 8 und 9 AVRAG zu verlangen, daß der betreffende Arbeitnehmer keinen Entlassungsgrund verwirklicht hat. Würde man das nicht tun, käme es zu Verschiedenbehandlung zwischen Entlassungsanfechtungen nach dem AVRAG und solchen nach dem ArbVG, für die keine überzeugenden Gründe ersichtlich sind. Besonders deutlich wird das im Zusammenhang mit der Entlassungsanfechtung nach § 9 Abs 2 AVRAG. Würde man bei derartigen Anfechtungen auf das Erfordernis, daß der Arbeitnehmer keinen Entlassungsgrund gesetzt haben darf, verzichten, stünde ein Arbeitnehmer, der die Entlassung nach § 9 Abs 2 AVRAG bekämpft, günstiger da als einer, auf den der traditionelle Entlassungsschutz nach § 106 ArbVG zur Anwendung gebracht wird.[22] Das war aber sicherlich nicht die Absicht des Gesetzgebers.[23]

8. Wirkungen der Anfechtung

Eine durch den Arbeitgeber aus einem verpönten Motiv iS von §§ 8 oder 9 AVRAG ausgesprochene Kündigung bzw Entlassung ist als solche nicht rechtsunwirksam, sondern vorläufig wirksam. Die §§ 8 und 9 AVRAG gewähren dem Arbeitnehmer allerdings insofern einen Bestandschutz hinsichtlich seines Arbeitsverhältnisses, als der Arbeitnehmer die verpönte Kündigung bzw Entlassung bei Gericht anfechten und damit durch Richterspruch unwirksam machen kann.

Ob es zu einer solchen Anfechtung kommt oder nicht, liegt ausschließlich in der Hand des Arbeitnehmers. Der Arbeitnehmer kann von der Einbringung der Anfechtungsklage nach dem AVRAG auch absehen – zB wenn er aus anderen Gründen ohnehin an der abfertigungserhaltenden Auflösung des Arbeitsverhältnisses interessiert ist. Macht der anfechtungsberechtigte Arbeitnehmer nicht innerhalb der Anfechtungsfrist von seinem

---

[22] In letzterem Falle ist es nämlich unzweifelhaft Anfechtungsvoraussetzung, daß der betroffene Arbeitnehmer keinen Entlassungsgrund gesetzt haben darf.

[23] S die unter Punkt 2 zitierten Gesetzesmaterialien, wonach es darum gegangen ist, für „Arbeitnehmer, die in Betrieben beschäftigt sind, die nicht dem ArbVG unterliegen, einen Kündigungs- und Entlassungsschutz zu schaffen" [Hervorhebung von uns].

Anfechtungsrecht Gebrauch, ist die Kündigung bzw Entlassung im Hinblick auf §§ 8 und 9 AVRAG endgültig wirksam.[24] Allenfalls können durch den Arbeitnehmer bzw den Betriebsrat dann noch andere Mängel der Kündigung bzw Entlassung geltend gemacht werden.[25]

Wird eine Anfechtung gemäß §§ 8 bzw 9 AVRAG eingebracht, entsprechen die Rechtsfolgen jenen, die sich bei einer Kündigungs- bzw Entlassungsanfechtung im Rahmen des allgemeinen Kündigungsschutzes gemäß §§ 105 ff ArbVG ergeben.[26]

Wird der Anfechtung stattgegeben, ist die Kündigung oder Entlassung rechtsunwirksam, und zwar ex tunc. Der Arbeitnehmer ist demgemäß verpflichtet, wieder die vereinbarten Arbeitsleistungen zu erbringen. Während der Dauer des Verfahrens wird der Arbeitnehmer in vielen Fällen schon aus wirtschaftlichen Gründen faktisch gezwungen sein, einer anderen Erwerbstätigkeit nachzugehen. Überdies besteht im Hinblick auf § 1155 ABGB für den Arbeitnehmer auch rechtlich die Obliegenheit, während des laufenden Verfahrens einer zumutbaren anderweitigen Erwerbstätigkeit nachzugehen. Nach erfolgreichem Ende des Anfechtungsverfahrens ist der Arbeitnehmer verpflichtet, ein in der Zwischenzeit eingegangenes Arbeitsverhältnis unverzüglich zu lösen. Das Obsiegen im Kündigungsschutzverfahren stellt allerdings nicht etwa einen wichtigen Grund zur vorzeitigen Auflösung des Zwischenarbeitsverhältnisses dar. Und es ist dem Arbeitnehmer auch nicht zuzumuten, das Zwischenarbeitsverhältnis rechtswidrig ohne Einhaltung einer Kündigungsfrist zu lösen.

Ist der Arbeitnehmer im Anfechtungsverfahren erfolgreich, wird die seinerzeit ausgesprochene Kündigung bzw Entlassung rückwirkend rechtsunwirksam. Es ist also rechtlich davon auszugehen, daß das Arbeitsverhältnis ohne Unterbrechung weiterbestanden hat. Tatsächlich hat der Arbeitnehmer aber aufgrund der faktischen Beendigung in der Zwischenzeit keine Dienste geleistet. Der Ausspruch der verpönten Kündigung bzw Entlassung durch den Arbeitgeber stellt allerdings einen Umstand, der auf Seite des Dienstgebers liegt, iS von § 1155 ABGB dar. Der Arbeitgeber ist also gemäß dieser Bestimmung verpflichtet, dem Arbeitnehmer für die Zeit zwischen faktischer Auflösung des Arbeitsverhältnisses und Weiterbeschäftigung des Arbeitnehmers das Arbeitsentgelt weiterzuzahlen. Auf den Entgeltanspruch muß der Arbeitnehmer sich allerdings gemäß § 1155 ABGB anrechnen lassen, was er infolge Unterbleibens der Arbeitsleistung erspart oder durch anderweitige Verwendung erworben oder zu erwerben absichtlich versäumt hat.[27]

---

[24] Dasselbe gilt, wenn der Arbeitnehmer die Anfechtungsklage im Laufe des Verfahrens zurückzieht.

[25] So kann zB der Betriebsrat weiterhin eine Anfechtung wegen Sozialwidrigkeit betreiben.

[26] S dazu statt aller Floretta in ArbVG-Handkommentar, 695 ff.

[27] S zum ganzen statt aller Floretta in ArbVG-Handkommentar, 696 f.

Wird die durch den Arbeitnehmer eingebrachte Anfechtung durch das Gericht abgewiesen, steht fest, daß die seinerzeitige Kündigung bzw Entlassung aus der Sicht der §§ 8 und 9 AVRAG rechtswirksam war.

9. Schlußbemerkung

Der im Jahre 1994 im Wege einer Novelle zum AVRAG geschaffene Kündigungs- und Entlassungsschutz ergänzt (so wie auch der nach § 2a Abs 8 GlbG) die in Österreich schon seit langem bestehenden verschiedenen Arten von Bestandschutz in einem nicht unwichtigen Punkt. Es wurde damit ein Beitrag dazu geleistet, den Arbeitnehmer vor der folgenschwersten Benachteiligung zu bewahren, die ihn im Rahmen des Arbeitsverhältnisses treffen kann, nämlich dem Verlust des Arbeitsplatzes. Daß es für das entsprechende Tätigwerden des österreichischen Gesetzgebers erst des Anstoßes aus Brüssel bedurfte, ist an sich etwas verwunderlich. Jedenfalls ist die hier behandelte Erweiterung des Kündigungs- und Entlassungsschutzes nach Einschätzung der Verfasser durchaus im Sinne Rabofskys, hat sich dieser doch zeitlebens mit großem Idealismus für den Schutz der Arbeitnehmer vor ungerechtfertigten Benachteiligungen eingesetzt.

Einleitung und Kommentar zum „Prager Memorandum für die positivistische Philosophie" (Entgegnung auf Christian von Ehrenfels' Kritik an Josef Petzoldt und Hans Kleinpeter, verfaßt von Anton Lampa, unter Mitwirkung von Philipp Frank und unterstützt von Albert Einstein [1914])

Peter Goller, Innsbruck

1.

Dem „Aufstieg der wissenschaftlichen Philosophie" in Wien, Berlin und Prag ist ein jüngst (1993) aus Anlaß der Zentenarfeier von drei prominenten Vertretern des Logischen Empirismus, nämlich Rudolf Carnap (1891–1970), Hans Reichenbach (1891–1953) und Edgar Zilsel (1891–1944), erschienener Forschungsband gewidmet. Dieser vom „Institut Wiener Kreis" herausgegebene Sammelband zeigt deutlich, daß die Entwicklung der positivistischen Philosophie zu einer logisch-empiristischen Denkrichtung keine geradlinige war – es sei etwa an die unterschiedliche Bindung an neukantianisches Gedankengut erinnert[1] –, sondern eine von vielschichtigen Binnenkonflikten geprägte. Die notwendige starke Außenabgrenzung gegen die klassische metaphysische „Schulphilosophie" und die politische Bedrohung durch Rechtskonservativismus und Faschismus ließen in zeitgenössischer und historischer Perspektive diese innere Inhomogenität eher in den Hintergrund rücken.

Andererseits hat das anti-empiriokritizistische „Strafdiktum" Lenins aus dem Jahr 1908 und die (teils unhistorische) Qualifizierung der positi-

---

Erstveröffentlichung in: Topos. Internationale Beiträge zur dialektischen Theorie, Heft 5 (Frühjahr 1995), Hrsg: Hans Heinz Holz (Pahl-Rugenstein-Verlag Bonn) – Wiederabdruck mit freundlicher Genehmigung durch Herrn Univ.-Prof. Dr. Hans Heinz Holz!

[1] Vgl dazu für Deutschland etwa den Abschnitt „‚Die wissenschaftliche Philosophie' der Vierteljahrsschrift zwischen Positivismus und Neukantianismus", in: Köhnke, Entstehung und Aufstieg des Neukantianismus. Die deutsche Universitätsphilosophie zwischen Idealismus und Positivismus (1986), 388–403, mit einer generalisierbaren Kritik an der oft hilflosen Antimetaphysik eines Richard Avenarius: „Was hätte nachgewiesen werden müssen: daß Metaphysik auf Schein und Pseudoerfahrungen beruht, bleibt dogmatische Behauptung Avenarius' (…)." (401).

vistischen Philosophie als Ideologie einer „halbierten" instrumentellen Vernunft durch die Frankfurter Schule (Max Horkheimer) den Blick auf den Umstand verstellt,[2] daß gerade maßgebliche Teile des österreichischen Positivismus im Umfeld des sozialistischen „Roten Wien" der Ersten Republik geschichtswirksam waren und daß der österreichische und deutsche Positivismus sowohl als Gesamtbewegung, unzweifelhaft aber in vielen Einzelvertretern Teil der antifaschistischen Bewegung war. Die im folgenden zitierten und abgedruckten Dokumente bewegen sich in einer sehr hermetisch-fachspezifischen Gelehrtenwelt. Gerade weil die darin ausführlich debattierten „Professorenillusionen" aber unmittelbar in (wissenschafts-) politische Stellungnahmen umschlagen, scheinen sie zur Gänze relevant![3]

Im Rahmen des hier vorgestellten Beispiels interessiert auch die von Friedrich Stadler unter dem Schlagwort „Vom Positivismus zur ‚Wissenschaftlichen Weltauffassung'" charakterisierte Entwicklung der positivistischen Philosophie, dh die Weiterentwicklung und Preisgabe eines psychologistisch-genetischen bzw evolutionistischen Positivismus mit den Mitteln der Logik, Mathematik und der formalistischen Sprachphilosophie (Syntax, Semantik). Diese knapp-vereinfachte Darstellung kann personalisiert an der Linie von Richard Avenarius „Kritik der reinen Erfahrung" (1889/90) und Ernst Machs „Analyse der Empfindungen" (1886) bzw an dessen „Erkenntnis und Irrtum" (1905) einerseits zu – willkürlich herausgegriffen – Rudolf Carnaps „Logischer Syntax der Sprache" (1934) festgemacht werden, wobei Moritz Schlicks „Allgemeine Erkenntnislehre" (1922)[4] und selbst noch Rudolf Carnap mit seinem frühen Hauptwerk „Der logische Aufbau der Welt" (1928)[5] als auf der Wegscheide stehend gedeutet werden könnten.

---

[2] Vgl Lenin, Materialismus und Empiriokritizismus (Lenin-Werkausgabe 14, Hrsg: Institut für Marxismus-Leninismus beim ZK der KPdSU und der SED [1977]) und Horkheimer, Traditionelle und Kritische Theorie (1976).

[3] Der Prager Berufungsvorgang nach Anton Marty (1913/14) ist nach dem entsprechenden Akt im Österreichischen Staatsarchiv, Allgemeines Verwaltungsarchiv, Bestand Unterricht 1848–1938, Faszikel 1035, dargestellt.

[4] Vgl Forschungsband „Zurück zu Moritz Schlick" (1985).

[5] Vgl dazu Stadler, Wien – Berlin – Prag. Zum Aufstieg der wissenschaftlichen Philosophie, in: Haller/Stadler (Hrsg), Wien – Berlin – Prag. Der Aufstieg der wissenschaftlichen Philosophie (= Veröffentlichungen des Instituts Wiener Kreis 2) (1993), 11–37, hier 17 f: „Bevor Carnap ebenfalls auf eine Variante der physikalistischen Einheitswissenschaft einschwenkte, hatte er in seinem frühen Hauptwerk ‚Der logische Aufbau der Welt' (1928) dem Konventionalismus folgend ein Konstitutionssystem wissenschaftlicher Begriffe auf phänomenalistischer Basis mit Hilfe der Typentheorie vorgestellt, (…)"; ähnlich auch Haller, Marksteine und Grundlagen der wissenschaftlichen Philosophie. Zur Neubewertung der Philosophie des Logischen Empirismus, in: ebenda, 38–55, hier 44: „(…) sollte damit auch der im ‚Logische(n) Aufbau der Welt' eingeschlagene Weg korrigiert werden: die besondere ‚phänomenale Sprache' sollte wegfallen, ebenso der damit verbundene ‚methodische Solipsismus' (…)"

In Berlin erfolgte Mitte der zwanziger Jahre die analoge Ablösung des „Avenarius-Machschen" Positivismus im Rahmen der 1927 um ihren Protagonisten Hans Reichenbach gegründeten „Gesellschaft für empirische/ wissenschaftliche Philosophie", die institutionell und personell auf die 1912 von Josef Petzoldt errichtete „Gesellschaft für positivistische Philosophie" zurückgreifen konnte und sich gleichzeitig von dessen „älterem Empiriokritizismus" verabschiedete.[6] Für Berlin hat Klaus Hentschel 1990 in der Einleitung zur „Korrespondenz Petzoldt–Reichenbach. Zur Entwicklung der ‚wissenschaftlichen Philosophie' in Berlin" diesen Perspektivenwechsel im positivistischen Paradigma thesenartig zusammengefaßt: „Petzoldts Gesellschaft verkörperte für Reichenbach eine ‚vielleicht etwas einseitige Mach-Tradition'. Dessen ‚Positivismus' setzte Reichenbach ein ‚allgemein empiristisches Programm' entgegen, in dem viele der aus seiner Sicht überzogenen Thesen des ‚strengen Machialismus' zurückgenommen wurden. Der ‚Berliner Kreis', speziell aber Reichenbach und Dubislav, befaßten sich vorwiegend mit den am stärksten formalisierten Disziplinen Mathematik und Physik, in der Erwartung, daß sich die Gesetze der Naturwissenschaften und der Psychologie letztendlich auf die der Physik reduzieren lassen (Physikalismus)." Der „jüngere Positivismus" war in unterschiedlicher Gewichtung an Bertrand Russell, David Hilbert, Ernst Cassirer oder Leonard Nelson orientiert, während Josef Petzoldt als „Apostel Machs und Avenarius'" abgesehen davon, daß er an der Psychologie und Nervenphysiologie (Stichworte: „psychophysischer Parallelismus", „Energiegesetz") als primären Leitwissenschaften ausgerichtet war, sein bereits im Titel an Avenarius angelehntes Hauptwerk „Einführung in die Philosophie der reinen Erfahrung" 1899 mit der programmatischen Erklärung eröffnete: „... kam es mir auf eine leicht verständliche Darlegung des hauptsächlichen Inhalts von Richard Avenarius' ‚Kritik der reinen Erfahrung' an."

Wie Joseph Petzoldt (1862–1929), der Zeit seines Lebens als Gymnasialprofessor in Berlin wirkte, den sich aber bereits 1901 Ernst Mach zu seinem Nachfolger an der Universität Wien gewünscht hatte,[7] und der sich nach Ablehnung seiner Habilitation an der Universität Berlin (ua durch Wilhelm Dilthey) erst 1904 an der Technischen Hochschule Berlin-Charlottenburg habilitieren konnte, war auch sein heute fast völlig vergessener österreichischer – ua in Proßnitz in Mähren und in Gmunden in Oberöster-

---

[6] Vgl dazu die Kritik Kurt Grellings an Josef Petzoldt (1913), beschrieben bei Peckhaus, Kurt Grelling und der Logische Positivismus, in: Haller/Stadler (Hrsg), Wien – Berlin – Prag. Der Aufstieg der wissenschaftlichen Philosophie (1993), 362–385, hier 367, und Hoffmann, Die Berliner „Gesellschaft für empirische/wissenschaftliche Philosophie", in: ebenda, 386–401, hier 390 f: „Die neugegründete Berliner Gruppe bleibt zunächst einer recht einseitigen Machtradition verhaftet, wie der Vortrag J. Petzoldts auf der Eröffnungssitzung am 6. Mai 1927 zeigt, denn in ihm bekennt sich der Redner philosophisch ausdrücklich zu den Anschauungen von Mach und Avenarius."

[7] Vgl dazu Goller, Alois Riehl (1844–1924). Bausteine zur Biographie eines Südtiroler Philosophen, in: Der Schlern 65 (1991), 530–558, hier 557.

reich lehrender – Gymnasialprofessorskollege Hans Kleinpeter (1869–1916) dem Denken des älteren Positivismus verbunden. In mehreren Abhandlungen, so in dem von Paul Natorp herausgegebenen „Archiv für systematische Philosophie" (1898) „Die Entwicklung des Raum- und Zeitbegriffs in der neueren Mathematik und Mechanik und seine Bedeutung für die Erkenntnistheorie"[8] und in dem 1913 in der „Zeitschrift für Philosophie und philosophische Kritik" veröffentlichten Aufsatz „Die prinzipiellen Fragen der Machschen Erkenntnislehre",[9] sowie in seinem zusammenfassenden Buch „Der Phänomenalismus. Eine naturwissenschaftliche Weltanschauung" (Leipzig 1913) verdeutlicht Kleinpeter die teils disparatinhomogenen Quellen seiner „naturwissenschaftlichen Weltanschauung":

> „Alle Philosophie versuchte bisher auf logisch deduktivem Weg zu einer Gesamteinsicht in das Weltganze zu führen. Diese Aufgabe mißlang, so oft sie wiederholt wurde, und die Gründe des Mißlingens wurden durch die Erkenntniskritik Lockes, Berkeleys, Humes, Kants und Machs klar. Der ursprüngliche Begriff der Philosophie muß demnach ganz aufgegeben werden. Eine andere bescheidenere Auffassungsweise, die phänomenalistische, muß sich zuerst ihr Recht erringen. Sie ist zuerst von Mach auf physikalischem Gebiete zur Geltung gebracht und unter Mitwirkung anderer Denker auch auf Fragen der Weltanschauung überhaupt ausgedehnt worden. Seither beginnt sich eine ganz neue charakteristische Gedankenrichtung in der Auffassung allgemeiner wissenschaftlicher wie kultureller Fragen geltend zu machen. Sie ist außer durch Vertreter positiver Wissenschaften auch durch eine Reihe philosophischer Namen repräsentirt wie Nietzsche, Avenarius und seine Schule, Schuppe und die immanente Philosophie und die Vertreter des Pragmatismus (bezw. Humanismus) wie Dewey und Schiller." (Vorwort, verfaßt im November 1912).

---

[8] Archiv für systematische Philosophie, Neue Folge Band 4 (1898), 32–43, mit pointierten Formulierungen wie: „Damit ist der ganze Kantische Wahn von der unbedingten Gewissheit der Geometrie, (…), zerstört. (…) Der schöne Wahn einer wenigstens teilweise apriorischen Naturwissenschaft ist ausgeträumt, (…)" – Der Herausgeber des Archivs, Paul Natorp, teilte Ernst Mach am 30. 1. 1899 mit, daß er einen weiteren Aufsatz Kleinpeters – „Ihr(es) eifrige(n) Anhänger(s)" – nur dann annehme, wenn dieser sich zur „Zurückdrängung der Polemik" entschließen könne (vgl dazu Thiele, Wissenschaftliche Kommunikation. Die Korrespondenz Ernst Machs [1978], 212 f).

[9] Zeitschrift für Philosophie und philosophische Kritik 151 (1913), 129–162, einleitend dem angeblich keiner Tradition verpflichteteten „Revolutionär" Mach huldigend: „Entstehung und Entwicklung der Machschen Erkenntnislehre hat fern von den Bahnen der historischen Philosophien stattgefunden." Zu gleichrangigen Denkern zählte Kleinpeter Clifford, Stallo, Avenarius, Schuppe, Nietzsche, Poincare, Vaihinger und Ziehen. Unter den Neukantianern war aus Sicht Kleinpeters nur Rickert interessant: „Rickert ist derjenige unter den Denkern vom idealistischen Standpunkt, der der Machschen Erkenntnislehre am nächsten kommt." (140). Entscheidenden Stellenwert für die Interpretation Machs habe Nietzsche: „Zum tieferen Verständnis Machs von philosophischer Seite her ist vielleicht kein zweiter Denker mehr geeignet als Nietzsche" (162). – Zu Nietzsche als einem Positivisten vgl auch Mises, Kleines Lehrbuch des Positivismus. Einführung in die empiristische Wissenschaftsauffassung, Hrsg: Stadler (1990) (= Suhrkamp Taschenbuch Wissenschaft 871).

Zwei „Vertreter positiver Wissenschaften", die Physiker Anton Lampa (1868–1938)[10] und Philipp Frank (1884–1966), der nachmals (1932) mit seiner Schrift „Das Kausalgesetz und seine Grenzen" auch zu einem prominenten Vertreter des jüngeren Positivismus wurde, brachten 1914 mit Erfolg Josef Petzoldt und Hans Kleinpeter für eine philosophische Professur an der Prager deutschen Universität in Vorschlag.

Lampa, dessen Wirken Frank 1949 in seiner „Einstein-Biographie" ua auch im Hinblick auf dessen Mach-Dogmatismus kritisch sehen sollte, hatte bereits 1910 die Besetzung der Prager Lehrkanzel für theoretische Physik aus ähnlicher Motivation beeinflußt: „Als nun die Lehrkanzel für theoretische Physik zu besetzen war, dachte sich Lampa, daß jetzt die Gelegenheit da wäre, einen Mann zu berufen, der die Physik im Sinne Machs und der positivistischen Richtung lehrte." Albert Einstein und der gleichfalls genannte Physiker der Technischen Hochschule Brünn Gustav Jaumann (1863–1924) galten Lampa als in physikalischer und philosophischer Hinsicht geeignete Machianer: „Jaumann folgte Mach gerade in seinen Schwächen. Dazu gehörte dessen Abneigung gegen die Einführung der Atome und Moleküle in der Physik. (…) Im Gegensatz zu Jaumann war Einstein mehr von Machs Geist beeinflußt als vom Wortlaut seiner Lehren. (…) Daß Einstein in philosophischer Beziehung nicht so eng mit Mach zusammenging, wie Lampa und andere damals annahmen, wurde erst später allgemein bekannt."[11]

Der primär wissenschaftspolitisch, in einigen Aspekten aber durchaus wissenschaftlich motivierte Protest des heute als Begründer der Gestaltpsychologie bekannten und um die (nationalökonomische Grenznutzen-) Wertlehre verdienten Christian von Ehrenfels gegen Petzoldt und Kleinpeter sowie der kriegsbedingte Einspruch des Finanzministeriums ließen allerdings keine Neubesetzung der nach Anton Marty vakanten Prager philosophischen Lehrkanzel zustande kommen![12]

---

[10] Vgl über Anton Lampa, der 1909 secundo loco nach Johannes Stark (TH Aachen) und vor dem tertio loco plazierten Stefan Meyer, dem nachmaligen Leiter des Wiener Radiuminstituts, nach Prag berufen worden war, und der sich um die allgemeine Volksbildung (ua „Urania" in Wien) sehr verdient gemacht hat, Kleinert, Anton Lampa 1868–1938 (1985). Obwohl tschechischer Abkunft, ließ Lampas Deutschnationalismus 1919 keinen Eid auf Tschechoslowakische Republik zu, Lampa verzichtete auf seine Professur, vgl auch unten Lampas antiitalienisch begründete Ablehnung Benussis und den Fall des freisinnigen Friedrich Jodl, der sich vom Tschechentum in Prag bedroht sah und seine Berufung nach Wien als Befreiung aus einem nationalen „Hexenkessel" empfand (vgl Friedrich Jodl. Sein Leben und Wirken. Dargestellt nach Tagebüchern und Briefen von Margarete Jodl [1920], 119).

[11] Frank, Einstein. Sein Leben und seine Zeit (1949), 135 f. Zum persönlich gespannten Verhältnis Machs zu Jaumann vgl Thiele, Wissenschaftliche Kommunikation. Die Korrespondenz Ernst Machs (1978), 229. – Vgl zur Berufung Einsteins nach Prag auch Allgemeines Verwaltungsarchiv Wien, Akten des Ministeriums für Unterricht und Kultus, Nr 49733 aus 1910.

[12] Der von Minister Hussarek im April 1915 wohl als Kompromißkandidat vorgeschlagene Hans Pichler wurde nach Einspruch des Finanzministers (27. August 1915, 1916

2.

Nach der 1913 erfolgten Emeritierung des Prager Philosophen Anton Marty (1847–1914), eines engen Vertrauten und Anhängers von Franz Brentano,[13] scheiterte die Berufung des von der Fakultät genannten Innsbrucker Experimentalpsychologen Franz Hillebrand (1863–1926) nach Prag „aus budgetären Gründen". Das Ministerium konnte Hillebrand keinen Ersatz für sein zu Innsbruck bereits aufgebautes experimentalpsychologisches Institut bieten.[14]

Die im Frühjahr 1914 neu eingesetzten Berufungsberatungen führten zu einer Spaltung des Professorenkollegiums, das im Juni den Minoritätsvorschlag innerhalb der Berufungskommission zum Fakultätsbeschluß erhob.

Unter der Federführung des seit 1896 in der Nachfolge von Friedrich Jodl[15] in Prag lehrenden Philosophen Christian von Ehrenfels schloß die

---

wiederholt) nicht ernannt: „… beehrt sich das Finanzministerium (…) zu ersuchen, von der definitiven Besetzung der nach Professor Marty erledigten Lehrkanzel durch Ernennung des Privatdozenten Dr. Pichler zum außerordentlichen Professor an der deutschen Universität in Prag vorläufig noch absehen zu wollen, zumal sich diese Maßnahme namentlich unter den gegenwärtigen Verhältnissen, da infolge der zahlreichen Einberufungen von Studierenden nur ein beschränkter Unterrichtsbetrieb besteht, kaum als unaufschiebbar notwendig darstellen dürfte." Die Marty-Lehrkanzel könne suppletorisch durch O. Kraus und J. Eisenmeier vertreten werden. De facto wurde schließlich Oskar Kraus Marty-Nachfolger.

[13] Marty war 1880 durch direkte Empfehlung Franz Brentanos auf die nach F.W. Volkmann freie philosophische Lehrkanzel berufen worden. Brentano sprach sich in einem ausführlichen Gutachten am 30. 12. 1878 gegen den Dreiervorschlag der Prager Fakultät mit dem erstgereihten Rudolf Eucken (Jena) und den nachgereihten Kandidaten Julius Walter (Königsberg), sowie Augustin Krohn (Halle) und W. Hirzel (Leipzig) aus. Neben Marty verwies Brentano bereits 1878 auf Carl Stumpf in Würzburg, „den seiner Zeit die Wiener philosophische Facultät für den Lehrstuhl, den ich jetzt einnehme in Vorschlag brachte". Marty wurde am 25. 3. 1880 unter einem mit Josef Durdik, der die Philosophie „in böhmischer Unterrichtssprache" zu lehren hatte, ernannt (Allgemeines Verwaltungsarchiv Wien, Akten des Ministeriums für Unterricht und Kultus, Nr 1539 aus 1880 – vgl dazu auch Oberkofler/ Goller (Hrsg), Franz Brentano an Carl Stumpf. Briefe (1867–1917) (1990).

[14] Vgl zu Hillebrand und anderen Innsbrucker Brentano-Schülern (Emil Arleth und Alfred Kastil) Goller, Die Lehrkanzeln für Philosophie an der Philosophischen Fakultät der Universität Innsbruck 1848–1945 (= Forschungen zur Innsbrucker Universitätsgeschichte 14) (1989), 83–112.

[15] Margarete Jodl hat in der von ihr 1920 herausgegebenen Biographie über Friedrich Jodl berichtet, daß der österreichische Unterrichtsminister ihrem Mann 1885 mitgeteilt habe, daß er seine Berufung nach Prag einer Empfehlung des Kardinals Schwarzenberg verdanke (wie Anm, S 111). Diese Unterstützung, die sich aus den frühen Kontakten des nachmaligen antiklerikalen Freidenkers Friedrich Jodl zu Kreisen des Münchner Altkatholizismus erklärt, findet ihre Bestätigung in den Akten. Minister Siegmund Conrad von Eybesfeld trägt dem Kaiser am 9. April 1885 vor: „Es war mir in dieser Beziehung besonders erwünscht, daß der verewigte Fürsterzbischof von Prag Cardinal Schwarzenberg kurze Zeit vor seinem Ableben Anlaß nahm, die Frage der Besetzung der gedachten Lehrkanzel, für welche er sich lebhaft interessirte, mit mir zu besprechen und hiebei die Berufung des Dr. Jodl als besonders empfehlenswert bezeichnet hat." (Allgemeines Verwaltungsarchiv Wien, Akten des Ministeriums für Unterricht und Kultus, Nr 6688 aus 1885).

Mehrheit des Berufungskomites Philosophen „subjektivistischer", dh im Klartext positivistischer Provenienz aus:

> „Gegenwärtig sind zwei Professoren der Philosophie an unserer Fakultät angestellt und zwar der ordentliche Professor Christian Freiherr von Ehrenfels für Philosophie ohne nähere Beschränkung oder Spezifikation dieses Faches und der ausserordentliche Professor Oskar Kraus (...). Beide Professoren sind ihrer Ueberzeugung nach Anhänger eines kritischen Realismus und somit Gegner der subjektivistischen Weltauffassung, welche jedoch mit Unrecht als die naturwissenschaftliche Weltauffassung kat' exochen bezeichnet wird. (...) Die Notwendigkeit, an unserer Fakultät einen subjektivistisch gesinnten Professor der Philosophie anzustellen, kann umso weniger zugegeben werden, als vielmehr aus der geschilderten Sachlage hervorgeht, dass eine Reihe von philosophischen Fächern und Forschungsrichtungen an unserer Fakultät der Pflege noch ermangeln."

Die Komitemehrheit kam zur Auffassung, daß die Fakultät in Anknüpfung an die Tradition Volkmanns, Martys, Herings und die experimentalpsychologischen Aktivitäten Ernst Machs einen Vertreter der Psychologie berufen soll. Der neben Ehrenfels von den Professoren Alois Rzach (Klass. Philologie), Wendelin Toischer (Pädagogik), Heinrich Rietsch (Musikwissenschaft) und Emil Freymond (Roman. Philologie) gezeichnete Bericht nannte dementsprechend primo loco den in der Tradition einer holistischen Ganzheits- und Gestaltpsychologie stehenden Grazer Privatdozenten und Meinong-Schüler Viktor (Vittorio) Benussi (1878–1927), der sich um die Anwendung der Gestalttheorie auf Fragen der experimentellen Psychologie bemüht hatte,[16] dann den nachmaligen Wiener Psychologieordinarius Karl Bühler secundo loco, sowie gleichrangig an dritter Stelle Josef Eisenmeier (geb. 1871), einen Schüler Anton Martys, und Hans Rupp (1880–1954), einen Schüler Franz Hillebrands, der sich in Berlin bei Carl Stumpf habilitiert hatte.[17]

Anton Lampa und Philipp Frank kamen in ihrem Minoritätsvotum zur Auffassung:

> „Was unserer Fakultät seit langer Zeit fehlt, ist ein der naturwissenschaftlichen Erkenntnistheorie nahestehender Vertreter der wissenschaftlichen Methodenlehre und deren Geschichte. Die moderne Naturwissenschaft hat allmählich eine eigene Erkenntnistheorie ausgebildet, die, in Hume und Kant wurzelnd, durch Avenarius und Mach und die an sie anknüpfende Forschung weitergebildet wurde, und deren Lehre man etwa so zusammen-

---

[16] Vgl zu Benussi, dem späteren Professor für Experimentalpsychologie an der Universität Padua, Stock, Die Grazer Schule. Psychologie – Gegenstandstheorie – Wirklichkeitstheorie, in: Nachrichten der Forschungsstelle und des Dokumentationszentrums für Österreichische Philosophie in Graz 3 (1992), 7–25, hier 9 f.

[17] Vgl zu Rupp und seinem Berliner Umfeld (Carl Stumpf und Wolfgang Köhler) Oberkofler, Carl Stumpf (1848–1936) an Franz Hillebrand (1863–1926). Briefe 1894–1920, in: Tiroler Heimat 45/46 (1982/83), 145–157.

fassen kann, dass wir in dem a priori Einsehbaren immer nur uns selbst erkennen und alles über die Natur Aussagbare nur empirisch ist."

Lampa und Frank protestierten gegen die Stigmatisierung der positivistischen Richtung als „Verirrung des menschlichen Denkens". Aus heutiger Sicht überraschend nannten Lampa und Frank neben Josef Petzoldt (primo loco) und Hans Kleinpeter (tertio loco) auch den Wiener Privatdozenten Robert Reininger (secundo loco) und den Windelband-Schüler und Grazer Privatdozenten Hans Pichler (mit Kleinpeter tertio loco).[18] Reininger gestanden sie insbesondere „eigene Versuche, die Kantsche Erkenntnistheorie im Sinne des modernen Positivismus weiterzubilden", zu. Pichler sei ein Fachmann auf dem Gebiet der Logik,

> „der auch mit der heute wichtig werdenden Logistik sowie den axiomatischen Untersuchungen über die Grundlagen der Mathematik und Logik vertraut ist. (…) Pichlers erste Arbeiten suchen nun jene wertvollen Elemente des Rationalismus von der metaphysischen Schlacke zu befreien. Selbst dem lange Zeit berüchtigten und oft verhöhnten aller Rationalisten, Christian Wolff, widmet er eine eigene Broschüre und sucht seine Ansichten, soweit sie rein logisch sind, dem modernen Interesse näher zu bringen. (…) Sein Bestreben ist, eine Brücke zu schlagen von dem alten Rationalismus zur modernen Logistik und Axiomenforschung oder, um es durch Personennamen auszudrücken, von Leibniz und Wolff zu Hilbert und Russell."

In der Sitzung der Prager Philosophischen Fakultät vom 25. Juni 1914 wurde der Ehrenfels-Vorschlag mit nur fünf Ja-Stimmen unter 29 Abstimmungsberechtigten abgelehnt, der Lampa-Frank-Vorschlag mit 19 Ja-Stimmen angenommen.

3.

In ausführlicher Ministerialeingabe protestierte Ehrenfels in der Folge am 6. Juli gegen Petzoldt und Kleinpeter. Obwohl im anhängend abgedruckten Lampa-Frank-Memorandum die wichtigsten Passagen der Ehrenfelsschen Kritik referiert werden, sei kurz zum rascheren Verständnis der wesentliche Sachgehalt der Kontroverse dargestellt: Ehrenfels wandte sich primär gegen Petzoldts Konzeption eines psychophysischen Parallelismus und eines strikten psychischen Indeterminismus, ein weiterer massiver Kritikpunkt war dessen Kritik des klassischen Kausalitätsbegriffs.

---

[18] Über Pichler (1882–1958) vgl Leaman, Heidegger im Kontext. Gesamtüberblick zum NS-Engagement der Universitätsphilosophen (= Argument-Sonderband 205) (1993), 69: als „jüdischer Mischling" seine Stellung als Professor in Greifswald behalten, da „seit 1920 öffentlich in Wort und Schrift wiederholt zu Auffassungen bekannt, die den tragenden Ideen des Nationalsozialismus nahestehen." – Über Robert Reininger (1869–1955) vgl mit Literaturverzeichnis Meister, Nachruf auf Robert Reininger, in: Almanach der Österreichischen Akademie der Wissenschaften 105 (1955), 338–347.

Abgesehen von Querschüssen gegen Petzoldts „Weltproblem vom Standpunkte des relativistischen Positivismus" (1906) dienten Ehrenfels die ersten fünf Kapitel von dessen „Einführung in die Philosophie der reinen Erfahrung. Band 1: Die Bestimmtheit der Seele" (Leipzig 1900, bis S 91) als Textgrundlage. Petzoldt hatte diesen Abschnitt mit „Die Notwendigkeit, den psychophysischen Parallelismus für das Verständnis des geistigen Geschehens anzunehmen" überschrieben, und hierbei psychologische Ansätze jenseits des „Energiegesetzes" beklagt:

> „Es ist allerdings der Versuch gemacht worden, das Energiegesetz zu umgehen und zwar äusserlich mit grossem Erfolg, denn eine umfangreiche Psychologenschule steht auf dem Boden dieses Versuchs. Das war aber nur möglich, weil auch die Anhänger des strengen psychophysischen Parallelismus das Energiegesetz nur äusserlich annahmen und sich nicht genügend bemühten, an seiner Hand die Beziehungen zwischen Gehirn und Seele zu durchdringen." (S 11).[19]

Petzoldt bekämpfte selbst die für den physikalischen Bereich unbrauchbaren und „fetischistischen" Begriffe „des Wirkens, der Ursache, der Wirkung und der Notwendigkeit" (S 34) und trug damit in Verbindung seine These, „daß man einen psychischen Akt aus geistigen Ursachen ebensowenig wie aus körperlichen zu verstehen vermag, (und) dass es eine geistige Kausalität nicht giebt", vor (S 25): Besonders die These von der „Unbestimmbarkeit der geistigen Vorgänge durch einander" trug ihm Ehrenfels' scharfe Polemik ein. Petzoldt hatte hierzu ausgeführt: „Geistige Vorgänge sind weder simultan noch succedan durch geistige Elemente bestimmt; dabei ist (...) zu zeigen, dass auf psychischem Gebiete weder Stetigkeit noch Einsinnigkeit besteht, und dass auch die vorhandene Unstetigkeit nicht als eine eindeutig bestimmte aufgefasst werden kann." Selbst Gesichtswahrnehmungen würden sich nicht stetig ändern (Lokomotivenbeispiel!): „Es war eine vollkommene Verkennung dieses Verhältnisses, als Fechner die für stetige Aenderungen von Funktionen ausgebildete mathematische Bezeichnungs- und Rechnungsweise auf die unstetigen psychischen Aenderungen übertrug." (S 60). Stetigkeit, gerichtete Einsinnigkeit würden – abgesehen von den Bereichen Erinnerung, Phantasie und unmittelbare Sinneswahrnehmung – auch nicht für das Gebiet des „strengen logischen Denkens" (S 67) und auch nicht auf dem Feld der Willenstätigkeit, „das die Geburtsstätte aller Gedanken über Kausalität ist", (S 70) gelten. Die Ungültigkeit des Gesetzes der Eindeutigkeit[20] auf „geistigem Gebiet", sei sogar notwendig, um die „Einheit des Bewußtseins" zu begründen:

---

[19] Zum psychophysischen Parallelismus vgl kritisch Popper/Eccles: Das Ich und sein Gehirn (1982), 121–126 und 226–229.

[20] Petzoldt definiert dieses Gesetz folgendermaßen: „Jeder Naturvorgang ist in allen seinen Teilen vollkommen bestimmt; nirgends treffen wir auf eine Unbestimmtheit, gleichsam auf eine Willkür im Naturgeschehen." (S 34).

„Diese Einheit des Bewusstseins, die man nicht mit der philosophischen Geschlossenheit, mit der allseitigen festen Beziehung und Ordnung der Bewusstseinsinhalte verwechseln darf, die vielmehr in gewissen Graden die Eigentümlichkeit aller, auch der niedersten Bewusstseinsformen, nicht bloss der des Menschen sein dürfte, beruht auf der ganz allgemeinen Möglichkeit, dass jede Vorstellung mit jeder anderen Vorstellung oder auch mit jeder Wahrnehmung gleichzeitig oder in unmittelbarer Aufeinanderfolge auftreten kann." (S 76 f).

Eindeutige Bestimmtheit psychischer Vorgänge hätte Primitivität zur Folge!

Petzoldt leitete aus dem Vorstehenden ab, „dass jedes geistige Geschehen nur durch seine Beziehung auf ein entsprechendes materielles Geschehen wissenschaftlich verstanden werden kann" (S 83). Petzoldt, der diese Thesen keinesfalls materialistisch, sondern erkenntnistheoretisch neutral interpretiert haben wollte, leitete daraus unter Berufung auf Richard Avenarius ein Forschungskonzept ab:

„Somit führt die Thatsache, dass auf geistigem Gebiete das Gesetz der Eindeutigkeit nicht gilt, unvermeidlich zu zwei Problemen. Erstens: was ist der Sinn des Gehirnlebens, welches ist seine Bedeutung im Reiche des materiellen Geschehens, also ganz unabhängig davon, dass vielen seiner Vorgänge ein psychisches Geschehen parallel geht? Und zweitens: wie ist das geistige Geschehen Vorgängen im Zentralnervensystem eindeutig zuzuordnen?" (S 90).[21]

Nach Ehrenfels bringt Petzoldts Argumentation „nur Scheinbeweise und Paralogismen", er variiere „sein paralogistisches Leitmotiv" von der Unbestimmtheit der geistigen Vorgänge, seine Konstruktion der „Einheit des Bewußtseins beruhe auf „Gedankenfehlern": „Er stellt die geradezu unsinnige Behauptung auf, Stetigkeit sei eine unerlässliche Bedingung eindeutiger Bestimmtheit. Dieser mathematisch gebildete Physiker vergisst hiebei nichts geringeres, als das gesamte Gebiet der Mathematik. Auch die zweite (…) Behauptung von der Unstetigkeit des psychischen Verlaufes muss, nach dem gegenwärtigen Stande der Wissenschaft, als eine durchaus willkürliche und unbewiesene bezeichnet werden." Der psychophysische Parallelismus sei zwar eine relevante Hypothese zum Leib-Seele-Problem,

---

[21] Zu Machs psychologischen Konzepten vgl jüngst Leinfellner, Physiologie und Psychologie. Ernst Machs „Analyse der Empfindungen", in: Haller/Stadler (Hrsg), Ernst Mach. Werk und Wirkung (1988), 113–137. Leinfellner sieht – von klassischer Interpretation abweichend – Mach nicht als sensualistischen Phänomenalisten, sondern durchaus auch als evolutionistischen Holisten: „Vor der Gestalt- und Ganzheitspsychologie M. Wertheimers und K. Koffkas (1912) taucht um etwa 1910 Machs kognitiver, holistischer und monistischer Interaktionismus auf, (…)" (S 115). Zur Genese der Machschen Philosophie in Verbindung mit dem österreichischen Herbartianismus (Franz Lott, Wilhelm Volkmann), der (österreichischen) Physiologie (Ernst Brücke, Carl Ludwig), der Psychophysik Fechners und der Experimentalpsychologie Ewald Herings vgl Swoboda, Die Wurzeln von Ernst Machs Empiriokritizismus, in: ebenda, 356–406.

„unverzeihlich aber ist die Leichtfertigkeit (...) und die Selbstsicherheit, mit welcher er seinen Schlußsatz ausspricht: ‚Somit ist streng und unausweichlich nachgewiesen, dass kein noch so unbedeutender geistiger Vorgang ohne physische Parallele im Zentralnervensystem verlaufen kann.'" Nur dank „seiner schülerhaften logischen Unzulänglichkeit" könne Petzoldt eine Parallele zwischen den stetigen Vorgängen der physikalischen Welt und den als unstetig beschriebenen Vorgängen des geistigen Geschehens konstruieren: „Sein Schlussvermögen reicht aber nicht so weit, um zu begreifen, dass zwischen dem unstetigen Verlauf des Psychischen und dem stetigen Verlauf seiner materiellen Grundlage doch niemals ein eigentlicher und wirklich so zu nennender ‚Parallelismus', sondern nur eine – und zwar ziemlich entfernte Analogie – der Beziehung bestehen könnte."

An Kleinpeter monierte Ehrenfels abgesehen von dessen Unkenntnis in experimentalpsychologischen Detailfragen (Farben-, Tonlehre etc) dessen Unfähigkeit in erkenntnistheoretischen Fragen, er falle der „plumpen und simplen Aequivokation des Ausdruckes ‚Relativität der Erkenntnis' zum Opfer:

> „In dem IX. Kapitel (seines Buches ‚Vorträge zur Einführung in die Psychologie' – Anm.) ‚Das Prinzip der Relativität aller Erkenntnis' sucht Kleinpeter zunächst darzulegen, dass wir nichts Absolutes, sondern nur Relationen zu erkennen vermögen. Aus dem Satze: ‚Es gibt nur eine Erkenntnis von Relationen' schliesst er dann weiter ...‚also ist alle Erkenntnis relativ.' Unter dieser Relativität aber versteht er alsbald etwas ganz anderes, als die inhaltliche Beschränkung der Erkenntnis auf Relationen. Unter Relativität der Erkenntnis hat er vielmehr jene Auffassung im Sinn, welche meint, die Wahrheit eines Satzes beruhe in der Relation seines Inhaltes zu dem jeweilig urteilenden Individuum; ... jene Relativität also, welche bei dem Schluss anlangt, für jedes Individuum sei dasjenige wahr, was von ihm für wahr gehalten oder geglaubt wird. Dass Kleinpeter diese Bedeutung von Relativität der Erkenntnis im Sinn hat, geht aus dem Fortgang seiner Darlegungen hervor. Die Behauptung der Relativität der Erkenntnis im letztangeführten Sinn ist tatsächlich gleichbedeutend mit der Leugnung von Wahrheit und Erkenntnis überhaupt. Und diese Konsequenz wird von Kleinpeter auch gezogen, indem er zum Schluss Friedrich Nietzsche als Gewährsmann zitiert mit dem Satze: ‚Das Neue an unserer gegenwärtigen Stellung zur Philosophie ist eine Ueberzeugung, die noch kein Zeitalter hatte: dass wir die Wahrheit nicht haben.'"

Mit letzterem Punkt stand Ehrenfels mitten in der wissenschaftspolitischen Kritik am Mach-Avenariusschen Positivismus von Kleinpeter und Petzoldt. Petzoldts und Kleinpeters Positivismus, der wegen seiner erkenntnisskeptischen Haltung eigentlich die Bezeichnung „Illusionismus" – einen Vorwurf, den Lampa dann mit den Worten Ehrenfels' ironisch gegen dessen philosophische Schule wandte – verdienen würde, berge „ohne das Wissen und ohne die Absicht ihrer Autoren – dennoch tatsächlich eine zutiefst moralisch und sozial destruktive Tendenz". Wer – wie Petzoldt und

Kleinpeter den Begriff „Existenz" in Relativitäten auflöse, zerstöre einen gesicherten „Wahrheits-Begriff":

> „Wahrheitsliebe und Ehrlichkeit gehören zur notwendigsten Voraussetzung allen Pflichtgefühls und mithin allen sozialen Vertrauens und aller staatlichen Ordnung. Die Wahrheit lieben, die Wahrheit bekennen, für die Wahrheit einstehen kann nur der, welcher an die Wahrheit glaubt. (…) Nun aber ist die enge Korrelation der Begriffe von Existenz und Wahrheit eine der sichersten Feststellungen aller Erkenntnistheorie."

Ehrenfels verglich die moralische Integrität Petzoldts mit der friedlichen Gesinnung von Anarchisten, die „hyperidealistische Ideale" vertreten, nichtsdestotrotz aber durch ihre „konfusen Gesellschaftstheorien" den gesellschaftlichen Organismus vergiften würden. Und Ehrenfels schloß mit übersteigertem Pathos:

> „Diese Lehre (der Positivismus – PG) ist ein grober intellektueller Unfug mit – nicht gewollten – aber tatsächlich vorhandenen moralisch und staatlich direkt destruktiven Tendenzen. Einen Positivisten von der Sorte Petzoldts oder Kleinpeters zum Professor der Philosophie an einer staatlichen Universität anzustellen, – das wäre ein ähnlicher Missgriff und eine ähnliche Anomalie, wie etwa die Ernennung eines Gesinnungsgenossen des Grafen Leo Tolstoi zum Universitätsprofessor des Strafrechts."

Ehrenfels' Protest entsprang sichtlich nicht nur einer fundamental divergierenden psychologischen Konzeption und Wertphilosophie, sondern auch seiner Vision einer antimaterialistischen und in vielen Punkten antirationalistischen Metaphysik, dh „einer großangelegten Vision eines harmonisch gegliederten Universums", dem die agnostischen und metaphysikfeindlichen Positivisten im Wege standen.[22]

Lampa und Frank verfaßten am 27. August 1914 (dem Ministerium am 24. September 1914 überreicht) eine teils gemeinsam redigierte Erwiderung auf Ehrenfels, unterstützt von einem – offensichtlich von ihnen veranlaßten – Schreiben Albert Einsteins vom 25. Juli 1914 an Unterrichtsminister Max Ritter von Hussarek:

> „Euer Exzellenz wollen es meiner Anhänglichkeit an die Universität Prag, der ich die Ehre gehabt, bis vor kurzer Zeit anzugehören, zu gute halten, wenn ich es unternehme, der Aufmerksamkeit der k.k.Regierung die Berufung eines Mannes nahezulegen, dessen Leistungen auf mich einen bedeutenden Eindruck gemacht haben. Es handelt sich um den Erkenntnistheoretiker J. Petzoldt, der – wie ich von einigen Kollegen höre – für die philosophische Lehrkanzel an der k.k. deutschen Universität in Prag an erster Stelle vorgeschlagen worden ist. Petzoldts Bedeutung besteht darin,

---

[22] Vgl Kampits, Christian von Ehrenfels oder die Wirklichkeit als Gestalt, in: ders, Zwischen Schein und Wirklichkeit. Eine kleine Geschichte der österreichischen Philosophie (1984), 125–133, hier 129 f, sowie Ehrenfels, Philosophische Schriften I, Hrsg: Fabian (1982).

dass er das Lebenswerk eines der grössten Gelehrten Oesterreichs, nämlich E.Machs, mit grossem Scharfsinn weiter ausgebildet und vertieft hat. Sein Werk über die Entstehung und die Entwicklung des Substanzbegriffes und seine Abhandlung über das Relativitätsprinzip vom erkenntnistheoretischen Standpunkte aus gehören zu den feinsten und scharfsinnigsten zeitgenössischen Leistungen, die ich auf dem Gebiete der Philosophie kennen gelernt habe. Ich bewundere an Petzoldt aber nicht nur die Schärfe der Ueberlegung und die Sicherheit des kritischen Denkens, sondern auch seine gründlichen Kenntnisse auf den wichtigsten Gebieten der Naturwissenschaft, insbesondere der Physik und Biologie. Wie selten findet man bei den Berufsphilosophen ein so tiefes Verständnis für die Fortschritte und Probleme der modernen Naturwissenschaft! Meines Erachtens wäre es für die Studenten der Prager Universität, insbesondere für diejenigen, welche sich dort auf das höhere Lehramt vorbereiten, ein wahrer Segen, wenn sie diesen Mann hören könnten. Ich besuchte Petzoldt vor einiger Zeit, weil er mich seiner Publikationen wegen schon lange interessierte. Die Lebendigkeit und tadellose Klarheit seiner Rede, welche von einem glühenden Enthusiasmus getragen ist, flössten mir umsomehr Hochachtung ein, als ich wohl weiss, dass Petzoldt's Entwicklung sich unter keineswegs günstigen äusseren Verhältnissen vollzogen hat. Es ist mir eine angenehme Pflicht, diesen Mann aufs Wärmste zu empfehlen; der Umstand, dass ich dies für meine Pflicht halte, mag als Entschuldigung dafür dienen, dass ich es wage, mich ungefragt an Sie zu wenden. Mit vorzüglichster Hochachtung bin ich Euer Exzellenz ehrerbietigst ergebener A. Einstein. Mitglied der kgl. Preussischen Akademie d. Wissenschaften."[23]

In ihrer Erwiderung wandten sich Lampa und Frank des öfteren gegen die von Ehrenfels' verkörperte philosophische Tradition, die Philosophie Franz Brentanos und jene des innerhalb der Brentano-Schule „sezessionistischen" Grazer Gegenstand-Theoretikers Alexius von Meinong, so wenn Lampa und Frank darauf verweisen, daß sich Ehrenfels „vom Standpunkt seiner eigenen Schule nicht losmachen kann", daß er sich in der Frage der Urteilsevidenz nicht von freier Beurteilung leiten lasse („Ist doch dieser Begriff ein Lieblingsbegriff der philosophischen Schule, welcher E. ange-

---

[23] Vgl dazu Thiele, Briefe Albert Einsteins an Joseph Petzoldt, in: NTM-Schriftenreihe für Geschichte der Naturwissenschaften, Technik und Medizin 8 (1971), 70–74: 4 Briefe Einsteins an Petzoldt über Fragen zur Interpretation der Relativitätstheorie aus den Jahren 1918 bis 1920, der Brief vom 19. 8. 1919 endet mit dem kryptischen Postskriptum: „Hat meine Fürsprache auch geholfen?", von Thiele wohl mit Recht in Verbindung mit einer Berufungsintervention Einsteins zugunsten Petzoldts in Verbindung gebracht. – Zwei Arbeiten Petzoldts waren es außerdem, die Einsteins Interesse erweckt hatten, „Das Weltproblem vom Standpunkte des relativistischen Positivismus" (1906) und „Die Relativitätstheorie der Physik" (in: Zeitschrift für positivistische Philosophie 2 [1914], 1–56). – Zur Kritik Petzoldts an der Relativitätstheorie und zu seinen gleichzeitigen Versuchen, Mach in die Reihe der Ahnväter der Relativitätstheorie zu stellen vgl Blackmore: Mach über Atome und Relativität – neueste Forschungsergebnisse, in: Haller/Stadler (Hrsg), Ernst Mach. Werk und Wirkung (1988), 463–483. Die Korrespondenz Mach–Petzoldt findet sich in Blackmore/Hentschel, Ernst Mach als Außenseiter (1985).

hört."), oder wenn Lampa ironisch die Kritik Ehrenfels an einer einseitigen Betrachtung der Philosophiegeschichte zurückweist: „E.s eigene Schule und er selbst betrachten die Geschichte der Philosophie durchaus vom Standpunkt des Verhältnisses zu ihren eigenen metaphysischen Hypothesen. Man frage einmal E. oder ein anderes Mitglied seiner Schule nach Kant!"[24]

In der Tat versuchten Franz Brentano und sein getreuer Prager Schüler, der eben emeritierte Anton Marty, auf die Prager Berufungsangelegenheit hinter den Kulissen einzuwirken, – und zwar in Verbindung mit der Wiener Nachfolgefrage für den verstorbenen Friedrich Jodl, wo sie statt des (wiederum) „atheistischen" Oswald Külpe über Friedrich Wilhelm Förster gegen kolportierte Ambitionen Edmund Husserls und Kasimir Twardowskis ihre orthodoxen Prager Schüler Oskar Kraus und Alfred Kastil lancieren wollten. Brentano und Marty forcierten in Prag neben Oskar Kraus vor allem Josef Eisenmeier, den Budapester Privatdozenten und nachmaligen (1921) Amsterdamer Psychologieordinarius Géza Revesz (1878–1955) und Hans Rupp, während sie Wolfgang Köhler, dem nachmals prominenten Stumpf-Schüler, der von Franz Hillebrand gefördert wurde, sehr skeptisch gegenüberstanden. Versuchten sie Ehrenfels' personalpolitische Ambitionen im Hinblick auf die Grazer Meinong-Schüler Stefan Witasek und Viktor Benussi mit Vorsicht zu durchkreuzen, so schlug Marty bereits am 14. 1. 1914 im Hinblick auf Lampas Pläne Alarm: „Dem Genannten (einem blinden Verehrer von Mach) wäre ein Positivist, oder genauer: ein blinder Anbeter Machs, am liebsten. Der Chemiker (Johannes Leopold Meyer) seinerseits schwärmt für einen Anhänger von Ostwald. Und alle beide verstehen von Philosophie noch weniger als diese Herren, die für sie höchste Autoritäten in dem Fache sind." Eine Gruppe um Lampa und Frank (zu ihnen zählte er die Mathematiker Georg Pick und Gerhard Kowalewski und den Pflanzenphysiologen Friedrich Czapek) würden notorisch gegen die Brentano-Schule agitieren. Hillebrand sei von Lampa 1913 nur wegen seines indirekten Zusammenhanges mit Mach akzeptiert worden. Von Teilen der Fakultät sei Kraus auch aus antisemitischen Motiven abgelehnt worden. Schwierig war für Marty die Lage, da er sich mit der Lampa-Gruppe gegen Ehrenfels' Präferenz für die Grazer Meinong-Schüler verbinden mußte, wie er am 3. 3. 1917 Brentano schrieb: „Als neuen Ordinarius aber nannte er (Ehrenfels – Anm.) vor allem Benussi! Da aber Lampa diesen ablehnte, da er Italiener sei und meinte, man müsse doch auch an

---

[24] Zu den Binnenkonflikten in der Brentano-Schule vgl Haller, Österreichische Philosophie, in: ders (Hrsg), Studien zur Österreichischen Philosophie I (1979), 5–22, hier 14. Brentano hat seine „Evidenzphilosophie" in seinem Hauptwerk „Psychologie vom empirischen Standpunkt" begründet, die Total-Abrechnung mit Kant und der idealistischen Philosophie erfolgte ua in den beiden Essays „Die vier Phasen der Philosophie" und „Nieder mit den Vorurteilen! Ein Mahnwort an die Gegenwart von allem blinden Apriori sich loszusagen".

Leute denken, die schon ein Ordinariat beanpruchen könnten, und darum für ein solches Vorschläge machen, gab E. seinen Plan sofort auf in der Hoffnung, auf dieses Ordinariat seinen Witasek durchsetzen zu können. In der 2. Sitzung am 21. Feber zog er dann auch gleich Empfehlungsbriefe für Witasek (von Meinong) aus der Tasche. Ich hatte aber indirekt Lampa mit Material bezüglich Witasek versehen lassen und hatte auch Toischer entsprechend instruiert. Beide vereint lehnten ihn ab, was freilich Ehrenfels innerlich wieder auf mein Konto und das meines Schul-Fanatismus setzen wird." Im widersprüchlichen, nicht eindeutig in eine Richtung zu interpretierenden anti- bzw philosemitischen Beziehungsnetz, sowie im Geflecht nationaler Konflikte generell waren nationale Aversionen, wie gegen den „Italiener" Benussi, alltägliches Instrument universitärer Intrigen, so gab es auch gegen den Ungarn Revesz nationale Bedenken, „man wolle die Universität in Prag nicht zu einer Sammelstätte verschiedener Nationalitäten machen." Da half auch Brentanos Hinweis wenig, Revesz sei ja kein Tscheche, „der den Deutschen in Prag wie ein rotes Tuch den Stier in Aufregung bringt".[25]

Anhang: Entgegnung auf die von Prof. Freiherr von Ehrenfels am 6. Juli 1914 in Angelegenheit des Besetzungsvorschlages für die vakante philosophische Lehrkanzel eingebrachte Ministerialeingabe[26]

Vorbemerkung: Die folgende Entgegnung ist zum Teil von den Prof. Frank und Lampa gemeinsam, zum Teil von Prof. Lampa allein ausgearbeitet

---

[25] Vgl dazu Briefwechsel Brentano–Marty („Hillebrand-Abschriften") im Universitätsarchiv Innsbruck, Nachlaß Franziska Mayer-Hillebrand. Marty betrachtete Wendelin Toischer als loyalsten Verfechter seiner Interessen in der Fakultät: „E(hrenfels) ist wieder, wie immer, nicht genügend zuverlässig." (Marty am 20. 2. 1914). Postwendend ermunterte Brentano Marty am 26. 2. 1914, für Révész eine Unterstützungsaktion zu organisieren: „Ich weiß, daß Elias Müller, Hillebrand, Stumpf eine sehr gute Meinung von ihm haben und Jaensch, der mir jüngst einen Brief voll Ausdrücken höchster Verehrung schrieb, ist mit ihm innig befreundet. So wären leicht eine Menge Empfehlungen für ihn zu erlangen, die auf die Naturforscher in der Fakultät des günstigen Eindrucks nicht verfehlen könnten. Haben Sie denn unter diesen nicht einen einzigen freundschaftlich Gesinnten? Oder könnten Sie nicht indirekt mit einem in der Sache Fühlung gewinnen? Wenn Toischer damit käme, wäre es wohl für manchen befremdlich. Ich wollte Hillebrand veranlassen, das ihm im Vorjahr von der Prager Fakultät bezeugte Vertrauen (unico-loco-Vorschlag! – Anm.) dazu zu benützen, der Fakultät seinerseits eine Anregung zu geben, ähnlich wie Lotze s.z. ganz unaufgefordert in einem Brief an Lott auf mich verwies, doch er erklärt, mit keinem Gliede der Fakultät im einzelnen in Beziehung getreten zu sein (…)"

[26] Anton Lampa hat sein mit Philipp Frank verfaßtes Memorandum unterm 24. September 1914 mit eigenhändig gezeichnetem Begleitschreiben dem k.k. Ministerium für Kultus und Unterricht überreicht. – Quellenangabe: Österreichisches Staatsarchiv, Allgemeines Verwaltungsarchiv, Bestand Unterricht 1848–1938, Faszikel 1035. [Natürlich verbleiben alle Wiedergaberechte beim Österreichischen Staatsarchiv in Wien. – Der Verlag]

worden. Was gemeinsame Arbeit ist, ist durch einen seitlichen Strich[27] kenntlich gemacht. Die Redaktion des Ganzen stammt von Prof. Lampa allein. Häufig wiederkehrende Autorennamen sind nur durch die Anfangsbuchstaben kenntlich gemacht. Es bedeuten: E.: Ehrenfels; P.: Petzoldt; K.: Kleinpeter. Die Seitenzahlen beziehen sich, wo keine besondere Bemerkung gemacht ist, auf die Ehrenfelssche Begründung.

Zu Kapitel I

Wir stimmen mit E. vollkommen darin überein, dass für die Beurteilung der wissenschaftlichen Kapazität eines philosophischen Autors und damit seiner Eignung für die Berufung zum Professor der Philosophie an eine Universität die allgemeine Tendenz seiner Geistesrichtung und das Interesse, welches seine Ausführungen in Weiteren und auch in wissenschaftlichen Kreisen finden, nicht allein maßgebend sein dürfen. Wir erachten es daher für unsere Pflicht, auf die spezielle Kritik, welche E. an P. und K. übt, Punkt für Punkt einzugehen. Wir geben daher im Folgenden eine eingehendere Antikritik der von E. an einem Teile des P.schen Werkes „Einführung in die Philosophie der reinen Erfahrung" geübten Kritik umso lieber, als wir in diesem Werke nicht bloß eine referierende Bearbeitung der Philosophie von Avenarius erblicken, wie E., sondern eine in der Methode durchaus selbständige, auf der Basis eigener prinzipieller Untersuchungen erwachsene Darstellung der Hauptideen des Avenarius-Machschen Gedankenkreises.

Bei der Erörterung der P.schen Auffassung der Kausalität (S. 2) verkennt E. unseres Erachtens gerade den wesentlichen Punkt, in welchem sich die P.sche Auffassung von dem ‚schon lange festgestellten Kausalitätsgesetz der Philosophie' unterscheidet. Für P. ist der Begriff der ‚Notwendigkeit' der letzte Rest von Anthropomorphismus im Kausalgesetz (Petzoldt's Einführung etc., Bd. I, S. 32), und die Ersetzung desselben durch den Begriff der eindeutigen Bestimmtheit von wesentlicher Bedeutung für die Entwicklung seiner Überlegungen. E. verkennt diese Sachlage, da er sich vom Standpunkt seiner eigenen Schule nicht losmachen kann; und darum gibt er auch die Intentionen P.s in einer unzulässigen Form wieder, wenn er sagt, dass ‚P. die Notwendigkeit der Aufeinanderfolge bestreitet und durch eindeutig bestimmbare Regelmäßigkeit ersetzt.' Diese Formulierung geht an der eigentlichen Kritik, die P. an dem Kausalitätsgesetz übt, ganz vorbei! Doch wir wollen auf diesen Punkt ebensowenig näher eingehen wie E. selbst.

Der erste große Vorwurf, den E. gegen P. erhebt, besteht darin, dass P. nach E.s Meinung den einfachsten und naheliegendsten Beweis für die

---

[27] Editorische Anmerkung: „Seitenstrich" wurde hier durch Kursiv-Satz ersetzt. Offensichtliche Rechtschreibfehler wurden stillschweigend korrigiert.

These, dass die geistigen Akte nicht eindeutig (‚kausal') bestimmt sind, nicht bemerkt hat. Da E. an dieser Stelle (Seite 3, Absatz 3) sich an den Begriffsschatz der Physiker wendet, so darf ich wohl die Antwort hiehersetzen, welche ich als Physiker auf die Frage von E. geben würde. Die Frage lautet: ‚Aus Ihrer Fachwissenschaft ist Ihnen der Begriff des geschlossenen Systems bekannt. – Geben Sie mir die Gründe an, durch welche wir wissen, dass die Bewusstseinsvorgänge des Menschen kein geschlossenes System ausmachen.' – Meine Antwort darauf lautet: ‚Meine Fachwissenschaft definiert den Begriff des geschlossenen Systems folgendermaßen: Ein geschlossenes System ist ein solches, in welches weder Masse noch Energie eintreten, und aus welchem weder Masse noch Energie austreten kann. Ich bin außerstande, diesen Begriff auf die Bewusstseinsvorgänge anzuwenden.' *Sehen wir aber von der mindestens in dem vorliegenden Zusammenhang ganz unangebrachten Heranziehung des Begriffes ‚geschlossenes System' ab, und betrachten nun den E.schen Beweis für die P.sche These, deren Richtigkeit E. ja nicht bestreitet. E. erblickt bereits einen ausschlaggebenden Beweis für ihre Richtigkeit in der bloßen Tatsache, dass es Empfindungen gibt. Sehr einfach in der Tat! Der Schluss hieraus auf die geistige Kapazität P.s liegt nun ganz nahe!*

Nun, nach unserem Dafürhalten müsste E. aber erst beweisen, dass die Empfindung durch andere psychische Akte nicht eindeutig bestimmt ist. Wenn er solches versuchen würde, so könnte er nicht wesentlich anders vorgehen als dies P. tut! Statt dessen zieht er, ehe er noch etwas derartiges versucht hat, den Begriff des Reizes heran, der im Inventar des psychischen Erlebens gar nicht vorkommt, und begeht so eine petitio principii! Denn der Begriff einer physikalischen oder physiologischen Ursache eines psychischen Geschehens kann erst herangezogen werden, wenn die Existenz von Lücken in der Reihe der psychischen Akte nachgewiesen ist. E. setzt dies auf Grund der ganz populären Erfahrung vom Standpunkt des naiven Realismus einfach als erwiesen voraus, während doch die zu leistende Aufgabe eine wissenschaftliche Analyse des Bewusstseinsinhaltes ist! Diese Darlegungen genügen wohl, um einzusehen, wie ungerechtfertigt die Hypothese von der Unwissenheit P.s ist, die E. aufstellt; aus ihnen erhellt aber auch, warum P. den von E. vorgeschlagenen Beweisgang vermieden hat.

Da dieser Teil der E.schen Kritik besonders charakteristisch für die Art der Argumentation ist, mit der E. die Unwissenheit und Inferiorität P.s beweisen will, müssen wir noch etwas bei derselben verweilen, und außer der Bewertung ihrer wissenschaftlichen Tragfähigkeit, die vorstehend gegeben ist, ihren polemisch-persönlichen Charakter näher beleuchten. E. sucht die Sache so darzustellen, als ob zu der Heranziehung seines Beweisargumentes außer der ganz populären Kenntnis der Beziehung zwischen Empfindung und Reiz irgendwelche Kenntnisse aus der Experimentalpsychologie (S. 3) oder mindestens derjenige ‚summarische Überblick über grundlegende psychische Abhängigkeitsverhältnisse, welcher auch von einem Kandidaten für das Nebenrigorosum aus Philosophie verlangt werden könnte' (S. 4) notwendig wäre. Das ist nun aber nicht der Fall; denn der E.sche Beweis verlangt bloß die Kenntniss, dass jede Empfindung durch einen physikalischen oder physiologischen Reiz veranlasst ist, ein Satz, der aber schon dem naiven Realismus des philosophisch vollkommen Ungebildeten geläufig ist. So läuft die Argumentation von E. darauf hinaus, dass. P. in psychologischen Kenntnissen, auch hinter einem Idioten zurücksteht, denn auch dieser dreht sich um, wenn er in seinem Rücken einen Stoß verspürt, und sucht, wer, oder was ihm den Stoß versetzt hat. Hier darf wohl die alte Regel angewendet werden: Qui nimium probat, nihil probat.

Wir heben diese Art der Beweisführung deshalb besonders hervor, weil sie sich in der E.schen Kritik an einer späteren Stelle (S. 9) in vielleicht noch ärgerem Maße wiederholt. Noch einmal wird behauptet, dass zu Erkenntnis einer Sache eine schwierige Wissenschaft nötig ist, um dann P. diese Kenntnis abzusprechen, womit neuerdings die Unwissenheit und Inferiorität P.s bewiesen ist. In Wirklichkeit aber ist die Sache mit dem allereinfachsten Menschenverstand zu erledigen! An dieser zweiten Stelle lässt E. die höhere Mathematik dieselbe Rolle spielen wie hier die genetische und experimentelle Psychologie.

Nun wenden wir unser Augenmerk der eigentlichen, direkten Bekämpfung der P.schen Beweisführung durch E. zu. E. konzediert ja schließlich, dass ,das Fehlen eines naheliegenden Beweises für einen richtigen Satz an sich noch kein gravierendes Moment' (S. 4) ist; und so wollen auch wir erklären, dass die Unzulänglichkeit des E.schen Beweises das vernichtende Urteil, welches E. über P. fällt, noch nicht hinfällig machen würde, wenn sich die Beanständungen, die E. an dem P.schen Beweis übt, aufrecht erhalten ließen.

E. wendet sich vor allem eingehend gegen den § 27 des 4. Kapitels des P.schen Buches (S. 4–8) und sucht darzutun, dass dieselbe Argumentation, welche P. bezüglich der psychischen Welt durchführt, auch geeignet wäre, zu beweisen, dass in der physischen Welt ebenfalls keine lückenlose Kausalität besteht.

In dieser Hinsicht meint E. zunächst (S. 6), dass sich P.s Art der Verdeutlichung der simultanen Unabhängigkeit der psychischen Elemente ebenso zum Nachweis der simultanen Unabhängigkeit der physischen verwenden ließe. E. bringt dafür eine Reihe von Beispielen, welche zeigen, dass in der Tat einzelne physische Elemente mit sehr verschiedenartigen anderen verknüpft erscheinen können. Eine Binsenwahrheit übrigens! Aber er übersieht, dass es in der physischen Welt für die Verknüpfung der physischen Elemente zu einem Komplex Schranken gibt, während in der psychischen Welt analoge Schranken für die Verknüpfung der psychischen Elemente zu einem Komplex nicht bestehen. Die Imaginationen der Künstler und Dichter beweisen dies zur Genüge. Nicht die Tatsache, dass man einige physische Elemente mit einigen anderen zu einem physischen Komplex verknüpfen kann, sondern die Tatsache, dass man nicht beliebige physische Elemente mit beliebigen anderen physischen Elementen zu einem physischen Komplex verknüpfen kann, beweist das Bestehen einer Abhängigkeit der physischen Elemente von einander. Ließe sich für die Verknüpfbarkeit der psychischen Elemente eine ähnliche Schranke innerhalb der psychischen Welt selbst nachweisen, deren Nichtvorhandensein P. eben durch seine Beispiele zeigt, dann allerdings wäre die Übertragung, welche E. vornimmt, vollständig und die logische Mangelhaftigkeit der P.schen Demonstrationen erwiesen. Diese Übertragung ist aber nicht vollständig, und darum hat sie keinerlei Beweiskraft. Man kann die Sache kurz so ausdrücken: Beliebige psychische Elemente können immer einen psychischen Komplex bilden, beliebige physische Elemente können eventuell, aber nicht immer einen physischen Komplex bilden. Die Gleichartigkeit im Verhalten der physischen und psychischen Welt existiert tatsächlich nicht und folgt auch nicht, wie E. glauben machen will, aus seiner Analogiebetrachtung, die unvollständig ist, und den wesentlichen Punkt mit Stillschweigen übergeht.

Der Nerv des P.schen Gedankenganges besteht darin, dass die Gesammtheit der Empfindungskomplexe, die ein Bewusstsein erfüllen, ganz verschiedene psychische Zustände nach sich ziehen können. Dies zeigt P. an dem Beispiel eines Musikstückes, welches schon bei ein und demselben Menschen und ebenso bei verschiedenen Menschen, auch wenn die rein psychischen Bedingungen (dh die im Bewusstsein vorhandenen) die gleichen sind, sehr verschiedene Gefühlswirkungen hervorzurufen vermag. Die Analoga hiezu, die E. aus der physischen Welt zu erbringen sucht, sind gänzlich verfehlt. Denn in seinen Beispielen (S. 7, die Sonnenstrahlen, die den Schnee einmal zum Schmelzen bringen, ein andermal nicht; der Blitz, der einmal zündet, ein andermal nicht) sind die Komplexe von physischen Elementen nicht die gleichen. Es werden die nicht gleichen Elemente dieser Komplexe, so im ersten Beispiel Lufttemperatur, Windstärke, Reinheit der Atmosphäre, Stand der Sonne, usw., im zweiten Stromstärke des Blitzes, Feuchtigkeit des getroffenen Objektes, usw. einfach verschwiegen, aber durch dieses Verschweigen doch nicht aus der Welt geschafft! Dass die Komplexe bei andersartigem Resultat in Wahrheit nicht die gleichen waren, hebt E. nachher selbst hervor und meint, dass wir in solchen Fällen für die Andersartigkeit des Ablaufs bei entsprechendem Nachforschen die Erklärung in irgendwelchen physischen Elementen finden müssen. Wenn er nun aber im Anschluss daran meint, dass man ganz Analoges, soweit P.s Argumentation reicht, auch auf psychischem Gebiet erwarten könnte, wobei es eine Sache für sich wäre, dass diese Erwartung tatsächlich nicht in allen Fällen in Erfüllung ginge, so ist dagegen zu sagen, dass gerade die Nichterfüllung dieser Erwartung die Sache ist, welche hier entscheidet. Und da diese Sachlage von P. in seiner Darlegung genügend klar gezeichnet ist, hat er auch keine Veranlassung, über die ‚prinzipielle Möglichkeit', dass sich das Psychische ähnlich verhalten könnte, weitere Worte zu verlieren.

(Hiezu eine allgemeine Bemerkung: E. wirft P. verschiedentlich vor, irgendwelche ‚prinzipielle Möglichkeiten' nicht besprochen zu haben. Er schließt hieraus immer, dass P. diese Möglichkeit nicht gesehen hat. Einen Beweis dafür kann E. natürlich nicht erbringen. Man bedenke nun, wie weitschweifig und ledern eine Darstellung wäre, die dem E.schen Ideal der Berücksichtigung aller prinzipiellen Möglichkeiten gerecht würde. Nach meiner Meinung darf höchstens gefordert werden, dass solche Fälle vom Autor expressis verbis behandelt werden, deren Vorhandensein und Erledigung sich aus dem übrigen Text einem selbstdenkenden Leser nicht selbst ergibt.)

Erscheint also die Haltlosigkeit der E.schen Argumentation nachgewiesen, so will ich doch nicht unterlassen, noch besonders gegen den Schluß Stellung zu nehmen, mit welchem E. seine Argumentationen krönt (S. 7–8): ‚P. hat in diesem § 27 tatsächlich nichts Anderes und nicht mehr bewiesen, als dass er die in allen empirischen Wissenschaften und ebenso in den Naturwissenschaften engeren Sinnes grundlegende begriffliche Unterscheidung zwischen Gesamtursache und Teilursache entweder gar nicht kennt, oder diese Unterscheidung doch nicht gerade dort zu handhaben vermag, wo dies für seinen Gedankengang am nötigsten wäre.' Ein wesentlicher Vorzug der Ersetzung des Kausalbegriffs durch den Begriff der funktionalen Abhängigkeit (Mach) liegt eben darin, dass mit den Begriffen Teilursache und Gesamtursache aufgeräumt wird. Die Unklarheit, welche diesen Begriffen anhaftet, setzt P. im § 10 des 2. Kap. seines Buches, S. 26 und 27 ohne allerdings diese Termini zu gebrauchen, deutlich genug auseinander. E. hat demnach gar nicht das Recht, den hier wörtlich wiedergegebenen Vorwurf zu erheben, ehe er nicht nachgewiesen hat, dass die gesamten Ausführungen P.s gegen das Kausalgesetz unhaltbar sind. Diesen Beweis hat E. nicht geführt, obzwar er wesentlich interessanter und tiefer in die zentrale Position P.s eindringend wäre als die gesamten von E. vorgebrachten Beanständungen.

Geradezu ein Luftstoß ist die Kritik, die E. an dem § 28 des 4. Kap. des P.schen Buches übt (S. 8–10). E. gibt schon die erste Fragestellung P.s durchaus falsch wieder. P. hat im 3. Kap. seines Buches gezeigt, dass die sukzedane Bestimmtheit des physischen Geschehens sich in der Stetigkeit und Einsinnigkeit der Änderungen offenbare, aber durchaus nicht behauptet, dass ohne Stetigkeit solche Bestimmtheit unmöglich wäre. Im § 28 des 4. Kap. fragt nun P., ob das psychische Geschehen als solches ein ähnliches Verhalten in Beziehung auf seine Bestimmtheit durch geistige Faktoren zeige, wie das physische Geschehen in Beziehung auf seine Bestimmtheit durch physische Faktoren? Statt dieser Frage unterschiebt nun E. dem kritisierten Autor die Behauptung, ‚die Aufeinanderfolge psychischer Gebilde könne keine eindeutige Bestimmbarkeit besitzen, weil ihr die Stetigkeit oder Kontinuität des Flusses fehle' (S. 8, Absatz 2).

Schon diese Unterschiebung allein würde uns jeder weiteren Gegenkritik entheben. Wir wollen ihr aber nicht aus dem Wege gehen und die weiteren Ausführungen E.s näher untersuchen, um ganz klar zu machen, wie gründlich E. den von ihm so heiß bekämpften Autor misversteht.

E. zerlegt die P. unterschobene Behauptung in zwei Sätze: *1.) Stetigkeit ist eine unerlässliche Voraussetzung aller eindeutigen Bestimmtheit. 2.) Die Aufeinanderfolge der geistigen Vorgänge vollzieht sich in den meisten Fällen nicht in stetigem Fluss, sondern abrupt und diskontinuierlich* (S. 8, Absatz 2).

E. bekämpft nun zunächst den ersten Satz in der allerschärfsten Weise, er nennt ihn einen ,horrenden, aus dem Munde eines Naturforschers kaum glaublichen Irrtum'. In der Tat aber macht sich E. hier eines horrenden Misverständnisses, das man einem Philosophen kaum zutrauen möchte, und abermals der Unterschiebung eines Satzes schuldig, den P. nirgends ausgesprochen hat. P. behauptet, dass die Stetigkeit ein Charakteristikum der sukzedanen Bestimmtheit von physischen Vorgängen ist (S. 51 seines Buches), aber er behauptet nirgends, dass Stetigkeit das unerlässliche Charakteristikum der Bestimmtheit einer Größe durch eine andere ist. Hieraus macht E. den Satz, dass Stetigkeit eine unerlässliche Voraussetzung aller eindeutigen Bestimmtheit ist – ein groteskes Misverständnis, das sich nur dadurch erklären lässt, dass E. hier über den P.schen Text einfach hemmungslos hinweggelesen hat. In der Tat verachtet er ja den Autor so, daß er ihm auch die unwahrscheinlichste Unlogik ruhig zumutet. Sonst hätte ihn doch die Widersinnigkeit des Satzes, welchen er P. unterschiebt, notwendig soweit stutzig gemacht, dass er sich hätte fragen müssen, ob denn dieser Satz auch wirklich bei P. steht! Es ist ja auch für den Nichtfachmann klar, dass die Begriffe Stetigkeit und eindeutige Bestimmtheit in der Allgemeinheit, wie sie E. in seinem Satz 1) mit einander verbindet, gar nichts mit einander zu tun haben und dass dieser Satz infolgedessen überhaupt keinen bestimmten Sinn hat!. P.s Satz gilt nur vom Ablauf des Geschehens, und so fragt denn auch P. in dem § 28 ausdrücklich, ob der Fluss des psychischen Geschehens Stetigkeit zeigt oder nicht? Diese Frage wird verneint. Da nun E. meint, P. glaube, der Mangel an Stetigkeit schließe eindeutige Bestimmtheit aus, so sucht er zu beweisen, dass dies nicht der Fall und P. folglich ein Ignorant etc. sei, quod demonstrandum erat. Wir wollen uns nun den E.schen Gedankengang näher ansehen. Da lesen wir auf S. 9, Z. 1–6, dass ,eindeutige Bestimmtheit mit voller Schärfe und Präzision in einer derartigen diskontinuierlichen Welt der Realitäten ebensogut herrschen könnte, wie in der Welt der Relationen zwischen den diskontinuierlichen Zahlengrößen'. Dies ist, von dem Vergleich abgesehen, wovon später, gewiss richtig. Aber hier wird wieder deutlich, dass E. den von ihm so schonungslos bekämpften Autor sehr schlecht und mangelhaft gelesen hat. Sonst hätte ihm nicht die Stelle auf S. 51 des P.schen Buches entgehen können, welche wörtlich lautet: ,Die Stetigkeit des Geschehens ist *nur ein besonderer Ausdruck des Gesetzes der Eindeutigkeit. Unstetige Änderungen wären nur dann mit diesem Gesetze vereinbar, wenn die jeweilige Größe des Sprunges, den die Werte der Bestimmungsmittel machten, eindeutig bestimmt wäre. Würde eine solche Bestimmtheit unstetiger Vorgänge zwar auch denkbar sein, so ist sie doch nicht tatsächlich, und darum lohnt es auch nicht, wenigstens an dieser Stelle auf eine solche Denkbarkeit näher einzugehen.' Diese Stelle betrifft, wie ausdrücklich vermerkt sei, das physische Geschehen. Aber P. erörtert die gleiche Möglichkeit im § 30 des hier kritisierten 4. Kap. seines Buches eingehend auch für das psychische Geschehen! Weil P. also auf eine Denkbarkeit, die er sehr wohl erkennt, nur darum nicht eingeht, weil sie nicht tatsächlichen Verhältnissen entspricht, wird über ihn die volle Schale des Hohnes ausgegossen (S. 10, Absatz 2) und noch einmal (S. 9, Absatz 1) als Gipfelpunkt der Unsinnigkeit der Satz hingestellt, dass die Stetigkeit eine unerlässliche Bedingung eindeutiger Bestimmtheit sei – ein Satz, der aber unglücklicherweise nicht von P., sondern von E. herrührt! Wir freuen uns, wenigstens in einem Punkte, nämlich in der Beurteilung dieses Satzes, mit E. gleicher Meinung zu sein.*

Übrigens fordert das E.sche Exempel, dass die natürlichen Zahlen in eindeutigen Beziehungen stehen und doch unstetig sind, noch besondere Kritik heraus. E. sagt: ‚Nur durch die Handhabung diskontinuierlicher Größen haben wir Exaktheit in unsere Betrachtung der physischen Natur eingeführt.' Das heißt behaupten, dass man den Begriff der eindeutigen Bestimmtheit, auf dem eben die Exaktheit der Naturbetrachtung beruht, aus der Betrachtung der natürlichen Zahlen hat. Diese Behauptung ist ganz aus der Luft gegriffen. Man darf nicht übersehen, dass der Begriff der eindeutigen Bestimmtheit die Kausalvorstellung ersetzt. Diese stammt aber bekanntlich aus der Erfahrung über den Zusammenhang zwischen Wille und Handlung. Die Zusammenstellung von logischer Bestimmtheit, wie sie bei den Zahlen auftritt, mit Kausalität, ist viel später als Frucht von philosophischen Spekulationen aufgetreten. E. verwechselt einfach zwei so verschiedene Begriffe wie eindeutiges Bestimmtsein des Flusses der Ereignisse und logische Bestimmtheit der Rechenoperationen, eine Verwechslung, die einem Philosophen, der nicht Mathematiker oder Physiker ist, nicht weiter verübelt werden soll. Wohl sollte aber E., wenn er sich auf einem Gebiete bewegt, das seiner eigenen Forschungsarbeit ganz ferne liegt, sich besondere Vorsicht und Zurückhaltung auferlegen. Er aber schließt, nachdem er dieses Quiproquo ausgeführt hat, wohlgemut, dass P. keine Ahnung von der höheren Mathematik hat! Wir müssen E. doch erinnern, dass er auf diesem Gebiete absoluter Laie ist, und dass er darum nicht einfach wie eine Autorität auftreten und ohne Schatten eines Beweises behaupten darf, dass P. von der Rolle mathematischer Größenbetrachtung in der Physik, von der Rolle der höheren Mathematik in der Vervollkommnung unserer physikalischen Methode keine blasse Ahnung hat (S. 9)! Und dieses Urteil fällt E.

bezüglich eines Gebietes, in welchem P. von einer Autorität ersten Ranges, Albert Einstein als ein ‚feinsinniger Kenner' bezeichnet wird! Wir sind gerne bereit, auch das Urteil eines Laien anzuerkennen, wenn es sich als sachlich berechtigt erweisen lässt. Was tut aber E.? Nachdem er die einem Physiker unfassbare Verwechslung von eindeutiger Bestimmtheit des Flusses der Ereignisse und logischer Bestimmtheit ausgeführt hat, mutet er P. zu, nicht zu wissen, dass in der höheren Mathematik das stetige Naturgeschehen durch Grenzwerte von unstetigen Ausdrücken abgebildet wird. Weil nämlich P. die Stetigkeit als charakteristisch für die eindeutige Bestimmtheit des physikalischen Geschehens bezeichnet, schiebt ihm E. den Glauben zu, dass auch mathematische Beziehungen, die zur Berechnung der Naturvorgänge dienen, nur durch stetige Größen dargestellt werden können. Jeder, der nur halbwegs eine Ahnung von der Mathematik hat, weiß, dass die Grundlage jeder Rechnung die ganzen Zahlen, also unstetige Größen sind, er weiß aber auch, dass dies mit der Stetigkeit und Unstetigkeit des Geschehens nichts zu tun hat. E. konfundiert diese Dinge konsequent.

Die Kritik, welche E. an dem zweiten für die Unstetigkeit des psychischen Geschehens von P. beigebrachten Argumente übt, beruht auf der Annahme, dass P. der Unterschied zwischen Bewusstsein und Bemerktsein entweder unbekannt ist oder dass er ihn nicht zu handhaben versteht. Für diese Behauptung finde ich für meine Person in dem P.schen Text nicht den geringsten Anhaltspunkt; da E. sie auch gar nicht begründet, gehe ich auf dieselbe nicht weiter ein und begnüge mich mit dem Ausdruck meiner Meinung, dass dieser Vorwurf der Unwissenheit mindestens fahrlässig ist. Denn ob die Empfindung bei stetig wachsendem Reiz auch stetig wächst und bloß das Bemerken des stetig zunehmenden Empfindungszuwuchses unstetig erfolgt, oder ob die Empfindung selbst unstetig wächst, dies ist zumindest eine offene Frage. Es ist darum auch erlaubt, nach subjektivem Ermessen zu urteilen. P. glaubt das letztere. Ganz unangebracht ist die Zurechtweisung, welche E. an P. betreffend die Kritik Fechners erteilt. Wer die gesamte philosophische Arbeit P.s kennt, weiß, dass eine der Hauptsäulen des P.schen Gedankengebäudes der Satz von der Tendenz zur Stabilität ist, den P. von Fechner übernommen und weitergebildet hat. Schon hieraus erhellt, dass P. gerade für Fechner die größte Verehrung besitzen muss, wie dies auch in seinen Schriften zum Ausdruck kommt. P.s Kritik an dieser Stelle ist daher keineswegs der Ausfluss einer hochnasigen Ignoranz, als welche sie E. hinzustellen beliebt, sondern durch die in dem Wesen der Wissenschaft begründete Übung berechtigt, die Aufstellungen auch der bedeutendsten Forscher von der kritischen Beurteilung nicht auszuschließen. In der Tat stellt doch das Fechnersche Gesetz die Abhängigkeit des bemerkten Empfindungszuwuchses vom Reizzuwuchs dar und es wäre daher entschieden naturgemäßer, die Abhängigkeit dieser Zuwüchse von einander durch die

Methode der endlichen Differenzenrechnung und nicht durch die der Differenzialrechnung darzustellen.

Hiemit erscheinen die Beanständungen, welche E. gegen den § 28 des 4. Kap. erhebt, Punkt für Punkt erledigt. Es erübrigt sich, auf das zusammenfassende Urteil E.s (Seite 10, Absatz 2) näher einzugehen. Die Stärke des Ausdrucks steht auch hier im umgekehrten Verhältnis zu der sachlichen Berechtigung des Inhalts.

Der § 29 des 4. Kap. des P.schen Buches, gegen welchen sich die weitere Kritik von E. nun wendet, sucht durchaus nicht, wie E. glaubt, die fragliche These zu ‚zu beweisen', sondern er fragt sich einfach, ob ein weiteres Merkmal des Ablaufes des physischen Geschehens, die ‚Einsinnigkeit', auch beim Ablauf des psychischen Geschehens zu beobachten ist oder nicht. Die Frage wird verneint, also einfach ein weiterer Schritt in der Beschreibung des Forschungsobjektes, nämlich des geistigen Geschehens gemacht, keineswegs ‚eine These bewiesen'. E. bemerkt so nebenbei, dass der Begriff der Einsinnigkeit unklar sei; aber er geht auf die Unklarheiten nicht ein. Demgegenüber muss E. daran erinnert werden, dass er die Pflicht gehabt hätte, diese Unklarheiten klar herauszustellen. E. verfällt immer wieder in die Sprechweise des Dogmatikers, trotz der guten und ehrlichen Absicht, seine Ausstellungen ‚begründen' zu wollen. Mir, wie jedem Physiker, dem aus seiner Fachwissenschaft der Begriff der ‚Nichtumkehrbarkeit' geläufig ist, erscheint der Begriff der ‚Einsinnigkeit' gar nicht unklar. Sollte sich jedoch der Vorwurf von E. nicht gegen den Inhalt des Begriffes Einsinnigkeit, sondern gegen die Explikation desselben durch P. richten, so muss dagegen bemerkt werden, dass mir die Ausführungen P.s auf S. 52–53 seines Buches vollkommen ausreichend erscheinen.

Die weitere Behauptung E.s, durch welche er P.s Betrachtungen zu Falle zu bringen glaubt, ‚dass wir keine Gewähr dafür haben, den gesamten Bewusstseinsinhalt eines Individuums in dem dem betrachteten Vorgange unmittelbar vorausgehenden Zeitdifferenzial zu überblicken' (S. 11, Zeile 1–4 von oben), erscheint im Munde eines Psychologen überaus sonderbar. Zunächst ist im § 29 nirgends von dem Bewusstseinsinhalt eines anderen Individuums die Rede, wie man nach E.s Einwand vermuten könnte. Aber wesentlicher: was heißt das, ‚einen Bewusstseinsinhalt überblicken'? Doch wohl nur, ein Inventar aller Bewusstseinselemente zu einer gegebenen Zeit aufnehmen. E. sagt – und das klingt exakter –, in einem gegebenen ‚Zeitdifferenzial'. Welche Dauer hat das Zeitdifferenzial? Ein Millionstel oder ein Quadrillionstel Sekunde? Oder wie viel sonst? E. gebraucht den Begriff des Differenzials als einer absoluten Größe, was natürlich gar keinen Sinn hat. Dieser Prozess der Inventarisierung braucht selbst Zeit. Wir können also überhaupt nur den Bewusstseinsinhalt zu einer schon vergangenen Zeit registrieren. Ohne Erinnerung ist dieser Vorgang unmöglich. Ob daher solche Inventarisierung jemals vollständig sein kann, ist eine andere Frage. Aber jedenfalls wird sie umso genauer ausfallen, je weniger weit der betrachtete Bewusstseinsinhalt zurückliegt. Wenn wir also überhaupt die Gewähr dafür hätten, einen Bewusstseinsinhalt überblicken zu können, so hätten wir auch die größte Gewähr dafür, einen dem überblickten Bewusstseinsinhalt zeitlich naheliegenden ebenfalls überblicken zu können. Soviel gegen den Sinn der E.schen Forderung, soweit ich ihn verstehe. Denn so wie sie ausgesprochen ist, hat diese Forderung nach meinem Urteil überhaupt keinen Sinn. Denn E. kann doch, wenn er mit dem Worte ‚Zeitdifferenzial' etwas bestimmtes zum Ausdruck bringen will, mit demselben nur eine Zeitdauer bezeichnen wollen, die unmessbar klein ist. Wie man aber die Bewusstseinsinhalte in zwei aufeinanderfolgenden, unmessbar kleinen Dauern überhaupt von einander unterscheiden soll, weiß ich nicht. Auch auf den Bereich des physischen Geschehens übertragen ist die E.sche Forderung sinnlos. Trotzdem sind wir in der Lage, die Einsinnigkeit des physischen Geschehens festzustellen.

Sehen wir aber von der Formulierung ganz ab und fragen, was bleibt von der Beweiskraft des E.schen Argumentes übrig, wenn wir es auch in eine einwandfreie Form bringen? Nichts. E. meint nämlich eigentlich bloß, dass P. den möglichen Einfluss eines früheren Bewusstseinsinhaltes auf einen späteren außer acht lasse. Ein Vorwurf, der ganz unbegründet ist, denn der ganze Begriff der ‚Einsinnigkeit' hat ja gar keinen Sinn, wenn man bloß einen bestimmten Bewusstseinsinhalt in Betracht zieht und nicht den Ablauf der Veränderungen des Bewusstseinsinhaltes, also frühere Bewusstseinsinhalte mit späteren vergleicht. Dies tut aber P.; es ist kaum zu fassen, dass dies E. entgangen ist. Gebraucht doch P. in dem § 29 Wendungen, wie zB S. 62 seines Buches: ‚Die Einsinnigkeit psychischer Vorgänge', S. 63: ‚Vor allem aber entfernen sich von aller Einsinnigkeit des Ablaufs die Gebilde der Phantasie', ferner ebenda: ‚Hier von einer Einsinnigkeit des Ablaufs psychischer Änderungen zu sprechen …', die dies absolut klar machen. Frage ich nach der Wurzel dieses E.schen Versehens, so kann ich sie nur in der unglücklichen Verwendung des Differenzialbegriffes vermuten.

Mit den vorstehenden Ausführungen ist auch die E.sche Kritik des § 30 erledigt. Es ist aber im höchsten Maße bemerkenswert, dass E. daran vorbeigegangen ist, dass dieser § erst den Schluss aus den vorhergehenden Betrachtungen zieht und eben jene Eventualität ins Auge fasst, deren angebliches Übersehen durch P. E. in der schwersten Weise gerügt (S. 8 und 9) hat. Hier hätte E. auch lesen können, dass P. den Mangel an Eindeutigkeit und Einsinnigkeit nicht, wie E. behauptet, als ‚Beweis' für seine These ansieht (wie ich schon oben betont habe). Der Beginn des § 30 lautet klar und deutlich: ‚Keine Stetigkeit und keine Einsinnigkeit – aber vielleicht eine Bestimmtheit der Unstetigkeit?' – Also: Das psychische Geschehen zeigt in seinem Ablauf nicht jene Merkmale a und b, in welchen sich die ‚Kausalität' des physischen Geschehens offenbart. Es konnte aber doch ‚kausal' sein, weil die Kausalität noch in einer anderen Form c des

Ablaufs zum Ausdruck kommen könnte; hat sein Ablauf nun diese Form c? – Hierauf antwortete P. mit Nein. So das Gerippe der §§ 27–30 inklusive. Man vergleiche nun noch einmal damit, was E. gegen diese §§ sagt und man wird mir zustimmen, dass E. nicht nur vielfach einzelne Gedankengänge, sondern auch den Grundplan der gesamten Beweisführung P.s in diesem Kapitel einfach verkannt hat!

In der Besprechung des § 31 bringt E. eine Erweiterung seines schon gegen den § 29 vorgebrachten Einwandes, indem er zunächst sagt, dass wir niemals sicher sein können, den gesamten Inhalt des Bewusstseins in einem Zeitdifferenzial zu überblicken. Im Übrigen misversteht E. wieder den Text P.s; E. fasst einen ‚geistigen Akt' als ein psychisches Element, während P. unter einem psychischen Akt einen psychischen Vorgang versteht, der nur durch das Zusammentreten mehrerer geistiger Elemente möglich wird. Wenn man den Text P.s unvoreingenommen liest, kann man gar nicht darüber im Zweifel sein, dass P. im Prinzip die gleiche Forderung stellt wie E.; nur dass er sich in seiner Darstellung nicht durch logischen Formalismus leiten lässt. Es ist ja klar: wenn ich untersuchen will, ob ein psychischer Akt durch einen vorhergehenden eindeutig bestimmt ist, muss ich den vorhergehenden Bewusstseinsinhalt danach durchforschen, ob er nicht irgend ein Element enthält, welches für den untersuchten Akt bestimmend ist. Aber, wenn auch E. vielleicht zugeben würde, dass P. dasselbe meint, so würde er immer noch sagen: ‚Dies beweist Nichts; denn ich habe nicht die Gewähr, den gesamten Bewusstseinsinhalt überblickt zu haben; ich kann daher ein Element übersehen haben, das gerade das bestimmende ist.' Das ist abermals nur logischer Formalismus. Ich habe schon oben ausgeführt: Die Inventarisierung eines Bewusstseinsinhaltes ist ohne Erinnerung undenkbar. Das ist der Grund, warum eventuell ein Element des Bewusstseinsinhaltes übersehen werden kann. Nun gibt es aber die Erscheinung der Assoziation, und es wird daher die Möglichkeit, ein solches Element zu übersehen, sehr verringert. ‚Aber nicht aufgehoben!' wird E. erwidern. Gewiss. Aber das ist nun einmal bei aller empirischen Forschung nichts anders, sei es im Gebiete des Physischen oder Psychischen. Genau den gleichen Einwand, den E. gegen die P.sche Konstatierung macht, dass psychische Akte nicht durch einander bestimmt seien, kann man gegen den Satz erheben, dass die physischen Vorgänge durch einander bestimmt seien. Auch hier hat noch kein Sterblicher und auch nicht etwa mehrere Sterbliche gleichzeitig den Zustand der gesamten physischen Welt in einem ‚Zeitdifferenzial' überblickt und mit dem Zustand der gesamten physischen Welt in dem unmittelbar vorhergehenden ‚Zeitdifferenzial' verglichen. Das, was E. die Kausalität nennt, könnte also eine Täuschung sein. Das ist auch logisch unanfechtbar, hat aber noch keinen Philosophen gehindert, mit der Eisenbahn zu fahren, sich also einer Maschinerie anzuvertrauen, die im Vertrauen auf das Gesetz der Kausalität konstruiert worden ist.

Eine besondere Blüte des logischen Formalismus ist der Vorwurf einer weiteren Inkorrektheit, der gegen P.s Gedankengang von E. erhoben wird (S. 11, letzter Absatz). ‚Denn logisch möglich wäre es auch, dass der veränderte Ablauf der seelischen Vorgänge eines Individuums beeinflusst würde durch die unmittelbar vorausgehenden Vorgänge in anderen Individuen.' Logisch möglich wäre aber noch andres; zB: Der veränderte Ablauf der seelischen Vorgänge eines Individuums kann beeinflusst werden durch die seelischen Vorgänge Methusalems, da er im gleichen Alter mit dem betreffenden Individuum war; oder ein Anhänger der Lehre von der Metempsychose könnte sagen: Der veränderte Ablauf der seelischen Vorgänge eines Individuums ist mitbestimmt durch die seelischen Vorgänge desselben Individuums in dem gleichen Lebensmoment seiner früheren Existenzen, usw. Ist es wirklich Aufgabe der Wissenschaft, alle logischen Möglichkeiten solcher Art aufzusuchen und zu untersuchen?

Die Polemik gegen die §§ 32–34 beschränkt sich auf die Behauptung, dass sie den gleichen irrigen Gedankengang wiederholen; es ist dagegen also bloß auf die vorhergehende Auseinandersetzung zurückzuweisen.

Der § 35 gibt E. nochmals Gelegenheit, die ‚theoretische Verblendung' P.s zu konstatieren, die ihn an dem E.schen Beweise vorübergehen lässt. Hierüber ist alles Notwendige bereits gesagt.

Bezüglich § 36: Die Polemik bewegt sich in demselben Fahrwasser wie die Polemik gegen den § 31. Ich habe den Gegenausführungen, die sich auf diesen § beziehen, hinsichtlich des § 36 nichts hinzuzufügen.

Zu § 37 macht E. keine Bemerkung.

Nun § 38. E. glaubt, die Argumentation P.s durch ein physikalisches Bild zu Falle zu bringen. Zunächst ist nun zu bemerken, dass die in diesem physikalischen Beispiel von E. aufgestellte Behauptung, welche gegen P. zeugen soll, einfach falsch ist. Auch bei einem sich ins Unendliche sich fortsetzenden Wechselspiele kann durchaus nicht, wie E. meint, jeder Ball einen jeden anderen berühren. Ob er es kann oder nicht, hängt ganz von der Konfiguration des Systems und den Anfangsbedingungen ab. Aber selbst davon abgesehen: in dem E.schen Beispiel handelt es sich um Veränderungen der Konfiguration ein und desselben physischen Systems, was doch offenbar nicht ein Bild für die Möglichkeit des Zusammentretens beliebiger psychischer Elemente zu einem psychischen System (Bewusstseinsinhalt) ist.

Das nächstfolgende fünfte Kapitel erledigt E. im Gegensatz zu der Ausführlichkeit, die er dem vierten gewidmet hat sehr kurz. P. sagt: Wir müssen jeden geistigen Akt als einen eindeutig bestimmten auffassen. Es ist gezeigt worden, dass dies durch geistige Bestimmungsmittel nicht erreichbar ist. Also müssen wir ihn als durch physische Bestimmungselemente eindeutig bestimmt ansehen. Hierin sieht nun E. ein Übersehen der Möglichkeit, dass die eindeutige Bestimmtheit durch das Zusammenwirken geistiger und physischer Bestimmungselemente herbeigeführt sein könnte. E. übersieht aber seinerseits, dass die gesamten vorhergehenden Auseinandersetzungen P.s diese Möglichkeit schon widerlegen; wiederholt ist gesagt, dass eine gewisse Abhängigkeit der geistigen Akte von einander besteht, dass sie aber keine eindeutige ist. Zu der eindeutigen Bestimmtheit tragen also die geistigen Elemente nichts bei; wenn ich daher den Komplex physischer und psychischer Bestimmungselemente betrachte, sind es wieder nur die physischen allein, welche die eindeutige Bestimmtheit bedingen. Also ist diese von E. betonte Möglichkeit durch den ganzen Vortrag sozusagen a limine ausgeschaltet. Das Buch P.s wendet sich doch an denkende Leser, die auch etwas nicht ausdrücklich Gesagtes aus dem Gesagten herleiten können. Hätte E. etwa gesagt, dass P. hier etwas zu weit gegangen ist, und diese Möglichkeit doch hätte diskutieren sollen, so würde ich darüber keine weitere Debatte führen, denn das ist Ansichtssache! E. sieht aber natürlich wieder eine horrende Lücke, die kaum für möglich zu halten ist, und eine logische Vernachlässigung – nur weil er sich den P.schen Begriff der Eindeutigkeit nicht genug klar vor Augen hält. Im Übrigen hat aber P. vollständig recht, alle anderen Versuche, die Wechselwirkung zwischen Physischem und Psychischem zu erklären, mit Stillschweigen zu übergehen. Er schreibt ja keine Geschichte des Problems, sondern eine Einführung in die Philosophie der reinen Erfahrung.

Wahrhaft und unbegreiflich ist mir der zweite Absatz auf Seite 15; hier wird P. geradezu als imbezill hingestellt, weil er von Parallelismus zwischen dem – unstetigen-psychischen Geschehen und seiner stetigen materiellen Grundlage spricht. Als ob man nicht von dem Parallelismus einer Punktreihe mit einer Geraden sprechen dürfte! Dieser Vorwurf aus dem Munde des Entdeckers der Gestaltsqualität dünkt mich Selbstironie. Im Übrigen ist nicht P. der Erfinder des Ausdrucks ‚psychophysischer Parallelismus' und daher nicht dafür verantwortlich zu machen. Dass P. den Unterschied der beiden Reihen sehr gut kennt, dafür kann – wofern es überhaupt eines Beweises bedarf – eine Anmerkung seiner Schrift ‚Einiges zur Grundlegung der Sittenlehre' (Vierteljahrschrift für wissensch. Philos., Bd. XVIII, S. 52) als Beleg dienen.

Aus allen seinen Beanständungen zieht E. den Schluss, dass er mit vollem Recht P. als einen Dummkopf und Ignoranten hinstellt, der kein Anrecht auf den Doktorgrad hat, den er sich erworben. Ich gedenke nicht, Herrn Kollegen E. in die Untersuchung von Prüfungsvorschriften zu folgen und in eine Diskussion einzutreten, die, wie die ganze vorstehende Entgegnung zeigt, keinen sachlichen Grund hat. Nur dieses möchte ich sagen: Wie merkwürdig, dass die Philosophen, welche mit P. literarische Diskussionen geführt haben – und es sind dies Männer, die Ordinariate an deutschen Universitäten bekleiden – ihn doch als einen vollwertigen Gegner behandelt haben! Ja, vielleicht noch merkwürdiger ist, dass die angesehensten philosophischen Fachzeitschriften Abhandlungen aus P.s Feder publiziert haben. Welche Unfähigkeit des Urteils oder, was noch schlimmer ist, welche Leichtfertigkeit in der Führung ihrer Redaktionsgeschäfte fällt den

Herausgebern dieser Zeitschriften zur Last, da sie Arbeiten aus der Feder eines Mannes, der in Prag sogar im Nebenrigorosum der Philosophie durchfallen würde, durch Gewährung der Aufnahme einem weiteren Publikum als wissenschaftlich ernst zu nehmende Untersuchungen erscheinen lassen! Aber genug hievon; ich schließe: Alle Beanständungen, die E. gegen P. vorbringt, sind vorstehend widerlegt; diesen Beanständungen fehlt jegliche Beweiskraft für die unerhört schweren Beschuldigungen, die E. gegen P. erhebt.

Zu Kapitel II

Zu 1) S. 16. K. beschränkt sich auf S. 43 seiner ‚Vorträge zur Einführung in die Psychologie' ausdrücklich auf den Farbenton, Sättigungsgrad und Helligkeit als die geometrisch abzubildende Farbenmannigfaltigkeit. Er ist vollkommen im Recht, auf Grund dieser Beschränkung zu behaupten, dass die spezielle geometrische Form, Kugel, Doppelkegel oder Doppelpyramide etc., welche man zur Darstellung der Farbenmannigfaltigkeit wählt, ganz gleichgiltig ist. Der Vorwurf von E. hat nicht die Spur einer Berechtigung. Erst wenn man noch mehr als diese Mannigfaltigkeit in der Abbildung zum Ausdruck bringen will, dann ist die Unterscheidung, wie sie E. macht, am Platze. K. will aber nicht mehr als eben bloß diese Mannigkfaltigkeit abbilden. Er tut ganz recht daran; denn die vagen Meinungen über tiefer reichende Merkmale einzelner Farben, die E. berücksichtigt sehen möchte, gehören gewiss nicht in eine erste Einführung, welche das Buch geben will. E. vermutet natürlich als Ursache dieser Beschränkung wie gewöhnlich Unwissenheit oder Misverständnis. Genau denselben Vorwurf der Unwissenheit oder des Misverständnisses könnte E. zB auch gegen Hermann von Helmholtz erheben, der in seinem Handbuch der physiologischen Optik (2. Aufl. S. 326) Farbenpyramide oder Farbenkegel ganz ausdrücklich als ganz gleichwertige Darstellung der Farbenmannigfaltigkeit hinstellt!

zu 2) S. 18. E. bekämpft die Darstellung der Tonreihe durch eine Spirale, die K. wählt. E. zitiert Jodl, auf den sich K. beruft, und weist nach, dass Jodl in seinem Lehrbuch der Psychologie die Tonreihe durch eine Schraubenlinie darstellt. Anstatt hieraus einfach zu schließen, dass sich K. offenbar auf eine mündliche Äußerung J.s in dessen Vorlesungen bezieht, ist E. schnell wieder mit dem Vorwurf der Unwissenheit bei der Hand und wirft K. vor, nicht zu wissen, dass man eine Schraubenlinie nicht als Spirale bezeichnen darf. Er traut also einem Manne, der das Doktorat aus der Mathematik gemacht hat, nicht zu, den Unterschied zwischen einer Schraubenlinie und einer Spirale zu kennen. Oder gelten etwa auch für Wien, wo K. sein Doktorat gemacht hat, die von E. auf S. 16 geäußerten Bedenken?

Die weiteren Ausführungen E.s zu diesem Punkt sind natürlich ganz überflüssig, da ja K. meint, was er sagt, und nicht das, was E. ihm unterschiebt. ‚Gegenüberliegende' Punkte einer Spirale sind nämlich solche, die auf demselben Radiusvektor liegen; daher stellen solche Punkte beim Durchlaufen der Spirale sehr gut die Wiederkehr der gleichen Tonalität dar. Die ganze Konfusion, die E. beanstandet, kommt nur daher, dass er statt ‚Spirale', wie es bei K. heißt, aus eigener höherer Machtvollkommenheit ‚Schraubenlinie' einsetzt. Damit verliert natürlich auch die historische Belehrung, die E. beibringt, ihre Spitze.

zu 3) S. 19. Was E. als eine ‚skandalöse' Vermengung der fundamentalen Kategorien der Qualität und Intensität bezeichnet, ist in der Tat nichts anderes als der Ausdruck einer prinzipiell verschiedenen Auffassung gewisser psychischer Elementarphänomene. Ich für mein Teil bin ebenfalls der Anschauung, dass der Begriff der Intensität der Empfindung unzulässig ist, indem hier eine unbewusste Einschiebung der Intensität des Reizes oder der Intensität der Nervenerregung in das Psychische stattfindet, während ein rein psychisches Maß der Intensität der Empfindung nicht existiert. Darum kann man ‚verschieden intensive' Empfindungen, als qualitativ verschiedene ansehen. E. mag diese Ansicht ablehnen, aber es liegt weder eine skandalöse Vermengung fundamentaler Kategorien noch auch krasser Dilettantismus vor; E. müsste sich schon die Mühe nehmen, solche Ansichten zu widerlegen, und sich nicht damit begnügen, alles was von seinen eigenen Ansichten oder denen seiner Schule abweicht, schlechtweg als Unwissenheit, Misverständnis, krassen Dilettantismus etc. zu verdammen. Er vergisst aber immer wieder, dass er ‚begründen' will ...

Zu 4) S. 20. E. kann die Vermutung kaum abweisen, ‚K. habe angenommen der ‚gelbe Fleck' auf der Netzhaut werde deshalb so genannt, weil er der einzige Fleck sei, auf welchem wir gelb empfinden können.' In der Tat findet diese Vermutung in dem K.schen Text nicht die geringste Stütze. Sie hat vielmehr ihre Gundlage in der Manie von E. die ihm so fernstehenden Vertreter der positivistischen Auffassungsweise der tiefsten Dummheit und krassesten Unwissenheit für fähig anzusehen. Was die Sache selbst anlangt, muss ich erklären, dass ich zum Schluss des Sommersemesters nicht genügend Zeit hatte, die einschlägige Literatur soweit zu durchforschen, um vollständig klar zu sehen. K. reproduziert Figuren, die selbstverständlich nicht von ihm erfunden, sondern einer offenbar neueren Abhandlung über diesen Gegenstand entnommen sind. Weder in Wundts Psychologie 4. Auflage, noch in Helmholtz' Physiologischer Optik 2. Auflage, noch auch in Nagels Handbuch der Physiologie des Menschen (1905), noch auch in der ausführlichen Abhandlung von Kirschmann (Philosophische Studien VIII, S. 592) war vollständige Aufklärung zu gewinnen, wenn auch graphische Darstellungen in diesen Werken, resp. Arbeiten enthalten sind, die mit der von K. wiedergegebenen ähnlich, aber nicht identisch sind. Ich habe jetzt keine Möglichkeit, eine eingehende literarische Nachforschung zu veranstalten, so gern ich es täte, obzwar es natürlich des Anklägers E. Aufgabe gewesen wäre, den exakten literarischen Nachweis für seine Vorwürfe zu führen. Es geht absolut nicht an, sich auf den Vergleich mit ‚allen verlässlichen Handbüchern oder Darstellungen der einschlägigen Partien der Optik' zu beschränken; denn diese können naturgemäß nicht den neuesten Stand der Literatur wiedergeben. Da muss man schon die Zeitschriftenliteratur selbst einsehen! Obendrein begnügt sich E. mit einer summarischen Angabe, ohne die Handbücher oder Darstellungen genau zu zitieren, wie dies doch in einer Schrift, die als ‚Begründung' und nicht als autoritäre Enunziation gelten will, unerlässlich ist. Mag es nun mit K.s Figur, welche Bewandnis immer haben, so ist sicher, dass die Behauptung von E., dass Gelb diejenige Empfindung ist, welche in Gemeinsamkeit mit der Blauempfindung am Weitesten in die Peripherie der Netzhaut hinausreicht, den Tatbestand auch nicht exakt widergibt, denn in keiner der in den von mir zitierten verlässlichsten Handbüchern vorhandenen Figuren fallen die Begrenzungskurven für die Gelb- und Blauempfindung zusammen (Vergleiche hiezu Wundt, Physiologische Psychologie, 4. Auflage, S. 506: ‚Hiernach besitzt das Gelb nur auf der temporalen Seite von Anfang an den Charakter des reinen Gelb, während es auf der nasalen zuerst orange und dann erst bei weiterer Annäherung an die Netzhautmitte gelb empfunden wird.' Und weiter ebenda: ‚Blau und Gelb aber fallen zwar nahe, doch nicht völlig zusammen, indem auf der oberen Netzhauthälfte das Blau, auf der unteren das Gelb einen kleinen Vorrang behauptet.') Ich resumiere: ich bin der Überzeugung, dass K. seine Figuren einer neueren Arbeit entnommen hat; ich kann dies infolge der Entfernung von allen literarischen Hilfsmitteln nicht belegen, und so muss ich notgedrungen den Gegenbeweis dem eigentlichen Fachmann E. überlassen, der ja schon bei seiner Anklage die neueste Literatur hätte berücksichtigen sollen.

Nun wendet sich E. einigen Kapiteln des K.schen Buches ‚Der Phänomenalismus' zu. Es wundert mich natürlich gar nicht, dass E. alle Bemerkungen, welche K. gegen den Begriff der Urteilsevidenz vorbringt, als ‚geringschätzige' hinstellt (S. 21). Ist doch dieser Begriff ein Lieblingsbegriff der philosophischen Schule, welcher E. angehört. Aber auch hier ist zu sagen: E. fällt abermals aus seiner Rolle; er will ‚begründen' und begnügt sich mit einer Bewertung, welche bei dem Leser einfach blinde Gefolgschaft voraussetzt. Ich finde in dem fraglichen Kapitel VI des K.schen Buches keine ‚geringschätzigen' Bemerkungen über die Evidenz. Ich würde für mein Teil nur wünschen, dass die Erörterung dieses Begriffes etwas ausführlicher gehalten wäre.

Nach der Evidenz wendet sich E. dem K.schen Satz ‚Wissen ist Zwang' zu. Dieser Satz drückt das Resultat einer nicht von K., sondern von anderen Forschern durchgeführten, zahlreiche Einzelfälle historisch durcharbeitenden Untersuchung aus. Es soll mit den drei Worten ‚Wissen ist Zwang' natürlich noch nicht eine erschöpfende Definition gegeben werden, wie E. glauben machen will. Sondern die gesamten Ausführungen des ganzen Absatzes (K's Buch S. 110–111) gehören zu der ‚Definition'. Denn sie geben eine nähere Charakterisierung dieses Zwanges und sind nicht ‚einige

Beispiele', wie E. sagt. Weil hinter dem Satze ‚Wissen ist Zwang' ein Punkt steht, hört für E. bei diesem Punkte die Definition auf. Ich bin aber überzeugt, dass für jeden unbeeinflussten Leser die Definition bei diesem Punkt nicht aufhört, dass er vielmehr das, was nachfolgt, als nähere Bestimmung des ‚Zwanges' auffassen wird. Aus einer vielleicht, aber auch nur vom Standpunkte strengen logischen Formalismus nicht einwandfreien Interpunktion konstruiert E. streng logisch die Unbekanntschaft K.s mit einer jedem philosophischen ABC-Schüler bekannten Regel! Und weil's nun logisch klappt, ist es darum auch richtig? Oder nicht vielmehr, weil die Unwissenheit und Unfähigkeit K.s für E. ‚evident' ist? Nur aus solcher Überzeugung heraus wird man seinem Gegner solche Dinge zumuten, wie es E. nun gegenüber K. tut und vorher gegen P. getan hat. So wird E. in ein Misverstehen der Autoren hineingelockt, wie es einem philosophischen Anfänger oder Laien, für die ja die von E. angegriffenen Werke P.s und K.s bestimmt sind, nimmermehr unterlaufen würde. Für die Stilisierung solcher Bücher haben andere Gesichtspunkte größere Wichtigkeit als der strenge logische Formalismus, der an dem Buchstaben klebt. Gewiss dürfen auch sie nicht gegen die Logik verstoßen; aber ihre Logik ist nicht daran gebunden, in der Zwangsjacke der logischen Schemen einherzustelzen.

Ein weiteres Beispiel für die vollständige Unzulänglichkeit K.s findet E. im Kap. IX des K.schen Buches. Hier rügt er eine ‚rohe und plumpe Äquivokation'; nach E. wird hier von K. unter ‚Relativität der Erkenntnis' einmal der Satz: ‚Es gibt nur eine Erkenntnis der Relationen', das andere mal der Satz: ‚Wahr ist für einen Menschen, was von ihm für wahr gehalten wird' verstanden. Diese Kritik hat in mir, um mich eines Ausdrucks von E. zu bedienen, ein Gefühl der völligen Verblüffung hervorgerufen. Ich habe das fragliche Kap.IX mehreremale aufmerksam durchgelesen, aber das Abschwenken von der ursprünglichen Auffassung der Relativität der Erkenntnis nicht finden können. Ich habe mich also gefragt: wo kann E. es gefunden haben? Und da bleibt mir nur der Absatz S. 132–133 des K.schen Buches, welcher mit den Worten: ‚Am weitesten hat vielleicht …' beginnt, und mit dem auch von E. angeführten Zitat: ‚Das Neue an unserer gegenwärtigen …' endet. In dem ganzen vorhergehenden Teil des Kap. IX ist, wie auch E. nicht bestreiten wird, nur von der Relativität der Erkenntnis in dem von E. erst angeführten Sinne die Rede. Da nun, wie E. sagt, das Nietzschezitat ein Beweis für die Äquivokation ist, so muss der Übergang zu der andren Auffassung der Relativität der Erkenntnis in dem hier von mir genau angegebenen Abschnitt stattgefunden haben. Untersuchen wir also diesen Abschnitt näher auf seinen Inhalt. Da sehen wir zu unserem Erstaunen, dass er keinerlei Darlegungen von K., sondern einfach eine Wiedergabe von Nietzscheschen Anschauungen enthält. Nietzsche tritt nicht erst mit dem Zitat, das den Abschnitt beschließt, auf den Plan, sondern der ganze Abschnitt ist schon Nietzsche – allerdings nicht in wörtlicher Wiedergabe, sondern in freier, aber an Nietzschesche

Terminologie sich anschließender Diktion. K. findet eben in diesen Ausführungen Nietzsches genau seinen Begriff der Relativität aller Erkenntnis als Erkenntnis von Relationen wieder, wie sofort aus dem ersten Satz des nächsten Abschnittes ersichtlich ist, welcher heißt: ‚Diese Erkenntnis von der notwendig relativen Art aller Erkenntnisse ist diametral den Versuchen aller Ontologie nach Aufsuchung eines Absoluten entgegengesetzt.' E. deutet nun die fraglichen Ausführungen Nietzsches anders, im Sinne einer Relativität der Erkenntnis, die da sagen will: ‚Wahr ist, was ich für wahr halte.' Also selbst zugegeben, dass E. mit dieser Deutung recht hätte, so würde K. keineswegs die rohe und plumpe Äquivokation zur Last fallen, die E. ihm vorwirft, sondern bloß ein Fehler, der selbst dem strengsten Logiker unterlaufen kann, der Fehler einer nicht zutreffenden Interpretation einer Stelle bei einem anderen Autor. Diese Äquivokation ist also nicht vorhanden und darum auch nicht das S. 23 von E. weiter gerügte Zurückfallen in die erste Auffassung. K. schließt das Kapitel mit einem Zitat aus Nietzsche, mit welchem er eben die ‚Äquivokation' zurückweisen will, die E. ihm, wie gezeigt worden ist, mit Unrecht, zur Last legt. E. sieht hier aber einen neuen Fehler, sowohl bei Nietzsche als auch bei K. Beide fallen nach seiner Meinung in den ‚alten, verlästerten Begriff der absoluten Wahrheit' zurück. E. widmet diesem wichtigen Punkt nur drei Zeilen; es wäre aber hier eine längere Diskussion nötig gewesen, wenn E. seinem Vorwurf Gewicht verleihen wollte. Für mich liegt keine Veranlassung vor, eine solche Diskussion hier zu beginnen. Ich darf mich mit der Konstatierung begnügen, dass die ‚Wahrheit', welche K. durch sein letztes Nietzsche-Zitat charakterisieren will, im Kap. VIII ausreichend deutlich beschrieben ist. Wenn diese Art ‚Wahrheit' E. nicht genügt, und er sie durch ‚absolute Wahrheit' ersetzt, so ist das natürlich sein Recht, aber nur innerhalb seiner eigenen Erkenntnistheorie. E. behauptet, dass K. auf den Begriff der absoluten Wahrheit rekurriere, aber er beweist es nicht; in der Tat rekurriert K. auf seinen bereits früher definierten Wahrheitsbegriff. Um seinen Vorwurf zu begründen, müsste E. erst beweisen, dass sein Begriff der absoluten Wahrheit mit dem K.schen Begriff der Wahrheit identisch ist, – was er wohl energisch ablehnen dürfte.

Damit sind auch die Einwände erledigt, die E. gegen K. erhebt. Ehe ich aber zu dem nächsten Abschnitt der E.schen Begründung übergehe, muss ich noch eine Bemerkung machen. E. hat sich, wie schon erwähnt, Bücher der beiden Autoren P. und K. für seine Kritik ausgesucht, die für einen weiteren Leserkreis berechnet sind. Selbst wenn seine Kritik in ihrem ganzen Umfang und Inhalt berechtigt wäre, könne das Gesamturteil, welches er über Beide fällt, die schwerste Ungerechtigkeit enthalten. Es kann auch ein ausgezeichneter Forscher, der bedeutende wissenschaftliche Leistungen zu verzeichnen hat, ein schlechtes Lehrbuch oder eine schlechte, für weitere Kreise berechnete Darstellung niederschreiben, wenn er sich in dem Wunsche, allgemein verständlich zu sein, für diesen

Zweck eine besondere, von den Prinzipien streng wissenschaftlicher Darstellung zu weit abweichende Vortragsweise zurechtlegt. Ich will zugeben, dass dies selten vorkommt, aber es kommt doch vor. Darum muss man vorsichtig sein, wenn man aus solchen Werken einen Schluss auf die wissenschaftliche Kapazität des betreffenden Autors ziehen will. Aber nicht nur die Vorsicht, auch die Gerechtigkeit verlangt, dass man zu diesem Zwecke vor allem jene Arbeiten berücksichtige, in welchen sich die wissenschaftliche Kapazität eines Autors am nachdrücklichsten offenbart: in seinen selbständigen wissenschaftlichen Leistungen. Diese hat E. merkwürdigerweise gar nicht berücksichtigt. Warum? Darauf finde ich in E.s Ministerialeingabe die Antwort, dass ein Mann, der solche Verstöße in einem Werke verbricht ,hiedurch als wissenschaftlich gerichtet erscheint, selbst wenn er in anderen Publikationen besser gelungene Leistungen aufzuweisen hätte.' Gegen dieses Verfahren lege ich an dieser Stelle entschieden Protest ein. Selbst wenn alle Beanstandungen, die E. gegen P. und K. vorbringt, berechtigt wären, hätte er nicht bewiesen, dass P. und K. philosophisch minderwertige Intellekte sind, wie er in seiner Ministerialeingabe behauptet, sondern nur, dass sie schlechte Bücher für weitere Kreise geschrieben haben. Dies würde ihnen ja auch nicht zur Empfehlung gereichen, und würde bei der Beurteilung der Eignung zur Professur auch berücksichtigt werden müssen.

Es wäre nicht schwer, den Gegenbeweis gegen die E.sche Behauptung der intellektuellen Minderwertigkeit P.s und K.s durch Eingehen auf ihre selbständigen wissenschaftlichen Leistungen zu führen. Es ist dies aber erfreulicherweise gar nicht notwendig; denn wenn man selbst die merkwürdige Beschränkung von E. auf die von ihm kritisierten Bruchstücke akzeptiert, so zeigt die vorstehende Widerlegung die Hinfälligkeit seiner Beurteilung.

Zu Kapitel III

Zu S.24, a) Hier erst beginnt eigentlich E. eine Polemik gegen die Grundauffassung der P.schen und K.schen Erkenntnistheorie. Es ist mir natürlich nicht möglich, hier in eine Diskussion einzutreten, die einen Band füllen würde und die obendrein ganz überflüssig ist. Ich müsste ja einfach ,Die Analyse der Empfindungen' von E. Mach (mit einem Kommentar) ausschreiben, von dem ja die plumpe Äquivokation (S. 25, Zeile 2) und wie ich E. verraten will, auch die letzten Konsequenzen des ,blutigen Scherzes' (S. 25, Abschnitt 2) stammen, für die er P. verantwortlich macht. Mich däucht übrigens, E. schlägt in seiner Beurteilung Machs ,einen geradezu agressiven Ton an'. Nach E. (Ministerialeingabe S. 2) ist das nicht zu billigen!

Nun erwäge man aber das große Unglück, dass die Prager deutsche philosophische Fakultät nicht erst auf P. oder K. zu warten braucht, damit der Unfug ähnlicher Anschauungen in ihr eine Stätte habe; denn sie haben sie schon, wenn auch nicht in der Philosophie, so doch in der Physik, deren beide Vertreter in ihren Vorlesungen die mit ihrer Spezialwissenschaft im Zusammenhang stehenden erkenntnistheoretischen Fragen behandeln. Beide Vertreter der Physik stehen den metaphysischen Hypothesen des philosophischen Realismus ablehnend gegenüber und sie anerkennen in wissenschaftlichen Fragen keine andere Autorität als die durch ehrliche und gewissenhafte Arbeit gewonnene eigene Überzeugung, auf die Gefahr hin, von E. zu den ‚übelwollenden, revoltierenden und zur Opposition gegen jede Autorität von vorneherein geneigten Elementen' gezählt zu werden. Sollen sie etwa ihre Auffassung über die Stellung der Physik im Gesamtgebiet der Wissenschaften oder ihre Ansichten über die Lösung jener erkenntnistheoretischen Probleme, welche durch die Physik gestellt werden, deshalb unterdrücken, weil sie mit den Ansichten der derzeitigen Vertreter der Philosophie im Widerspruch stehen?

Wird nicht auch hier ein Gegensatz fühlbar, der auch in den Prüfungen zum Ausdruck kommen kann? Wird nicht auch schon durch diesen Gegensatz das Ansehen des Lehrkörpers (S. 28) der Prager deutschen philosophischen Fakultät herabgesetzt? Oder ist das vielleicht nur deshalb noch nicht geschehen, weil die beiden Physiker erst relativ kurze Zeit (der eine fünf, der andere zwei Jahre) in Prag sind? Nun, welchen Tiefstand muss aber gar das Ansehen des Lehrkörpers der Prager deutschen philosophischen Fakultät erreicht haben, als Mach in eigener Person Mitglied dieses Lehrkörpers war! Mach, einer der Erfinder der Grundauffassung, die P. und K. vertreten! Müssen nicht die mit Mach gleichzeitig wirkenden Philosophen ihn bis aufs Äußerste bekämpft haben? Und wie desolat muss ein philosophisches Nebenrigorosum ausgesehen haben, das ein Schüler Machs ablegte. Ich weiß dagegen nur, dass Mach und Marty im besten Einvernehmen standen und heute noch stehen, trotzdem sie erkenntnistheoretisch durch eine ganze Welt getrennt sind. Und von irgendwelchen Schwierigkeiten bei den Rigorosen ist mir auch nichts bekannt geworden. Nun mag vielleicht E. einwenden, dass es tatsächlich nicht so schlimm ist, wenn Philosoph und Physiker auf verschiedenen Standpunkten stehen; der wahre Jammer käme erst zum Vorschein, wenn bei den Philosophieprofessoren der Dissens ‚bis in die tiefsten Wurzeln reicht' (S. 26). Auch dafür haben wir einen Beleg in der Geschichte einer österreichischen Universität. Wie war es also in Wien, da Mach neben Jodl und Müllner als Philosoph lehrte und prüfte? Da standen gar drei Philosophen neben einander, bei welchen der Dissens bis in die Grundanschauungen reichte (in der Ablehnung der Machschen Grundanschauung waren Jodl und Müllner allerdings eines Sinnes). Niemals ist aber aus dem Dissens der Drei der leiseste Miston in den Lehrbetrieb oder die Examina gekommen. Diese Tatsache spricht gegen die Argumente von E.; sie beweist, dass es sehr gut möglich ist, auch dort, wo der Dissens der Examinatoren bis in die tiefsten Wurzeln reicht, so zu prüfen, dass sie ‚in einhelligem Vorgehen Wissen und Verständnis des Kandidaten festzustellen' vermögen. Es wäre auch wahrhaft traurig um die Philosophie als Wissenschaft bestellt, wenn es anders wäre.

An die vorstehend bekämpfte allgemeine Argumentation schließt E. neuerdings kritische Bemerkungen, die ich nicht unwidersprochen lassen kann. Zunächst muss ich E. darüber aufklären, dass sein zweifelhaftes Kompliment an Mach, an dem er ‚richtige Selbsteinschätzung' preist, sehr unangebracht ist. Mach hat sich mit dem von E. zitierten Ausspruch dagegen wehren wollen, dass man von einer ‚Mach'schen Philosophie' spricht. Aber die Erkenntnistheorie ist seit jeher der Brennpunkt von Machs wissenschaftlicher Arbeit gewesen und das, was er bescheiden ein Apercu nennt, sichert ihm die Unsterblichkeit. Die Bedeutung der Leistungen Machs auf dem Gebiete der Erkenntnistheorie hat schon heute, wo Mach noch lebt, seine Leistungen auf dem Gebiete der Physik im Bewusstsein der Zeitgenossen in den Hintergrund gedrängt. Das Wort Machs von dem Apercu bezeichnet E. als richtige Selbsteinschätzung, dh eine Einschätzung, die E. billigt.

Da E. aber in den erkenntnistheoretischen Lehren von Mach auch nur ‚plumpe Paralogismen' (S. 27, Z. 4 von unten) sieht, so heißt dieses Lob wohl nichts anderes, als dass Mach in einer lichten Stunde eingesehen habe, dass seine ganze erkenntnistheoretische Grundauffassung nichts weiter sei als ein mehr oder weniger geistreicher Einfall, der nicht den Anspruch erheben darf, ernst genommen zu werden. Ganz so ist nun die Sache nicht. Ein Einfall ist es schon gewesen, aber Mach ist bei dem Einfall nicht stehen geblieben, sondern hat ihn sein ganzes späteres Leben hindurch immer wieder theoretisch und experimentell bearbeitet. Und so würde er das E.sche Kompliment der ‚richtigen Selbsteinschätzung' in richtiger Bescheidenheit dankend ablehnen. Ich tue es hier an seiner Stelle in Worten, gewiss gegen seinen stillen, ruhigen Sinn, der für solches Lob bloß ein ironisches Lächeln hätte.

Das P.sche Buch ‚Das Weltproblem' kritisiert E. in einer Weise, durch welche er seine eigene Kritik entwaffnet. Das ‚Weltproblem' will ausgesprochenermaßen die Entwicklung der Philosophie vom Standpunkte des relativistischen Positivismus betrachten, und es ist also selbstverständlich, dass die verschiedenen Philosophen von diesem Gesichtspunkt beurteilt werden. Durch Jahrtausende festgestandene (und für die Ewigkeit festgestellte) Wertrelationen gibt es da nicht; insbesondere bezüglich Platons und Aristoteles nicht, wie Jedermann zugeben muss, der einen Blick in die Geschichte der Philosophie wirft. E.s eigene Schule und er selbst betrachten die Geschichte der Philosophie durchaus vom Standpunkt des Verhältnisses zu ihren eigenen metaphysischen Hypothesen. Man frage einmal E. oder ein anderes Mitglied seiner Schule nach Kant! Und ist die Wertung des Mach-Avenariusschen Gedankenkreises, welche E. in seiner ‚Begründung' gibt, nicht ein Musterbeispiel dafür, dass E. (um seine eigenen Wendungen

S. 27 zu gebrauchen) kritisiert und einschätzt, je nach der größeren oder geringeren Verwandtschaft mit seiner eigenen alleinseligmachenden Lehre? Und wollte man nun gar die Ausdrucksweise der beiden Kritiker E. und P. vergleichen, so wird man in dem Weltproblem kaum eine Stelle finden, welche dem E.schen Satz (S. 27): ‚Auf Grund der plumpen Paralogismen von Petzoldt und seinen Lehrern jedoch wird eine solche Umwertung zur Lächerlichkeit und zur Farce' an Entschiedenheit der Diktion gleich kommen würde. Überhaupt ist ja die ganze Kritik von E. auf eine Tonart gestimmt, wie sie Gottseidank in wissenschaftlichen Diskussionen nicht gerade üblich ist. Sie erinnert an Schopenhauer. Die Tonart verrät die tiefgehende Erregung; diese entspringt, wie ich wohl weiß und ausdrücklich betonen möchte, ehrlicher Überzeugung, und darum sei über dieselbe nicht weiter gerechtet.

Was dann noch speziell über K. gesagt wird, ist in meinen Gegenausführungen zum zweiten Kapitel der E.schen Begründung schon mit erledigt.

Zu Kapitel IV

Es ist der nachdrücklichste Beweis für meine persönliche Hochschätzung für E. und meine rückhaltlose Würdigung seiner Motive, dass ich mich in der Beurteilung des vierten Kapitels auf die Bemerkung beschränke: E. hat durch die ganze Begründung den Beweis erbracht, dass es ihm unmöglich gewesen ist, die Grundlagen der erkenntnistheoretischen Richtung, welcher P. und K. angehören, wirklich zu erfassen. Seine Schlüsse über die moralische Natur dieser Erkenntnistheorie haben daher kein Fundament. E. gibt in Wahrheit nichts als die Behauptung: Wer nicht meinen Begriff der Existenz, meinen Begriff der Wahrheit hat, der ist ein Umstürzler, ein Anarchist. Mit demselben Recht könnte ein Erkenntnistheoretiker der von E. verdammten Schule unter Benützung der von E. gewählten Terminologie behaupten: Wer eine absolute Existenz behauptet, behauptet etwas, was er nicht beweisen kann. Er gibt statt des Wirklichen Erdichtetes, statt des Lebendigen Gespensterhaftes, er macht die Augen blind, die Ohren taub, die Geister unfähig, die Welt zu erfassen, wie sie ist.[28] So gehen aus seiner Erziehung Menschen hervor, die im wahren Sinne des Wortes weltfremd sind; Träumer, die ihren Phantasmagorien nachjagen, die unfähig sind zur rechten Tat und unfähig, die Konsequenzen ihres eigenen Denkens und

---

[28] Lampa zitiert hier in einer Fußnote aus Hermann von Helmholtz' Handbuch der physiologischen Optik², 595 und 596, im Hinblick auf den Wert idealistischer und realistischer Hypothesen ua: „Die verschiedenen Abstufungen der idealistischen und realistischen Meinungen sind metaphysische Hypothesen, welche, solange sie als solche anerkannt werden, ihre vollständige wissenschaftliche Berechtigung haben, so schädlich sie auch werden mögen, sobald man sie als Dogmen oder als angebliche Denknotwendigkeiten hinstellen will." (Anm Hrsg)

Tuns zu überschauen; Menschen also, die sozial unbrauchbar sind, trotz der hochgespannten ethischen Prinzipien, die sie vertreten. Diese Lehre nennt sich mit Unrecht philosophischer Realismus; sie müsste sich vielmehr sachgemäß Illusionismus nennen. Diese Lehre ist, ohne dass deren Vertreter sich dessen bewusst sind, staatsgefährlich.

Übrigens gibt E. zu, dass die Prinzipien, welche P. als Ethiker vertritt, moralisch einwandfrei sind. Da nun P. diese Prinzipien aus den Fundamenten seiner Erkenntnistheorie herleitet, muss entweder die Behauptung von E. unzutreffend oder die P.sche Ableitung fehlerhaft sein. Ich wundere mich, dass E. es sich hat entgehen lassen, die Fehlschlüsse P.s aufzuweisen, die ihn von seiner von E. verworfenen Grundauffassung zu einwandfreien ethischen Prinzipien geführt haben.

E.s Behauptung (S. 31), mindestens neun Zehntel der Naturforscher, welche dem ‚Positivismus' nahestehen, hänge diesem an, weil sie durch andere Dinge ‚geistig präokkupiert' mehr durch den Namen als durch die Sache bestimmt seien, ist aus der Luft gegriffen und zeugt von vollständiger Unkenntnis der philosophisch-naturwissenschaftlichen Literatur und einer ebenso vollständigen Unkenntnis der Psyche eines Naturforschers. Woher nimmt E. die Berechtigung, den Naturforschern, deren alltägliche Arbeitsmethode allein schon die Gewohnheit redlicher Überlegung erzwingt, den Vorwurf intellektueller Leichtfertigkeit in so wegwerfender Art ins Gesicht zu schleudern?

Doch genug hievon. Was Mach, was Avenarius, was diesen nahestehende Denker lehren, das ist nach E. ‚ein grober intellektueller Unfug mit nicht gewollten, aber tatsächlich vorhandenen moralisch und staatlich direkt destruktiven Tendenzen.'

Man muss zugeben: ‚Wenn E.s Behauptung zutrifft, so tut er recht, sein Caveant consules, einer hohen Unterrichtsverwaltung zuzurufen, die Ernst Mach, einem der Begründer solcher Lehren von moralisch und staatlich direkt destruktiver Tendenz, durch die Ernennung nach Wien die Möglichkeit gegeben hat, die Jugend ex offo zu verführen, und ihn schließlich, statt ihm den Schierlingsbecher zu reichen, durch die Berufung ins Herrenhaus auch für die weitere Öffentlichkeit mit dem Nimbus einer Leuchte der Wissenschaft umkleidet hat!

Wie steht es aber um den Beweis für diese Behauptung?

Was E. als Begründung für seine Behauptung gibt, sind zum Teil misverständliche Auffassungen, wie schon in den früheren Ausführungen dieser Entgegnung gezeigt wurde, zum Teil metaphysische Behauptungen hypothetischer Natur (vgl das obige Zitat aus Helmholtz), zum Teil – ich meine da die Heranziehung des Beispieles von dem optisch geknickten und haptisch gleichzeitig geraden Stab für die Probleme der Rechtspflege – Sophismen, die darauf beruhen, dass es ihm unmöglich ist, sich in die Gedanken einer hypothesenfreien Weltbeschreibung hineinzufinden und die Welt anders als durch die farbige Brille seiner Metaphysik zu betrachten. Weil er es nicht kann, gilt ihm jeder, der ohne solche Brille zu sehen versucht, als Umstürzler. Das ist psychologisch verständlich, aber kein Beweis für die moralisch und staatlich destruktiven Tendenzen einer Erkenntnistheorie, welche die Probleme der Erkenntnis ohne metaphysische Hypothesen zu bewältigen strebt.

Hirtenberg, am 27. August 1914.

Gleichberechtigung der Staaten – Voraussetzung für Internationale Strafgerichtsbarkeit

Bernhard Graefrath, Berlin

Zu den wegweisenden demokratischen Elementen der Nachkriegsordnung gehören zweifellos die Nürnberger Prinzipien, jene straf- und völkerrechtlichen Grundsätze, nach denen die deutschen Hauptkriegsverbrecher für Verbrechen gegen den Frieden, Kriegs- und Menschlichkeitsverbrechen zur Verantwortung gezogen wurden. Obgleich als Siegerrecht und Verletzung des Grundsatzes *nullum crimen sine lege* angefeindet, hat Nürnberg Maßstäbe gesetzt. Für Eduard Rabofsky war Nürnberg nicht nur Ausdruck historischer Gerechtigkeit sondern auch Maßstab rechtlicher Bewertungsgrundlagen, die die verbrecherischen Strukturen des Naziregimes, einschließlich der Nazijustiz bloßlegten und ihm als Ausgangspunkt für anklagende Analysen der „Verborgene(n) Wurzeln der NS-Justiz" dienten.[1]

In der veröffentlichten herrschenden Meinung allerdings galt Nürnberg eher als eine Entgleisung, die man am liebsten der Vergessenheit anheimgab. Die Erinnerung an Nürnberg und mehr noch die Behauptung, daß die Nürnberger Prinzipien geltendes Völkerrecht seien, wurde in der Bundesrepublik Deutschland bis vor kurzem bestenfalls als linke Demagogie abgetan, konnte aber auch in Verdacht geraten, ein subversiver Angriff auf die Wurzeln eines Systems zu sein, das Nazibeamte und -richter in Amt und Rente bestätigte und den Faschismus als Betriebsunfall einer an sich honorigen Gesellschaft darstellt.

Die Bewegung weg von Nürnberg war weltweit zu beobachten. Sie spielte sich ab, obgleich die UN-Generalversammlung bereits in ihrer Resolution 95 (I) vom Dezember 1946 die Nürnberger Prinzipien als allgemeines Völkerrecht bekräftigt hatte[2] und die Völkerrechtskommission 1950 der Generalversammlung eine Formulierung der sieben Völkerrechtsprinzipien vorlegte, die in der Charta und dem Urteil von Nürnberg zum Ausdruck kamen.[3] Versuche der UN, auf dieser Grundlage einen internationalen Strafgerichtshof zu schaffen und einen Kodex der Verbrechen

---

[1] Rabofsky/Oberkofler, Verborgene Wurzeln der NS-Justiz – Strafrechtliche Rüstung für zwei Weltkriege (1985).

[2] Res 95 (I), 11. Dezember 1946.

[3] Vgl The Work of the ILC (1988), 140; YBILC 1950, vol II, 374.

gegen den Frieden und die Sicherheit der Menschheit auszuarbeiten, blieben im Kalten Krieg stecken.[4]

Die Mehrheit der Staaten zog es vor, sich auf die Koordinierung nationaler Strafverfolgung mit Hilfe des Prinzips der universellen Strafhoheit für bestimmte Verbrechen zurückzuziehen.[5] Das aber läßt den eigentlichen Fall der internationalen Verbrechen unberührt. Gerade diejenigen Verbrechen, die im Auftrage oder mit Hilfe des Staates begangen wurden, werden über das System der universellen Strafhoheit nicht erreicht, solange sich die Täter in dem Staat aufhalten, der das Verbrechen „gesponsert" hat. Auch hebt der Grundsatz *aut dedere aut judicare*, der Ausdruck des Universalitätsprinzips ist, das Verbot der Auslieferung eigener Staatsbürger, das viele Verfassungen kennen, nicht auf. Er beschränkt sich im Falle der Nichtauslieferung auf die Pflicht zur Einleitung der Strafverfolgung, kann aber keine angemessene Bestrafung garantieren.[6]

*

Als die Völkerrechtskommission die Arbeiten am Kodex über Verbrechen gegen den Frieden und die Sicherheit der Menschheit wieder aufnahm, hielt sie sehr bald auch die Schaffung eines Internationalen Strafgerichtshofes für möglich und nötig. Bereits 1983[7] bat sie die Generalversammlung, ihr das Mandat für Arbeiten an einem Statut für einen Internationalen Strafgerichtshof zu bestätigen. Jedoch über fünf Jahre lang konnte sich eine große Mehrheit der Staaten nicht entschließen, das zu tun. Als Trinidad und Tobago 1989 schließlich das Thema in Zusammenhang mit dem Kampf gegen den internationalen Drogenhandel brachte, gelang es, der Generalversammlung ein vorsichtiges Mandat abzuringen.[8]

Die ersten Vorarbeiten der Völkerrechtskommission zu einem Statut für einen Internationalen Strafgerichtshof stießen jedoch auf wenig Gegenliebe.[9] Erst als die Völkerrechtskommission 1992 Grundzüge für eine Internationale Strafgerichtsbarkeit vorlegte, die sich auf eine Minivariante

---

[4] Vgl den Text der ILC von 1954 in: YBILC 1954, vol II, 150; und den Text von 1991 in: YBILC 1991, vol II (Part Two), 94.

[5] Vgl Graefrath, Universal Criminal Jurisdiction and an International Criminal Court, in: European Journal of International Law 1990, 67.

[6] Diese Problematik bestimmt zB den Rechtsstreit zwischen den USA und Lybien, vgl dazu Tomuschat, The Lockerbie Case before the International Court of Justice, ICJ Review 1992, 38; Stein, Das Attentat von Lockerbie vor dem Sicherheitsrat der Vereinten Nationen und dem Internationalen Gerichtshof, Archiv des Völkerrechts 3/1993, 206; Graefrath, Leave to the Court What Belongs to the Court, The Libyan Case, European Journal of International Law 1993, 184.

[7] Vgl YBILC, vol II (Part two), 16.

[8] Res 44/39, 4. Dezember 1989; vgl auch den Bericht der ILC in YBILC 1990, vol II (Part Two), paras 93.

[9] Vgl dazu Graefrath, Die Verhandlungen der UN-Völkerrechtskommission zur Schaffung eines Internationalen Strafgerichtshofes, in: Zeitschrift für die Gesamte Strafrechtswissenschaft 1992, 190.

beschränkten,[10] kam die Generalversammlung nicht mehr umhin, der Kommission ein Mandat zur Ausarbeitung eines Statuts für einen Internationalen Strafgerichtshof zu erteilen.[11] Jedoch gab es noch immer keine mehrheitliche Unterstützung für einen internationalen Strafgerichtshof.

Unterdes hatten die Greueltaten im Bürgerkrieg in Jugoslawien in der internationalen Öffentlichkeit solche Empörung hervorgerufen, daß der Ruf nach gerichtlicher Verfolgung der in Jugoslawien begangenen Verbrechen große Resonanz fand.[12] Zugleich war klar, daß an eine internationale strafgerichtliche Verfolgung der im Bürgerkrieg in Jugoslawien begangenen Verbrechen nicht zu denken war, wenn man das Ergebnis der Arbeiten der Völkerrechtskommission abwarten wollte. Erstens hätte die Schaffung des Gerichts durch Vertrag noch viele Jahre in Anspruch genommen. Zweitens konnte man sicher sein, daß die Staaten auf die es ankommen würde, dem Vertrag nicht beitreten. Drittens schließlich hätte nach dem damaligen Konzept der Kommission die Behandlung jedes einzelnen Falles auch noch von der Zustimmung der betroffenen Regierungen abgehangen.[13]

Es war somit abzusehen, daß ein Internationaler Strafgerichtshof, der auf Konsens der am Krieg beteiligten Staaten angewiesen wäre, zur effektiven Verfolgung von Kriegs- und Menschlichkeitsverbrechen ungeeignet sein würde, sich über die Zustimmung der Staaten hinwegzusetzen und internationale Verbrechen als solche zu verfolgen. Als Ausweg bot sich an, einen Internationalen Strafgerichtshof für Jugoslawien durch Beschluß des Sicherheitsrates, als Hilfsorgan des Sicherheitsrates einzusetzen, ihn als Mittel zur Wiederherstellung des Friedens unter Berufung auf Kapitel VII der Charta zu oktroyieren. Das geschah im Gefolge der Resolution 808 (1993) durch Resolution 827 (1993).[14]

---

[10] Vgl Report of the International Law Commission on the work of its forty-fourth session, in: UN Doc A/47/10, para 99 und Annex.

[11] Vgl Res 47/33, 25. November 1992.

[12] Der UN-Generalsekretär konnte sich in seinem Bericht S/25704 vom 3. Mai 1993 auf Vorarbeiten französischer Juristen (S/25266), italienischer Juristen (S/25300) sowie der KSZE (S/25307) stützen, S/25704, para 13.

[13] S/25704, paras 19,20; A/47/10, paras 454, 455; vgl auch Szasz, The Proposed War Crimes Tribunal For Ex-Yugoslavia, New York University Journal of International Law and Politics 1992/93, 405 (409).

[14] Die Resolution 827 (1993), 25 Mai 1993, nahm mit dem Bericht des Generalsekretärs S/25704 das darin vorgeschlagene Statut für das Jugoslawien-Tribunal ohne Änderungen an. Vgl den Text des Berichts des Generalsekretärs und des Statuts in I.L.M. 1159 (1993) und 1203 (1993), ein deutscher Text des Statuts findet sich in EA 1994/3, 89. Vgl zum Statut Shraga/Zacklin, die „provide insights into the underlying thinking and philosophy of the Secretary General's Report drawing upon (their) unique knowledge from the vantage point of the Legal Counsel. In particular we have tried to demonstrate that by deliberately and prudently circumscribing the territorial, temporal and subject matter jurisdiction of the Tribunal, the Security Council has acted within its power and competences under the Charter ...", The International Criminal Tribunal for the Former Yugoslavia, European

Als der Sicherheitsrat das Internationale Tribunal zur Strafverfolgung von Kriegs- und Menschlichkeitsverbrechen, die nach dem 1. 1. 1991 im ehemaligen Jugoslawien begangen wurden, einsetzte, ist das weltweit begrüßt worden, obgleich es sich um ein Sondergericht handelt und die Kompetenz des Sicherheitsrates zur Einsetzung eines Strafgerichts durchaus zweifelhaft ist.[15] Man glaubte, daß endlich etwas getan würde, den unbeschreiblichen Verbrechen Einhalt zu gebieten. Zugleich hoffte man, daß durch die Existenz des *ad hoc*-Tribunals auch der Weg für die seit Nürnberg überfällige Einrichtung eines internationalen Strafgerichtshofes geebnet würde. Vielfach wurde die Schaffung des Jugoslawien-Tribunals als Schritt auf dem Wege zu einem internationalen Strafgerichtshof gesehen.

*

Kriegs- und Menschlichkeitsverbrechen gelten seit Nürnberg als Verbrechen nach Völkerrecht, als internationale Verbrechen, die der universellen Strafverfolgung unterliegen. Gerade die Strafverfolgung dieser Verbrechen einem internationalen Strafgericht zu übertragen, damit sie nicht ungestraft bleiben, aber auch um Rachejustiz zu verhindern, schien besonders dringlich und sinnvoll. Sie sind in der Regel – jedenfalls in ihrer schweren Form – zugleich Verbrechen des Staates, werden zumindest unter Benutzung oder Duldung öffentlicher Gewalt begangen und deshalb kaum im eigenen Lande verfolgt. Nachdem mit der sogenannten Internationalisierung des Menschenrechtsschutzes auch die strafrechtliche Verantwortlichkeit von Individuen nach Völkerrecht stärker ausgeprägt wurde, schien es möglich, die Souveränitätsschranke zu überwinden, die bislang der Einrichtung eines internationalen Strafgerichtshofes im Wege stand.

Diese Hoffnung ist jedoch trügerisch. Vergleicht man die Haltung der Staaten zum Jugoslawien-Tribunal mit ihrer Haltung zum Entwurf der Völkerrechtskommission für einen internationalen Strafgerichtshof, so wird deutlich, daß es nach wie vor einen großen Unterschied macht, ob man eine Gerichtsbarkeit für andere verordnet oder selbst akzeptiert. Während für das Statut des Jugoslawien-Tribunals eindeutig vom Primat der inter-

---

Journal of International Law 1994, 360, (380). Vgl auch Nowlan, Die Regelungen des Statuts des Kriegsgerichtshofs nach Resolution 827 des Sicherheitsrats der Vereinten Nationen, Humanitäres Völkerrecht 1993, 160; O'Brien, The International Tribunal for Violations of International Humanitarian Law in the Former Yugoslavia, AJIL 1993, 639; Meron, War Crimes in Yugoslavia and the Development of International Law, AJIL 1994, 78 (79); Thürer, Vom Nürnberger Tribunal zum Jugoslawien-Tribunal und weiter zu einem Weltgerichtshof?, Schweizerische Zeitschrift für internationales und europäisches Recht 1994, 491 (495); Partsch, Der Sicherheitsrat als Gerichtsgründer, Vereinte Nationen 1/1994, 11; kritisch Graefrath, Jugoslawien-Tribunal – Präzedenzfall trotz fragwürdiger Rechtsgrundlage, Neue Justiz 1993, 433; ders, Sondergericht für Jugoslawien?, VDJ Forum 1993/3, 23.

[15] Vgl Graefrath (Anm 14), 434; Arangio-Ruiz A/CN.4/SR. 2300, S 3; sowie A/CN.4/SR.2301, S 8.

nationalen Gerichtsbarkeit ausgegangen wird, wird beim Statut für einen internationalen Strafgerichtshof weiterhin auf dem Vorrang der nationalen Gerichtsbarkeit bestanden. Wie grundverschieden diese Annäherung ist, läßt sich am Beispiel der Stellungnahme der USA zum ILC-Entwurf für einen internationalen Strafgerichtshof[16] anschaulich darstellen. Dabei beschränken wir uns auf zwei Komplexe: die Jurisdiktion des Gerichtshofes und das Verhältnis von internationaler zu nationaler Gerichtsbarkeit.

*

In den letzten Jahren ist die Dominanz der USA im Sicherheitsrat bei vielen wichtigen Entscheidungen unübersehbar in Erscheinung getreten. Auch bei der Einsetzung des Jugoslawien-Tribunals haben sie eine entscheidende Rolle gespielt. Die Mitglieder des Sicherheitsrates, die die Einsetzung des Jugoslawien-Tribunals beschlossen haben, waren sich sehr wohl darüber im klaren, daß es ein Tribunal für einen begrenzten Zweck, kein Beispiel für einen internationalen Strafgerichtshof, daß es eben im Prinzip ein Gericht für andere ist, das ihnen gegenüber keine Kompetenzen hat oder erlangen kann. Nie kann ein Strafgericht mit ähnlichen Kompetenzen gegen eines der ständigen Mitglieder des Sicherheitsrates eingesetzt werden. Was als verbindlicher Akt der Staatengemeinschaft, auch gegen den Willen einzelner Staaten angeordnet wurde und gegebenenfalls wieder angeordnet werden kann, blieb und bleibt für die ständigen Mitglieder des Sicherheitsrates ihre souveräne Entscheidung, kann nie gegen ihren Willen zum Maßstab für ihr Verhalten gemacht werden. Solange der Sicherheitsrat ein solches Gericht einsetzen kann, wird es kaum einen internationalen Strafgerichtshof, weder mit begrenzter noch allgemeiner Zuständigkeit geben, denn die ständigen Mitglieder des Sicherheitsrates brauchen ihn nicht. Sie können, wie sich inzwischen am Beispiel Ruandas zeigt, jederzeit ein *ad hoc* Gericht für andere einsetzen, würden aber selbst, wie die Stellungnahme der USA deutlich macht, eine solche Gerichtsbarkeit als Eingriff in ihre Souveränität ablehnen.[17]

---

[16] Der ILC-Entwurf ist enthalten im Report of the International Law Commission on the work of its forty-fifth session, UN Dok. A/48/10, S 255; die Stellungnahme der USA dazu in UN Dok. A/CN.4/458/Add.7, S 20; inzwischen gibt es den überarbeiteten Entwurf der ILC im Report of the International Law Commission on the work of its forty-sixth session, UN Dok. A/49/10, S 43.

[17] „So zeichnet sich letzten Endes ein Szenario ab, das auf eine Perpetuierung des Strafgerichtshofs für Verbrechen im ehemaligen Jugoslawien und die Erweiterung seiner Zuständigkeit hinauslaufen könnte ... Damit würde einer auf vertraglicher Grundlage zu errichtenden oder errichteten Gerichtsinstanz weitgehend das Wasser abgegraben." Tomuschat, Ein Internationaler Strafgerichtshof als Element einer Weltfriedensordnung, Europa Archiv 3/1994, 61 (70). Inzwischen ist der Sicherheitsrat diesen Weg gegangen. Mit der Resolution 955 (1994) wurde nach dem Beispiel des Jugoslawien-Tribunals ein weiterer ad hoc-Strafgerichtshof für Ruanda geschaffen. Er soll schwere Verletzungen des humanitären Völkerrechts verfolgen, die in der Zeit vom 1. 1. 1994 bis 31. 12. 1994 in Ruanda oder von ruandischen Staatsangehörigen in den Nachbarländern Ruandas begangen wurden. S/1994/1168.

Der Entwurf der Völkerrechtskommission (ILC) für einen internationalen Strafgerichtshof geht davon aus, daß ein solches Gericht durch einen völkerrechtlichen Vertrag zwischen gleichberechtigten Staaten als Ergänzung der nationalen Gerichtsbarkeit geschaffen würde. Es sollte gleichermaßen für alle Vertragsstaaten zuständig sein, keinem Staat ein Veto über die Zuständigkeit des Gerichts einräumen.[18] Ein solcher Gerichtshof würde nur für die Vertragsparteien und über die von ihnen ausdrücklich akzeptierten Verbrechen Gerichtsbarkeit erlangen, es sei denn, er würde vom Sicherheitsrat beauftragt, die im Statut bezeichneten Verbrechen in einem bestimmten Fall oder einer Situation – wie zB in Jugoslawien – zu verfolgen. Auf diese Weise versucht die Völkerrechtskommission, die internationale Strafgerichtsbarkeit auf der Vereinbarung, dem Konsens, gleichberechtigter Staaten zu gründen, jedoch zugleich das Gericht zu befähigen, internationale Verbrechen zu verfolgen, die die Grundlagen der friedlichen internationalen Zusammenarbeit der Völker bedrohen und zwar unabhängig von wem immer sie begangen wurden.

Sie beschränkt deshalb die sachliche Zuständigkeit eines solchen Gerichts auch nicht auf Kriegs- und Menschlichkeitsverbrechen wie das Statut des Jugoslawien-Tribunals. Sie hält sich enger an das Statut des Nürnberger Militärtribunals, das vom Generalsekretär ausdrücklich als geltendes Völkergewohnheitsrecht zitiert wurde.[19] Der Entwurf sieht neben den Kriegs- und Menschlichkeitsverbrechen auch eine Zuständigkeit des Gerichts für das Aggressionsverbrechen vor.

In ihrer Stellungnahme zum ILC-Entwurf[20] machten die USA unmißverständlich deutlich, daß sie nicht bereit sind, eine Zuständigkeit des Gerichtshofes für die Verfolgung des Aggressionsverbrechens zu akzeptie-

---

[18] Lediglich im Falle eines Aggressionsverbrechens macht der Entwurf von 1993. Vgl A/48/10, S 283 wie auch der Entwurf von 1994 A/49/10, S 84 die Einleitung eines Verfahrens davon abhängig, daß der Sicherheitsrat zuvor das Vorliegen einer Aggression festgestellt hat. Schon das bedeutet, daß der Gerichtshof keine Anklage wegen eines Aggressionsverbrechens einleiten kann, wenn auch nur ein ständiges Mitglied mit seinem Veto verhindert, daß der Sicherheitsrat das Vorliegen einer Aggression feststellt. Allerdings bleibt das nach dem Entwurf der ILC auf das Aggressionsverbrechen beschränkt, bezieht sich nicht auf Kriegs- und Menschlichkeitsverbrechen oder Völkermord.

[19] Vgl S/25704, para 35, 35, 37, 41, 44, 45. Daß die Nürnberger Tatbestände ohne Widerspruch als Völkergewohnheitsrecht zugrundegelegt werden, wäre noch vor kurzem undenkbar gewesen. In ihrem Buch „Machtpolitik und Völkerrecht in den internationalen Beziehungen" (1994), berichten Paech/Stuby noch, daß alle Versuche, die Nürnberger Prinzipien zu allgemeinem Völkerrecht zu machen ohne Erfolg waren, „so daß auch heute nur davon ausgegangen werden kann, daß das Londoner Statut lediglich zwischen den Alliierten und den übrigen 19 Unterzeichnerstaaten partikuläres Völkerrecht geschaffen hat (S 204). Vgl auch Meron, aaO, 79. Partsch bezweifelt, daß die Strafbarkeit bei Handeln auf Befehl, unzweifelhaft eines der Nürnberger Prinzipien, als Gewohnheitsrecht angesehen werden kann, aaO, 14. Vgl dagegen Castillo, La Competence dur Tribunal Penal pour la Yugoslavie, RGDIP 1994, 73 (81).

[20] Cf UN Dok A/CN.4/458/Add.7, 24 June 1994, S 20; im folgenden werden Bezüge auf diese Stellungnahme durch Angabe der Seitenzahlen im Text gekennzeichnet.

ren, selbst dann nicht, wenn eine solche Zuständigkeit, wie das im Entwurf der ILC vorgesehen ist,[21] von einer vorherigen Feststellung des Sicherheitsrates über das Vorliegen einer Aggression abhängig gemacht wird (S 30).

Demgegenüber hat die ILC ausdrücklich betont, daß es 50 Jahre nach Nürnberg für einen internationalen Strafgerichtshof leichter sein sollte als für das Nürnberger Tribunal zu entscheiden, ob ein Angeklagter für ein Aggressionsverbrechen verantwortlich gemacht werden kann oder nicht und daß es ein Rückschritt wäre, wenn ein internationaler Strafgerichtshof geschaffen würde, ohne für die Verfolgung des Aggressionsverbrechens zuständig zu sein.[22]

Die USA begründen ihre ablehnende Haltung zunächst mit dem Hinweis darauf, daß das Aggressionsverbrechen als Strafrechtstatbestand nicht präzise genug formuliert sei, um dem Grundsatz *nullum crimen sine lege* zu genügen. Dann aber wird im Gegensatz zur Auffassung des amerikanischen Anklägers in Nürnberg und des Nürnberger Gerichts gesagt, daß es sich im wesentlichen um Beschuldigungen zwischen Staaten und nicht um individuelle strafrechtliche Verantwortlichkeit handele (S 30).

Das deutet darauf hin, daß im Grunde die staatliche Souveränität mit ihrer Immunitätsschranke im Wege steht. Das wird auch dadurch unterstrichen, daß prinzipiell, dh auch für Kriegs- und Menschlichkeitsverbrechen sowie Völkermord und Terrorismus, d.h. alle wichtigen internationalen Straftatbestände, eine Zuständigkeit des internationalen Strafgerichtshofes abgelehnt wird, wenn sie Militärpersonal betrifft, das nationaler Gerichtsbarkeit unterliegt,[23] es sei denn der Sicherheitsrat hat eine entsprechende Strafverfolgung angeordnet (S 29, 31). Das bedeutet, die Verfolgung von Kriegsverbrechen, Menschlichkeitsverbrechen und Völkermord kann nicht von den Vertragsstaaten dem internationalen Strafgerichtshof übergeben werden, sondern nur vom Sicherheitsrat. Ohne Beschluß des Sicherheitsrates darf die Staatsanwaltschaft nicht einmal Ermittlungen einleiten (S 32). Anders ausgedrückt: Keine Strafverfolgung von Kriegsverbrechen, Menschlichkeitsverbrechen und Völkermord vor dem internationalen Strafgerichtshof ohne Zustimmung der USA. Für die Strafverfolgung dieser Verbrechen durch ein internationales Gericht wird von den USA offensichtlich nur das Modell des *ad hoc*-Tribunals für Jugoslawien als mögliche Form einer internationalen Strafgerichtsbarkeit akzeptiert, da es Anklagen gegen Angehörige des Militärs oder Politiker der USA ohne ihre Zustimmung ausschließt.

Darüber hinaus versuchen die USA, jede Konkurrenz zwischen der Gerichtsbarkeit der USA und der eines eventuellen internationalen Straf-

---

[21] Vgl im Entwurf 1993 A/48/10, S 283 und im Entwurf von 1994 A/49/10, S 84.
[22] VglA/48/10, S 280 und 49/10, S 72.
[23] A/CN.4/458/Add.7, S 28 „Moreover, military personnel who would otherwise be subject to the jurisdiction of their national courts by reason of status of forces or similar agreement should not be tried by the Tribunal."

gerichtshofes auch dann auszuschließen, wenn er ohne Beteiligung der USA zustande käme. Ausdrücklich wird gesagt: „Es sollte den Staaten nicht gestattet sein, sich ihren Verpflichtungen aus bestehenden Auslieferungsverträgen dadurch zu entziehen, daß sie einen Fall dem internationalen Strafgerichtshof übertragen."[24] Das heißt praktisch, wenn vom Sicherheitsrat (mit Zustimmung der USA) nicht anders verordnet, soll die nationale Gerichtsbarkeit Vorrang haben. Ein internationaler Strafgerichtshof kommt für die USA nur in Betracht, wenn er als ergänzender Mechanismus ihrer Strafgerichtsbarkeit oder Außenpolitik tätig wird.

Das Verhältnis zwischen internationaler und nationaler Strafgerichtsbarkeit wird hier also ganz anders gesehen als im Statut des Jugoslawien-Tribunals. Dort, wie auch im Statut des Ruanda-Tribunals – wird ausdrücklich vom Primat der Gerichtsbarkeit des *ad hoc*-Tribunals gesprochen. Es kann, wenn es das für notwendig hält, überall auf der Welt in jeden Prozeß eingreifen, ganz gleich in welchem Stadium er sich vor der nationalen Gerichtsbarkeit befindet.[25] Das ist ein außerordentlich weitgehender Eingriff in die nationale Gerichtsbarkeit, der noch in keinem Entwurf für einen internationalen Strafgerichtshof vorgesehen war und wohl kaum auf breite Zustimmung der Staaten stoßen wird. Die USA jedenfalls sind nicht bereit, ein Regime, das sie mit Hilfe des Sicherheitsrates für andere angeordnet haben, für sich zu akzeptieren. Für einen internationalen Strafgerichtshof haben sie eine solche Kompetenz ausdrücklich zurückgewiesen. Sie betonen im Gegenteil, den Vorrang der nationalen Gerichtsbarkeit.

So verlangen sie, daß nationale Verfahren gegenüber einem Verfahren vor einem internationalen Strafgerichtshof den Vorrang haben, wenn dieses

---

[24] A/CN.4/458/Add.7, S 28.

[25] Abs 2 des Artikels 9 des Statuts lautet: „Das Internationale Tribunal hat Vorrang vor nationalen Gerichten. Das Internationale Tribunal kann in jedem Stadium des Verfahrens förmlich verlangen, daß nationale Gerichte eine Sache zugunsten der Kompetenz des Internationalen Tribunals in Übereinstimmung mit dem Statut sowie den Verfahrens- und Beweisregeln des Internationalen Tribunals absetzen." Vgl S/25704, paras 65–68. Dazu Fox, An international tribunal for war crimes: will the UN succeed where Nuremberg failed?, The World Today 1994, 194 (195); Pellet, Le Tribunal Criminel International pour L'Ex-Yugoslavie: Poudre aux yeux ou avancée décisive?, Revue Générale de Droit International Public 1994, 7 (25); vgl dazu jedoch die einschränkenden Auslegungen Frankreichs in S/PV 3217, S 11, der USA (S 16), Großbritanniens (S 18), Brasiliens (S 47) und Rußlands (S 46). Die Verfahrensregeln des Tribunals 8-13 halten sich jedoch an den Text des Statuts und bestätigen nicht die einschränkenden Auslegungen. Rule 9, Prosecutor's Request for Deferral lautet: „Where it appears to the Prosecutor that in any such investigations or criminal proceedings instituted in the national courts of any State: (i) the act being investigated or which is the subject of those proceedings is characterized as an ordinary crime; (ii) there is a lack of impartiality or independence, or the investigations or proceedings are designed to shield the accused from international criminal responsibility, or the case is not diligently prosecuted; or (iii) what is in issue is closely related to, or otherwise involves, significant factual or legal questions which may have implications for investigations or prosecutions before the Tribunal, the Prosecutor may propose to the Trial Chamber designated by the President that a formal request be made that the national court defer to the competence of the Tribunal." IT/32, 14 March 1994.

auf Antrag eines Staates (nicht vom Sicherheitsrat) eingeleitet wurde (S 28). Jedenfalls sollte die Kompetenz des internationalen Strafgerichtshofes auch von der Zustimmung des Staates abhängen, dessen Staatsbürger Opfer des Verbrechens sind (S 28). Wann immer ein Staat einen Auslieferungsanspruch habe, sollte ihm Gelegenheit gegeben werden, diesen geltend zu machen, bevor der internationale Strafgerichtshof ein Verfahren eröffnet (S 29).

Bei der Verpflichtung zur Zusammenarbeit mit dem Gericht verlangen die USA, daß zunächst geklärt wird, in welchem Umfang die nationalen Rechtssysteme überhaupt in der Lage sind, den Anforderungen des Gerichts zu entsprechen (S 37). Demgegenüber wurde im Statut des Jugoslawien-Tribunals einfach angeordnet, daß die Staaten verpflichtet sind, Anforderungen des Gerichts, einschließlich Festnahme und Überstellung des Angeschuldigten, nachzukommen.[26] Von den Staaten wird verlangt, gegebenenfalls ihr Recht entsprechend zu verändern.[27] Inzwischen hat das Jugoslawien-Tribunal in seiner ersten Entscheidung von Deutschland die Auslieferung eines Beschuldigten verlangt. Es hat den Einwand der deutschen Regierung, daß die deutschen Gesetze eine Auslieferung an das Gericht noch nicht zulassen mit dem Argument zurückgewiesen, daß nach

---

[26] Vgl Art 29: „1. Die Staaten arbeiten mit dem Internationalen Tribunal bei der Ermittlung und Verfolgung von Personen zusammen, die der Begehung schwerer Verletzungen des humanitären Völkerrechts angeklagt sind. 2. Die Staaten erfüllen unverzüglich jedes Rechtshilfeersuchen oder jede Anordnung, die von einer Strafkammer erlassen wird, einschließlich, aber nicht nur: (a) die Identifizierung und Auffindung von Personen; (b) Zeugenvernehmung und Beschaffung von Beweisen; (c) Bereitstellung von Dokumenten; (d) Festnahme oder Inhaftierung von Personen; (e) Übergabe oder Überstellung des Angeklagten an das Internationale Tribunal." Vgl S/25704, paras 23, 125, 126. Vgl dazu die ablehnende Haltung Brasiliens S/PV 3217, S 37.

[27] Der Sicherheitsrat hat die Verbindlichkeit der Zusammenarbeitspflicht für alle Staaten in seiner Resolution unter Berufung auf Kapitel VII der Charta ausdrücklich unterstrichen: Der Sicherheitsrat „beschließt, daß alle Staaten voll mit dem Internationalen Tribunal und seinen Organen in Übereinstimmung mit dieser Resolution und dem Statut des Internationalen Tribunals zusammenarbeiten müssen und daß demzufolge alle Staaten die nach ihrem Recht notwendigen Maßnahmen zu ergreifen haben, um die Bestimmungen dieser Resolution und des Statutes auszuführen, einschließlich der Verpflichtung der Staaten, Rechtshilfeersuchen oder Anordnungen zu erfüllen, die von einer Strafkammer gemäß Art 29 erlassen werden." (Abs 4 der Res 827 [1993]). Einige Staaten haben inzwischen ihr Recht entsprechend verändert, vgl dazu den Jahresbericht des Jugoslawien-Tribunals in: A/49/342, vom 29. August 1994, paras 172–182. In seiner ersten Entscheidung hat das Tribunal von Deutschland die Einstellung eines Verfahrens und die Überstellung des Beschuldigten verlangt und darauf hingewiesen, daß entgegenstehende Regeln des nationalen Rechts nicht als Rechtfertigung der Nichterfüllung einer völkerrechtlichen Verpflichtung zur Zusammenarbeit mit dem Tribunal akzeptiert werden (Case No IT-94-1-D). Der Bundestag hat inzwischen das Gesetz über die Zusammenarbeit mit dem internationalen Strafgerichtshof für das ehemalige Jugoslawien beschlossen. Es bezieht sich aber nicht auf die Zusammenarbeit mit dem Ruanda-Tribunal und regelt nicht das Auslieferungsverbot eigener Staatsbürger. Er bleibt insoweit hinter der Forderung der Resolution des Sicherheitsrates und Art 29 des Statuts des Jugoslawien-Tribunals zurück (BGBl I, 1995, S 485). Ein entsprechendes Gesetz ist auch in Österreich ergangen.

seit langem anerkannten völkerrechtlichen Grundsatz kein Staat sich der Erfüllung völkerrechtlicher Verpflichtungen unter Berufung auf entgegenstehendes Landesrecht entziehen kann.[28] Das Gericht hat sich ohne zu zögern auf den Standpunkt gestellt, daß der Sicherheitsrat mit seiner Resolution, die sich auf Kapitel VII der Charta beruft, für alle Mitgliedstaaten der Vereinten Nationen verbindliche völkerrechtliche Verpflichtungen geschaffen hat.

Gerade solche Verpflichtungen wollen die USA bei der Schaffung eines Internationalen Strafgerichtshofes vermeiden. In der Stellungnahme der USA zum ILC Entwurf wird ausdrücklich betont, daß Anordnungen des Gerichts, die zB (im Zusammenhang mit Strafen), das Eigentum betreffen „may be subject to review by national courts under national law" (S 38). Und natürlich wird darauf verwiesen, daß die USA „cannot surrender persons to another government or entity without judicial proceedings. Such proceedings have a constitutional dimension under United States law, and thus we could only participate in a criminal court structure that takes this need into account" (S 40).

Das alles sind nur Beispiele, die immer wieder belegen, daß für die USA jedenfalls die nationale Rechtsordnung Vorrang hat. Sie sind nicht bereit, auch nur auf Teile ihrer Strafhoheit zu Gunsten eines internationalen Strafgerichtshofes zu verzichten. Die Einsetzung des *ad hoc*-Tribunals für Jugoslawien ebenso wie des Ruanda-Tribunals steht dazu keineswegs im Widerspruch. Die zeitliche und örtliche Begrenzung der Jurisdiktion dieser Tribunale und das Veto-Recht im Sicherheitsrat schließen eine Anwendung der für solche Sondergerichte geltenden Grundsätze auf die USA jetzt und in Zukunft aus. Für die USA ist das Jugoslawien-Tribunal kein erster Schritt auf dem Wege zu einem internationalen Strafgerichtshof, eher ein Surrogat. Es ist eine Sanktion, die vom Sicherheitsrat verhängt wurde und in ähnlichen Situationen – wie Ruanda lehrt – wiederholt werden kann. Dabei wird davon ausgegangen, daß der Sicherheitsrat nie gegen die USA entscheiden kann, aber sobald er einmal eine Friedensbedrohung festgestellt hat, alles mit verbindlicher Wirkung anordnen kann, was er für die Aufrechterhaltung oder Wiederherstellung des Friedens für notwendig hält.[29] Eine höchst fragwürdige These.

*

Der Entwurf der ILC für einen internationalen Strafgerichtshof, der für die USA nicht akzeptabel ist, baut zu Recht auf dem Konsens der beteiligten

---

[28] Vgl Case No IT-94-1-D, 8. November 1994.
[29] Vgl Tomuschat, Ein Internationaler Strafgerichtshof als Element einer Weltfriedensordnung, Europa Archiv 3/1994, 61, „Wenn der Sicherheitsrat die herausragende Instanz zur Sicherung des Weltfriedens sein soll, muß er auch in der Lage sein, nach einer bewaffneten Auseinandersetzung die wesentlichen Elemente einer dauerhaften Friedensordnung einseitig zu dekretieren" (64).

Staaten auf. Seine Grundlage ist die souveräne Gleichheit der Staaten auch bei der Entscheidung über die Einrichtung eines internationalen Strafgerichtshofes und bei der Bestimmung seiner Kompetenz. Das schließt notwendig eine Entscheidung über einen gewissen Verzicht auf die Ausübung nationaler Strafhoheit ein. Die Schwierigkeit besteht gerade darin, darüber einen möglichst breiten Konsens zwischen den Staaten herbeizuführen, jedoch bei bestimmten Verbrechen wie Aggression, Völkermord, schweren Kriegs- und Menschlichkeitsverbrechen die Kompetenz des Gerichtshofes nicht dem Belieben der Staaten zu überlassen. Zu diesem Zweck wird, abweichend vom Prinzip der souveränen Gleichheit der Staaten, im Entwurf in Auswertung des Statuts des Jugoslawien-Tribunals akzeptiert, daß neben den Staaten auch der Sicherheitsrat in bestimmten internationalen Situationen die Kompetenz des Gerichtshofes begründen kann, wenn es dazu eine Berechtigung im Rahmen der UN Charter gibt.

Diese Kombination ist neu und könnte ein tragbarer Kompromiß sein, der zur Stärkung der internationalen Ordnung und des Friedens beitragen würde. Jedoch stellt dieser Vorschlag alle Staaten, die nicht ständige Mitglieder des Sicherheitsrates sind, vor eine schwierige Entscheidung. Von ihnen wird erwartet, daß sie der Errichtung eines internationalen Strafgerichtshofes zustimmen, der nicht nur von ihnen, sondern auch vom Sicherheitsrat angerufen werden kann, wenn er das für nötig hält, ohne daß sie auf eine solche Entscheidung des Sicherheitsrates Einfluß nehmen können und ohne daß die Entscheidung des Sicherheitsrates irgendeiner Kontrolle unterliegt. Selbst Staaten, die einen Vertrag zur Errichtung eines internationalen Strafgerichtshofes nicht ratifizieren, wären betroffen, da dieser Mechanismus auch ihnen gegenüber wirksam würde, sobald der Gerichtshof einmal besteht.

*

Für viele Staaten würde der Vorschlag der ILC zweifellos annehmbarer, wenn die ständigen Mitglieder des Sicherheitsrates wie andere Staaten auf die Unabhängigkeit und Unparteilichkeit des Gerichts vertrauen und sich gleichermaßen seiner Zuständigkeit unterwerfen würden. Dazu brauchten sie nur zu beschließen, bei der Abstimmung, einen Fall oder eine Situation an den internationalen Strafgerichtshof zu übertragen, auf ihr Vetorecht zu verzichten. Damit wäre der gleiche Maßstab als Voraussetzung für die internationale Gerichtsbarkeit gesichert. Zugleich wäre der Weg eröffnet, daß Kriegs- und Menschlichkeitsverbrechen durch ein Gericht der internationalen Staatengemeinschaft verfolgt werden könnten, wann immer sie das für notwendig halten sollte. Das zu erreichen, macht keine Änderung der Charta notwendig. Es würde der politische Wille der ständigen Mitglieder des Sicherheitsrates genügen. Mit einer solchen Ergänzung würde der von der ILC vorgeschlagene internationale Strafgerichtshof tatsächlich als Gerichtsbarkeit der internationalen Staatengemeinschaft funktionieren können. Die Stellungnahme der USA zum ILC Entwurf zeigt, daß eine solche Entwicklung, auch ein halbes Jahrhundert nach Nürnberg, in naher Zukunft wohl noch nicht zu erwarten ist.

Die Zukunft des Rechts*

Johann J. Hagen, Salzburg

1. Einführung

Die Frage, um die es uns geht, könnte man etwas emphatischer umschreiben als die Frage nach der Zukunft des Rechts. Es geht dabei um nichts weniger als um die friedliche, dh gewaltfreie Organisation des menschlichen Zusammenlebens und ihrer wirksamen und verläßlichen Verankerung. Wenn auf diese Weise das Schicksal unserer Gesellschaft mit dem Recht verbunden wird, so entspringt dies nicht einfach dem spartenmäßig verstellten Interesse einer „Juristenphilosophie". Diese Verbindung ergibt sich vielmehr aus der Tatsache, daß angesichts existentieller Interessengegensätze keine anderen Gestaltungsmöglichkeiten sichtbar sind als die der staatlich garantierten Rechtsordnung.

Im Grunde genommen ist unser Problem, nämlich das der Dialektik von Recht und Gewalt, eine alte Kontroverse: sie bildet, zumindest seit Thomas Hobbes, den Kernpunkt (oder zumindest einen der Kernpunkte) aller Rechts- und Sozialphilosophie.[1] Aber diese Frage stellt sich immer wieder neu, und für unsere Epoche – am Ende des zweiten Jahrtausends – gilt, daß sie sich mit neuer Dringlichkeit stellt und gleichzeitig schwieriger zu beantworten ist denn jemals zuvor. Angesichts der anwachsenden Fragmentierung des Rechts wird es zunehmend problematischer, Aussagen über „das Recht" schlechthin zu machen. Der vorherrschende Eindruck von Recht ist heute der einer jederzeit verfügbaren und prinzipiell überall einsetzbaren sozialen Technik, die sich als Hülle oder als Schleier über alle sozialen Beziehungen legt. Von daher scheint es geraten, Reflexionen zum Thema Recht vorwiegend im Modus der Ideologiekritik zu betreiben, sofern man nicht einen doktrinellen oder einen technokratischen Standpunkt bevorzugt. Dazu kommt, daß in der Wahrnehmung des Rechts selbst

---

* Ich möchte diese Überlegungen der Erinnerung an Eduard Rabofsky widmen. Den vielen und fruchtbaren Gesprächen mit ihm ist es zu verdanken, wenn meine theoretischen Konstrukte zumindest gelegentlich auch eine praktische Dimension angenommen haben. In seinen Überlegungen hat die Frage, inwieweit Recht Gewalt auch transzendiert und nicht nur reproduziert, stets einen zentralen Stellenwert gehabt.

[1] Vgl dazu Kondylis (Hrsg), Der Philosoph und die Macht. Eine Anthologie (1992).

ideologische Momente wirksam sind, die darüber entscheiden, ob es als Ordnungs- und Zivilisationsphänomen oder als Gewaltzusammenhang empfunden wird. Dem entspricht die unterschiedliche Rezipierung von Gewalt, die in nuce die ganze gesellschaftliche Charakteristik enthält: Ganz offensichtlich entscheidet die soziale Kompetenz und der damit verbundene Zugang zu den rechtlich-staatlichen Institutionen darüber, was als Gewalt bzw als Recht erfahren wird. Aus der Sicht der bestehenden Institutionen und jener, die sie bedienen bzw sich ihrer bedienen, wird staatliches Handeln als rechtliches Verfahren erfahren, und Gewalt reduziert sich in dieser Sicht auf *individuelle* Gewalt. Aus einer umgekehrten Perspektive wird der Staat selbst zum erlebbaren und erfahrbaren Gewaltzusammenhang, dem das Individuum ausgeliefert ist.

Die Dringlichkeit der Erneuerung unserer Fragestellung, wie sich der Antagonismus Gewalt und Recht in Zukunft gestalten wird, ergibt sich insbesondere daraus, daß wir heute die *rule of law* keineswegs weltweit als gesichert ansehen können. Wir können auch nicht beruhigt darauf vertrauen, daß der Gang der Dinge in einer unaufhaltsamen Ausbreitung und Annahme dieser Rechtsstaatlichkeit bestehen werde. Im Gegenteil: betrachten wir die globalen Entwicklungen, so müssen wir den umgekehrten Eindruck haben, daß die anerkannten Rechtsprinzipien (zB *fair trial*, Legalität der Verwaltung, Integrität der Person oder überhaupt Menschenrechte) sich immer mehr in insuläre Bereiche zurückziehen, ja daß sie sogar dort ständig verletzt werden und bedroht sind. Es geht so gesehen auch nicht mehr nur um die Einhaltung und Durchsetzung einzelner rechtlicher Komplexe, wie sie in der Implementationsforschung im Vordergrund stehen, sondern um die Existenz des gesamten Systems. Wir können nach den neuzeitlichen Erfahrungen keineswegs davon ausgehen, daß die Gefahr eines solchen Rückfalls ein für alle Mal gebannt wäre. Man erinnere sich, daß der formal konzipierte Rechtsstaat das Aufkommen terroristischer Regimes keineswegs verhindern konnte, ja daß im Gegenteil genau dieser formale Rechtsstaat in der Form des *dual state*[2] während des Dritten Reiches parallel zum staatlichen Terrorismus existieren konnte. Es gibt ganz offensichtlich auch heute strukturelle Defizite in der Konstruktion des Rechtsstaats, der permanent solche gewaltnahen Bereiche wie Polizei und Geheimdienste ausklammert und ihnen damit die Stellung eines Staates im Staat einräumt, für den diese rechtlichen Regeln nicht gelten. Aber es liegt auch am unbefriedigendem Zustand der theoretischen Reflexion, die dieses dialektische Verhältnis von Recht und Gewalt bisher nur ungenügend durchdrungen hat.

---

[2] Vgl Heller, Rechtsstaat oder Diktatur? (1930).

2. Zur Rekonstruktion des Rechts in seinem historischen Zusammenhang

Recht ist in seiner modernen Erscheinungsform unabhängig vom jeweiligen System (Kodifikation oder *case law*) mit der Existenz des neuzeitlichen Staates verknüpft. Die Rekonstruktion des Rechts in seinem historischen Zusammenhang ist gleichbedeutend mit der Rekonstruktion der Entstehung der modernen Staatlichkeit. Bekanntlich ist diese Staatlichkeit die Antwort auf neuartige gesellschaftliche Probleme, die sich im Zusammenhang mit dem Übergang zu neuartigen Vergesellschaftungsproblemen ergeben haben. Dieser neuartige Staat, der nicht von ungefähr zunächst der absolute Staat gewesen ist, tritt in seiner Funktion als Integrator gegenüber komplexen Differenzierungsprozessen auf, die lediglich durch die Errichtung zentraler Gewaltapparate zu bewältigen waren.[3] Die erste Aufgabe, die der neue Staat zu lösen hatte, war das „Hobbes'sche Problem der Ordnung"[4]. Thomas Hobbes war es bekanntlich, der dieses „Gravitationsgesetz des Staates"[5] entdeckt und mit beispielloser Klarheit und Konsequenz formuliert hat. Die Wurzel des neuzeitlichen Staates ist danach die Angst der Menschen vor einander und vor dem Tode oder vereinfacht die Angst vor der Gewalt.[6] Heute, am Ende einer säkularen Entwicklung könnte man sagen, die Lösung des Problems besteht in der Umwandlung von Gewalt in Recht. Aber damit wird die eigentliche Dialektik nicht aufgelöst, sondern verdeckt. Tatsächlich ging es zunächst darum, gesellschaftliche Gewaltsamkeit durch den Aufbau überlegener Gewalt und in der Folge durch die Begründung eines Gewaltmonopols auszuschalten und damit die Gesellschaft zu befrieden. Der Leviathan war somit nicht der Rechtsstaat, aber der Rechtsstaat setzt den Leviathan stets voraus. Voraussetzung ist in jedem Fall die Eliminierung privater Macht und die Schaffung zentraler staatlicher Gewaltinstitutionen (staatliches Gerichtsmonopol, flächendeckende Verwaltungsbürokratien, Exekutivapparate, stehendes Heer usw). Diese Schritte erscheinen uns heute als notwendige Stufen einer Zivilisation, wie sie insbesondere von Norbert Elias in seiner Soziogenese des Staates geschildert werden.[7] Die Befriedung der Gesellschaft durch das Verbot privater, nicht-legitimer Gewalt geht somit Hand in Hand mit dem Aufbau eines überlegenen staatlichen Zwangsapparates, der allein im Besitz legiti-

---

[3] Vgl dazu Anderson, Lineages of the Absolute State (1974).

[4] Vgl Hagen, Das Hobbes'sche Problem der Ordnung, ÖHZ 9/1985.

[5] Vgl Hagen, Das „Gravitationsgesetz des Staates", in: Schöneburg (Hrsg), Wahrheit und Wahrhaftigkeit in der Rechtsphilosophie (1988), und ders, Staat, in: Sandkühler (Hrsg), Europäische Enzyklopädie zu Philosophie und Wissenschaft, Bd 4 (1990), 428 ff.

[6] Vgl Hobbes, Leviathan oder Materie, Form und Gewalt eines kirchlichen und staatlichen Gemeinwesens, mit einem Essay von H. Klenner „Leviathan und Behemoth oder Vernunft und Aufruhr" (1978).

[7] Vgl Elias, Über den Prozeß der Zivilisation. Soziogenetische und psychogenetische Untersuchungen, Bd 2 (1976).

mer Zwangsgewalt ist. Logischer Weise ist von da an jede gesellschaftliche Auseinandersetzung zum Kampf um den maßgebenden Einfluß auf den Staat geworden.

Recht ist, vereinfacht gesagt, das Mittel, Autorität zu verallgemeinern. Es bietet darüber hinaus die Möglichkeit einer Paktierung, also einer Zweiseitigkeit, die Beherrschte und Herrschende in ein kontraktuelles Verhältnis zueinander bringt.[8]

Daraus ist die Idee der Selbstbindung des Staates entstanden, wodurch dessen Handlungen die Attribute der Willkürlichkeit genommen und gleichzeitig mit einer zumindest formalen Rationalität im Sinne der Berechenbarkeit ausgestattet worden. sind.

3. Entwicklungstheorien des Rechts

Bei der Rekonstruktion des Rechts aus seinem historischen Zusammenhang kommt es auf den Hauptgedanken an, daß das Recht ein graduierbarer Begriff ist. Dies bedeutet, daß wir es jeweils mit einem bestimmten Zustand der Verrechtlichung oder auch Entrechtlichung[9] zu tun haben. Der Einwand liegt natürlich nahe, daß wir uns damit auf eine „Geschichte von oben" (*history from above*)[10] einlassen, die sozialwissenschaftlich nicht akzeptabel wäre, weil sie Ursache und Wirkung durcheinander bringt oder zumindest ein Wechselverhältnis mit falschen Gewichtungen rekonstruiert. In der Tat kann man Staat und Recht als Formbegriffe nicht aus sich selbst heraus erklären, auch nicht aus der „Phänomenologie des Geistes", sondern einzig und allein aus einem historischen Gesamtzusammenhang, der die sozioökonomische Realität einschließt. Das heißt, die Graduierbarkeit bedarf eines materiellen Maßstabs, damit Rechtsgeschichte nicht als *history from apart* erscheint. Dabei soll nicht verkannt werden, daß von dem Augenblick an, da das Recht als System, als Betrieb institutionalisiert ist, es eine Eigendynamik annimmt, wodurch der Eindruck entstehen kann, daß es eine gesonderte Geschichte des Rechts geben kann, die nicht mehr mit dem allgemeinen sozialen Wandel synchron verläuft. Aber man darf diese Synchronitäts- oder *culture-lag* Probleme nicht mit der Hauptfrage verwechseln, wie Recht als gesellschaftliche Organisationsform sich entwickelt.

---

[8] So definiert schon Denis Diderot die „rechtmäßige Macht": „Die Macht, die sich von der Zustimmung der Völker ableitet, setzt notwendig Bedingungen voraus, die ihren Gebrauch rechtmäßig, nützlich für die Gesellschaft und vorteilhaft für das Gemeinwesen machen und sie festlegen und in Grenzen halten." (aus: Diderot, Autorität, in: Lücke ([Hrsg] Philosophische Schriften, Bd I (1967), 255 ff.

[9] Vgl Hagen, Giuridicizazzione e degiuridicizzazione nel diritto di famiglia austriaco, in: Pocar/Ronfani (Hrsg), Forme delle famiglie – forme del diritto. Mutamenti della famiglia e delle istituzioni nell'Europa occidentale (1991), 17 ff.

[10] Vgl Fulbrook/Skocpol, Destined pathways: the historical sociology of Perry Anderson, in: Skocpol (ed), Vision and method in historical sociology (1984), 170.

Was wir benötigen, sind somit Entwicklungstheorien des Rechts, die das Wechselspiel der Determinanten darstellen.

Es scheint inzwischen weitgehender Konsens darüber zu bestehen, daß die Entwicklung des Rechts zumindest quantitativ eindeutig verläuft, nämlich in Richtung einer ständigen Ausdehnung der Regelungsmaterien und damit einer Vermehrung des Rechtsstoffs. Dieses Anwachsen des Rechtsstoffs wird häufig selbst als Verrechtlichung empfunden, soll aber nicht bedeuten, daß damit die Bedeutung und Restringenz rechtlicher Regelungszusammenhänge ebenfalls ständig zunimmt. Man hat häufig den umgekehrten Eindruck, daß gerade in neuartigen Regelungsmaterien, wie etwa dem Wirtschaftsrecht oder dem Umweltschutz, sich eine ständige Zunahme unbestimmter Gesetzesbegriffe abspielt, so daß die determinierende Kraft solcher Gesetze dann abnimmt. Die Verrechtlichung im Sinne des Anwachsens des Rechtsstoffs und der Ausdehnung der Regelungsmaterien – die verbreitete Forderung nach Deregulierung hat daran im Prinzip nichts geändert – wird paradigmatisch auf unterschiedliche Art erklärt. Es sind hier wohl im Prinzip zwei Erklärungsmuster verfügbar, wobei die eine als Erscheinungsform der Modernisierungstheorie und die andere als Variante der Konflikttheorie gelten kann. Die konflikttheoretische Behandlung der Frage der Entwicklung des Rechts ist der modernisierungstheoretischen in mannigfacher Hinsicht überlegen, wenngleich sich ihre Argumentationen in einem weiten Bereich überschneiden. Zum einen ist sie nicht auf eine unilaterale Entwicklung fixiert, die nur eine Bewegungsrichtung kennt. Zum andern verfügt sie über mehr soziale Sensibilität im Hinblick auf die betroffenen sozialen Interessen. Des weiteren ist die modernisierungstheoretische Darstellung von Entwicklungen vorwiegend von quantifizierenden Tendenzen beherrscht; gerade bezogen auf Rechtsentwicklungen ist der Betrachter unter diesem Gesichtswinkel verleitet, das Problem vorschnell als das nicht zu bewältigender Quantitäten, Regelungen und Details aufzufassen. Der allgemeine Zuwachs an Komplexität[11] ist naturgemäß nicht zu leugnen, aber er stellt nicht für sich genommen das Problem dar. Es gibt vielfältige funktionierende und praktikable Verfahren, um mit komplexen Problemen fertigzuwerden, und die Wissenschaft verschiedenster Disziplinen arbeitet unentwegt daran, diese Verfahren zu verbessern.

Die Konflikttheorie, die sich in vielfacher Hinsicht auf marxistische Traditionen stützen kann, macht die Entwicklung des Rechts von der Art der Gesellschaft bzw der sie beherrschenden Konflikte abhängig. Man erinnere sich in diesem Zusammenhang an die These vom „Absterben des Staates", die ja stets auch das Recht umfaßt, ein Vorgang, den allerdings Marx und Engels selbst jenseits des sozialistisch-kommunistischen Quantensprungs angesiedelt haben und der darum deutlich utopische Züge be-

---

[11] Vgl Hannerz, Cultural complexity: studies in the social organization of meaning (1992).

sitzt. Wir haben allerdings heute unsere Schwierigkeiten mit diesen Begriffen; was ist Sozialismus, was ist Kommunismus? Es wäre Zeit, diesen Gedankengang unbelastet von allen sowjetisch-stalinistischen Entartungen neu aufzugreifen und eventuell in ein analytisches Instrument zu verwandeln. In der Tat ist es unbestreitbar, daß das Recht auf eine spezifische Weise die gesellschaftlichen Interessen und Konfliktlagen widerspiegelt.[12] Allerdings wäre es abwegig, so wie in den früher verordneten Doktrinen von einer eindimensionalen Entwicklung der Verhältnisse auszugehen, etwa in dem Sinn, daß in einer vom Kapitalverhältnis dominierten Gesellschaft die Konflikte sich ständig zuspitzen und damit einer revolutionären Situation zutreiben oder umgekehrt daß in einer wie auch immer sozialistisch verstandenen Gesellschaft die Konflikte immer mehr abnehmen und darum letztlich keines staatlichen Zuchtmeisters mehr bedürfen. Die Wirklichkeit stellt sich sehr viel differenzierter dar, etwa in der Art, daß in hochentwickelten Gesellschaften soziale Konflikte, zumindest vordergründig betrachtet, in zunehmendem Maße entschärft und planiert werden, wodurch das Recht tatsächlich einen zunehmend unpolitischen und technischen Charakter annimmt. Andererseits gibt es – auch wenn man die Betrachtung auf die insulären Vorgänge in diesen westlichen Staaten einschränkt – Entwicklungen in Richtung einer Intensivierung der Konfliktsituation beziehungsweise eine Wiederbelegung alter Klassenantagonismen mit einer zunehmenden Tendenz zur Ab- und Ausgrenzung. Eine analytische Verwendung der marxistischen Ideen in einer modernisierten Konflikttheorie des Rechts müßte imstande sein, diese Verlagerungen, Verschiebungen und neuen Schwerpunkte einzuordnen und damit den Strukturwandel des Rechts zu erklären.

Einer der sich anbietenden Erklärungsansätze wäre die Polarisierungsthese, die bei der Auffassung von der Zweidrittelgesellschaft oder der repressiven Spaltung ansetzt. Es könnte danach durchaus sein, daß sich die Fragmentierung des Rechts nicht nur in einem technischen Spezialistentum äußert, sondern auch in der Art wie einzelne Teile und Gruppen der Gesellschaft Recht und das in ihm inhärente Gewaltprinzip erleben. Möglich wäre danach, daß die Entwicklung sich völlig ambivalent darstellt, daß sie also ebenso zunehmend repressiv wie auch zunehmend kontraktuell sein kann. Aufgabe einer so reformierten Konflikttheorie müßte es sein, diese Ambivalenz der Beziehung Recht und Gewalt zu untersuchen und auszuleuchten. Eine solche Theorie müßte imstande sein, als miteinander unvereinbar geltende Aspekte des Rechts in Beziehung zu setzen. Recht ist nach seiner Funktion und Symbolik einmal Ausdruck des staatlichen Gewaltmonopols, das als Sanktionsmacht hinter rechtlichen Geboten und Verboten steht. Gleichzeitig ist es die Verkörperung einer strukturellen Gewalt zur Aufrechterhaltung des Status quo bzw der gegebenen Ungleichheits-

---

[12] Vgl Wagner, Recht als Widerspiegelung und Handlungsinstrument (1976).

strukturen mit ihren ungleichen Rollenzuteilungen, in deren Zentrum stets die gegebene Eigentumsordnung steht. Die praktisch relevante Frage ist natürlich die, ob aus dieser differenzierten Betrachtung des Rechts anhand existierender Konfliktlagen operative Vorschläge zu gewinnen sind, zB im Sinne einer Entkoppelung von Recht und Gewalt oder der Umwandlung von Recht in ein Diskursmedium zur herrschaftfreien und nichtverzerrten Kommunikation, wie sie in der Diskurstheorie von Jürgen Habermas intendiert ist.[13]

4. Entkoppelung von Recht und Gewalt

Wie gesagt: allgemeine Aussagen über das Recht sind, wenn überhaupt, dann nur in Verbindung mit solchen über konkrete Sozialverhältnisse möglich, die sie zugleich regeln und widerspiegeln. Daraus ergibt sich eine differenzierte Betrachtung. Die Entkopplung von Recht und Gewalt ist danach weder eine allgemeine Entwicklungstendenz noch eine ein für alle Mal verneinte Möglichkeit. Es sieht danach so aus, als ob es in bestimmten Fällen Grenzen der Regelungsfähigkeit im Sinne der überlieferten Form der staatlichen Gewaltausübung gäbe, also durch Anweisung, Drohung und Sanktionsverhängung im Wege direkter, frontaler und prinzipiell gewaltsam erzwingbarer Vorschriften. Es zeigt sich dabei, daß Recht tatsächlich keine universell und beliebig einsetzbare Technik ist, sondern ihre sozialen Grenzen hat. Die Attraktivität des rechtlichen Instrumentariums erklärt sich ja vor allem daraus, daß sie schnell zu Resultaten führt und dabei, jedenfalls verglichen mit Alternativen im Sinne persuasiver oder ökonomischer Mittel, mit vergleichsweise wenig Aufwand verbunden ist. Andererseits zeigen sich aber in vielfacher Hinsicht Grenzen der Einsetzbarkeit dieses traditionellen und hoheitlichen Instruments. Es sind dies jene Fälle, wo das Recht sich auf die Erlassung von Verfahrensnormen beschränkt oder sich überhaupt mit konsensualen Lösungen der Beteiligten begnügt. Diese Entwicklungen sind in der Literatur verschieden umschrieben worden, am geläufigsten sind die Bezeichnungen reflexives oder prozedurales Recht.[14] Diese Arten der Regelung gelten häufig als Ausdruck einer erhöhten Konfliktfähigkeit moderner Gesellschaften, höherer Toleranzbereitschaft und eines gestiegenen Individualismus und Pluralismus. Nicht von ungefähr werden derartige Lösungen auf dem Gebiet des Familienrechts vermehrt angeboten, wo sich im übrigen eine unübersehbare Ohnmacht des Gesetzgebers zeigt, obrigkeitliche Normative im privaten Alltag durchzusetzen. Aber sie sind keineswegs auf diesen Bereich beschränkt. Es hat sie immer schon gegeben im Bereich der Handels- und Wirtschaftsbeziehungen, wo ja das eigentliche

---

[13] Vgl dazu Habermas, Erläuterungen zur Diskursethik (1991).

[14] Vgl Teubner, Substantive and reflexive elements in modern law, Law and Society Review 2/1983, 239 ff.

Anwendungsgebiet der Privatautonomie liegt. Aber es gibt auch Versuche, diesen neuen Rechtsbegriff in klassisch repressive Bereiche auszuweiten, zB in Gestalt der Konfliktlösungen an Stelle herkömmlicher Strafjustiz.[15]

Wie verhält sich diese Entwicklung mit der sogenannten „repressiven Spaltung" bzw der Polarisierungsthese im Sinne der Zweidrittelgesellschaft? Dieser neuen Spaltung der Gesellschaft müßte ja eine Spaltung des Rechts, in ein repressives und ein reflexives etwa, entsprechen. Die Polarisierung würde sich im Recht so ausdrücken, daß es nach unten hin zunehmend repressiv wird, im Sinne des Einsatzes von unverdeckter Gewalt, nach oben hin dagegen zunehmend reflexiv/prozedural. Beides läßt sich allerdings insoweit miteinander vereinbaren, als der marginalisierte Teil der Gesellschaft tatsächlich im Sinne der Polarisierung eine ständig weiter nach unten rückende und sich verkleinernde Sozialschicht darstellt, auf die sich die staatliche Repression sozusagen spezialisiert. Die Anwendung reflexiver, prozeduraler Methoden der Konfliktlösungsmethoden im Strafrechtsbereich dient ja ebenfalls dazu, Selektierungen vorzunehmen zwischen jenen, die sozusagen noch zu retten sind, und den andern, die die volle Härte des Gesetzes treffen soll. Im übrigen ist es schwierig, diese Frage in einer allgemeingültigen Weise zu lösen. Sie wird ja nach Land unterschiedlich zu beantworten zu sein. Es geht mir in meinem Plädoyer ja auch nur darum, hier differenziert zu argumentieren, also Entwicklungslinien nicht voreilig zu generalisieren, sondern sie mit bestimmten Bedingungen zu verknüpfen. Danach ist eine Entkoppelung von Gewalt und Recht – sozusagen stellvertretend für das Absterben des Rechts – zumindest prinzipiell als Entwicklungsperspektive denkbar; sie eliminiert Gewalt allerdings nicht, sondern ändert lediglich die soziale Topologie, dh den Ort, an dem Gewalt ausgeübt wird.

5. Recht als Kommunikation

Ist Recht als gewaltfreie Kommunikation eine Illusion? Die Kontroversen der vergangenen Jahre legen es nahe, die Anwort als eine Frage von Bekenntnis oder bestenfalls des Paradigmas aufzufassen. Stattdessen würde ich eine analytische Vorgangsweise bevorzugen. Vor allem sollte man in einem rechtssoziologischen Sinn überlegen, wie sich Recht durchsetzt, insbesondere ob dies auch ohne manifesten oder latenten Einsatz von Gewalt möglich ist. In der Tat gibt es solche Möglichkeiten: Recht kann sich im Wege der Überzeugung durchsetzen, der Nachahmung oder, professioneller gesagt, der Standardisierung via Konformitätsdruck usw. Realistischerweise ist überhaupt davon auszugehen, daß Recht Bestandteil

---

[15] Vgl Hammerschick/Pelikan/Pilgram (Hrsg), Ausweg aus dem Strafrecht – Der „außergerichtliche Tatausgleich". Überlegungen anläßlich eines „Modellversuchs" im österreichischen (Erwachsenen-) Strafrecht (1994).

eines komplexen Kontrollmechanismus ist, der zur Verhaltenssteuerung zur Verfügung steht. In diesem Verhaltenssteuerungskomplex, der vielfältige nichtstaatliche und nichtrechtliche normative Mechanismen (*folk ways*) umfaßt, kommt Recht in aller Regel nur subsidiär zum Einsatz. Auch wenn wir diesen komplexen Kontroll- und Verhaltenssteuerungsmechanismus als Herrschaftsinstrument interpretieren, können wir nicht über die Tatsache hinwegsehen, daß darin repressive Maßnahmen durch andere, nichtrepressive ersetzt werden können. Auf dieser Überlegung beruht ja die Theorie von der Pluralität der Machtmittel, die ebenfalls unter sich in einem Kompensationsverhältnis zueinander stehen.[16] Darüber hinaus ist Verhaltenssteuerung via Recht ein fortlaufender, sich selbst stabilisierender und damit automatisierender Prozeß, wo durch Internalisierungen und Habitualisierungen eine Verhaltensstabilisierung erzeugt wird, auf die in der Folge immer aufgebaut werden kann. Auf diese Weise wird Recht im Normalfall zur Rechtskultur[17] mit Enkulturationen und Akkulturationen. Vor dem Hintergrund einer solchen kulturell abgesicherten Konformität wird Recht dann nur noch selten, nämlich im Konflikt oder Störungsfall beziehungsweise gegen abweichende Außenseiter zum Einsatz gebracht. Der normale Verlauf rechtlich regulierter Verkehrsform erscheint darum gewaltfrei, obwohl diese Normalität auch im Schatten des Leviathan zustande gekommen ist. Auf jeden Fall wird Recht in solchen Fällen zu einem lediglich symbolischen Gewaltträger. Die Minimalformen seiner operativ-praktischen Inszenierung, die sich gegen Außenseiter richten, und zum Zweck der Normbestätigung unerläßlich sind, nehmen dann sozusagen selbst einen symbolischen Charakter an.

Im Rahmen eines derartigen kulturellen Rechtssystems erscheint es gerechtfertigt, Recht als – wenngleich nicht notwendig gewaltfreie – Kommunikation aufzufassen. Soziale Systeme als Geflecht von Interaktionen zwischen Individuen, Gruppen und Institutionen sind immer auch Kommunikationssysteme, dh sie funktionieren immer im Wege der Übermittlung von Informationen. Insofern ist über ihren Charakter nichts ausgesagt, insbesondere nicht darüber, inwieweit die in diesen Netzwerken enthaltenen Rollen symmetrisch oder asymmetrisch angeordnet sind. Es handelt sich dabei um eine genuin rechtliche Frage, die aufs engste mit dem Begriff Verfahren[18] verbunden ist. Verfahren sind in erster Linie eingerichtet zur Bewältigung und Abarbeitung sozialer Konflikte. Sie beziehen sich somit auf die soziale Realität, aber ihre Eigenart besteht darin, daß sie eine eigene

---

[16] Vgl Etzioni, The active society (1968), 357 f; Hagen/Dimmel, Soziologie für Juristen. Eine Einführung in die spezielle Soziologie (1994), 219 f.

[17] Vgl Friedman, Legal culture and social development, Law and Society Review 1/1969, 29 ff.

[18] Vgl Hagen, Elemente einer allgemeinen Prozeßlehre. Ein Beitrag zur allgemeinen Verfahrenstheorie (1972); Garapon/Ayllon/Salas, Procès, in: Arnaud et al (eds), Dictionnaire encyclopédique de théroie et de sociologie du droit (1988), 319 f.

von jener verschiedene Wirklichkeit konstituieren, in der nicht nur – im Luhmannschen Sinn – Komplexität reduziert wird[19], sondern wo auch eine Reihe sozialer Differenzierungsmerkmale (Klasse, Stand, Geschlecht, Religion etc) ausgeschaltet sind. Dadurch wird dem Einzelnen unmöglich gemacht, seine außerprozessualen Machtmittel zum Einsatz zu bringen. Rechtliche Verfahren sind so gesehen Mikromodelle des staatlichen Pazifizierungsmodells, wo private Sanktionsmacht prinzipiell nicht zugelassen ist. Rechtssoziologische Studien über Rechtstatsachen und Verfahrenswirklichkeiten[20] lassen allerdings begründete Zweifel aufkommen, ob diese Ausschaltung außerprozessualer Realitäten in administrativen und gerichtlichen Verfahren auch wirklich funktioniert oder lediglich Bestandteil einer reformierten „juristischen Weltanschauung" ist.

6. Recht als Entscheidungssystem

Um den ambivalenten Charakter der in Rechtsbeziehungen vor sich gehenden Kommunikation zur Darstellung bringen zu können, liegt es nahe, Recht als Entscheidungssystem aufzufassen.[21] Unter den ausgetauschten Informationen zwischen den miteinander kommunizierenden Subjekten kommt es ja vornehmlich auf jene an, die Verhaltensappelle darstellen. Entscheidungen, so wie sie in der Entscheidungstheorie verstanden werden, sind mehr oder minder formalisierte Formen der Verhaltensbeeinflussung in und zwischen Organisationen. Entscheidung ist hier nicht so sehr der Auswahlprozeß angesichts einer Vielzahl von Handlungsvarianten, sondern vielmehr die Festlegung von Entscheidungsprämissen für das Verhalten anderer. Auf diese Weise läßt sich zeigen, daß Recht Gewalt und Kommunikation zugleich ist, und zwar beides in variierbarem Ausmaß. Das Wesentliche an Recht ist ja nicht, daß es in letzter Instanz auf Macht und Gewalt beruht, sondern daß es der Institutionalisierung bedarf, um sich als Ordnung zu verallgemeinern, damit es sich also in Alltagsprozessen durchsetzen und Massenwirkung erlangen kann. Genauso aber verhält es sich mit den Entscheidungsprozessen, die beliebig verkettet und damit hierarchisch angeordnet werden können. Auch sie dienen der Übertragung von Machtarrangements. Entscheidungsprozesse stellen, so gesehen, eine hierarchische Struktur von Machtverhältnissen dar. In dieser hierarchischen Anordnung sind die Entscheidungen so aufeinander bezogen, daß jeweils eine Entscheidung Ausgangspunkt für die andere ist.

Die vertikale Ordnung dieser Entscheidungsprozesse ergibt sich zum einen aus der Art der Restriktionen und zum andern aus der Nähe bzw

---

[19] Vgl Luhmann, Rechtssoziologie, I (1972), 31 ff.
[20] Vgl dazu Kininger, Die Realität der Rechtsnorm: eine empirische Studie (1971).
[21] Vgl dazu Hagen: Law as a social system – a conceptual framework, in: Trappl (ed), Cybernetics and systems '94 (1994), 1041 ff.

Entfernung von den politischen Machtprozessen. So gesehen könnte man als oberste Entscheidungsebene die Klasse politischer Entscheidungen ansetzen, die herkömmlich als typisch schlecht definierte Aufgaben gelten, weil dafür so gut wie keine Prämissen existieren, die aber gleichzeitig den Interessen- und Machthintergrund deutlicher erkennen lassen. Am anderen Ende dieser Entscheidungspyramide befinden sich jene Akte, die der Vollstreckung dienen und die im Gegensatz zur politischen Entscheidungsebene über keine Spielräume verfügen und wo sich umgekehrt der politische Charakter des Systems weitgehend verflüchtigt hat. Dazwischen sind üblicherweise administrative oder judizielle Entscheidungsklassen angeordnet. Der ambivalente Charakter rechtlich relevanter Kommunikationsvorgänge zeigt sich im übrigen auch darin, daß die als Entscheidungsprozesse aufgefaßten Kommunikationen sowohl deskriptiv-kognitive als auch präskriptiv-normative Informationen zu verarbeiten haben.

7. Hat das Recht eine Zukunft?

Auch heute noch ist unter Juristen (aber auch unter Vertretern anderer Disziplinen, sogar unter Soziologen) eine „ontische" Rechtsauffassung verbreitet, die explizit oder implizit davon ausgeht, daß Recht von selbst gilt oder herrscht, also ohne sozialen Hintergrund, ohne stützende Interessen, letztlich ohne gesellschaftliches Subjekt. Solche Auffassungen sind häufig Ausdruck einer gewissen *deformation professionelle*, nämlich der pragmatischen Beschränkung der Reflexion auf eine interne[22] Perspektive, wo sowohl die sozioökonomischen wie auch die politischen und historischen Voraussetzungen ebenso wie die praktischen Wirkungen des Rechts ausgeblendet werden. Vor allem aber ist es aus dieser Binnenperspektive unmöglich, Selbstverständlichkeiten und Banalisierungen zu durchbrechen und dann Überlegungen zur Zukunft des Rechts anzustellen. Damit soll nicht gesagt sein, daß es nicht legitim ist, die innere Logik des Rechtssystems zu erforschen, aber daraus lassen sich keine verallgemeinerungsfähigen Aussagen über die Entwicklungsfähigkeit des Systems machen. In Wirklichkeit ist es natürlich nicht so, daß sich das Recht quasi selbst ad absurdum führt, in dem es in Widerspruch mit seinen eigenen Prinzipien gerät.[23] Tatsächlich waren die Versuche der Rechtswissenschaft, dem immer disparateren Rechtsstoff durch unentwegte Harmonisierungs- und

---

[22] Vgl Leader, Interne/externe, in: Arnaud et al (eds), Dictionnaire encyclopédique de théorie et de sociologie du droit (1988), 197 f.

[23] Die Art der Argumentation ist deshalb nicht überzeugend, wenn im Rahmen einer solchen internen Betrachtung der Schluß gezogen wird, das Recht sei nicht entwicklungsfähig (was möglicherweise stimmt) und es zerbreche an seiner „inneren Logik" oder wenn gar eine Art „Anomie des Rechts" diagnostiziert wird. So Schandl, Vierzehn Hypothesen zum Finale des Rechts, Juridikum 4/1994, 25 ff.

Auslegungsversuche Konsistenz und Widerspruchsfreiheit zu verschaffen, von Anfang an zum Scheitern verurteilt.

Die Frage nach der Zukunft des Rechts als einem symbolischen Gewaltträger läßt sich nur aus einer externen Perspektive beantworten, soweit solche allgemeinen Aussagen überhaupt wissenschaftlich vertretbar sind. Wenn man die Frage nach der Zukunft des Rechts aus einer solchen Perspektive zu beantworten versucht, also unter Zuhilfenahme aller in Frage kommenden Faktoren, so wird die Aufgabe sehr komplex, um nicht zu sagen unlösbar. Man könnte bestenfalls anhand verschiedener konkurrierender Szenarien denkbare Entwicklungen überlegen.

Ein modernisierungstheoretischer Befund könnte etwa so lauten, daß ein auf globalem Maßstab sich verschärfender Wettbewerb zwischen Regionen mit unterschiedlicher Entwicklungshöhe die entwickelten Länder zu äußerster Anstrengung in Richtung Innovativität und Kreativität drängt und daß diese Gesellschaftstypen den Aspekt der Entwicklungs- und Reformfähigkeit Vorrang einräumen müssen. Dieser Befund könnte einen sich bereits abzeichnenden Paradigmenwechsel im Regulationsgefüge hochentwickelter westlicher Industriegesellschaften erklären, der dazu drängt, in zunehmendem Maße vertikale durch horizontale Kommunikationsmuster zu ersetzen.

Es wird häufig in dieser oder jener Form die Ansicht vertreten, daß die im wesentlichen bürokratische Tradition des Rechtssystems mit den Modernisierungsanforderungen der Gegenwartsgesellschaft kollidiert. Gemeint ist damit vor allem die Tatsache, daß dieses mit der Geschichte der neuzeitlichen Staatlichkeit aufs engste verknüpfte Rechtssystem dadurch gekennzeichnet ist, daß es die gesamte Entscheidungspyramide hinab von staatlichen Organen praktiziert und durchgesetzt wird. Es hat damit vielfach den Charakter eines Kommandosystems, das dem individuellen Gestaltungswillen zuwenig Raum läßt. Es stellt sich angesichts dessen tatsächlich die Frage, ob es nicht Zeit für einen strukturellen Wechsel wäre. Gemeint ist ein gesamtgesellschaftlicher Übergang zu mehr kooperativer, koordinierender, kontraktueller Rechtspraxis und gleichzeitig für eine weitere Zurücknahme des Rechtszwangs. Das bedeutet insbesondere, daß die Freiräume des Rechtssystems, die notgedrungen zufolge der Komplexität der anstehenden Probleme immer größer werden, nicht wie bisher von autoritativen Entscheidungsträgern ausgefüllt werden, sondern zu Aushandlungsprozessen der Beteiligten genützt werden. Als beispielhaft dafür können die in vielfachen Rechtsbereichen (zB im Zivilrecht, im Familienrecht, im Arbeits- und Sozialrecht) verwendeten Formen mediativer Verfahren gelten. Auch solche Verfahren spielen sich im Schatten des Leviathan ab, also vor einer nach wie vor bestehenden Hintergrund- und Subsidiargeltung von Rechtsnormen. Aber die Rolle der staatlich-behördlichen Entscheidungsträger könnte sich stärker auf korrektive Interventionen zur Behebung allfälliger Asymmetrien verlagern. Die Dialektik von

Recht und Gewalt ist damit nicht überhaupt aufgelöst, aber das Gewaltmoment tritt noch weiter in den Hintergrund. Wenn dann zunehmend rechtlich vermittelte Aushandlungsprozesse an die Stelle autoritativer Entscheidungen treten, so könnte man darin bereits ein neues Zivilisationsmuster erblicken, das nicht mehr nur wie bisher in der Konzentration und Monopolisierung gesellschaftlicher Gewalt besteht, sondern zu ihrer allmählichen Auflösung übergeht.

Ein anderes Szenario, das ebenfalls von der sich verschärfenden Konkurrenz in einer Zeit ausgeht, in der kapitalistische Verwertungsregeln zur globalen Herrschaft gelangt sind, könnte demgegenüber argumentieren, daß genau dieser Wettbewerb regressive Tendenzen begünstigt. Der Zusammenbruch des sozialistischen Projekts und der Wettbewerb mit den aufstrebenden Ländern der Dritten Welt zwingt auch Metropolitanstaaten, soziale und rechtliche Errungenschaften zurückzunehmen und abzubauen, um konkurrenzfähig zu bleiben. So sind praktisch in allen Ländern von der Unternehmerseite initiierte und getragene Tendenzen erkennbar, den Sozialstaat drastisch einzuschränken. Sozialstaat und Rechtsstaat hängen in einer subtilen Weise zusammen, nämlich über die Kompensations- und Austauschmechanismen im Rahmen der Pluralität der Machtmittel. Der Verlust an Überzeugungsfähigkeit und Akzeptanz kann ebenso wie der Mangel an Gratifikationen durch Repression kompensiert werden. Auf jeden Fall läßt sich sagen, daß durch einen solchen Abbau sozialstaatlicher Errungenschaften zum Zweck der Kostensenkung der Produktion, wie sie von konservativen Wortführern empfohlen wird, die repressive Spaltung sich verstärken muß. Gleichzeitig wird damit der Spielraum für die Inszenierung kooperativ-kontraktueller Rechtsformen geringer. Umgekehrt wird dann der Anteil autoritärer Gewalt wieder größer. In diesem Szenario ist es nicht unwahrscheinlich anzunehmen, daß sich die Betroffenen ab einem bestimmten Punkt zur Wehr setzen oder auch massenhaft aus den negativen Rollenzuweisungen ausbrechen, ja daß überhaupt der Konsens, der die Massen mit den Herrschenden verbindet und sie zu einer überwiegend freiwilligen Erfüllung von Verhaltenszumutungen bewegt, zerbricht. Das Herrschaftssystem reagiert auf solche Krisen immer in der Weise, daß der Rechtsstaat seine gewaltspezifischen Teile (zB Strafrecht, Polizei) verstärkt und sich in Richtung *law and order* entwickelt. Entsprechende Anzeichen gibt es in vielen Ländern der Welt.

Recht wird nicht nur von Menschen gemacht und angewendet, sondern es hat auch ein gesellschaftliches Subjekt. Soziologisch ausgedrückt, geht es um die Interessen, die hinter seiner Erlassung, seiner Erhaltung oder seiner Beseitigung, kurzum hinter allen Formen seiner Entwicklung stehen, und diese Interessen sind es, die letztlich über die Zukunft des Rechts und seiner Form als symbolische Kommunikation oder Gewaltausdruck entscheiden.

Gedanken eines Richters zur Rechtsprechung in einem Terrorregime

Udo Jesionek, Wien

Am 4. Dezember 1944 stand der gerade 17jährige Wiener Anton Reschny, der seit genau 8 Tagen Soldat war, vor dem Feld-Kriegsgericht in Wien unter dem Vorsitz von Kriegsgerichtsrat Dr. Erich Schwinge. Er war angeklagt, am 23. August 1944, als er freiwillig geholfen hatte, nach einem Luftangriff Aufräumungsarbeiten durchzuführen, einige geringwertige Gegenstände an sich genommen zu haben. Obwohl das seit 1. 1. 1944 auch in Österreich geltende deutsche Jugendgerichtsgesetz in seinem § 9 ausdrücklich vorsah, daß bei Jugendlichen statt auf Todesstrafe auf Gefängnis von einem bis zu zehn Jahren zu erkennen war, wandte das Gericht unter der Annahme, daß es sich hier um einen besonders schweren Fall gemäß § 129 Abs 2 MStGB handle, die Sonderbestimmung des § 50 MStGB an, die unabhängig vom Alter des Täters in einem solchen Fall die vollen Strafdrohungen des MStGB ermöglichte und verurteilte Reschny zur Todesstrafe. Dieses Urteil war selbst den damaligen Machthabern zu streng, weshalb, wie aus einem Vermerk auf dem Urteil hervorgeht, der Reichsführer SS Heinrich Himmler am 29. 11. 1944 im Gnadenwege die Todesstrafe in eine Zuchthausstrafe von 15 Jahren „zu vollstrecken in der Zuchthauskompanie einer Feldstrafgefangenen-Abteilung" umwandelte.

Am 18. März 1942 verurteilte das Sondergericht beim Landesgericht in Hannover den gerade im Jänner 1942 erst 18 Jahre alt gewordenen Wiener Hilfsarbeiter Karl Kral zum Tode und erkannte ihm die bürgerlichen Ehrenrechte auf Lebenszeit ab, weil er ein paar einseitig mit Fell benähte Pappeinlegesohlen, die sich unter den für die Front gesammelten Wintersachen befunden hatten, im Zuge eines Arbeitseinsatzes des Winterhilfswerkes „eingesteckt und mitgenommen" hatte. Dieses Urteil wurde vollstreckt.

Das sind zwei von ca. 46.000 Todesurteilen, die in der Zeit des nationalsozialistischen Terrorregimes verhängt und größtenteils auch vollstreckt worden waren. Und zu allen diesen Urteilen haben sich Personen hergegeben, die den Richterberuf zu ihrem Lebensinhalt gewählt hatten.

Das Erschreckende an Urteilen wie den beiden vorgenannten ist neben der Tatsache, daß junge Menschen wegen ganz geringfügigen Delikten zur Todesstrafe verurteilt wurden, vor allem die Selbstverständlichkeit und die

Gewissenlosigkeit, mit der Richter imstande waren – und leider wahrscheinlich auch immer imstande sein werden – unter Anwendung formaler Kriterien unmenschliche Urteile zu fällen, selbst dann, wenn ihnen die geltende Rechtslage andere Entscheidungen ermöglicht. In beiden oben genannten Fällen hätten die Richter nicht nur im Rahmen des Beweisverfahrens sondern auch im Rahmen der rechtlichen Beurteilung durchaus andere Urteile fällen können. So war es etwa aktenkundigerweise im Fall Kral nicht erwiesen, daß dieser, der kurz vorher als Kriegsfreiwilliger zum Reichsarbeitsdienst eingezogen worden war, über die Verordnung des Führers zum Schutze der Sammlung von Wintersachen für die Front vom 23. 12. 1941 auch belehrt worden war, was damals ausdrücklich für die Verbindlichkeit dieser Verordnung vorgeschrieben gewesen war. Aus dem Urteil geht auch nicht eindeutig der Bereicherungsvorsatz des Karl Kral hervor, abgesehen vom wirklich ganz minimalen Wert der Pappeinlagesohlen. Auch der Umstand, daß Kral erst ganz knapp das 18. Lebensjahr vollendet hatte, fand keine Berücksichtigung.

Im Fall Reschny liegt der Fall sehr ähnlich: Der im Urteil lapidar festgestellte Bereicherungsvorsatz ist durch den Akteninhalt nicht belegt und steht im Widerspruch zum Vernehmungsprotokoll. Außerdem wird verschwiegen, daß Reschny am selben Tag bis in die Nacht in selbstlosem freiwilligen Einsatz geholfen hat, aus einem bombardierten Spital Tote zu bergen. Abgesehen von der umstrittenen Beweislage, hätte das Gericht aber problemlos die Verordnung gegen Volksschädlinge anwenden können, weil Reschny zwar zum Tatzeitpunkt Soldat war, der Diebstahl aber nicht im Rahmen eines Einsatzes erfolgte, sondern im Rahmen einer freiwilligen Hilfe, zu der er von einem anderen Soldaten gebeten worden war. Aber selbst bei Annahme des Tatbestandes der Plünderung wäre es nicht notwendig gewesen, hier auf das Vorliegen eines besonders schweren Falles iS § 129 Abs 2 MStGB zu erkennen. In beiden Fällen wollten die Richter also Exempel statuieren und die Todesstrafe verhängen.

Für jemanden, der aus Liebe zu diesem Beruf und aus dem Wunsch nach Gerechtigkeit – was immer das auch sein mag – Richter geworden ist, ist es erschütternd zu sehen, wie Richter bei ihren Entscheidungen ihr Gewissen und alle menschlichen Regungen beiseite schieben und unter Ausnützung von Formalismen vorurteilsbelastet unmenschliche Urteile fällen konnten. Lag es an der Ausbildung der Richter, die offenbar Strafrecht nur in einer falsch verstandenen Bindingschen Version vermittelt bekamen, lag es an politischem Fanatismus oder an dem Wunsch, es den Machthabern besonders recht zu machen, was immer es auch gewesen sein mag, es ist gleicherweise erschütternd. Daran ändert auch nichts, daß im Dokumentationsarchiv des österreichischen Widerstandes eine Reihe von Fällen dokumentiert sind, die beweisen, daß Richter auch in der nationalsozialistischen Zeit imstande waren, selbst unter Anwendung der damals geltenden Rechtsordnung menschlich zu judizieren – und interessanterweise ist allen diesen Richtern, von kleinen beruflichen Unannehmlichkeiten abgesehen, nichts geschehen –, es bleibt die Tatsache, daß diese Richter die Ausnahme waren, zahlreiche Richter sich aber willfährig hergegeben haben, Urteile wie die angeführten zu fällen. Manchmal haben diese Richter sogar in überschießendem Gehorsam das Recht gebeugt, wie es zweifellos bei den geschilderten Fällen der Fall war, in vielen Fällen haben sie nur das gemacht, was sie in ihrer Ausbildung gelernt haben: „Wertfrei" und ohne durch die damals zwar noch nicht formulierten aber auch für richterliche Entscheidungen wohl einst und jetzt immer verbindlichen Menschenrechte strapaziert zu werden, rein formale gesetzliche Interpretationsmechanismen walten zu lassen. Und darüber kommen wir nicht hinweg: Es gibt auch für die Zukunft kaum eine formal rechtliche Möglichkeit, Richter daran zu hindern, selbst demokratisch zustande gekommene Gesetze in menschenverachtender Form zu vollziehen, umsomehr gilt das für Gesetze, die von absoluten Regimen erlassen wurden. Viele demokratische Rechtsordnungen, wie auch die österreichische, versuchen einer künftigen ebenso tragischen Entwicklung durch die Einbeziehung der Menschenrechtskonvention in ihr Rechtssystem zu begegnen. Ich zweifle, daß selbst dieser Filter im Ernstfall seine Aufgabe erfüllen würde. Das wesentliche bei der Rechtsprechung, wie in vielen anderen Bereichen des sozialen Lebens ist und bleibt der Mensch. Will man versuchen, Unmenschlichkeit in der Rechtsprechung künftig zu verhindern oder doch wenigstens einzudämmen, so kann man nur am Menschen ansetzen, bei der Auswahl, der Ausbildung, der Fortbildung der heranwachsenden und amtierenden Richter. Und in diesem Bereich ist seit 1945 zumindest im Bereich der österreichischen Justiz sehr sehr wenig geschehen. Weiterhin werden Richter vor allem nach ihren juristischen Kenntnissen, ihrer Fähigkeit, möglichst expeditiv zu entscheiden und auch danach ausgewählt, wie weit sie bereit sind, dem tradierten Richterbild, dem letztlich die Personen, die über die Auswahl der Richter entscheiden, überwiegend verpflichtet sind, zu entsprechen. Und Teil dieses in vielen Bereichen wohl sehr positiven traditionellen Richterbildes ist leider auch die Meinung, richterliche Rechtsanwendung könne wertfrei erfolgen. Richtern, denen diese Überzeugung einmal immanent geworden ist, sind dann offenbar in der Lage, bei der Anwendung der Gesetze und ihrer Interpretation Ethik, Gewissen und jede menschliche Regung außer Acht zu lassen.

Der Anreiz für Richter, nicht nur dem Gesetz sondern auch ihrem Gewissen verpflichtet zu sein, kann nur ein innerer sein. Von außen her kommt angesichts des Umstandes, daß die meisten Richter, die seinerzeit Urteile wie die oben genannten verhängt haben, nach dem Untergang des Nationalsozialismus keinen Schaden nahmen, auch kein für künftige Richtergenerationen einigermaßen überzeugendes generalpräventives Hemmnis. Erich Schwinge etwa, der Vorsitzende im Fall Reschny, der von 1941 bis 1945 Kriegsrichter in Wien war, wurde nach dem Krieg Professor für

Strafrecht an der Universität Marburg und war zeitweise auch Dekan und Rektor dieser Universität.

Eduard Rabofsky hat Zeit seines Lebens dagegen gekämpft, daß der Geist des Nationalsozialismus wieder kommen könne. Viele, darunter auch ich, haben das nicht ernst genommen und es nicht für möglich gehalten, daß ein so unmenschliches perverses Gedankengut noch einmal in unseren Ländern Fuß fassen könne. Leider hat die Realität der letzten Jahre Eduard Rabofsky recht gegeben. Umsomehr muß es für uns alle Verpflichtung sein, dagegen zu kämpfen, daß sich dieses Gedankengut durchsetzt und wieder einmal Herrschendes in Österreich werden wird.

Literatur

Eduard Rabofsky: Die Blutjustiz des Dritten Reiches – ein unbewältigtes Kapitel des österreichischen Rechts. Weg und Ziel 12/1962, S 818 ff.

Udo Reifner: Juristen im Nationalsozialismus. ZRP 1/1983, S 13 ff.

Reinhard Moos: Vergangenheitsbewältigung der Militärgerichtsbarkeit. Auch ein Beitrag zu Franz Jägerstätter. JRP 2/1994, S 135 ff.

Fritz Wüllner: Die NS-Militärjustiz und das Elend der Geschichtsschreibung. Nomos Verlag, Baden-Baden 1992, S 406 ff.

Brief an Eduard Rabofsky

Hans R. Klecatsky, Wien

Mit Eduard Rabofsky, nun dahingegangen, verband mich vieles. Ich versuchte, dieses in einem Brief zu seinem 80. Geburtstag auszudrücken; er lautete:

Lieber Freund Eduard!

Heute wird in Wien Dein 80. Geburtstag gefeiert. Zu meinem tiefen Bedauern bin ich genötigt, Dir auf diesem Weg meine allerherzlichsten Glückwünsche zu sagen. Und weil ich weiß, daß der Grund, der mich hindert, Dir an diesem Tag auch die Hand zu reichen, nicht allein Dein Verständnis, sondern gewiß Deine Billigung findet, darf ich ihn erwähnen. Im Zuge meiner nun jahrelang unternommenen universitären umweltpolitischen Exkursionen in die Alpen Nord- und Südtirols muß ich an Deinem Geburtstag im Stilfserjoch-Nationalpark sein. Ich werde am Weg nach Bormio auf der Stilfser Paßhöhe angesichts des Ortlers ein Glas Wein auf Dein Wohl, lieber Freund, trinken, zugleich aber daran denken, wie sehr uns beide Liebe und Erfahrung mit den Bergen verbinden und was Du für sie und die Menschen in ihnen getan hast.

Schon vor einem Vierteljahrhundert – so erinnere ich mich – warst Du, ausgehend von dem großen, auch mich als damaligen Justizminister stark beschäftigenden Lawinenunglück am Radstätter Tauern, unter der Federführung der Salzburger Arbeiterkammer einer der maßgebenden Gründer des *„Österreichischen Kuratoriums für alpine Sicherheit"*, dann als Leiter der Rechtsabteilung der Wiener Arbeiterkammer durch viele Jahre der Sekretär des Kuratoriums und bis heute sein wissenschaftlicher Leiter. Es waren die *Menschen* in den Bergen, um die Du Dich in jahrzehntelanger mühevoller Arbeit sorgtest. Die Jahrbücher unter dem signifikanten Titel „Sicherheit im Bergland", die Veröffentlichungen des Kuratoriums überhaupt, die alljährlichen „Kapruner Gespräche", etwa zur Lawinenvorsorge, haben inzwischen weltweit Aufmerksamkeit gefunden. Ich nenne hier nur Deine Schrift: „Sicherheit vor Lawinen, Ratgeber für Bürgermeister, Gemeinde und Fremdenfunktionäre" (Wien, 1. Auflage 1984, 2. Auflage 1986). Für die Sicherung und Verbesserung der sozialen und rechtlichen Lage der Berg-, Schi- und Wanderführer warst Du jahrelang am Werk. Dein wissenschaftliches Wirken auf diesem Gebiet hat frühzeitig unseren gemeinsamen, nun längst toten Freund, den damaligen Rektor der Universität Salzburg, Renè Marcic, bewogen, Dir einen universitären Lehrauftrag und Habilitation anzubieten. Daß heute an der Universität Salzburg ein habilitierter Dozent für alpine Unfallkunde tätig sein kann, ist eines Deiner Verdienste. Bei aller Liebe zu den großen Bergen der Welt, war es aber – ich wiederhole es – nicht nur die unbelebte Natur, sondern der *Mensch*, für den Du auch sonst umfassend, weit über alpines Geschehen hinaus, in erster Linie ein Leben lang politisch und wissenschaftlich aufopferungsvoll gearbeitet hast.

Nichts wurde Dir dabei geschenkt, ja *nichts konnte einem Mann wie Dir geschenkt werden.* Selbst wenn wir einer von der Geschichte begünstigteren Generation angehört hätten, würdest Du ein solches Geschenk nicht angenommen haben. Ich meine das so: überblickt man Dein vielfältiges Leben, so sieht man unterhalb aller ideologischen, beruflichen, wissenschaftlichen Phasen den Menschen: Eduard Rabofsky, der immer und überall den *gesellschaftlich Schwächeren,* den Angehörigen zeitgenössischer Minderheiten zugewendet, hier seinen *Lebensauftrag* findet und der eben deshalb geradezu folgerichtig mit den Mächten der Zeit in Konflikte geraten und in Zeiten staatlicher Diktatur bis in die Nähe des Todes kommen muß. Dein Lebensweg aus der Arbeitslosigkeit in jungen Jahren in die politische Aktion, in die Kerker der Blutrichter, in die jahrzehntelange Kleinarbeit im wiedererstandenen demokratischen Österreich für eine zeitgemäße Rechtsentwicklung zum Nutzen des arbeitenden Menschen, Dein wissenschaftliches Wirken als Universitätsprofessor für eben eine solche Rechtsentwicklung, auch außerhalb der österreichischen Grenzen, all das hat Dich stets als *Menschenrechtsmann* ausgewiesen, als Kämpfer für die Rechte nicht irgendwelcher abstrakter soziologischer Figuren, sondern des realen, hier und jetzt lebenden Menschen, dem es *stets* zu helfen gilt. Auch und gerade diese Deine *Grundartung* verbindet mich mit Dir, ganz abgesehen von so manchen konkreten Bestrebungen, von denen ich hier nur eine nennen will: die endgültige Abschaffung der Todesstrafe und der Ausnahmegerichte während meiner Leitung des Justizministeriums – also die Abschaffung jener unmenschlichen Rechtsperversionen, die Deinem Bruder und Deinen Freunden während des nationalsozialistischen Regimes das Leben gekostet haben.

Alles in allem: nichts, lieber Freund, war umsonst! Mit der Erfüllung Deines Lebensauftrages: der unablässigen und tapferen Arbeit für die Menschenrechte bis an die Grenzen des eigenen Lebens – einer Arbeit, die immer Hilfe und Unterstützung für den Schwächeren in den meanderhaften und unerforschlichen Wendungen der Menschheitsgeschichte war, ist und *immer bleiben* wird – mit diesem erfüllten Leben stehst Du als großes, uns allen Dank abforderndes Beispiel vor uns!

Dir solcherart verbunden, bleibe ich mit allen guten Wünschen

Dein Hans Klecatsky

Mandela zum Nach-Denken

Hermann Klenner, Berlin

Vorbemerkung: Wenn man bis zu seinem Ableben der Ehre einer Freundschaft mit Eduard Rabofsky teilhaftig wurde, wenn man in diesen dreißig Jahren hunderte von Briefen miteinander wechselte und Stunden um Stunden über Gott und die Welt mit ihm diskutierte, wenn man auf wissenschaftlichen Tagungen – beginnend mit der Prager Hegel-Konferenz von 1966 – mit ihm gemeinsame Sache machte, wenn man mit ihm Koautor mehrerer Zeitschriftenartikel, über Hans Kelsen und Max Weber zum Beispiel, war, wenn man einige seiner Publikationen rezensierte, wenn man eigene Publikationen ihm widmete, wenn man zu seiner Festschrift von 1976 einen Artikel beisteuerte, wenn man schließlich im Sammelband seiner Aufsätze von 1991 die Einleitungs-Abhandlung „Eduard Rabofskys Beitrag zur Rechtsentwicklung von Unten" schreiben durfte – dann allerdings steht man in der Verpflichtung, zu seiner Gedächtnisschrift etwas beizutragen, wovon man sicher sein kann, daß auch der Abhandlungs-Gegenstand ihm Genugtuung bereitet haben würde.

Über Mandela lobend zu schreiben, fühlen sich heute auch diejenigen bemüßigt, die den von ihm befehligten illegalen Widerstand des ANC gegen das verbrecherische Apartheid-Regime zusätzlich für illegitim erklärten. Und in Deutschland halten sich auch die Machthaber für Christen, obwohl sie nicht einmal die Anti-Apartheid-Konvention der Vereinten Nationen von 1973 ratifizierten und nunmehr eine Versöhnungspolitik, wie sie der mehr als 27 Jahre eingekerkerte Methodist nach seines Volkes Sieg gegenüber dessen Unterdrücker von vordem betreibt, jedenfalls nicht zum Vorbild nehmen für eigenes Tun.

Nachfolgend soll Nelson Rolihlahla Mandela selber zu Wort kommen. Es handelt sich um von mir, H.K., ausgewählte und strukturierte Gedankensplitter, entnommen aus *The Autobiography of Nelson Mandela: Long Walk to Freedom* (Little, Brown and Company, London 1994), zugleich als Anreiz gedacht, sich des Ganzen zu vergewissern. Sich eines Kommentars zu enthalten, gebietet der Respekt gegenüber einem der ganz großen Staatsmänner des zu Ende gehenden Jahrtausends. Ihm war es vergönnt, Rechtsentwicklung von Unten in einem Maß erfolgreich zu betreiben, wie es nur wenigen vergönnt ist. Eduard Rabofsky hat neben den bitteren Niederlagen seines Lebens wenigstens diesen Sieg der Vernunft noch erleben dürfen.

I

I am not and never have been a man who finds it easy to talk about his feelings in public.

I do not mean to suggest that the freedom struggle is of a higher moral order than taking care of one's family. It is not; they are merely different.

The wife of a freedom fighter is often like a widow, even when her husband is not in prison.

The concerns of a husband and a leader do not always coincide.

To be a freedom fighter one must suppress many of the personal feelings that make one feel like a separate individual than part of a mass movement. One is fighting for the liberations of millions of people, not the glory of one individual.

When a man is denied the right to live the life he believes in, he has no choice but to become an outlaw.

The children of a freedom fighter learn not to ask their father too many questions.

I have had to separate myself from my dear wife and children, from my mother and sisters, to live as an outlaw in my own land. I have had to close my business, to abandon my profession and live in poverty, as many of my people are doing.

There are times when a leader can show sorrow in public, and it will not diminish him in the eyes of his people.

I intended to make it clear that if I emerged from prison into the same circumstances under which I was arrested, I would be forced to resume the same activities for which I was arrested.

We had right on our side, but not yet might.

II

There is little to be said in favour of poverty, but it was often an incubator of true friendship. Many people will appear to befriend you when you are wealthy, but precious few will do the same when you are poor. If wealth is a magnet, poverty is a kind of repellent. Yet poverty often brings out the true generosity in others.

In South Africa, to be poor and black was normal, to be poor and white was a tragedy.

Poor people everywhere are more alike than they are different.

It was a crime to walk trough a Whites Only door, a crime to ride a Whites Only bus, a crime to use a Whites Only drinking fountain, a crime to walk on a Whites Only beach, a crime to be on the streets after 11 p.m., a crime not to have a pass book and a crime to be unemployed in the wrong place, a crime to live in certain places and a crime to have no place to live.

The Dutch Reformed Church furnished apartheid with its religious underpinnings by suggesting that Afrikaners were God's chosen people and that blacks were a subservient species. In the Afrikaner's world view, apartheid and the church went hand in hand.

Communism and Christianity, at least in Africa, were not mutually exclusive.

For many decades communists were the only political group in South Africa who were prepared to eat with us; talk with us, live with and work with us. Because of this, there are many Africans who, today, tend to equate freedom with communism.

In my experience I have found Jews to be more broad-minded than most whites on issues of race and politics, perhaps because they themselves have historically been victims of prejudice.

It is said that no one truly knows a nation until one has been inside its jails. A nation should not be judged by how it treats its highest citizens, but its lowest ones.

While I was not a communist or a member of the party, I did not want to been as distancing myself from my communist allies.

When a man is denied the right to live the life he believes in, he has no choice but to become an outlaw.

As a student, I had been taught that South Africa was a place where the rule of law was paramount and applied to all persons, regardless of their social status or official position. I sincerely believed this and planned my life based on this assumption. But my career as a lawyer and activist removed the scales from my eyes. I saw that there was a wide difference between what I had been taught in the lecture room and what I learned in the courtroom. I went from having an idealistic view of the law as a sword of justice to a perception of the law as a tool used by the ruling class to shape society in a way favourable to itself. I never expected justice in court, however much I fought for it, and though I sometimes received it.

Under apartheid, a black man lived a shadowy life between legality and illegality, between openness and concealment. To be a black man in South Africa meant not to trust anything, which was not unlike living underground for one's entire life.

I did not consider myself morally bound to obey laws made by a Parliament in which I had no representation.

Men, I think, are not capable of doing nothing, of saying nothing, of not reacting to injustice, of not protesting against oppression, of not striving for the good society and the good life in the way they see it.

I was made, by the law, a criminal, not because of what I had done, but because of what I stood for, because of what I thought, because of my conscience.

Can it be any wonder to anybody that such conditions make a man an outlaw of society.

But there comes a time, as it came in my life, when a man is denied the right to live a normal life, when he can only live the life on an outlaw because the government has so decreed to use the law to impose a state of outlawry upon him. I was driven to this situation, and I do not regret having taken the decisions that I did take.

III

The time comes in the life of any nation when there remain only two choices: submit or fight.

The freedom struggle was not merely a question of making speeches, holding meetings, passing resolutions and sending deputations, but of meticulous organisation, militant mass action and, above all, the willingness to suffer and sacrifice.

I was a Christian and had always been a Christian. Even Christ, when he was left with no alternative, used force to expel the moneylenders from the temple. He was not a man of violence, but had no choice but to use force against evil.

A freedom fighter learns the hard way that it is the oppressor who defines the nature of the struggle, and the oppressed is often left no recourse but to use methods that mirror those of the oppressor. At a certain point, one can only fight fire with fire.

The suggestions of ordinary people were often ahead of those of the leaders.

Seditious thoughts accompany a freedom fighter wherever he goes.

When I was first banned, I abided by the rules and regulations of my persecutors. I had now developed contempt for these restrictions. I was not going to let my involvement in the struggle and the scope of my political activities be determined by the enemy I was fighting against. To allow my activities to be circumscribed by my opponent was a form of defeat, and I resolved not to become my own jailer.

I, who had never been a soldier, who had never fought in battle, who had never fired a gun at an enemy, had been given the task of starting an army.

What I wanted to find out were the fundamental principles for starting a revolution.

We considered four types of violent activities: sabotage, guerrilla warfare, terrorism and open revolution.

It made sense to start with the form of violence that inflicted the least harm against individuals: sabotage. Because it did not involve loss of life, it offered the best hope for reconciliation among the races afterwards. We did not want to start a blood-feud between white and black.

But if sabotage did not produce the results we wanted, we were prepared to move on to the next stage: guerrilla warfare and terrorism.

It was the government that provoked violence by employing violence to meet our non-violent demands.

It is always the oppressor, not the oppressed, who dictates the form of the struggle. If the oppressor uses violence, the oppressed have no alternative but to respond violently. In our case it was simply a legitimate form of self-defence.

IV

I hate racial discrimination most intensely and in all its manifestations. I have fought it all my life. I fight it now, and I will do so until the end of my days.

I have fought against white domination, and I have fought against black domination. I have cherished the ideal of a democratic and free society in which all persons live together in harmony and with equal opportunities. It is an ideal which I hope to live for and to achieve. But if needs be, it is an ideal for which I am prepared to die.

South Africa belongs to all who live in it, black and white, and no government can justly claim authority unless it is based on the will of the people.

Only a democratic state, based on the will of the people, can secure to all their birthright without distinction of colour, race, sex or belief.

If democracy would be best expressed by a one-party system then I would examine the proposition very carefully. But if a democracy could best be expressed by a multiparty system, then I would examine that carefully.

Our unwillingness to cast aside the South African Communist Party: Which man of honour will desert a life-long friend at the insistence of a common opponent and still retain a measure of credibility with his people?

There is nothing so dangerous as a leader making a demand that he knows cannot be achieved. It creates false hopes among the people.

It was ANC policy to try to educate all people, even our enemies: we believed that all men, even prison service warders, were capable of change, and we did our utmost to try to sway them.

It is a useful reminder that all men, even the most seemingly cold-blooded, have a core of decency, and that if their hearts are touched, they are capable of changing.

A leader must temper justice with mercy.

I believe in the essential humanity even of those who had kept me behind bars for the previous twenty-seven and a half years.

To make peace with an enemy, one must work with that enemy, and that enemy becomes your partner.

I always knew that deep down in every human heart, there was mercy and generosity. No one is born hating another person because of the colour of his skin, or his background, or his religion. People must learn to hate, and if they can learn to hate, they can be thought to love, for love comes more naturally to the human heart than its opposite.

There are times when a leader must move out ahead of the flock, go off in a new direction, confident that he is leading his people the right way.

I wanted to live not only among my people, but like them.

From the moment it was apparent that the ANC was to form the government, I saw my mission as one of preaching reconciliation, of binding the wounds of the country, of engendering trust and confidence. I knew that many people, particularly the minorities, whites, Coloureds and Indians, would be feeling anxious about the future, and I wanted them to feel secure. I reminded people again and again that the liberation struggle was not a battle against any one group or colour, but a fight against a system of repression. At every opportunity, I said all South Africans must now unite and join hands and say we are one country, one nation, one people, marching together into the future.

Das CPT im Lichte seiner General Reports

Rudolf Machacek, Wien[1]

1. Die rechtlichen Grundlagen des CPT[2]

Der Text des Europäischen Übereinkommens zur Verhütung von Folter und unmenschlicher oder erniedrigender Behandlung oder Strafe[3] wurde vom Ministerrat des Europarates am 26. Juni 1987 angenommen und am 26. November 1987 zur Unterzeichnung durch die Mitgliedstaaten des Europarates aufgelegt. Am 1. Februar 1989 ist die Konvention nach Ratifizierung durch sieben Mitgliedstaaten in Kraft getreten. Nachdem der Bundespräsident der Republik Österreich die Ratifikationsurkunde unterzeichnet und der Bundeskanzler sie für Österreich gegengezeichnet hatte, wurde die Ratifikationsurkunde am 6. Jänner 1989 beim Generalsekretär des Europarates hinterlegt, womit die Konvention für Österreich gemäß ihrem Art 19 Abs 2 mit 1. Mai 1989 in Kraft trat.

In den Erläuterungen[4] zum allgemeinen Teil der Regierungsvorlage des im Bundesgesetzblatt Nr 74/1989 kundgemachten Übereinkommens wird darauf verwiesen, daß das Kernstück des Übereinkommens die Einrichtung eines Expertenkomitees bilde, welches ermächtigt ist, jeglichen Ort im Hoheitsgebiet eines Vertragsstaates, an dem Menschen angehalten werden, aufzusuchen und bei Bedarf Vorschläge zur Verbesserung ihrer Lage zu erstatten. Die Vertragsstaaten wurden zur Zusammenarbeit mit dem Komitee verpflichtet und das Komitee ermächtigt, bei Verweigerung der Kooperation hierüber ein öffentliches Statement zu machen.

Dies spricht dafür, daß sich das Komitee bei Inanspruchnahme seiner Rechte und zur Erfüllung seiner Aufgaben auf den völkerrechtlichen

---

[1] Rabofsky, dem dieser Beitrag gewidmet ist, blieb es unter dem NS-Regime aufgrund seiner Überzeugung schon in jungen Jahren nicht erspart, inhaftiert zu werden. Dies und seine Verbundenheit zu sozialen Anliegen veranlaßten mich zur Themenwahl dieses Beitrages.

[2] Siehe folgende weitere Publikationen des Autors: Für die Menschenwürde – Eine Welt ohne Folter, in: FS Klecatsky (1990), 143; Supranationaler Schutz vor Folter und unmenschlicher Behandlung, Journal für Rechtspolitik 1993, 247; Evaluation des Schutzes vor unmenschlicher Behandlung durch die Europäische Anti-Folter-Konvention, in: Europa- und Menschenrechte, Verwaltungswissenschaftliche Studien, Bd 4 (1994), 157.

[3] BGBl Nr 74/1989.

[4] 788 der Beilagen der XVII. Gesetzgebungsperiode des Nationalrates.

Grundsatz der „implied powers" berufen kann, daß also die Konvention dort, wo Unklarheiten auftreten sollten, in favorem der Rechte des CPT zu deuten ist.

Das Übereinkommen legt fest, daß die Zahl der Mitglieder des CPT derjenigen der Vertragsparteien zu entsprechen hat und daß nur einmal eine Wiederbestellung erfolgen kann. Dies soll nun durch das im Ratifikationsstadium befindliche zweite Zusatzprotokoll[5] geändert und eine zweimalige Wiederbestellung zulässig werden.

Das CPT wurde verschiedentlich als das erfolgreichste Instrument des Europarates angesprochen. Es ist tatsächlich der Garant für den präventiven Schutz, dem die Konvention dient. Inwieweit das Komitee den Vorstellungen, die mit seiner Kreation verbunden waren, gerecht wird, läßt sich eigentlich nur aus einer Gegenüberstellung der an die einzelnen Mitgliedstaaten übersendeten Reports, den Antworten der Mitgliedstaaten und dem Follow-up Dialog näher belegen. Da eine solche Untersuchung den Rahmen dieses Beitrages bei weitem sprengen würde – jedem der Konventionsstaaten wurde ein Report von 50 Seiten und mehr zugeleitet, der mit ähnlich umfangreichen Rückäußerungen der Staaten beantwortet wurde, sodaß das Material schon bisher an die 10.000 Seiten umfaßt – muß sich der vorliegende Beitrag auf eine Betrachtung der General Reports beschränken, die vom CPT während der ersten Funktionsperiode erstattet wurden.

2. Die General Reports

Art 12 der Konvention verpflichtet das CPT unter Wahrung der nach Art 11 gebotenen Vertraulichkeit alljährlich einen allgemeinen Bericht über seine Tätigkeit zu erstatten, welcher der beratenden Versammlung des Europarates zuzuleiten und zu veröffentlichen ist. Nach dem Vertraulichkeitsgrundsatz, wie ihn das CPT selbst sieht, darf darüber geredet werden, was das CPT tut, nicht aber darüber, was es sieht oder hört. Das Prinzip der Vertraulichkeit als Hindernis einer allgemeinen Berichterstattung fällt erst weg, sobald eine Vertragspartei „darum ersucht, den sie betreffenden Bericht zusammen mit einer eventuellen Stellungnahme zu veröffentlichen". Obwohl zahlreiche Reports mit Zustimmung des jeweiligen Mitgliedstaates bereits veröffentlicht wurden, finden sich Details über Besuchsergebnisse in den nach Art 12 der Konvention veröffentlichten General Reports ebensowenig, wie Mitteilungen darüber, inwieweit Vertragsparteien den Empfehlungen des CPT entsprochen haben. Dies ist wohl damit zu begründen, daß Art 12 „allgemeine" Berichte anordnet. Die „allgemeinen Berichte" sind daher weder einzelfallbezogen noch in summa „Mißstands-" oder „Erfolgsbilanzen" über die Lage in den jeweiligen Vertragsstaaten. Wer sich über das allgemeine Bild hinaus informieren will, ob und wo sich in

---

[5] CPT/Inf (93) 17.

den einzelnen Konventionsstaaten Anläße für das CPT fanden, präventive Empfehlungen gegen unmenschliche oder erniedrigende Behandlung oder Bestrafung zu erstatten, muß sich dem Studium der publizierten Reports des CPT im einzelnen und vergleichend zuwenden. Eine solche Untersuchung wurde bisher europaweit nicht erstellt.

2.1 Der erste General Report[6]

Dieser betrifft die Zeit vom November 1989 bis Dezember 1990.

Die konstituierende Sitzung des CPT fand am 13. November 1989 statt. Dem Beispiel der Europäischen Kommission für Menschenrechte und des Gerichtshofes für Menschenrechte folgend wurden bei dieser ersten Sitzung „Rules of Procedure" beschlossen und damit eine Selbstbindung des geschäftsmäßigen Verhaltens vorgenommen. Dies war schon im Hinblick auf die Unparteilichkeit des Vorgehens, die ebenfalls ein Konventionsgrundsatz ist, erforderlich.

Schon der erste Bericht betont, daß die Arbeit des CPT auf dem Prinzip der Kollegialität beruht. Während der ersten Berichtsperiode fanden sechs Plenarsitzungen statt. Das Plenum wird in seiner Arbeit durch ein Büro betreut, das – anders als das Plenum – laufende Sitzungen abhält. Das Büro des CPT besteht aus dem Präsidenten und den beiden Vizepräsidenten; diese wurden daher bei der ersten konstituierenden Sitzung gewählt. Bei der Wahl des Büros wurde auf die interdisziplinäre Zusammensetzung des CPT aus Juristen, Medizinern, forensischen Experten und Fachleuten anderer einschlägiger Berufe Bedacht genommen und damit die Professionalität gesichert.

Dem Büro steht das Sekretariat zur Seite, das sich aus hochqualifizierten Mitarbeitern zusammensetzt, denen die Aufgabe obliegt, das Plenum zu servicen, die Berichte zu draften, die Visiten vorzubereiten und an Ort und Stelle zu betreuen und den ständigen Kontakt zu den anderen Organen des Europarates wahrzunehmen. Den Mitarbeitern des Sekretariats obliegt daher eine besonders heikle Aufgabe, die außerordentliches Fingerspitzengefühl aber auch höchstes Fachwissen erfordert. Die sprachliche Koordinierung ist dabei von besonderer Bedeutung, da die Reports in den beiden Amtssprachen Englisch und Französisch erscheinen und homogen sein müssen. Der Gesamterfolg des CPT hängt daher in hohem Maße davon ab, daß das Plenum, das Büro und das Sekretariat funktionieren und kooperieren, was letztlich durch ein Fehlverhalten jedes Einzelnen empfindlich gestört werden kann. Nach außen muß das CPT als Einheit schon deshalb in Erscheinung treten, weil operational eine Gleichbehandlung aller Mitgliedstaaten erforderlich ist, also Einheitlichkeit in den Reports, den Empfehlungen und Kommentierungen essentiell ist, und dies gewahrt sein muß

---

[6] CPT (91) 3.

trotz der Vielfalt nationaler und regionaler Unterschiedlichkeiten in den einzelnen Mitgliedstaaten.

Im ersten General Report kann diese Problematik nur zwischen den Zeilen gelesen werden. Wie der Eisberg, von dem nur die Spitze zu sehen ist, wird die Sensibilität im ersten General Report nur signalisiert. Daß von der Einrichtung eines „Alarmsystems" gesprochen wird, macht aber auch deutlich, daß das CPT nötigenfalls seine Möglichkeiten voll ausschöpft. Es geht dabei um die sogenannten „ad hoc Reaktionen". Solche sind in der Konvention in Art 7 Abs 1 zweiter Satz mit den „ad hoc visits" ausdrücklich vorgesehen. Die Konvention stattet das CPT weiter mit dem Recht aus, auch an Ort und Stelle, wenn sich dies anläßlich einer Visite als geboten erweist, sofort Konsultationen mit der Vertragspartei zu führen um einen Mißstand umgehend abzuschaffen.

Dem Effektivitätsprinzip folgend, sieht des weiteren Art 14 Abs 2 der Konvention in Durchbrechung des Prinzips der Vertraulichkeit vor, daß im Falle der Non-Kooperation vom CPT mit zwei-Drittel-Mehrheit eine öffentliche Erklärung abgegeben werden kann, daß eine Vertragspartei die Zusammenarbeit verweigert oder ablehnt, die Lage im Sinne von Empfehlungen des Komitees zu verbessern.

Sehr deutlich wird schließlich der Bericht zum Gebot der Unparteilichkeit. In zweifacher Richtung wird aufgezeigt, welche Bedeutung das CPT der Unparteilichkeit beimißt: Einerseits mit der beschlossenen Enthaltsamkeit der nationalen Mitglieder bei der Visite des Mitgliedstaates, dem das jeweilige Mitglied angehört und andererseits durch die Passage des Berichtes, daß die erste Auswahl und Reihung der Mitgliedstaaten bei der Festlegung der Visiten durch Los bestimmt wurde. Um keine Mißverständnisse auszulösen sei aber, was die nationalen Mitglieder betrifft, klargestellt, daß diese durchaus die Verantwortung trifft, das CPT über alles zu informieren, was den nationalen Mitgliedern an einschlägigem Wissen zur Verfügung steht und zur Kenntnis kommt.

Der erste General Report widmet sich weiters der Information über Ablauf und Gestaltung der sogenannten Periodic Visits, also der zentralen Aufgabe des CPT, sich über die Lage inhaftierter Personen an Ort und Stelle in den Mitgliedstaaten zu informieren. Adressat ist hiebei zunächst der Liaison Officer, den für das gute Klima zwischen dem CPT und dem jeweiligen Mitgliedsland eine wesentliche Verantwortung trifft. Der Report widmet einen erheblichen Teil seines Inhaltes dem Szenario einer periodischen Visite und den Zeitabläufen, die damit und mit den anschließenden Reports verbunden sind. Er erfüllt damit auch die Aufgabe, Wegweiser für die Aufgabenerfüllung des CPT zu sein, wobei diese Funktion des Reports auch als Appell an die Mitgliedstaaten zu verstehen ist, das, was das CPT tut, im Lichte des Handelns eines vom Mitgliedstaat selbst beauftragten Organs zu werten. Wenn man das CPT als das derzeit erfolgreichste supranationale Organ des Europarates anspricht, dem es in kürzester Zeit gelungen sei, in den meisten Mitgliedstaaten der Konvention positive Änderungen zu bewirken, dann zeigt dies, daß die Sprache des CPT von den Mitgliedstaaten verstanden wurde, was in hohem Maße das Ergebnis der Kooperationsbereitschaft der Konventionsstaaten ist und als eine Honorierung der „Impartiality" und „Confidentiality" zu werten ist, die vom CPT strikt gewahrt wird.

Aus dem ersten General Report ist nur mittelbar zu entnehmen, daß das CPT vor der fast unlösbaren Aufgabe stand, mit einem relativ kleinen Personenkreis in einer Vielzahl von Staaten Systemuntersuchungen in Bereichen vorzunehmen, denen in hohem Maße unterschiedliche „Legal Frameworks" und wesensmäßig verschiedene historische Ausgangssituationen zugrundeliegen. Es war daher zu erwarten, daß Einsichten, die für einen Mitgliedstaat gewonnen wurden, für andere Mitgliedstaaten nur sehr bedingt übertragbar sein würden. Im Report wird daher betont, daß die präventive Aufgabe des CPT darin zu erblicken sei, einen „Cordon Sanitaire" zu errichten, dem generell präventive Bedeutung für ganz Europa zukommen würde. Um dieses Ziel zu erreichen, genüge es nicht, eine möglichst große Anzahl von Haftorten in den einzelnen Staaten aufzusuchen und sich mit generellen Eindrücken zu begnügen, was wohl als „Flaggezeigen" Bedeutung besessen hätte; das CPT wählte den Weg, in einer Mischung zwischen notifizierten und nichtnotifizierten Besuchen gezielt ausgewählte Polizeistationen und Haftanstalten ins Detail gehend zu besichtigen, sodaß mit dem Report konkrete Problembereiche erfaßt und zum Gegenstand der Empfehlungen gemacht werden konnten; das Ziel „to set a mark" ist somit signifikant für den Arbeitsstil des CPT.

Der erste General Report, dem dieses Selbstverständnis des CPT teils explizit, teils implizit zu entnehmen ist, spiegelt damit das Basiskonzept wider, dem sich seine Mitglieder verschrieben haben, ohne die Bereitschaft aufzugeben, durch fortschreitende Einsichten den Arbeitsstil zu verbessern und zu vertiefen.

Schon im ersten Berichtsjahr hat das CPT in Österreich, Malta, im Vereinigten Königreich und in Dänemark periodic visits durchgeführt. Des weiteren fand ein ad hoc Besuch in der Türkei statt.

Zukunftsorientiert weist der erste General Report abschließend darauf hin, daß der Beitritt weiterer Europaratstaaten zur Konvention erwartet wird, daß bei der Auswahl künftiger Mitglieder auf die interdisziplinäre Zusammensetzung noch mehr Gewicht gelegt werden solle und daß es das Ziel sein müsse, die Zahl der Periodic Visits zu steigern, um mit den standardsetzenden Reports europaweite Wirkung zu erzielen.

Die abschließende Bemerkung des ersten General Reports nimmt auf die Verurteilung unmenschlicher Behandlung durch Beccaria und das Konzept der Humanität, wie es von Kant vertreten wurde, Bezug und weist damit auf das Gedankengut hin, das bei der Schaffung der Europäischen Konvention Pate stand.

2.2 Der zweite General Report[7]

2.2.1 Dieser betrifft den Zeitraum vom 1. Jänner bis 31. Dezember 1991. Dargelegt wird, daß das CPT im Jahre 1991 fünf periodische Visiten absolviert hat und dabei Frankreich, die Bundesrepublik Deutschland, Spanien, Schweden und die Schweiz besucht wurden. Auch 1991 habe ein ad hoc visit in der Türkei stattgefunden.

Das Komitee habe seine Arbeitsmethode inzwischen in einem ausreichenden Maße entwickelt und gefestigt, sodaß es sich nunmehr operationalen Überlegungen verstärkt zuwenden könne. Dabei wurde der Grundsatz entwickelt, daß der Report innerhalb von sechs Monaten nach einer Visite dem besuchten Mitgliedsstaat übermittelt werden soll. Das CPT habe auch zu den Reports aufgrund der bereits im ersten allgemeinen Bericht genannten Visiten Antworten von den jeweiligen Staaten erhalten und damit einen permanenten Dialog in Gang gesetzt.

2.2.2 Im zweiten General Report werden inhaltliche Aussagen zur Polizei und den Strafvollzugsanstalten getroffen und damit ein case law begonnen, auf das bei allen folgenden Reports verwiesen wird. Es geht dabei zunächst um das Recht der Inhaftierten, umgehend einen Rechtsbeistand zuziehen zu dürfen, um eine eheste Verständigung der Angehörigen über die Festhaltung, sowie um das Recht eines Angehaltenen, unverzüglich durch einen Arzt eigener Wahl besucht und untersucht werden zu dürfen.

Für Untersuchungs- und Strafhäftlinge richtete sich die Aufmerksamkeit des CPT im besonderen Maße auf die sanitären Verhältnisse, die Belagsdichte und das Regime, dem Angehaltene unterworfen sind. Ebenso erachtete das CPT von maßgeblicher Bedeutung, ob Häftlingen die Möglichkeit zusteht, mit der Außenwelt zu kontaktieren.

Eine spezifische Notwendigkeit sei es, daß die Administration auf die einzelnen Kategorien an Gefangenen eingeht und daß dabei Bedacht auf die besondere Situation genommen wird, die durch das Geschlecht und das jugendliche Alter gegeben ist. Auch der Unterbringung von Ausländern wurde vom CPT besonderes Augenmerk geschenkt.

Für disziplinäre Bestrafungen wurden klare Tatbestände gefordert, sowie die Einhaltung von fairen Verfahrensregeln. Eine Grauzone, die zwar nicht in disziplinären Bestrafungen einmünde, zur Wahrung von Sicherheit und Ordnung dem Gefängnispersonal jedoch Freibriefe ausstelle, Untersuchungs- und Strafhäftlinge Maßnahmen zu unterwerfen, die disziplinären Bestrafungen gleichkommen, wurde als besonderes Risiko, unmenschliche und erniedrigende Behandlung zuzufügen, gewertet. Insbesondere die Isolationshaft dürfe nur unter ärztlicher Kontrolle und unter Einhaltung strengster Kontrollmaßnahmen zeitlich begrenzt verhängt werden.

---

[7] CPT/Inf (92) 3.

Der zweite General Report deutet auf wiederkehrende Problembereiche hin, die wohl nur gestreift werden, aber für den betroffenen Mitgliedstaat Signalcharakter haben. Das betrifft zum Beispiel, um einen Problembereich konkret zu nennen, gewisse Methoden der wiederholten Verlegung unruhestiftender Häftlinge, das sogenannte „Ghosting". Ein wichtiges Kapitel wird mit der Forderung angeschnitten, daß Häftlinge Beschwerdemöglichkeiten an unabhängige Instanzen haben sollten.

Der Bericht mündet in der Forderung, nur spezifisch ausgebildetes Personal einzusetzen, das durch ein entsprechendes Training auch befähigt ist, kommunikative Ebenen mit den Inhaftierten aufzubauen, um damit die Situation in Haftanstalten zu verbessern und Spannungen abzubauen.

Während der zweiten Berichtsperiode sind weitere Staaten des Europarates Mitglieder der Konvention geworden, sodaß sich die Zahl der Mitglieder des CPT auf 23 erhöhte.

Auch der zweite General Report enthält genaue Daten darüber, welche Orte und Einrichtungen in den visitierten Staaten besucht wurden; angeführt sind Polizeistationen, Untersuchungsgefängnisse, Strafvollzugsanstalten, psychiatrische Kliniken, Militärgefängnisse und Flughäfen.

2.3 Der dritte General Report[8]

2.3.1 Dieser betrifft die Zeit vom 1. Jänner bis 31. Dezember 1992. In diesem Berichtszeitraum fanden periodic visits des CPT in Portugal, San Marino, Finnland, Niederlande, Zypern und der Türkei statt. Als erstes Land, das bis 1990 hinter dem eisernen Vorhang gelegen war, wurde die Konvention von der damaligen Tschechoslowakei unterfertigt.

2.3.2 Inhaltlich befaßt sich der dritte General Report mit einer Fortentwicklung des sogenannten case law, in das nun auch der geforderte Standard für die Gesundheitsvorsorge für inhaftierte Personen aufgenommen wurde. Das CPT fordert, daß unmittelbar nach der Überstellung eines Strafhäftlings in ein Gefängnis eine medizinische Untersuchung stattzufinden habe. Häftlingen sei zu gewährleisten, daß für sie jederzeit ein Arzt erreichbar ist, wenn dies ihr Gesundheitszustand erfordere. Das medizinische Niveau habe dem Standard außerhalb eines Gefängnisses zu entsprechen. Über ärztliche Hilfen und Betreuungen seien eigene Unterlagen zu führen, ebenso seien Register anzulegen, die eine fachmännische Nachkontrolle erlauben.

Im Hinblick darauf, daß in der Gefängnispopulation ein erhöhtes Risiko für das Entstehen psychiatrischer Probleme vorliege, müsse darauf besonders Bedacht genommen werden. Spezifische Bedeutung komme der Verhütung von Selbstmorden zu. Das Gefängnispersonal sei insofern spezifisch zu schulen.

---

[8] CPT/Inf (93) 12.

Bei der medizinischen Versorgung von Häftlingen als Patienten sei, wie dies allgemein den ethischen Grundsätzen der Medizin entspreche, auf das Vorliegen der Einwilligung zu bestimmten Behandlungsarten zu achten und die ärztliche Geheimhaltungspflicht bedingungslos zu wahren.

Der gesundheitliche Schutz von Häftlingen verlange des weiteren, daß die hygienischen Bedürfnisse befriedigt werden. Dies umfasse auch die notwendige Beleuchtung, Ventilation und Beheizung von Zellen. Ebenso sei auf die Gebote der Hygiene bei der Zubereitung der Verpflegung, sowie die Reinlichkeit der Unterbringung und bei den sanitären Einrichtungen Bedacht zu nehmen. Patienten mit ansteckenden Krankheiten, insbesondere auch Patienten, die HIV-positiv seien, müßten die notwendige medizinische Versorgung erhalten.

Die physische Versorgung von Häftlingen müsse durch humanitäre Unterstützungsmaßnahmen begleitet werden, die auf familiäre und soziale Kontakte individuell Bedacht zu nehmen habe. Müttern sei zu ermöglichen, Säuglinge und Kleinkinder durch eine angemessene Zeit in angemessenen Unterbringungen zu betreuen.

2.3.3 In der dritten Berichtsperiode mußte das CPT erstmals von der Möglichkeit Gebrauch machen, eine öffentliche Erklärung gemäß Art 10 Abs 2 der Konvention abzugeben und zwar bezüglich der Türkei. Am 15. Dezember 1992 wurde eine solche Erklärung nach Durchführung des hiefür maßgeblichen Verfahrens veröffentlicht. In dieser kommt das CPT zu dem Ergebnis, daß im Lichte der Informationen, die ihm zur Verfügung standen, Folter und andere Formen der Mißhandlung von Personen, die sich in Polizeihaft befinden, in der Türkei nach wie vor weit verbreitet sind und daß diese verpönten Methoden sowohl in Fällen der Bekämpfung des Terrorismus, als auch der Bekämpfung krimineller Handlungen angewandt werden. Das CPT unterstrich, daß dieses „Public Statement" dem Ziel diene, daß von den türkischen Behörden Inhaftierten höherer Schutz gegen Folter und unmenschliche Behandlung gewährleistet werde.

2.4 Der vierte General Report[9]

2.4.1 Die Berichtsperiode umfaßt die Zeit vom 1. Jänner bis 31. Dezember 1993. In diesem Zeitraum fanden periodic visits in Luxemburg, Griechenland, Liechtenstein, Norwegen, Island, Irland und Belgien statt. Des weiteren wurde eine ad hoc-visit in Nordirland durchgeführt.

Die Mitglieder des CPT erkannten daraus die Notwendigkeit, die budgetären Möglichkeiten und die zeitmäßigen Reserven nie voll auszuschöpfen, um die nötigen Reserven für ad hoc-Visiten immer greifbar zu haben.

---

[9] CPT/Inf (94) 10.

In der Türkei fand ein Treffen einer CPT-Delegation mit Ministern und hochrangigen Ministerialbeamten statt, womit der Dialog über die vom CPT als notwendig erachtete Maßnahmen fortgesetzt wurde.

Trotz Steigerung des Einsatzes konnte die Beschlußfassung der jeweiligen Berichte erst sieben bis acht Monate nach den jeweiligen Visiten erfolgen, sodaß das Ziel, diese innerhalb von sechs Monaten den visitierten Staaten zugehen zu lassen, nicht voll erreicht werden konnte.

Der vierte General Report entwickelte keine neuen Grundsätze zum case law. Solche finden sich jedoch zahlreich in den Reports und dem Follow-up-Dialog, der in der Arbeit des CPT immer stärkeren Raum einnimmt.[10]

2.4.2 Mit Ende des vierten Berichtszeitraumes konnte das CPT darauf zurückblicken, alle 23 Mitgliedstaaten visitiert zu haben und in Aussicht nehmen, mit Beginn der zweiten Vier-Jahresperiode neue Mitgliedstaaten in Mittel- und Osteuropa ehestens zu besuchen. Eine Visite in Ungarn konnte zeitmäßig fixiert werden, weitere Visiten wurden für Bulgarien, Slowenien und die Slowakei programmiert.

Das CPT beabsichtigt weiters, Follow-up visits in bereits besuchten Staaten innerhalb von drei Jahren vorzunehmen.

3. Kritik der NGOs an der Tätigkeit des CPT und Kritik der Kritik

Vom 5. bis 7. September 1994 fand in Straßburg das zweite Seminar über die Umsetzung der Europäischen Folterverhütungskonvention statt, zu der insbesondere die Association pour la Prevention de la Torture (APT) eingeladen hatte. An dieser nahmen zahlreiche Vertreter internationaler und nationaler NGOs (non-governmental organizations) teil. Ziel des Seminars war, wie die Veranstalter propagierten, die Evaluierung der Praxis des CPT, die Identifizierung von Problembereichen und die Aufarbeitung von Strategien zur Verbesserung des Systems. Grundsätzlich wurde wohl die Konvention als innovatives Präventivinstrument anerkannt. Die Veranstalter meinten jedoch einige Bereiche identifizieren zu können, die einer effizienteren Umsetzung im Wege stünden. Als solche wurden genannt:

3.1 Die genaue Wahrung der Vertraulichkeit, wie sie das CPT handhabt, wurde von den NGOs als übertrieben kritisiert, weil mangelndes Feedback auf zugeleitete Informationen zur Frustration der NGOs führen könne.

Dazu ist zunächst außer Streit zu stellen, daß es insbesondere die Schweizer Vereinigung gegen die Folter war, von der die Idee zur Schaffung der Europäischen Anti-Folter-Konvention ausging. Die nunmehrige

---

[10] Updated List of CPT Public Documents July 1994.

Kritik zeigt aber, daß den NGOs als Eltern das CPT als Kind entwachsen ist. Wie so häufig wollen Eltern nicht anerkennen, daß Kinder erwachsen werden und selbst am besten wissen, was sie zu tun haben. Die strikte Wahrung des Vertraulichkeitsgrundsatzes hat sich als unabdingbare Voraussetzung dafür erwiesen, daß die Mitgliedstaaten die Empfehlungen des CPT akzeptieren und ihnen – wenn manchmal auch zögernd – entsprechen. Wird die Vertraulichkeit durchbrochen, dann wird Kritik, wie sie das CPT oft anbringt, in den Händen der Öffentlichkeit, der Medien und der parlamentarischen und außerparlamentarischen Opposition visitierter Staaten leicht zur politischen Streitfrage denaturiert. Wenn die NGOs durchaus zu Recht erkennen, daß ihre Informationen für das CPT großen Wert besitzen, dann dürften sie im Dienste der Sache dem CPT nicht mangelndes Feedback vorwerfen.

3.2 Ähnliches gilt für den Vorwurf der NGOs an die Mitgliedstaaten, sie lieferten dem CPT nicht hinreichende Vorinformationen. Auch insoferne machen sich die NGOs Sorgen zu einem Thema, über das sie gar nicht Bescheid wissen können, weil auch insoferne das CPT die Vertraulichkeit wahrt und wahren muß. Daß die Konvention auch die mangelnde Kooperation einkalkuliert hat, zeigt die Sanktion, die in Art 10 Abs 2 der Konvention vorgesehen ist. Daß das CPT nur einmal von dieser Möglichkeit Gebrauch gemacht hat, läßt keineswegs den Schluß zu, daß das CPT beim Einholen von Informationen genügsam ist, und auch ohne ausreichende Vorkenntnisse Visiten absolvieren würde. Das CPT hat in keinem der Berichte Mitgliedstaaten angelastet, die Vertragspflichten im Informationsbereich verletzt zu haben. Daß das CPT dennoch Interesse hat, daß auch von den NGOs alle ihnen zur Kenntnis gelangenden Fakten zur Verfügung gestellt werden, spricht nicht gegen den erstgenannten Befund, sondern ist im Sinne der doppelten Buchhaltung zu sehen, der unbestreitbar wesentliche Bedeutung zukommt.

3.3 Wenn weiters beim Seminar die Ansicht vertreten wurde, daß eheste Veröffentlichungen der Reports des CPT das allgemeine Interesse steigern und die Diskussion über die Umsetzung der Empfehlungen verstärken würde, dann wird dabei der Konventionsmechanismus nicht hinreichend beachtet. Meist ist es ja so, daß Mitgliedstaaten dann die Veröffentlichung des Reports und der Antwort wünschen, wenn sie damit dokumentieren können, daß sie Mißstände bereits abgestellt haben. Dieses Ergebnis wird aber letzten Endes von der Konvention erstrebt und durch den Mechanismus wesentlich gestützt. Nicht die rasch einsetzende Diskussion über Beanstandungen, die in einem Report enthalten sind bewirkt deren Abstellung, sondern gerade die Wahrung der Vertraulichkeit fördert das Bestreben der Staaten, schon vor der Veröffentlichung entscheidende Schritte gesetzt zu haben. Umso schädlicher ist, wenn Medien das Vertraulichkeitsgebot mißachten und Informationen, die ihnen aus irgendwelchen Kanälen zugänglich wurden, zu Sensationsmeldungen verwenden. Dies ist nicht Dienst an der Konvention, sondern das gerade Gegenteil.

3.4 Im Seminar wurde weiters der geringe Bekanntheitsgrad des CPT als wesentlicher Hemmschuh für die Umsetzung der Konvention gerügt. In der Behördenstruktur und vor allem im Polizeiapparat sei das Wissen über die Existenz des CPT minimal, es scheine, daß die Berichte des CPT in den Ministerialstrukturen versickern. Damit werde die Effizienz des CPT gemindert.

Mit diesen Argumenten würde, wenn sie auf eine sofortige Informationspflicht über Reports abzielen, letztlich die Quadratur des Kreises gefordert. Es ist nicht gleichzeitig möglich, die Vertraulichkeit des Dialoges zu wahren und ein hohes Maß, wenn auch nur behördeninterner Publizität der Reports zu fordern. Richtig ist aber: Das Wissen um das CPT kann, was von ihm in seinen Reports immer wieder verlangt wird, nur durch Informationsmaterial über das CPT, das an alle Beteiligten zugeleitet wird, gestärkt werden. Nichts hindert aber auch die NGOs selbst aktiv zu werden und das Wissen der maßgeblichen Behörden über das CPT durch Vorlesungen an den Universitäten und Vorträgen bei einschlägigen Veranstaltungen allgemein zu verankern und zu vertiefen. Was zu tun wäre, ist schon den General Reports leicht zu entnehmen; wenn es die Behörden nicht selbst tun, könnten die NGOs das Defizit, das sie zum Teil zu Recht stört, gezielt beseitigen.

3.5 Mit dem Hinweis auf die Erweiterung der Aufgaben des CPT durch das erste Zusatzprotokoll wurde ein weiteres wichtiges Thema angeschnitten. Es ist allerdings eine Frage der Mittel, welche Aktivitäten vom CPT in Staaten, die dem Europarat nicht angehören, künftig gesetzt werden können.

3.6 In dem Bericht der österreichischen Gesellschaft zur Verhütung der Folter wurde schließlich moniert, daß am Seminar ein türkischer Diplomat teilgenommen habe, ohne sich zu Wort zu melden, was als zynischer Ausdruck der Position der Türkei bezeichnet wurde. Diese Betrachtung ist mehr als problematisch. Daß die Türkei einen Vertreter zum Seminar entsandt hat, sollte vielmehr als Signal gedeutet werden, daß ein Problembewußtsein auch in der Türkei besteht.

3.7 Und nun abschließend eine Kritik der Kritiker.

Es wurde eingangs dieses Beitrages darauf verwiesen, daß die General Reports nur ein Tätigkeitsbericht sind, nicht aber eine Erfolgsbilanz. Eine solche könnte nur aus einer Untersuchung der veröffentlichten Reports und der Antworten gewonnen werden. Leider haben sich die Kritiker damit bisher nicht befaßt. Es wäre wünschenswert, wenn vor allem die Wissenschaft, die in den NGOs erfreulicherweise engagiert ist, untersucht, welche Empfehlungen in welchen Staaten vom CPT gegeben wurden und wie die betroffenen Mitgliedstaaten in den Antwortschreiben dazu reagierten. Damit könnte am besten die Arbeit des CPT gestützt, die Konvention umgesetzt und der Humanität gedient werden.

4. Zukunftsperspektiven

Eine entscheidende Erweiterung der Kompetenzen des CPT steht mit Inkrafttreten des ersten Zusatzprotokolls bevor. Es geht dabei um die Öffnung der Konvention auch für Staaten, die dem Europarat nicht angehören. In Frage kommen insbesondere die Staaten des KSZE.

Nach vier Jahren hat das CPT, wie gerade das erste Zusatzprotokoll zeigt, volle Anerkennung gefunden. Daß dies nicht auf eine konziliante Haltung des CPT gegenüber den Mitgliedstaaten zurückzuführen ist, erweisen die kritischen Formulierungen der Berichte nach den Visiten. Sie ist vielmehr offensichtlich der strikten Einhaltung der Konventionsgebote durch das CPT, nämlich der Professionalität, Unparteilichkeit und der Wahrung der Vertraulichkeit zu verdanken.

Für Europa ist dies eine Hoffnung, daß sachliche Kooperation und rechtsstaatliche Solidarität möglich und erfolgversprechend sind.

(Abschluß des Beitrages: 31. 3. 1995)

Das Arbeitsrecht und das 7. Gebot

Theo Mayer-Maly, Salzburg

Von den Geboten des Dekalogs ist vielen Menschen nur mehr das 6. geläufig. Finden sie heraus, daß sich das 7. Gebot gegen das Stehlen richtet, so drängt sich zumeist ein Konnex mit dem Arbeitsrecht noch längst nicht auf. Ein Blick in den neuen Katechismus der katholischen Kirche lehrt jedoch, daß das eine mit dem anderen sehr viel zu tun hat.

Wir wollen mit dem Arbeitsrecht beginnen. Schon die Frage, wie es zu definieren sei, bereitet signifikante Schwierigkeiten. In dem am stärksten verbreiteten Lehrbuch des österreichischen Arbeitsrechts, dem von Floretta, Spielbüchler und Strasser, wird auf der ersten Seite das Arbeitsrecht als das „Recht der unselbständig Tätigen" definiert. Geht man von einer derartigen Begriffsbestimmung aus, so gelangt man zu einem Arbeitsrecht ohne Arbeitgeber. Nun ist zwar der arbeitgeberlose Betrieb nicht unvorstellbar und war in Österreich vom Werksgenossenschaftengesetz sogar mit einer rechtlichen Organisation ausgestattet worden, den Regelfall bildet aber doch der Betrieb mit einem Arbeitgeber. Daher muß das Arbeitsrecht so definiert werden, daß der Arbeitgeber nicht ausgeblendet wird. Um auch die Arbeitgeberseite zu berücksichtigen, empfiehlt es sich, das Arbeitsrecht ebenso wie Zöllner in seinem Lehrbuch des deutschen Arbeitsrechts als das für die Rechtsbeziehungen zwischen Arbeitgebern und Arbeitnehmern maßgebende Recht zu definieren.

Sonderrecht, und zwar in der Hauptsache Sonderprivatrecht, ist aber auch ein so definiertes Arbeitsrecht. Im Lauf des 19. und erst recht des 20. Jahrhunderts sind mehrere Sonderprivatrechte zu gesteigerter Bedeutung gelangt. Das geschah zunächst beim Handelsrecht als dem Sonderprivatrecht der Kaufleute und dann eben beim Arbeitsrecht. Auch das Recht der Wohnungsmiete ist vom Schritt zu einem Sonderprivatrecht nicht mehr weit entfernt.

Ein Grund für die Herauslösung des Arbeitsrechts aus dem allgemeinen bürgerlichen Recht liegt unverkennbar darin, daß jenes Gleichgewichtsmodell, von dem die allgemeine Vertragsordnung des Obligationenrechts ausgeht, für das Arbeitsrecht versagt. Das Arbeitsrecht ist das Paradebeispiel eines auf eine Ungleichgewichtslage gemünzten Sonderprivatrechts. Daran ändert der Umstand nichts, daß es Fallkonstellationen gibt, in denen ein einzelner Arbeitnehmer in einer dem Arbeitgeber ebenbürtigen Verhandlungsposition steht. Ein hochqualifizierter Facharbeiter kann es sich mitunter tatsächlich aussuchen, wo und zu welchen Konditionen er arbeitet. Doch zeigt ein Problem, das aus Phasen einer Überbeschäftigung stammt, daß es so etwas wie eine strukturelle Unterlegenheit der Arbeitnehmerseite gibt: Rückzahlungsvorbehalte bei Remunerationsgewährungen. Unternehmer, die wertvolle Arbeitskräfte an ihren Betrieb binden wollen, sind nicht nur in Österreich auf den Einfall gekommen, Sonderzahlungen unter den Vorbehalt andauernder Betriebszugehörigkeit zu stellen. Damit sich aus solcher Leistungsgewährung nicht eine zu starke Einschränkung der Berufsfreiheit ergibt, hat das deutsche Bundesarbeitsgericht in den Sechzigerjahren fast wie ein Gesetzgeber festgelegt, wie lange die Bindung dauern darf, die mit einer bestimmten Leistungsgewährung verbunden wird.

Die strukturelle Unterlegenheit des Arbeitnehmers hat viele Gründe. Einer davon liegt in der Beschwerlichkeit eines mit einem Arbeitsplatzwechsel verbundenen Wohnsitzwechsels. Ein anderer Grund liegt im bescheidenen Einfluß auf die Gestaltung der Betriebsorganisation. Gerade deshalb hat die Mitbestimmung enorme Bedeutung. Schließlich zeigt sich immer wieder, daß der Einfallsreichtum eines von lobenswertem Gewinnstreben beflügelten Unternehmers allen legislativen Schutzmaßnahmen vorauseilen kann. Besonders auffällig ist dies bei der kapazitätsorientierten variablen Arbeitszeit. Auf die Diagnose der typischen Ungleichgewichtslage reagieren alle Rechtsordnungen, die ein Arbeitsrecht kennen, mit einem gewiß nicht unproblematischen Instrument: mit dem Einsatz von zwingendem, zumeist nur relativ zwingendem Recht. Besser wäre es gewiß, könnte man das Übel an der Wurzel packen und die Ungleichgewichtslage beseitigen oder kompensieren. Das hat aber noch keine Sozietät zuwege gebracht. Der Einsatz von zwingendem Recht führt mit einer gewissen Zwangsläufigkeit zu Umgehungsversuchen: Dienstverträge werden als Werkverträge kaschiert, der Kündigungsschutz wird durch Befristungen von Arbeitsverträgen unterlaufen. Es verdient festgehalten zu werden, daß solche Umgehungsversuche von der öffentlichen Hand als Arbeitgeber häufiger unternommen werden als von privaten Arbeitgebern. Man könnte meinen, die Etablierung des Arbeitsrechts als Sonderprivatrecht sei bloß eine Frage der gesellschaftlichen Technik. Lenin hat sogar eine Dampfkesseltheorie des Arbeitsrechts, von dem er nichts hielt, entworfen: Die bürgerliche Gesellschaft würde durch arbeitsrechtliche Schutzgesetze immer nur soviel Dampf ablassen, als nötig sei, um eine Explosion des Kessels, als den er den Kapitalismus ansah, zu verhindern. Ein Anhänger der ökonomischen Analyse des Rechts könnte die These aufstellen, arbeitsrechtliche Schutzgesetze kämen billiger als Streiks. Hier dagegen soll eine andere Auffassung vertreten werden: Wegen der zentralen Bedeutung der Arbeit für die Sinnerfüllung menschlichen Lebens ist die Lösung arbeitsrechtlicher Probleme eine ethische und darüber hinaus auch religiöse Aufgabe. Ehe wir uns aber diesem Aspekt zuwenden, will ich einige Fälle vorführen, aus denen sich die ethischen Bezüge des Arbeitsrechts ergeben.

In einem Unternehmen, dessen wirtschaftliche Schwierigkeiten bereits offenkundig waren, wurde eine Betriebsvereinbarung abgeschlossen, die den Arbeitnehmern Abfertigungsansprüche einräumte, die weit über das gesetzliche und kollektivvertragliche Ausmaß hinausgingen. Man tat dies deshalb, weil man erwartete, daß diese Ansprüche ohnehin vom Insolvenzausfallgeldfonds getragen werden müßten. Zutreffend hat der OGH am 16. 11. 1988, SZ 61/249 entschieden, daß eine derartige Betriebsvereinbarung sittenwidrig und damit nichtig sei, wobei er auch richtig ausgesprochen hat, daß diese Nichtigkeit von Amts wegen wahrgenommen werden muß.

Ein Türke bewarb sich bei der Gemeinde Wien um eine Position als EDV-Organisator. Er meinte, organisatorische Mißstände entdeckt zu haben, bei deren Beseitigung bis zu 300 Millionen Schilling eingespart werden könnten. Nachdem er schon angestellt war, sprach er wegen dieser Probleme beim Magistratsdirektor vor. Nach dem Gespräch fühlte er sich von seinem Vorgesetzten bei der Entfaltung seiner Tätigkeiten behindert. In der Folge wurde ihm vom Arbeitgeber die Leistung von Überstunden schriftlich untersagt, schließlich wurde ihm ohne Angabe von Kündigungsgründen, aber unter Verzicht auf jede weitere Dienstleistung gekündigt und ihm das Betreten der Räume der EDV-Abteilung des Magistrats untersagt. Er begehrte beim Arbeitsgericht die Feststellung des aufrechten Fortbestandes seines Dienstverhältnisses. Nachdem das Verfahren alle Instanzen durchlaufen hatte, stand der OGH am 11. 8. 1993 (Wirtschaftsrechtliche Blätter 1994, 55) vor der Frage, ob er an seiner bisherigen Rechtsprechung, wonach es neben der Prüfung der Kündigungsgründe aus § 105 Arbeitsverfassungsgesetz keine Sittenwidrigkeitskontrolle von Kündigungen geben solle, festhalten wolle oder nicht. Die Lehre hatte diese Rechtsprechung mit seltener Einmütigkeit kritisiert. Der OGH gab zwar dem Türken aus Gründen, die im konkreten Fall gelegen waren, nicht recht, entschied aber grundsätzlich sehr beifallswert, daß die Sittenwidrigkeitsprüfung einer Kündigung auch dann möglich sei, wenn die Kündigung unter § 105 Arbeitsverfassungsgesetz falle.

Ein Unternehmer, der das österreichische Bundesheer mit Feldeßbestecken, Dosenöffnern, Gabeln, Löffeln und Messern beliefern sollte, ließ die Bestecke, wohl aus Kostengründen, in Italien herstellen. Sein italienischer Subunternehmer blieb jedoch seinen Arbeitern den Lohn schuldig. Daraufhin traten diese im April 1985 in einen Streik, der immerhin ein Jahr lang dauerte. Dem österreichischen Unternehmer gelang es nicht, die Herausgabe der zur Herstellung der Bestecke erforderlichen Werkzeuge zu erlangen. Ein im Inland mögliches Deckungsgeschäft unterließ er. Schließlich wurde er, nachdem das Verteidigungsministerium selbst ein Deckungsgeschäft abgeschlossen hatte, vom Verteidigungsministerium auf dessen Mehrkosten in der Höhe von 325.000,– Schilling in Anspruch genommen. Der OGH entschied am 7. 9. 1988 (Juristische Blätter 1989, 175), daß der österreichische Unternehmer für seinen italienischen Erfüllungsgehilfen haften müsse, wenn dieser seine dienstvertraglichen Verpflichtungen schuldhaft nicht erfülle.

Es ist bekannt, daß sich die katholische Kirche seit hundert Jahren zu dem, was man die soziale Frage nennt, zu Wort meldet. Zwar fehlt es nicht an prominenten Stimmen, ich nenne den früheren BAG-Präsidenten Gerhard Müller und den früheren Finanzminister Wolfgang Schmitz, die meinen, die Kirche solle diesen Themenkreis lieber sachkundigeren Experten überlassen. Ginge es bloß um Ratschläge für die Gestaltung des öffentlichen Lebens, so hätte diese Auffassung einiges für sich. In Wahrheit aber geht es um gut und schlecht, um sittliche Bewertung, ja um Sünde. Der „Katechismus der katholischen Kirche", den viele als zu normativistisch kritisiert, aber nur wenige genauer gelesen haben, handelt auch vom Arbeitsrecht. Er tut das im Abschnitt über die Zehn Gebote und zwar beim 7. Überliefert ist uns das 7. Gebot durch drei biblische Quellen: durch das Buch Exodus, durch das Deuteronomium und durch das Matthäus-Evangelium. Im Buch Exodus stehen die Zehn Gebote. In 20, 15 heißt es: „Du sollst nicht stehlen." Diese Zehn Gebote werden im Deuteronomium, dem eigentlichen Gesetzbuch der Juden, wiederholt und dort heißt es in 5, 19 wiederum: „Du sollst nicht stehlen." Nach dem Matthäus-Evangelium (19, 18) antwortet Jesus auf die Frage, welche Gebote man halten müsse, um das ewige Leben zu erlangen, „Du sollst nicht töten, Du sollst nicht ehebrechen, Du sollst nicht stehlen, Du sollst nicht falsches Zeugnis geben, ehre Vater und Mutter und liebe Deinen Nächsten wie Dich selbst."

Wo wird im Arbeitsleben gestohlen? Sieht man die Dinge naiv, dann denkt man vielleicht an den Arbeiter, der beim Verlassen der Fabrik das eine oder andere Stück Material unerlaubt mitnimmt. Oder man denkt wohl auch an den Arbeitgeber, der gerechten Lohn vorenthält. Der Katechismus dagegen spricht das Arbeitsleben in seiner ganzen Komplexität an.

Seine Aussagen über „Wirtschaftsleben und soziale Gerechtigkeit" (Punkt 2426–2436) gehen von der Auffassung der menschlichen Arbeit als das „unmittelbare Werk der nach dem Bilde Gottes geschaffenen Menschen" aus. Punkt 2427 schließt mit dem bemerkenswerten Satz: „Die Arbeit kann ein Mittel der Heiligung sein und die irdische Wirklichkeit mit dem Geiste Christi durchdringen." Zum eigentlichen Arbeitsrecht haben die Aussagen des Katechismus drei Schwerpunkte: Den Zugang zur Arbeit, den gerechten Lohn und den Streik.

Die Aussagen über den Zugang zur Arbeit schließen an die Enzykliken Laborem exercens und Centesimus annus an. Den Zugang zur Arbeit und zum Berufsleben sollen nach Punkt 2433 Männer und Frauen, Gesunde und Behinderte, Einheimische und Fremdarbeiter ohne ungerechte Zurücksetzung haben. Der Katechismus steht mit diesem Bekenntnis zur Freizügigkeit der Arbeitskraft dem Art 48 des EG-Vertrages erheblich näher als das österreichische Ausländerbeschäftigungsgesetz. Die Qualifikation der Arbeitslosigkeit als ein Übel, für das es sittliche Verantwortlichkeit gibt, hat schon Pius XI. in der Enzyklika Quadragesimo anno vorgenommen, die ja zur Zeit der großen Weltwirtschaftskrise ergangen ist. Dort wurde gesagt: „Jedermann weiß nämlich, daß allzu niedrige oder maßlos übersetzte Löhne schuld daran waren, daß Arbeiter keinen Arbeitsvertrag eingehen konnten." Damit fällt der Blick auf die Lohnhöhe, auf die Frage nach dem gerechten Lohn. Ein radikaler Marktwirtschaftler muß wohl sagen, daß die Frage nach dem gerechten Lohn nicht sinnvoll sei, da es nur darauf ankomme, welche Lohnhöhe sich aus den Marktgesetzen ergebe. Einer solchen ausschließlichen Orientierung an den Marktgesetzen hat die christliche Soziallehre durch mehr als hundert Jahre eine Absage erteilt.

Ihren Ausgang hat die katholische Soziallehre von der Enzyklika Rerum novarum genommen, die Papst Leo XIII. am 15. 5. 1891 publiziert hat. Der 15. Mai ist übrigens zum traditionellen Datum für Sozialenzykliken geworden. Auch die Enzyklika Centesimus annus stammt von einem 15. Mai.

Die Formulierung einer Soziallehre ist übrigens keine römisch-katholische Besonderheit. Im Evangelischen Soziallexikon liest man unter dem Stichwort „Soziallehre" folgenden Satz von Heinz-Dietrich Wendland:

> „Der Versuch, es der katholischen Soziallehre gegenüber als Ruhm der evangelischen Kirche hinzustellen, daß die letztere keine Soziallehre habe, ist undurchführbar. Seit den Ansätzen im Neuen Testament und bei den Kirchenvätern gibt es christliche Soziallehre, die Kirchen der Reformation nicht ausgenommen. Die Soziallehre gehört vielmehr zu den größten theologischen Leistungen der Reformatoren, so die Lehre vom Beruf als dem irdischen Felde der Glaubensbewährung und des Kreuztragens."

In der Enzyklika Rerum novarum gilt ein langes Stück dem Schutz des gerechten Lohnes. Dabei geht es nicht um irgendwelche Empfehlungen, sondern um die Unterscheidung zwischen sündhaftem und anderem Verhalten. Das Stück beginnt mit folgendem Satz: „Hier berühren wir eine hochwichtige Sache, die richtig verstanden werden muß, will man sich nicht nach der einen oder anderen Seite hin *versündigen*." Ausdrücklich wendet sich die Enzyklika gegen die Auffassung, ein Unrecht trete erst dann auf, wenn entweder der Betriebsinhaber den Lohn nicht vollständig auszahlt oder der Arbeiter die geschuldeten Arbeiten nicht vollständig leisten will. Für die Enzyklika genügt die Vereinbarung nicht als Grundlage der Bejahung von Lohngerechtigkeit. Es gilt also nicht stat pro ratione voluntas. Aus der natürlichen Gerechtigkeit wird eine Forderung abgeleitet, „die über dem freien Willen der Vereinbarenden steht und ihm vorgeht: *Der Lohn muß immer wenigstens so groß sein, daß er einem sparsamen und rechtschaffenen Arbeiter die entsprechende Lebensgrundlage bietet.*" Vierzig Jahre später hat Pius XI. diese Forderung nach Lohngerechtigkeit konkretisiert. Er nennt drei Bestimmungsgründe für den Lohnansatz: den Lebensbedarf des Arbeiters *und seiner Familie*, die Lage des Unternehmens, die allgemeine Wohlfahrt. Pius XI. sagt, mit aller Kraft sei dahin zu wirken, daß die Familienväter einen Lohn erhalten, der weit genug bemessen ist, um den gewöhnlichen Familienbedürfnissen in anständiger Weise genügen zu können. Es liegt auf der Hand, daß dieser familiengerechte Lohn nicht dem Arbeitgeber direkt abverlangt werden kann. Täte man es, würden Familienväter am Arbeitsmarkt kraß benachteiligt.

Johannes XXIII. sagt in Mater et Magistra nichts anderes als Pius XI. in Quadragesimo anno: Es ist geboten, dem Arbeiter einen Lohn zu zahlen, der für ihn selbst zu einem menschenwürdigen Leben ausreicht und ihm ermöglicht, die Familienlasten zu bestreiten. Auch Johannes Paul II. steht, wie seine Enzyklika Laborem exercens aus 1981 zeigt, zur Forderung nach familiengerechter Bezahlung. Er sieht die Problematik einer dem Familienstand angepaßten Direktentlohnung und empfiehlt daher Familienbeihilfen oder Zulagen für Mütter, die sich ausschließlich der Familie widmen. Aus dieser durchgehenden Lehrtradition ist die Aussage des Katechismus in Punkt 2434 über den gerechten Lohn entstanden. Sie hat drei biblische Grundlagen: Leviticus 19, 13, Deuteronomium 24, 14 und Jakobus-Brief 5, 4. Im Leviticus 19, 13 heißt es: Du sollst Deinen Nächsten nicht ausbeuten und ihn nicht um das Seine bringen. Der Lohn des Tagelöhners soll nicht über Nacht bis zum Morgen bei Dir bleiben. Im Deuteronomium ist die Formulierung ganz ähnlich. In 24, 14 heißt es: Du sollst den Lohn eines Notleidenden und Armen unter Deinen Brüdern oder unter den Fremden, die in Deinem Land innerhalb Deiner Stadtbereiche wohnen, nicht zurückhalten. Darauf folgt 24,15: An dem Tag, an dem er arbeitet, sollst Du ihm auch seinen Lohn geben. Die Sonne soll darüber nicht untergehen, denn er ist in Not und lechzt danach. Dann wird er nicht den Herrn gegen Dich anrufen und es wird keine Strafe für eine Sünde über Dich kommen. Im Jakobus-Brief heißt es unter den Warnungen an die hartherzigen Reichen: Aber der Lohn der Arbeiter, die eure Felder abgemäht haben, der Lohn, den ihr ihnen vorenthalten habt, schreit zum Himmel; die Klagerufe derer, die eure Ernte eingebracht haben, dringen zu den Ohren des Herrn der himmlischen Heere.

Von diesen Texten geht der Katechismus aus, wenn er in Punkt 2434 sagt: Eine Verweigerung des gerechten Lohnes sei eine schwere Ungerechtigkeit. Der Katechismus fordert im Anschluß an die Konzilskonstitution Gaudium et spes 67, 2, daß die Arbeit so entlohnt wird, „daß dem Arbeiter die Mittel zu Gebote stehen, um sein und der Seinigen materielles, soziales, kulturelles und spirituelles Dasein angemessen zu gestalten – gemäß der Funktion und Leistungsfähigkeit des Einzelnen, der Lage des Unternehmens und unter Rücksicht auf das Gemeinwohl." Schließlich wird gesagt: „Das Einverständnis der Parteien allein genügt nicht, um die Höhe des Lohns sittlich zu rechtfertigen."

Die Probleme, die die Alltagspraxis des Arbeitsrechts aufwirft, sind freilich diffiziler und komplexer als die Maßstäbe, die man dem Katechismus, der Konzilskonstitution und den Enzykliken entnehmen kann. Ich greife zwei Urteile aus neuerer Zeit heraus. Eines betrifft einen Salzburger Fall, der schließlich vom OGH am 19. 6. 1991, Arb 10 945 entschieden worden ist. Zahntechniker der Salzburger Gebietskrankenkasse waren bei ihrer Arbeit auffallend langsam. Drei von ihnen wurden gekündigt. Im Verfahren, das noch vor dem Einigungsamt Salzburg stattfand, kam es 1984 zu einem Vergleich. Die Kündigung wurde zurückgenommen, aber die gekündigten Zahntechniker verpflichteten sich, ab 1. 10. 1984 mindestens 2,6 Einheiten durchschnittlich pro Arbeitstag zu leisten. Um den Begriff Einheit zu verdeutlichen: Eine totale Prothese galt als Einheit 1,00. Später bekämpften die Zahntechniker den Vergleich als nichtig. Er verstoße gegen das Wesen des Arbeitsvertrages, weil er zu einem bestimmten Leistungserfolg und nicht bloß zur Bemühung verpflichte. Das Landesgericht Salzburg und das Oberlandesgericht Linz wiesen die Feststellungsbegehren der Zahntechniker ab, der OGH aber gab diesem Begehren, meines Erachtens zu Unrecht, statt.

Allerdings entschied der OGH, daß eine hinter den Fähigkeiten des Arbeitnehmers zurückbleibende Bemühung wie eine Arbeitsverweigerung qualifiziert werden könne und daher einen Entlassungsgrund darstellen könne.

Der zweite Fall stammt ebenfalls aus dem Bereich des Gesundheitsdienstes. In einem Tiroler Bezirkskrankenhaus war ein geprüfter Heilbademeister und Heilmasseur auch mit Elektrotherapie beschäftigt, für die er aber nur einen zweitägigen Kurs zurückgelegt hatte. Er wurde nach der Entlohnungsgruppe I d des VBG entlohnt, hätte aber bei Tätigkeit als Elektrotherapeut in die Entlohnungsgruppe b eingereiht werden müssen. Sein Begehren auf entsprechende Einreihung drang aber nicht durch, weil die elektrotherapeutische Tätigkeit nicht überwiegend war. Ein anteiliges Entgelt für geleistete höherwertige Arbeit lehnte der OGH (Beschluß vom 29. 4. 1992, Arb 11 024) zu Unrecht ab. Grundsätzlich jedoch sagte der OGH, daß ein Dienstgeber, der höherwertige Dienstleistungen bewußt entgegennimmt, obwohl die entsprechende Beschäftigung gesetzwidrig ist, diese Dienstleistungen auch entsprechend zu entlohnen hat. Diese richtige Aussage stützte der OGH auf § 1152 ABGB, wobei er allerdings Bydlinski zu Unrecht für die Bejahung eines Lohnanspruchs zitierte, da Bydlinski solche Ansprüche in der ersten Festschrift für Wilburg (1965, 45 ff.) als Bereicherungsansprüche qualifiziert hatte.

Das dritte arbeitsrechtliche Schwerpunktthema des Katechismus ist der Streik. Zu ihm ist im Katechismus gegenüber Rerum novarum eine deutliche Akzentverschiebung eingetreten. In Rerum novarum wurde der Streik vor allem als Übel gesehen, das es durch gerechte Entlohnung zu vermeiden gilt. Der Katechismus dagegen handelt von der sittlichen Berechtigung des

Streiks. In Punkt 2435 bejaht er sie, wenn der Streik ein unvermeidliches Mittel zu einem angemessenen Nutzen darstellt. Dem entspricht im Arbeitskampfrecht das Prinzip der ultima ratio. An das moderne Arbeitskampfrecht wird man aber auch erinnert, wenn im Katechismus gesagt wird, daß ein Streik sittlich unannehmbar ist, mit dem Ziele verfolgt werden, die nicht direkt mit den Arbeitsbedingungen zusammenhängen oder die dem Gemeinwohl widersprechen. Das gilt eindeutig für einen politischen Streik, mit dem nicht der Arbeitgeber, sondern die Öffentlichkeit getroffen werden soll, wie das beim deutschen Zeitungsstreik 1952 der Fall war. Bedenklich ist wohl auch jeder Streik, der nur auf eine Auswechslung im Personalbereich zielt, wie dies kürzlich bei der AUA der Fall war. Die funktionierende Sozialpartnerschaft erspart der österreichischen Arbeitsgerichtsbarkeit eine so häufige Auseinandersetzung mit Arbeitskämpfen, wie sie in Deutschland stattfindet. Der letzte Arbeitskampf im Inland, der die Gerichte eingehender beschäftigt hat, war der sogenannte Bananenfall (zu diesem Kuderna, ZAS 1968, 10 f.). Seither ist nur der schon erwähnte Fall des bestreikten italienischen Zulieferunternehmens vorgekommen, in dem es wie in den Bibelstellen wirklich um eine Vorenthaltung von geschuldetem Lohn gegangen ist.

Neue Wege und Perspektiven im österreichischen Arbeitsschutzrecht

Rudolf Mosler, Salzburg

1. Einleitung

Nach jahrzehntelangem Dornröschenschlaf ist das Arbeitsschutzrecht in jüngster Zeit – wenigstens in der interessierten Fachöffentlichkeit – wieder einigermaßen zum Leben erweckt worden. Wachgeküßt wurde es unzweifelhaft von den umfangreichen Initiativen, die innerhalb der EU, insbesondere von der EU-Kommission, unternommen wurden. Das mäßige Interesse am Arbeitsschutzrecht in Österreich zeigt sich etwa auch an der geringen Anzahl von einschlägigen Fachpublikationen. Sieht man einmal vom Arbeitszeitrecht ab, ist der Arbeitnehmerschutz rechtlich stark „unterbelichtet". Selbst ein Blick in die Kollektivverträge und – soweit sie ausnahmsweise zugänglich sind – in Betriebsvereinbarungen zeigt, daß Arbeitsschutzmaßnahmen bis in die jüngste Vergangenheit wenig Augenmerk geschenkt wurde. Dabei war und ist die Situation des Arbeitsschutzes in Österreich keineswegs zufriedenstellend. Indikator dafür ist die noch immer erschreckend hohe Anzahl von Arbeitsunfällen und Berufskrankheiten. Pro Jahr kommen bei über 150.000 Arbeitsunfällen und ca 2.000 Berufskrankheiten über 200 unselbständig Erwerbstätige ums Leben. Die Zahl der Arbeitsunfälle ist noch insofern unvollständig, als nur solche Arbeitsunfälle statistisch erfaßt werden, bei denen unfallversicherte Personen getötet oder so erheblich verletzt werden, daß sie mindestens drei Tage arbeitsunfähig sind.[1] Auch die Ergebnisse der Berichte der Arbeitsinspektorate sind keineswegs ermutigend.[2] Dazu kommt, daß auch die im internationalen Vergleich hohe Zahl an Invaliditätspensionen wenigstens zum Teil mit den Arbeitsbedingungen im Zusammenhang stehen dürfte.[3] Es ist hier

---

[1] Vgl Schramhauser/Haider, ArbeitnehmerInnenschutzgesetz (1995), 16.

[2] So gab es 1993 102.000 Beanstandungen der Arbeitsinspektion allein auf dem Gebiet des technischen und arbeitshygienischen Arbeitsschutzes, vgl Bundesministerium für Arbeit und Soziales (Hrsg), Bericht über die soziale Lage (1994), 286.

[3] Im übrigen ist anzumerken, daß die Datenlage im Bereich des Arbeitsschutzes äußerst dürftig ist. Qualifizierte Aussagen über die Qualität und Effizienz des Arbeitsschutzes sind daher kaum möglich. Zur Kritik an der derzeitigen Datenlage und der Notwendigkeit der Erarbeitung geeigneter vergleichbarer Indikatoren aus deutscher Sicht vgl Lißner, Arbeits-

nicht möglich, die Gründe für diese Situation auch nur annäherungsweise zu analysieren. Nicht einmal ein konkreter Vergleich mit anderen Staaten kann seriöserweise geleistet werden, weil einschlägige Untersuchungen fehlen. Bei einer rechtsvergleichenden Betrachtung würde Österreich wohl gar nicht schlecht abschneiden. Im Unterschied etwa zu Deutschland sind alle wesentlichen Bereiche des Arbeitsschutzrechts auf Gesetzesebene durchnormiert und durch Verordnungen konkretisiert.[4] Die Effizienz des Arbeitsschutzrechtes, also der Grad der Verwirklichung der angestrebten Ziele, dürfte allerdings insgesamt nicht besonders hoch sein. Wenigstens hat man diesen Eindruck, wenn man mit Praktikern aus den Betrieben und Interessenvertretern spricht. Bei solchen Gesprächen wird oft auch die Kritik geäußert, daß der Standard des Arbeitsschutzes nicht nur von branchenspezifischen Besonderheiten abhänge, sondern sehr stark auch je nach Betriebsgröße differiere. Während es sich größere Betriebe durch die Aktivitäten des Betriebsrates und wegen der häufigen Kontrollen des Arbeitsinspektorates gar nicht leisten könnten, gravierende Arbeitsschutzmängel nicht zu beseitigen, wäre eine ausreichende Qualität und Kontrolle des Arbeitsschutzes in Klein- und Mittelbetrieben keineswegs gewährleistet. Ob dieser immer wieder anzutreffende Vorwurf stimmt, kann hier nicht verifiziert werden. Richtig ist aber sicher, daß aufgrund der österreichischen Betriebsstruktur mit einer hohen Anzahl von Klein- und Kleinstbetrieben eine effiziente Überwachung nicht gerade leicht ist. Bedenkt man, daß ca 300 (!) Arbeitsinspektoren über 200.000 Betriebe zu prüfen haben, dürfte die These nicht völlig von der Hand zu weisen sein, daß die Einhaltung des relativ strengen österreichischen Arbeitsschutzrechts bisher kaum konsequent durchgeführt wurde.

In dieser Arbeit geht es nicht vorrangig um die Klärung rechtsdogmatischer Streitfragen. Es soll vielmehr nach einer Darstellung der historischen Entwicklung versucht werden, die rechts- und sozialpolitische Bedeutung des neuen ArbeitnehmerInnenschutzgesetzes (ASchG) in groben Zügen zu analysieren. Es soll in erster Linie der Frage nachgegangen werden, was das wirklich Neue im neuen Gesetz ist und welche Perspektiven und Chancen sich aus der Neuregelung ergeben. Folgt man der im österreichischen Arbeitsrecht üblichen Unterscheidung zwischen drei Bereichen des Arbeitsschutzrechts (häufig auch als „Arbeitnehmerschutzrecht" bezeichnet), nämlich Arbeitszeitschutz, Verwendungsschutz (betrifft besonders schutzbedürftige Personengruppen wie Kinder und Jugend-

---

bedingte Gesundheitsrisiken, WSI-Mitteilungen 1995, 77 ff. Eine Verbesserung der Situation ist wiederum durch eine EU-Initiative zu erwarten. Die durch eine Verordnung vom 18. 7. 1994 errichtete Europäische Agentur für Sicherheit und Gesundheitsschutz am Arbeitsplatz hat vor allem auch den Zweck, die Datenlage in diesem Bereich zu verbessern. Vgl dazu auch unten 2.2.

[4] Die Verordnungen zum neuen ArbeitnehmerInnenschutzgesetz (ASchG) stehen derzeit (Mai 1995) noch aus.

liche, Schwangere und Mütter, Behinderte) sowie technischer Arbeitnehmerschutz (oder Gefahrenschutz), geht es im folgenden in erster Linie um den technischen Arbeitnehmerschutz. Es zeigt sich freilich in vielen Detailfragen, daß eine strikte systematische Trennung nicht durchzuhalten und auch nicht sinnvoll ist. Im übrigen ist zu bedenken, daß auf europäischer Ebene häufig Maßnahmen des Gefahrenschutzes mit solchen des Arbeitszeit- und Verwendungsschutzes sowie mit arbeitsorganisatorischen Anordnungen kombiniert werden.[5] Der im EU-Bereich übliche Begriff „Sicherheit und Gesundheitsschutz am Arbeitsplatz" erfaßt daher konsequenterweise nicht nur Vorschriften des technischen Arbeitnehmerschutzes, sondern, aufbauend auf einem umfassend verstandenen Begriff der Gefahrenverhütung, auch Fragen der Arbeitsorganisation, psychische Belastungen, menschengerechte Arbeitsgestaltung und den Einfluß der Umwelt auf den Arbeitsplatz.[6]

2. Historische Entwicklung

2.1 Entwicklung des Arbeitsschutzes bis zur Gegenwart

Die alte Streitfrage, ab wann vom Bestehen eines Arbeitsrechts ausgegangen werden kann, läßt sich auch auf das Arbeitsschutzrecht übertragen. Mit der wohl herrschenden Ansicht ist davon auszugehen, daß die Entstehung des Arbeitsrechts mit der (ersten) industriellen Revolution und der Verbreitung der kapitalistischen Lohnarbeit verbunden ist. Vorher gab es zwar vereinzelte Normen, die die Ordnung von „Arbeitsverhältnissen" zum Gegenstand hatten. Von einem „vorindustriellen Arbeitsrecht" zu sprechen,[7] weckt aber die falsche Assoziation, daß es schon in der frühen Neuzeit, im Mittelalter oder gar in römischer Zeit systematische Ordnungsversuche von Arbeitsbeziehungen durch staatliche und/oder kollektivrechtliche Normen gegeben habe, die mit dem heutigen Arbeitsrecht wenigstens ansatzweise vergleichbar sind.

Auf die ersten echten Arbeitsschutzregelungen in Österreich trifft man zu einem überraschend frühen Zeitpunkt. Meist wird der Moral and Health Act von 1802 im industriell weit mehr entwickelten England als der Beginn der modernen Epoche des Arbeiterschutzes bezeichnet.[8] Darin wurde für

---

[5] Ein anschauliches Beispiel dafür ist die „Bildschirm-Richtlinie" (90/270/EWG). Die Verpflichtung zur ergonomischen Gestaltung des Bildschirmarbeitsplatzes ist dem Gefahrenschutz zuzuzählen, die Anordnung von Pausen dem Arbeitszeitschutz, die (als Alternative) Unterbrechung durch andere Tätigkeiten der Arbeitsorganisation.

[6] Vgl Lang, Arbeitnehmerschutz, in: Hellmer (Hrsg), Arbeitsrecht, Gesundheitsschutz und Sozialpolitik in der EU und im EWR, Textband (1994), E1/1.

[7] So Mayer-Maly in seinem – im übrigen faszinierenden – Aufsatz Vorindustrielles Arbeitsrecht, ZAS 1975, 59 ff.

[8] An dieser Stelle sei auf das beeindruckende und nach wie vor lesenswerte Werk von Kuczynski, Die Geschichte der Lage der Arbeiter unter dem Kapitalismus (Bd 1 bis 38,

die in der Textilindustrie arbeitenden Kinder Nachtarbeit verboten und die Tagesarbeitszeit auf zwölf Stunden beschränkt. Schon 16 Jahre vorher (Handbillet vom 20. November 1786) hatte in Österreich Kaiser Josef II nach dem Besuch einer Seidenflorfabrik in Traiskirchen eine Anordnung getroffen, die die ärgsten Mißstände bei der Kinderarbeit beseitigen sollte.[9] Besonders bemerkenswert sind dabei die hygienischen Vorschriften sowie die ärztlichen Untersuchungen, die zweimal jährlich durchzuführen waren und die man als Vorgänger der Präventivdienste im ASchG bezeichnen könnte. Auch eine Überprüfung durch „die Ortsobrigkeiten und die betreffenden Seelsorger" war vorgesehen. Eine nachhaltige und andauernde Verbesserung der Lebens- und Arbeitsbedingungen der in den Fabriken arbeitenden Kinder dürfte freilich nicht eingetreten sein.[10] Nach dem Tod Josefs II dürften sich die Zustände eher wieder verschlechtert haben. Die Unternehmer waren zu keinen Konzessionen bereit, liberale Strömungen propagierten die Nichteinmischung des Staates. Erst ab etwa 1835 finden sich in einzelnen Ländern (zB Vorarlberg) Vorschriften über die Beschränkung der Kinderarbeit.[11] Die Ausbeutung von Kindern, Jugendlichen und Erwachsenen hatte ein derart unerträgliches und zunehmend staatsgefährdendes Ausmaß angenommen, daß sich auch staatliche Stellen Gedanken über Schutzmaßnahmen machen mußten. Vergleichsweise fortschrittlich war dabei ein Gesetzesentwurf der Hofkanzlei aus 1842, der Höchstarbeitszeiten für Kinder und Jugendliche, ein Verbot der Nachtarbeit für Personen unter 16 Jahren und auch Ruhepausen vorsah. Allerdings wurde der Entwurf nicht Gesetz.[12] Mit einem Hofkanzleidekret aus 1846 wurde die Frauen- und Kinderarbeit in Zündholzfabriken verboten und für die dort beschäftigten Arbeiter Gesundheitsschutzmaßnahmen vorgesehen. Ein wichtiger Fortschritt war zweifellos die GewO 1859, die neben den zum Teil noch heute geltenden arbeitsvertragsrechtlichen Vorschriften relativ gravierende Beschränkungen der Arbeit von Kindern und Jugendlichen enthielt. So war die Arbeit von Kindern unter zehn Jahren generell, die von Kindern unter zwölf Jahren weitgehend verboten, sowie die Arbeitszeit von Jugendlichen beschränkt. Desweiteren galt ein grundsätzliches Verbot der Nachtarbeit (mit Ausnahmen) von Personen unter 16 Jahren. Allerdings wurde die vorgeschlagene Kontrolle durch Fabrikinspektoren nicht eingeführt, wodurch die Effizienz der Schutzvorschriften gering gewesen sein dürfte.[13]

1961 ff) verwiesen. Band 23 behandelt die Darstellung der Lage der Arbeiter in England von 1760 bis 1832.

[9] Vgl Ebert, Die Anfänge der modernen Sozialpolitik in Österreich (1975), 48 f.

[10] Vgl Talos, Staatliche Sozialpolitik in Österreich – Rekonstruktion und Analyse (1981), 17.

[11] Vgl Ebert, Anfänge, 49 ff.

[12] Ebert, Anfänge, 52; Talos, Staatliche Sozialpolitik, 17.

[13] Vgl Ebert, Anfänge, 57.

Bis in die achziger Jahre des 19. Jahrhunderts waren Arbeitsschutzregelungen im wesentlichen auf die Kinder- und Jugendlichenarbeit beschränkt. Nach der GewO 1859 konnte der Arbeiter zwar schon fristlos austreten, wenn er ohne Schaden für seine Gesundheit die Arbeit nicht fortsetzen konnte, Gefahren- und Sicherheitsvorschriften für Unternehmen waren aber noch nicht vorhanden. Nur in einigen Verordnungen fanden sich auch Vorschriften über den Arbeitsschutz, zB Sicherheitsvorkehrungen gegen Dampfkesselexplosionen (1854 und 1875). Erst nach der GewO-Novelle 1885 (§ 74) war der Gewerbeinhaber verpflichtet, auf seine Kosten die erforderlichen Einrichtungen herzustellen und zu erhalten, die zum Schutz von Leben und Gesundheit der Arbeiter erforderlich sind. Konkret waren Maschinenschutzvorrichtungen, gesundheitsgerechte Arbeitsräume (licht, rein, staubfrei, Schutz vor schädlichen Ausdünstungen insbesondere im chemischen Gewerbe) und bei Wohnraumüberlassung ein Verbot der Zurverfügungstellung gesundheitsschädlicher Räumlichkeiten vorgesehen. Spezielle Schutzbestimmungen für Kinder, Jugendliche und Frauen sowie generelle Arbeitszeitvorschriften über Arbeitspausen, Sonn- und Feiertagsruhe und vor allem die Beschränkung der Tagesarbeitszeit auf elf Stunden für Fabrikarbeiter waren weitere wichtige Fortschritte. Schon durch das Gewerbeinspektorengesetz 1883 waren Vorschriften über die Überwachung von Arbeitszeit und Gesundheitsschutz in gewerblichen Unternehmungen eingeführt worden.[14] Schließlich ist aus dieser Zeit noch die Novelle aus 1884 zum Berggesetz 1854 zu erwähnen, weil hierin erstmals in Österreich ein Maximalarbeitstag (Schichtdauer im Bergbau höchstens zwölf, effektive Arbeitszeit höchstens zehn Stunden) eingeführt wurde.[15]

Die darauffolgende Phase bis zum Ende des Ersten Weltkriegs zeichnet sich durch Stagnation bzw sogar Rückschritt in der Sozialpolitik allgemein aus. Allerdings wurden einige Verordnungen zum Schutz der Arbeitnehmer erlassen, die Vorschriften für verschiedene Berufe und Tätigkeiten enthielten. Allgemeine Bedeutung hatte eine Verordnung aus 1905, mit der Vorschriften zum Schutz des Lebens und der Gesundheit der Hilfsarbeiter erlassen wurden.[16] 1913 wurde § 74 GewO abgeändert und ergänzt und enthielt nun die allgemeine grundsätzliche Verpflichtung des Gewerbeinhabers, für den Schutz des Lebens und der Gesundheit der Hilfsarbeiter zu sorgen. Neu eingefügt wurden die §§ 74 a bis d GewO. § 74 a enthielt eine ausdrückliche Verordnungsermächtigung für den Handelsminister (was wohl keine Rechtsänderung darstellte). Nach § 74 b war den Gewerbeinhabern eine angemessene Frist zur Durchführung der Schutzmaß-

---

[14] Zur Entstehungsgeschichte ausführlich Ebert, Anfänge, insb 115 ff.
[15] Vgl Talos, Staatliche Sozialpolitik, 53 f.
[16] Vgl zur Entwicklung Felix, Der Dienstnehmerschutz und seine Beaufsichtigung, DRdA 1962, 308 ff; sowie den Überblick bei Felix/Merkl, Arbeitnehmerschutzgesetz[4] (1984), 17.

nahmen einzuräumen, nach § 74 c konnten auch den Arbeitnehmern zu ihrem Schutz sanktionierbare Verhaltensmaßregeln auferlegt werden. § 74 d enthielt Verordnungsermächtigungen im Hinblick auf die tägliche Arbeitszeit und Ruhepausen und regelte im übrigen den Maschinenschutz. Die §§ 74 bis 74 c blieben im wesentlichen bis 1973 in Geltung.[17] Für den Arbeitnehmerschutz von Bedeutung ist ferner die in der III. Teilnovelle zum ABGB 1916 erfolgte Regelung der Fürsorgepflicht (§ 1157). Inhaltlich war dies zwar kein Fortschritt gegenüber § 74 GewO idF der Novelle 1885 bzw 1913. Da die GewO nur Gewerbearbeiter umfaßte, hingegen das ABGB alle Dienstnehmer, wurde aber der Geltungsbereich des Schutzes – insbesondere auf die ab 1921 vom Angestelltengesetz (Regelung der Fürsorgepflicht in § 18) erfaßten Angestellten – erweitert. In späterer Folge ist die Fürsorgepflicht zur „Grundnorm" des Arbeitsschutzes und zur Basis für weitergehende und konkretere Regelungen geworden.

Die spektakulären sozialpolitischen Verbesserungen in den ersten Jahren der Ersten Republik[18] haben sich auch im Arbeitsschutzrecht ausgewirkt. Zu erwähnen sind insbesondere das Achtstundentagsgesetz, Gesetze über Heimarbeit und Kinderarbeit sowie das Betriebsrätegesetz 1919. In letzterem waren ua die Mitwirkung des Betriebsrates bei Erlassen und Änderung der Arbeitsordnung und die Überwachung der Einhaltung des Arbeitsschutzes vorgesehen. Indirekt von Bedeutung ist auch das Einigungsamtsgesetz 1919, weil danach erstmals KollV mit Normwirkung abgeschlossen werden konnten,[19] und damit auch im Bereich des Arbeitsschutzes ein Mindeststandard geschaffen werden konnte. Außerdem wurden einige auf § 74 a GewO gestützte Verordnungen erlassen.[20]

Zwischen 1939 und 1945 (bzw zum Teil bis 1953) galten im wesentlichen die deutschen Unfallverhütungsvorschriften der Berufsgenossenschaften. Durch das Arbeitsinspektionsgesetz 1947 wurde nicht nur eine Arbeitsinspektion eingeführt, sondern auch die Geltung der Vorschriften der §§ 74 bis 74 c GewO auf alle der Arbeitsinspektion unterliegenden Betriebe ausgedehnt. In weiterer Folge war die Entwicklung durch die Schaffung neuer Verordnungen geprägt, die schon zu einer relativ umfassenden und modernen Arbeitsschutzregelung führte. So sind die Allgemeine Dienstnehmerschutzverordnung, die Bauarbeiterschutzverordnung, die Sprengarbeitenverordnung, die Maschinen-Schutzvorrichtungsverordnung und die Verordnung über Vorschriften zum Schutz des Lebens und der Gesundheit der Dienstnehmer bei bestimmten Arbeiten zu erwähnen

---

[17] Vgl zum Ganzen Felix/Merkl, Arbeitnehmerschutzgesetz⁴, 17 ff.

[18] Zur Entwicklung und zu den maßgeblichen Bestimmungsfaktoren eindrucksvoll Talos, Staatliche Sozialpolitik, 143 ff.

[19] Vgl dazu Strasser, Kollektivvertrag und Verfassung (1968), 34; Floretta, Die Rechtsnatur der Quellen des kollektiven Arbeitsrechtes (Kollektivvertrag, Satzung, Betriebsvereinbarung), in: Floretta/Kafka, Zur Rechtstheorie des kollektiven Arbeitsrechtes (1970), 16.

[20] Vgl Felix, DRdA 1962, 309 f; Felix/Merkl, Arbeitnehmerschutzgesetz⁴, 20.

(alle in den Jahren 1951 bis 1954 entstanden). Aus dieser Zeit (1952) stammt auch das Verkehrs-Arbeitsinspektionsgesetz.

Eine allgemeine und umfassende Regelung des Arbeitsschutzes brachte erstmals das Arbeitnehmerschutzgesetz 1972. Im heute noch in Kraft befindlichen Bundesbediensteten-Schutzgesetz 1977 wurde der Großteil des Arbeitnehmerschutzgesetzes (dh des materiellen Arbeitsschutzes) sinngemäß auch für die Bundesbediensteten anwendbar gemacht. Für die Bediensteten der Länder und Gemeinden bestehen auf Grund der verfassungsrechtlichen Kompetenzsituation landesgesetzliche Vorschriften, die allerdings großteils erst vor wenigen Jahren in Kraft traten.

2.2 Die Initiativen der EG (EU) und das neue ArbeitnehmerInnenschutzgesetz

Das Arbeitsschutzrecht ist der Teilbereich des Arbeitsrechts, in dem die EU die meisten Initiativen gesetzt hat. Diese reichen von Programmen und Entschließungen („Soft Law") bis zu Richtlinien. Die Europäische Agentur für Sicherheit und Gesundheitsschutz am Arbeitsplatz wurde durch Verordnung eingerichtet. Während Arbeitsrecht und Sozialpolitik generell zu den am heftigsten umstrittenen Regelungsbereichen innerhalb der EU gehören und Fortschritte daher – wenn überhaupt – nur punktuell und meist erst nach langjährigen Verhandlungen zustandekommen, sind große Teile des Arbeitsschutzrechtes auf EU-Ebene „durchnormiert". Die Gründe für diese überraschend erscheinende Vorreiterposition der EU sind sicher vielfältig. Eine wichtige Rolle dürfte spielen, daß die strukturellen Interessengegensätze zwischen Kapital und Arbeit im Arbeitsschutz weniger stark an die Oberfläche treten als etwa im kollektiven Arbeitsrecht. Die Verhinderung von Unfällen bei der Arbeit und Berufskrankheiten ist ein durchaus auch im Interesse der Unternehmer liegendes Ziel.[21] Dazu kommt, daß die Anhebung des Schutzstandards nicht nur die Arbeitsbedingungen der Arbeitnehmer verbessern soll, sondern auch dem Abbau von Handelshemmnissen (zB Maschinen-Richtlinie) bzw der durch die Angleichung der Rechtsvorschriften erleichterten Internationalisierung der Unternehmen dient.[22] Zu vermuten ist auch, daß die EU-Kommission die daraus entstehenden Handlungsspielräume unter der Führung von Jaques Delors, für den die Sozialpolitik einen sehr hohen Stellenwert besaß, besonders engagiert genutzt hat.

---

[21] Vgl auch Leitner/Strasser, Der technische Arbeitnehmerschutz im Recht der EG (1993), 19; zu den Kosten arbeitsbedingter Unfälle und Krankheiten sowie zur Wirtschaftlichkeit von Arbeitsschutzmaßnahmen sehr instruktiv Kuhn, Arbeitsschutz und Wirtschaftlichkeit, WSI-Mitteilungen 1995, 89 ff.

[22] Dieser Zweck geht nicht bzw nicht in wesentlichem Ausmaß dadurch verloren, daß die meisten Arbeitsschutzvorschriften nur einen Mindeststandard vorsehen. Da dieser Mindeststandard auf relativ hohem Niveau festgelegt ist, werden die einzelnen Mitgliedstaaten wohl nur ausnahmsweise für die Arbeitnehmer deutlich günstigere Bedingungen schaffen.

Der Beginn der Initiativen der EU (damals EG) im Arbeitsschutz kann mit dem sozialpolitischen Aktionsprogramm 1974[23] angesetzt werden. Erstmals wurde darin der Verbesserung der Lebens- und Arbeitsbedingungen der Arbeitnehmer ein bedeutender Stellenwert eingeräumt. Zur Verbesserung der Sicherheit und des Gesundheitsschutzes am Arbeitsplatz, zur schrittweisen Beseitigung physischer und psychischer Belastungen am Arbeitsplatz und zur Reform der Arbeitsorganisation in Richtung mehr Eigenverantwortlichkeit wurde ein eigenes Aktionsprogramm angekündigt.[24] 1978 wurde dann vom Rat das erste Aktionsprogramm zur Sicherheit und zum Gesundheitsschutz am Arbeitsplatz als Entschließung angenommen.[25] Programmatisches Ziel war die Vereinheitlichung des Arbeitsschutzes, wobei zunächst die Harmonisierung der Begriffe und Verfahren zur Feststellung, Messung und Beurteilung der Gefahren für Sicherheit und Gesundheit angestrebt wurde, um eine Vergleichbarkeit zu ermöglichen. Weiters stand der Schutz vor gefährlichen Stoffen und die Verbesserung der Überwachung der Sicherheit und Gesundheit der Arbeitnehmer im Vordergrund. Zu erwähnen ist auch die Gründung von Einrichtungen, die zur Verwirklichung der Ziele des Aktionsprogramms beitragen sollten. So war der „Beratende Ausschuß für Sicherheit, Arbeitshygiene und Gesundheitsschutz am Arbeitsplatz" bei der Durchführung beizuziehen. Die „Europäische Stiftung für die Verbesserung der Lebens- und Arbeitsbedingungen" tritt immer wieder mit einschlägigen, vor allem auch vergleichenden, Publikationen an die Öffentlichkeit. Trotzdem wurde das erste Aktionsprogramm nur teilweise realisiert.

Das zweite Aktionsprogramm für Sicherheit und Gesundheitsschutz am Arbeitsplatz aus 1984 baut auf dem ersten auf, geht aber in seinen Zielen, insbesondere auch in der Konkretheit der ins Auge gefaßten Maßnahmen, deutlich weiter.[26] Bis Ende 1988 sollte ein umfangreicher Aktionskatalog realisiert werden, der ua Maßnahmen (konkret die Ausarbeitung von Richtlinien) zum Schutz gegen gefährliche Stoffe sowie die Festlegung von Standards zur Beurteilung von Gesundheitsrisiken, zur Festlegung von Expositionshöchstgrenzen und zur Messung und Beurteilung der Konzentration vorsah. Neben dem Unfall- und Gefahrenschutz wurden auch Aktionen im Bereich der Ergonomie geplant sowie bei der Organisation und Überwachung des Arbeitsschutzes und der Information und Ausbildung der Arbeitnehmer. Auch die Vorhaben dieses Programms wurden nicht zur Gänze verwirklicht.

Noch vor dem geplanten Abschlußzeitpunkt wurde Ende 1987 ein

---

[23] ABl 1974, C 13/3.

[24] Vgl Leitner/Strasser, Arbeitnehmerschutz im Recht der EG, 54 f.

[25] ABl 1978, C 165/1; vgl dazu Leitner/Strasser, Arbeitnehmerschutz im Recht der EG, 55 f.

[26] ABl 1984, C 67/2; vgl dazu Leitner/Strasser, Arbeitnehmerschutz im Recht der EG, 57 f; Lang, Arbeitnehmerschutz, E1/2.

weiteres Aktionsprogramm für Sicherheit, Arbeitshygiene und Gesundheitsschutz am Arbeitsplatz vorgelegt,[27] in dem verschiedene Richtlinien angekündigt wurden. Thematische Schwerpunkte sind die Verbesserung der Sicherheit am Arbeitsplatz und die Anwendung ergonomischer Maßnahmen, Gesundheitsschutz und Arbeitshygiene, Information und Ausbildung, Maßnahmen für Klein- und Mittelbetriebe sowie der soziale Dialog. Dieses Programm stellt die Grundlage für die Rahmenrichtlinie aus 1989 und zahlreiche Einzelrichtlinien dar.[28] Als weitere Initiativen sind die Gemeinschaftscharta der Sozialen Grundrechte der Arbeitnehmer (Sozialcharta) und das Aktionsprogramm zu dessen Anwendung aus 1989[29] zu nennen, das an das Programm von 1987 anknüpft und eine Fortführung der genannten Ziele ankündigt. Schließlich wurde das Jahr 1992 vom Rat zum Europäischen Jahr für Sicherheit, Arbeitshygiene und Gesundheitsschutz erklärt, was Anlaß für viele konkrete Aktionen war.

Während die Programme und Entschließungen keine Rechtsverbindlichkeit für die Mitgliedstaaten haben, werden diese durch Richtlinien verpflichtet, die innerstaatlichen Rechtsvorschriften entsprechend anzupassen. Im Arbeitsschutzrecht kommt den Richtlinien die bei weitem größte Bedeutung zu. Zu ihrer Erlassung wurde eine ausdrückliche Kompetenzgrundlage geschaffen. Während früher vor allem auf die Harmonisierungskompetenz nach Art 100 EWG-Vertrag zurückgegriffen werden mußte, besteht seit dem Inkrafttreten der Einheitlichen Europäischen Akte (EEA) die Möglichkeit, gestützt auf Art 118 a EG-Vertrag mit (bloß) qualifizierter Mehrheit Richtlinien im Bereich des Sicherheits- und Gesundheitsschutzes am Arbeitsplatz („Arbeitsumwelt") zu erlassen.[30] Diese Richtlinien sind immer Mindestvorschriften, für die Arbeitnehmer günstigere einzelstaatliche Regelungen können beibehalten und auch in Zukunft geschaffen werden.

Im Mittelpunkt steht dabei die Richtlinie über die Durchführung von Maßnahmen zur Verbesserung der Sicherheit und des Gesundheitsschutzes der Arbeitnehmer bei der Arbeit (sog „Rahmenrichtlinie"). In ihr sind vor allem die allgemeinen Grundsätze der Gefahrenverhütung, der Unterrichtung, Unterweisung und Beteiligung der Arbeitnehmer, Maßnahmen einer präventivmedizinischen Überwachung und die Pflichten der Arbeitnehmer ausgeführt. Diese Grundsätze stellen auch für das österreichische Arbeitsrecht in vielen Fragen Neuland dar. Besonders bedeutend ist, daß der

---

[27] ABl 1988, C 28/1 bzw 3.
[28] Vgl Lang, Arbeitnehmerschutz, E1/3.
[29] Vgl Soziales Europa 1/1990, 51 bzw 57; die Realisierung dieses Programms als Gemeinschaftsmaßnahme ist wie vieles in der Sozialpolitik am Widerstand Großbritanniens gescheitert. Es ist aber als Absichtserklärung der übrigen Mitgliedstaaten trotzdem nicht bedeutungslos, vgl Leitner/Strasser, Arbeitnehmerschutz im Recht der EG, 59.
[30] Zu Inhalt und Grenzen der verschiedenen Handlungsermächtigungen vgl ausführlich Leitner/Strasser, Arbeitnehmerschutz im Recht der EG, 20 ff (insb 30 ff); weiters Wank/Börgmann, Deutsches und europäisches Arbeitsschutzrecht (1992), 81 ff.

Arbeitgeber den Faktor „Mensch" bei der Arbeit zu berücksichtigen hat, vor allem im Hinblick auf eine Erleichterung bei eintöniger Arbeit und bei maschinenbestimmtem Arbeitsrhythmus sowie auf eine Abschwächung ihrer gesundheitsschädigenden Auswirkungen.[31] Diese Bestimmung signalisiert besonders deutlich die Stoßrichtung der neuen Arbeitsschutzkonzeption. Der traditionelle Gefahrenschutz, der in erster Linie die Vermeidung von Arbeitsunfällen und Berufskrankheiten bezweckte, soll durch ein Konzept der menschengerechten Arbeitsgestaltung erweitert werden, in dem auch dem Erhalt und der Förderung der Leistungsfähigkeit und der Arbeitszufriedenheit ein wichtiger Stellenwert eingeräumt wird. Eine weitere wichtige Regelung ist die vom Arbeitgeber durchzuführende Gefahrenbeurteilung bzw Evaluierung,[32] die den Vorrang der Prävention und eine Initiativlast des Arbeitgebers festlegt. Zur Rahmenrichtlinie wurden mittlerweile 13 Einzelrichtlinien erlassen, die vor allem den Gefahrenschutz betreffen, zB Arbeitsstätten, Arbeitsmittel, persönliche Schutzausrüstungen, Bildschirmarbeit, Karzinogene, biologische Arbeitsstoffe, Baustellen ua.[33] Wie erwähnt wird nicht streng zwischen Gefahrenschutz, Verwendungsschutz und Arbeitszeitschutz differenziert. Eine Richtlinie betrifft daher den Mutterschutz. Dazu kommen Richtlinien, die schon lange vor der Rahmenrichtlinie erlassen wurden. Hier sind insbesondere die Richtlinie zum Schutz der Arbeitnehmer vor der Gefährdung durch chemische, physikalische und biologische Arbeitsstoffe bei der Arbeit (80/1107/EWG) und die dazu ergangenen vier Einzelrichtlinien über Gefährdungen durch Blei, Asbest und Lärm bzw das Verbot bestimmter Arbeitsstoffe, zu erwähnen.[34] Auch einige der auf Art 100 a EG-Vertrag gestützten („produktbezogenenen") Richtlinien sind für den Arbeitsschutz von Relevanz. Dies betrifft vor allem die Maschinen-Richtlinie, die die grundlegenden Sicherheits- und Gesundheitsanforderungen bei der Konzipierung und beim Bau von Maschinen enthält.[35]

Letztlich ist noch auf die zunächst wenig spektakulär erscheinende Verordnung zur Errichtung einer Europäischen Agentur für Sicherheit und Gesundheitsschutz am Arbeitsplatz aus 1994 hinzuweisen. Es ist aber nachdrücklich zu unterstreichen, daß die „umfassende, zuverlässige und objektive Sammlung, Verarbeitung und Analyse wissenschaftlicher, technischer und wirtschaftlicher Daten" unerläßlich ist, um die die angestrebten Ziele des Sicherheits- und Gesundheitsschutzes zu erreichen.[36] Die

---

[31] § 6 Abs 2 lit d der Richtlinie 89/391/EWG, ABl 1989, L 183/1.
[32] § 6 Abs 3 lit a und § 9 Abs 1 lit a der Richtlinie 89/391/EWG.
[33] Vgl den Überblick bei Lang, Arbeitnehmerschutz, E5/1 ff; eine kurze Zusammenfassung findet sich bei Heider, Arbeitnehmerschutz und EG, AW Spezial Folge 60, 1 ff.
[34] Vgl Lang, Arbeitnehmerschutz, E1/3.
[35] Richtlinie 89/392/EWG, ABl 1989, L 183/9.
[36] Verordnung (EG) Nr 2062/94 vom 18. 7. 1994, ABl 1994, L 216/1 (Erwägungsgründe).

Agentur dient dieser wichtigen Aufgabe und soll dazu ein Netzwerk der vorhandenen Informationseinrichtungen, insbesondere auf einzelstaatlicher Ebene, aufbauen.

3. Schwerpunkte des neuen Arbeitsschutzrechts

Der Beitritt Österreichs zum EWR-Abkommen[37] und anschließend zur EU hat die Übernahme der EU-Arbeitsschutzvorschriften auch für Österreich zur Verpflichtung gemacht. Dem wurde in erster Linie durch die Verabschiedung des ASchG[38] nachgekommen. Derzeit[39] werden gerade die Verordnungen ausgearbeitet, die das neue Gesetz in den einzelnen Bereichen konkretisieren sollen. Die neue Rechtslage zeichnet sich gegenüber der früheren nicht nur durch viele Veränderungen im Detail aus, sondern bringt auch konzeptive Änderungen mit sich. Die folgenden Überlegungen werden sich – nach der Diskussion von Geltungsbereichsproblemen – auf diese neuen Ansätze konzentrieren.

3.1 Geltungsbereich

Die Rahmenrichtlinie 89/391 (Art 2) findet Anwendung auf alle privaten oder öffentlichen Tätigkeitsbereiche (gewerbliche, landwirtschaftliche, kaufmännische, verwaltungsmäßige sowie dienstleistungs- und ausbildungsbezogene, kulturelle und Freizeittätigkeiten usw). Eine Ausnahme besteht nur, soweit dem Besonderheiten bestimmter spezifischer Tätigkeiten im öffentlichen Dienst, zB bei den Streitkräften oder der Polizei, oder bestimmter spezifischer Tätigkeiten bei den Katastrophenschutzdiensten zwingend entgegenstehen. Auch in diesen Fällen ist dafür Sorge zu tragen, daß unter Berücksichtigung der Ziele dieser Richtlinie eine größtmögliche Sicherheit und ein größtmöglicher Gesundheitsschutz der Arbeitnehmer gewährleistet ist. Nach Art 3 lit a der Richtlinie 89/391 gilt als Arbeitnehmer jede Person, die von einem Arbeitgeber beschäftigt wird, einschließlich der Praktikanten und Lehrlinge, jedoch mit Ausnahme von Hausangestellten. Auch die Einzelrichtlinien haben einen entsprechend umfassenden Geltungsbereich und sind nur insoferne in ihrer Geltung eingeschränkt, als sie zum Teil bloß bestimmte Tätigkeiten regeln (zB Baustellen).[40]

Nach § 1 Abs 1 ASchG gelten die Vorschriften des Gesetzes für die Beschäftigung von Arbeitnehmern. Der Arbeitnehmerbegriff (§ 2 Abs 1) ist

---
[37] Vgl vor allem Art 67.
[38] BGBl 450/1994, zum größten Teil am 1. 1. 1995 in Kraft getreten.
[39] Stand Mai 1995.
[40] Vgl Lang, Arbeitnehmerschutz, E1/4.

weit gehalten und erfaßt alle Personen, die im Rahmen eines Beschäftigungs- oder Ausbildungsverhältnisses tätig sind. Nur geistliche Amtsträger gesetzlich anerkannter Kirchen und Religionsgesellschaften sind keine Arbeitnehmer im Sinne des ASchG. Im Unterschied zur Vorgängerregelung des § 1 Abs 5 ASchG 1972 wird nicht mehr auf die Beschäftigung in einem Betrieb abgestellt. Dies entspricht der umfassenden Definition des Geltungsbereiches in Art 2 der Rahmenrichtlinie 89/391. Allerdings ist in § 1 Abs 2 ASchG eine Vielzahl von Ausnahmen aus dem Geltungsbereich des Gesetzes festgelegt. Ausgenommen sind vor allem die Arbeitnehmer der Länder, Gemeinden und Gemeindeverbände, die nicht in Betrieben beschäftigt sind und die Arbeitnehmer des Bundes in Dienststellen, auf die das Bundesbediensteten-Schutzgesetz anzuwenden ist. Weiters ausgenommen sind Arbeitnehmer in land- und fortwirtschaftlichen Betrieben im Sinne des Landarbeitsgesetzes 1984, Hausgehilfen und Hausangestellte in privaten Haushalten, Heimarbeiter im Sinne des Heimarbeitsgesetzes 1960 sowie die in § 1 Abs 3 aufgezählten, unter das Berggesetz 1975 fallenden Tätigkeiten.

Hinsichtlich der Herausnahme der öffentlich Bediensteten, der Land- und Forstarbeiter sowie der Bergbautätigkeiten aus dem Geltungsbereich des ASchG stellt sich die Frage der Konformität mit den einschlägigen EU-Richtlinien, die solche Ausnahmen nicht vorsehen. Zunächst ist festzuhalten, daß die Verpflichtung der Mitgliedstaaten zur Umsetzung der Richtlinien weder bedeutet, daß für alle Gruppen von Arbeitnehmern eine einheitliche Regelung geschaffen werden muß, noch daß diese in einem einzigen Gesetz zu erfolgen hat. Die Art und Weise der Umsetzung von Richtlinien ist der Disposition der Mitgliedstaaten überlassen, verbindlich ist nur die Erreichung des Ziels der Richtlinien. Freilich enthalten viele Richtlinien relativ detaillierte Anordnungen, bei denen nur mehr geringe Handlungsspielräume bei der Umsetzung bestehen. Es liegt aber jedenfalls nicht schon deshalb ein Verstoß gegen das EU-Recht vor, weil für einzelne Gruppen von Arbeitnehmern Sonderregelungen getroffen wurden. Die genannten Ausnahmebestimmungen sind daher nicht als solche EU-rechtswidrig. Entscheidend ist vielmehr, daß auch die Sonderregelungen die Mindestvorschriften der Richtlinien realisieren. Da in den einschlägigen Gesetzen (Berggesetz, Landarbeitsgesetz, Bedienstetenschutzgesetze für den öffentlichen Dienst) bisher (Stand: Mai 1995) noch keine Anpassungen erfolgt sind, ist Österreich im Hinblick auf die Umsetzung der Richtlinien für die genannten (vom ASchG ausgenommenen) Arbeitnehmergruppen säumig.

Die nicht fristgerechte oder inhaltlich unzureichende Umsetzung von EU-Richtlinien kann verschiedene Rechtsfolgen auslösen. Als erstes ist daran zu denken, daß die EU-Kommission gegen einen säumigen Mitgliedstaat ein Vertragsverletzungsverfahren nach Art 169 EG-Vertrag einleiten kann. Dieses Verfahren führt zwar unter Umständen zur Feststellung des

EuGH, daß eine Vertragsverletzung vorliegt, eine Änderung des innerstaatlichen Rechts wird aber dadurch nicht herbeigeführt.[41]

Eine weitere „Sanktion" bei nicht rechtzeitiger bzw unvollständiger Richtlinienumsetzung besteht darin, daß betroffene Arbeitnehmer unter Umständen Schadenersatzansprüche gegen den säumigen Staat (Amtshaftung) geltend machen können. Der EuGH hat in der spektakulären Entscheidung Francovich einen solchen Anspruch anerkannt, soweit durch die nicht ordnungsgemäße Umsetzung eines individuellen Rechts ein Schaden entsteht.[42] Im einzelnen müßten drei Voraussetzungen vorliegen. Das Ziel der Richtlinie muß die Verleihung von Rechten an Bürger sein, der Inhalt dieser Rechte muß auf der Grundlage der Richtlinie bestimmt werden können und es muß ein Kausalzusammenhang zwischen dem Verstoß gegen die dem Staat auferlegte Verpflichtung und dem entstehenden Schaden bestehen.[43] Nun kann man darüber diskutieren, ob die Arbeitsschutz-Richtlinien Individualrechte für Arbeitnehmer begründen sollen. Im Grunde geht es um Verpflichtungen des Arbeitgebers, nur ausnahmsweise werden Rechte der Arbeitnehmer dezidiert angesprochen. So wird etwa in Art 9 der Bildschirm-Richtlinie (90/270/EWG) ein Recht der Arbeitnehmer auf angemessene Untersuchung der Augen und des Sehvermögens ausdrücklich vorgesehen. In diesem Fall handelt es sich zweifellos um ein Individualrecht der Arbeitnehmer. Meines Erachtens gilt das aber auch sonst immer dann, wenn eine Arbeitsschutzvorschrift konkret den Schutz der Arbeitnehmer bezweckt. Es entspricht der hM im österreichischen Arbeitsrecht, daß die Pflichten des Arbeitgebers gegenüber dem Staat im Bereich des Arbeitnehmerschutzrechts auch arbeitsvertragliche Pflichten gegenüber den Arbeitnehmern darstellen, soweit sie individualisierbar sind. Die EU-Richtlinien sehen solche Rechte zwar nicht ausdrücklich vor. Sie überlassen es vielmehr den Mitgliedstaaten, wie sie die Rechtsstellung der Arbeitnehmer gestalten. Die Schutzvorschriften wurden aber in erster Linie zum Schutz von Leben und Gesundheit der Arbeitnehmer getroffen. Insofern sind sie zumindest in einem weiteren Sinne auch Rechte der Arbeitnehmer. Werden etwa unter Verstoß gegen eine EU-Richtlinie, aber wegen deren Nichtumsetzung nach dem innerstaatlichen Recht zulässigerweise, gefährliche Arbeitsstoffe verwendet, und wird ein Arbeitnehmer dadurch geschädigt, sind meines Erachtens Amtshaftungsansprüche im Sinne der Francovich-Entscheidung denkbar.[44] Anders ist es wohl bei den nicht individualisierbaren Rechten, zB Dokumentation oder kollektive Arbeit-

---

[41] Auch durch ein Verfahren nach Art 171 EG-Vertrag wird die Rechtslage nicht unmittelbar verändert.

[42] EuGH vom 19. 11. 1991, Rs C-6/90 und 9/90, Slg I 1991, 5357; bestätigt in EuGH vom 14. 7. 1994, Rs C 91/92 (Paola Faccini Dori), AuR 1994, 307.

[43] EuGH vom 14. 7. 1994, Rs C 91/92 (Paola Faccini Dori), AuR 1994, 307.

[44] In diese Richtung auch Faber, EU-Arbeitsschutzrichtlinien: Nicht umgesetzt, dennoch wirksam?, AiB 1995, 35.

nehmerrechte. Letztendlich wird aber ein Ersatzanspruch meist daran scheitern, daß ein konkreter Schaden und/oder die Kausalität zwischen beruflicher Tätigkeit und Schadenseintritt häufig nicht nachweisbar sein wird. So wird es etwa oft nicht gelingen, die Kausalität zwischen der Belastung durch einen nicht ausreichend ergonomisch gestalteten Bildschirmarbeitsplatz und einer – meist erst nach vielen Jahren bemerkten – Deformation der Wirbelsäule nachzuweisen.

Soweit das innerstaatliche Recht Auslegungsspielräume zuläßt, ist es richtlinienkonform auszulegen. Dies entspricht der ständigen Rechtsprechung des EuGH. Die Gerichte haben, wo immer und soweit es möglich ist, dem Gemeinschaftsrecht, insbesondere auch den Zielen der Richtlinie, durch Auslegung des innerstaatlichen Rechts zum Durchbruch zu verhelfen. Dabei ist es unerheblich, ob es sich um vor oder nach der Richtlinie erlassene Vorschriften handelt.[45] Zur richtlinienkonformen Auslegung eignen sich vor allem Generalklauseln. Im Arbeitsschutzrecht kommt in erster Linie die Fürsorgepflicht (§ 1157 ABGB) in Betracht. Danach hat der Dienstgeber die Dienstleistungen so zu regeln und bezüglich der von ihm beizustellenden oder beigestellten Räume und Gerätschaften auf seine Kosten dafür zu sorgen, daß Leben und Gesundheit des Dienstnehmers, soweit es nach der Natur der Dienstleistung möglich ist, geschützt werden.[46] Soweit nicht konkretere Vorschriften bestehen, die von der Richtlinienanordnung abweichen, kann die im Arbeitsrecht generell geltende und umfassend verstandene Fürsorgepflicht die Basis für die Übernahme der Ziele der Arbeitsschutzrichtlinien sein. Da viele in den Richtlinien vorgesehene Schutzmaßnahmen in den einschlägigen Gesetzen nicht ausdrücklich geregelt werden, können im Wege der richtlinienkonformen Auslegung vor allem im Bereich der vom ASchG ausgenommenen privatrechtlichen Arbeitsverhältnisse maßgebliche Teile der Arbeitsschutzrichtlinien zur Anwendung kommen.[47]

Noch weitergehende Möglichkeiten bieten sich für den öffentlichen Dienst an. Nach der Rechtsprechung des EuGH[48] können sich die einzelnen Bürger auf Richtlinienbestimmungen vor dem nationalen Gericht berufen, wenn drei Voraussetzungen gegeben sind: die Richtlinie wurde nicht fristgemäß oder unrichtig in nationales Recht umgesetzt, der Anspruch wird gegenüber dem Staat oder einer staatlichen Einrichtung geltend gemacht und die Bestimmungen der Richtlinie erscheinen inhaltlich als unbedingt und hinreichend genau determiniert. Da die vom ASchG ausgenommenen

---

[45] EuGH vom 14. 7. 1994, Rs C 91/92 (Paola Faccini Dori), AuR 1994, 307, mit Hinweisen auf weitere einschlägige Urteile; weiters Lörcher, Die EG-Nachweis-Richtlinie (91/533/EWG) und ihre Umsetzung in innerstaatliches Recht, AuR 1994, 452.

[46] Vgl auch die §§ 13 und 77 Landarbeitsgesetz; weiters § 134 Berggesetz 1975.

[47] Vgl auch die Beispiele bei Faber, AiB 1995, 36 f (zum deutschen Recht).

[48] EuGH vom 19. 1. 1982, Rs 8/81 (Becker), Slg 1982, 53; EuGH vom 22. 6. 1989, Rs 103/88 (Fratelli Costanzo), Slg 1989, 1839 ua.

öffentlich Bediensteten Arbeitnehmer im Sinne der Arbeitsschutz-Richtlinien sind, ist im Hinblick auf diese Dienstnehmergruppe eine fristgemäße Umsetzung nicht erfolgt. Wie oben ausgeführt handelt es sich meines Erachtens auch um Ansprüche gegenüber dem Dienstgeber, soweit die Arbeitgeberpflichten individualisierbar sind. Von einer hinreichenden Determinierung der einschlägigen Richtlinienvorschriften ist schon deshalb auszugehen, weil große Teile der Rahmenrichtlinie, aber auch der Einzelrichtlinien, fast wörtlich in das ASchG transferiert wurden. Wenn sich auch in Einzelfällen uU ergeben kann, daß bestimmte Anordnungen nicht ausreichend genau sind, wird man dies jedenfalls nicht generell sagen können. Es spricht daher jedenfalls sehr viel dafür, daß trotz der Ausnahme im ASchG die Richtlinien zum Arbeitsschutz auch für die in Dienststellen beschäftigten Arbeitnehmer des Bundes, der Länder, der Gemeinden und Gemeindeverbände zur Anwendung kommen. Die derzeitigen für diese Arbeitnehmergruppen geltenden gesetzlichen Vorschriften, die in weiten Bereichen hinter den Zielen der Richtlinien zurückbleiben, würden insoweit durch das Richtlinienrecht verdrängt.

Eine Analyse der Rechtsfolgen nicht fristgerechter Umsetzung von EU-Richtlinien führt daher zum überraschenden Ergebnis, daß die Arbeitsschutz-Richtlinien zum großen Teil auch für die Arbeitnehmer Geltung erlangen, die bisher nicht von der Anpassungsgesetzgebung erfaßt wurden.[49]

3.2 Inhaltliche Neuerungen

Die wichtigsten allgemeinen Neuerungen – neben einer Vielzahl von Detailverbesserungen – im ASchG sind die Einführung einer Evaluierungspflicht, die wesentlich verstärkte Einbindung der Arbeitnehmer sowie der Ausbau der Präventivdienste und der Gesundheitsüberwachung.

Nach § 4 ASchG sind die Arbeitgeber verpflichtet, die für die Sicherheit und Gesundheit der Arbeitnehmer bestehenden Gefahren zu ermitteln und zu beurteilen. Dabei sind insbesondere die Gestaltung und Einrichtung der Arbeitsplätze, die Gestaltung und der Einsatz von Arbeitsmitteln, die Verwendung von Arbeitsstoffen, die Gestaltung der Arbeitsplätze, die Gestaltung der Arbeitsverfahren und Arbeitsvorgänge und deren Zusammenwirken und der Stand der Ausbildung und Unterweisung der Arbeitnehmer zu berücksichtigen. Auf besonders gefährdete oder schutzbedürftige Arbeitnehmer ist Rücksicht zu nehmen. Diese „Evaluierungspflicht" wird zum Teil noch erweitert. So ist etwa nach § 68 Abs 1 ASchG bei Bildschirmarbeit auf die mögliche Beeinträchtigung des Sehvermögens sowie auf physische und psychische Belastungen besonders Bedacht zu nehmen. Auf

---

[49] Für welche Bestimmungen dies im einzelnen zutrifft, müßte im Rahmen einer Detailuntersuchung geklärt werden, die hier nicht geleistet werden kann.

der Grundlage der Ermittlung und Beurteilung der Gefahren sind die durchzuführenden Maßnahmen zur Gefahrenverhütung festzulegen. Diese Maßnahmen müssen in alle Tätigkeiten und auf allen Führungsebenen einbezogen werden. Bei den Grundsätzen der Gefahrenverhütung sind ua die Gefahrenbekämpfung an der Quelle, die Berücksichtigung des Faktors „Mensch" bei der Arbeit, Berücksichtigung des Stands der Technik, Planung der Gefahrenverhütung mit dem Ziel einer kohärenten Verknüpfung von Technik, Arbeitsorganisation, Arbeitsbedingungen, sozialen Beziehungen und Einfluß der Umwelt auf den Arbeitsplatz sowie der Vorrang des kollektiven Gefahrenschutzes vor dem individuellen, zu erwähnen. Die Evaluierung ist als dynamischer Prozeß konzipiert. Sie ist erforderlichenfalls zu überprüfen und sich ändernden Gegebenheiten anzupassen. Die Ergebnisse der Evaluierung („Arbeitsplatzanalyse") sind schriftlich in sog „Sicherheits- und Gesundheitsschutzdokumenten" festzuhalten.

Insgesamt stellt die Evaluierungspflicht eine bedeutende Veränderung gegenüber dem bisherigen Arbeitsschutzrecht dar. Die Arbeitgeber sind nunmehr im Bereich des Arbeitsschutzes zu einer umfassenden Eigeninitiative verpflichtet. Sie können sich nicht mehr auf die Erfüllung der (in Gesetzen, Verordnungen, Bescheiden) festgelegten Mindestanforderungen beschränken, sondern müssen sich umfassend über die Gefahrenquellen im Betrieb und die Möglichkeiten der Gefahrenverhütung nach dem jeweils neuesten Stand der Technik und der Erkenntnisse auf dem Gebiet der Arbeitsgestaltung informieren und diese Informationen auf der Basis der Evaluierung bzw Arbeitsplatzanalyse umsetzen. Das Ganze soll noch dazu ein ständiger Optimierungsprozeß sein. Bei jeder maßgeblichen Änderung der Verhältnisse (neue Gefahrenquelle oder auch neue wissenschaftliche Erkenntnisse) muß die Evaluierung angepaßt werden. Freilich wird die Praxis zeigen, ob damit nicht viele Arbeitgeber überfordert werden. Bedenkt man, daß die Arbeitsplatzanalyse sehr umfassend angelegt ist und auch entsprechend – wenn es aus Gründen der Gefahrenverhütung erforderlich ist, sogar arbeitsplatzbezogen – dokumentiert werden muß, sind die schon zu hörenden Klagen, daß damit ein relativ großer Verwaltungsaufwand für die Unternehmen verbunden ist, wohl nicht ganz unberechtigt. Es wird vor allem an den Interessenvertretungen und den einschlägigen Fachleuten liegen, hier Konzepte zu entwickeln, die dem hohen Anspruch des Gesetzes entsprechen und den Aufwand für die Unternehmen erträglich halten. Für die Praxis besonders erfreulich wäre es, wenn in den Verordnungen gemäß § 18 ASchG ein solcher Weg gefunden wird oder wenigstens ein von den Sozialpartnern akkordiertes Instrumentarium zur Verfügung gestellt wird. Ein Problem stellt dabei dar, inwieweit jeder einzelne Arbeitsplatz evaluiert werden muß. In größeren Betrieben würde das einen sehr hohen Verwaltungs- und Kostenaufwand nach sich ziehen. Das ASchG schließt aber mE Gruppenbildungen nicht aus. So ist die Dokumentation nur dann arbeitsplatzbezogen durchzuführen, wenn dies aus Gründen der

Gefahrenverhütung erforderlich ist. Es ist zwar zunächst jeder Arbeitsplatz insofern zu erfassen, als beurteilt werden muß, zu welcher Art bzw Gruppe er gehört. Eine Gruppendokumentation vergleichbarer Arbeitsplätze wird aber zulässig sein. Freilich ist es fraglich, wie die Gruppenbildung zu erfolgen hat. So sind etwa Bildschirmarbeitsplätze je nach Aufstellung des Bildschirmes, nach Art der Beleuchtung, Lage des Fensters usw unterschiedlich zu beurteilen.

Eine weitere wichtige Neuerung liegt in der deutlich verstärkten Einbeziehung der Arbeitnehmer. Sowohl der einzelne Arbeitnehmer wie auch der Betriebsrat sind wesentlich stärker als früher am Arbeitsschutz mitbeteiligt. Dies wirkt sich durch mehr Rechte aber auch durch höhere Verantwortung aus. Das ASchG unterscheidet (im Anschluß an die EU-Richtlinien) zwischen Information und Unterweisung der Arbeitnehmer. Die allgemeine und betriebsbezogene Information über die Gefahren für Sicherheit und Gesundheit sowie über die Maßnahmen der Gefahrenverhütung soll die Arbeitnehmer in die Lage versetzen, durch eine angemessene Mitwirkung zu überprüfen, ob die erforderlichen Schutzmaßnahmen getroffen wurden. Auch sie ist dynamisch konzipiert und muß regelmäßig sowie bei Bedarf wiederholt werden. Eine besonders interessante Neuerung ist, daß entweder kollektiv oder individuell informiert werden kann. Soweit Sicherheitsvertrauenspersonen bestellt oder Belegschaftsorgane errichtet wurden, können diese informiert werden, ist dies nicht der Fall, müssen alle (!) Arbeitnehmer die relevanten Informationen bekommen. Dies ist vor allem bei Kleinbetrieben möglich, weil Sicherheitsvertrauenspersonen nach § 10 ASchG erst bei regelmäßiger Beschäftigung von mehr als zehn Arbeitnehmern zu bestellen sind. Wenn in solchen Kleinbetrieben auch kein Betriebsrat errichtet ist (ein solcher ist zwar an sich ab fünf im Betrieb Beschäftigten zu errichten, dennoch sind Betriebsräte in Kleinbetrieben eher eine Ausnahme), sind alle Arbeitnehmer zu informieren. Die Information aller Arbeitnehmer hat aber auch dann zu erfolgen, wenn in Betrieben mit mehr als zehn Beschäftigten weder Sicherheitsvertrauenspersonen bestellt sind noch ein Betriebsrat errichtet ist. Darin liegt wohl auch ein indirekter Anreiz für den Arbeitgeber, Sicherheitsvertrauenspersonen in betriebsratslosen Betrieben mit mehr als zehn Arbeitnehmern tatsächlich zu bestellen. Strafbar ist die Nichtbestellung von Sicherheitsvertrauenspersonen nur in Betrieben mit mehr als 50 Arbeitnehmern (§ 130 Abs 1 Z 12 ASchG).

Die Unterweisung der einzelnen Arbeitnehmer über Sicherheit und Gesundheitsschutz hat arbeitsplatz- und tätigkeitsbezogen zu erfolgen (§ 14 ASchG). Sie muß regelmäßig, mindestens einmal jährlich, und bei jeder maßgeblichen, den Arbeitsschutz betreffenden Veränderung (zB nach Unfällen, bei Änderung des Tätigkeitsbereiches) durchgeführt werden. Eine Einbindung der Arbeitnehmer geschieht auch durch das allgemeine Anhörungsrecht des § 13 ASchG. In wichtigen Fragen des Arbeitsschutzes, wie bei der Einführung neuer Technologien oder bei der Evaluierung sind

Betriebsrat oder Sicherheitsvertrauenspersonen zu beteiligen (§ 11 ASchG und § 92 a ArbVG). Bestehen diese Einrichtungen nicht, sind wiederum alle Arbeitnehmer anzuhören und zu beteiligen.

Zu verweisen ist schließlich noch auf die Pflichten der Arbeitnehmer, die die Anwendung der Maßnahmen des Sicherheits- und Gesundheitsschutzes durch die Geschützten sichern sollen. Obwohl schon bisher eine vergleichbare Bestimmung bestand (§ 19 Arbeitnehmerschutzgesetz 1972), gab es in der Praxis immer wieder große Probleme mit der Akzeptanz des Arbeitsschutzes durch die Arbeitnehmer. So ist etwa die Verwendung von Schutzausrüstungen (zB Gehörschutz) oft am Widerstand der Arbeitnehmer gescheitert. Die konsequente Anwendung des neuen Gesetzes könnte diese Situation zwar insoferne verbessern, daß auf Information und Unterweisung der Arbeitnehmer großer Wert gelegt wird und außerdem der individuelle Gefahrenschutz verstärkt durch Gefahrenbekämpfung an der Quelle ersetzt werden soll. Trotzdem wird es wohl noch einiger Überzeugungsarbeit bedürfen, um durch eine engagierte Mitwirkung der Arbeitnehmer auch zu einer Verbesserung des Arbeitsschutzes beizutragen.

Letztlich ist noch der massive Ausbau der Präventivdienste und der Gesundheitsüberwachung zu erwähnen. Sicherheitsfachkräfte und Arbeitsmediziner haben die Aufgabe, den Arbeitgeber, die Arbeitnehmer, die Sicherheitsvertrauenspersonen und die Belegschaftsorgane auf dem Gebiet der Arbeitssicherheit bzw des Gesundheitsschutzes und der Gesundheitsförderung sowie der menschengerechten Arbeitsgestaltung zu beraten und die Arbeitgeber bei der Erfüllung ihrer Pflichten auf diesen Gebieten zu unterstützen. Für Sicherheitsfachkräfte und Arbeitsmediziner gibt es Mindesteinsatzzeiten, die nach der Anzahl der Arbeitnehmer pro Kalenderjahr bemessen werden. Dem Arbeitgeber ist es freigestellt, ob er diese Dienste durch betriebseigene oder externe Sicherheitsfachkräfte bzw Arbeitsmediziner organisiert oder ein sicherheitstechnisches bzw arbeitsmedizinisches Zentrum in Anspruch nimmt. Weiters sind im Rahmen der Gesundheitsüberwachung bei verschiedenen „gefährdeten" Tätigkeiten Eignungs- und Folgeuntersuchungen durchzuführen (zB bei Gefahr einer Berufskrankheit, Lärmeinwirkung) oder es besteht ein Recht der Arbeitnehmer auf eine prophylaktische Untersuchung (zB bei Bildschirmarbeit hinsichtlich der Augen und des Sehvermögens).

Eine zusammenfassende Bewertung des neuen Arbeitsschutzrechts fällt eindeutig positiv aus. Dem ASchG liegt – in Umsetzung der einschlägigen EU-Richtlinien – eine neue, qualitativ höchst anspruchsvolle Konzeption zugrunde. Es ist der Versuch, die Arbeitgeber unter Einbindung der Arbeitnehmer zur Eigeninitiative anzuhalten. Das Ziel ist ein dynamischer Optimierungsprozeß, der zu einer möglichst weitgehenden Risikominimierung und zu einer Gefahrenbekämpfung möglichst schon an der Quelle (und nicht erst „am" Arbeitnehmer) führen sowie dem Gedanken der Prävention Rechnung tragen soll. Neu ist das deshalb, weil das bisherige Recht im wesentlich darauf abstellte, daß der Arbeitgeber im Gesetz bzw in den Verordnungen bestimmte Mindestanforderungen zu erfüllen, sich aber nicht selbst aktiv um die Verbesserung des Arbeitsschutzes im Betrieb zu bemühen hatte. Besonders wichtig erscheint mir auch, daß die neue Konzeption über das traditionelle Arbeitsschutzverständnis hinausgeht und auch die menschengerechte Arbeitsgestaltung miteinbezieht. Das erfordert eine verstärkte Diskussion von Maßnahmen der Arbeitsorganisation, die in Hinkunft nicht mehr nur im Hinblick auf eine betriebswirtschaftliche Optimierung, sondern auch unter dem Gesichtspunkt der Bedürfnisse der Arbeitnehmer zu führen sein wird. Ich halte auch den eingeschlagenen Weg des Ausbaus der Präventivdienste und die angestrebte „Vernetzung" zwischen Verpflichteten (Arbeitgeber), Geschützten (Arbeitnehmer), betrieblicher Interessenvertretung (Betriebsrat), Sicherheitsvertrauenspersonen, Sicherheitsfachkräften und Arbeitsmediziner für einen ganz entscheidenden Fortschritt. Durch all diese Maßnahmen könnte der Arbeitsschutz endlich zu einem wichtigen Thema in den Betrieben werden und die Sensibilität aller Betroffenen steigen. Freilich könnte man Details der Umsetzung kritisieren. Es wird auch von den Verordnungen abhängen, wie die neue Konzeption konkret verwirklicht wird. Gerade bei der Evaluierung ist eine schwierige Gratwanderung zwischen der Erfüllung der Ziele des Gesetzes und der betriebswirtschaftlichen Zumutbarkeit zu gehen. Man muß auch deshalb vor übertriebenen Erwartungen warnen, weil das beste Gesetz nicht automatisch die faktische Situation verbessert. Immerhin sind aber die Voraussetzungen für positive Veränderungen geschaffen worden. Man wird erst in einigen Jahren beurteilen können, ob das neue Arbeitsschutzrecht wirklich die Situation des Arbeitsschutzes in den Betrieben verbessert. Allerdings werden dazu auch Indikatoren zu entwickeln sein, die eine Vergleichbarkeit in nachvollziehbarer Form ermöglichen.

Verfassungsgerichtsbarkeit in Österreich (1885 bis 1928) am Beispiel der Arbeiten von Georg Jellinek, Franz Weyr, Alfred von Verdroß und Herbert Kier

Alfred J. Noll, Wien

Wie wenige andere seiner Zunft war Eduard Rabofsky sich des Normvermittelten seiner politischen Tätigkeit bewußt. Er konnte – belehrt durch eigen Erlebtes – unschwer akzeptieren, „daß unter einer demokratischen Verfassung Verfassungsfragen nicht mehr oder minder stark juristisch verkleidete politische Fragen, sondern in voller Kongruenz juristische und politische Fragen sind", wie Helmut Ridder[1] gelegentlich vermerkte. Es liegt daher nahe, in einer dem Gedenken an Leben und Werk Eduard Rabofskys gewidmeten Festschrift einer Frage nachzugehen, die schon von ihrer Problemstellung her die Verbindung von Recht und Politik geradezu aufnötigt: die Notwendigkeit der Verfassungsgerichtsbarkeit. Nachfolgend soll dieser Thematik in vier referierenden Abschnitten über Georg Jellinek, Franz Weyr, Alfred von Verdroß und Herbert Kier nachgegangen werden – nicht zuletzt deshalb, weil Eduard Rabofsky selbst immer wieder betont hat, daß die wissenschaftliche Bewältigung der Gegenwart nur dann gelingen kann, wenn man sich der möglichen Aktualität der Theorien von gestern stets vergewissert.

1. „Ein Verfassungsgerichtshof für Österreich" (Georg Jellinek)

Abgesehen von frühen Forderungen des ungarischen Publizisten und Politikers Baron Josef von Eötvös nach Einführung eines höchsten Gerichts, durch welches sich die absolute Monarchie mit der Sicherung der bürgerlichen Freiheitsrechte und der lokalen Automatie zu verbinden habe,[2] ist es

---

[1] FS Arndt (1969), 348.
[2] Vgl Eötvös, Der Einfluß der herrschenden Ideen des 19. Jahrhunderts auf den Staat (1854), II, 381 ff. – Eötvös ging vom Auseinanderdriften von Souverän und Gesetzgeber aus. Die Gewalt der einfachen Gesetzgebung könne sich unmöglich auch auf die Änderung des Grundgesetzes beziehen: „Überall, wo die Macht des gesetzgebenden Körpers auf diese Art beschränkt ist und das Grundgesetz, welches allein als der Wille des Souverains zu betrachten ist, auch durch die Legislatur des Staates verletzt werden kann, ist die Zweckmäßigkeit von

Georg Jellineks Schrift „Ein Verfassungsgerichtshof für Österreich" aus dem Jahre 1885 gewesen, in der die Forderung nach einem österreichischen Verfassungsgerichtshof ihren ersten kompakten Ausdruck gefunden hat.[3] Jellinek forderte resolut die Ausbildung der Kompetenz des Reichsgerichts im Sinne einer Erfassung des Kompetenzkonflikts zwischen Verfassungsgesetzgebung und einfacher Gesetzgebung, zwischen Reichs- und Landesgesetzgebung, ferner die Möglichkeit zur Wahlprüfung[4] und die Abschaffung des überflüssigen Staatsgerichtshofs.

Auf Jellineks theoretische und verfassungspolitische Begründung für die Schaffung eines derartigen Verfassungsgerichtshofes – in der schon alle Themen enthalten sind, die auch die Diskussion über die Verfassungsgerichtsbarkeit prägen – sei kurz eingegangen:[5]

Während es in den vergangenen „constitutionellen Kämpfen" vornehmlich darum gegangen sei, Garantien zu finden gegen die Übergriffe der Regierung, sei Ende des 19. Jahrhunderts – wo die Garantien gegen einen Machtmißbrauch der Regierung in den Verfassungen verwirklicht wären – die Frage eine ganz andere: „[...] ob denn im Staate genügend Garantien gegen einen Machtmissbrauch des Organs vorhanden sind, das man herkömmlich nur als Voraussetzung und Schutzwehr der constituionellen Ordnung aufzufassen gewohnt ist. Es muss vom Standpunkte des Rechtsstaates die Frage aufgeworfen werden: Können die Parlamente verfassungswidrig handeln? Gibt es ein parlamentarisches Unrecht, und wenn es ein solches gibt, wie sichert man die Rechtsordnung vor demselben?" (S 3).

Die Möglichkeit selbst, daß auch Parlamante Unrecht tun können, erwachse – so Jellinek weiter – aus der naheliegenden Einsicht, daß „der

---

Einrichtungen, durch welche die Entscheidung der Frage, ob die Gesetzgebung durch ihre Handlungen ihr Mandat nicht überschritten, einem höchsten Gericht übertragen wird, nicht in Zweifel zu ziehen" (ebd, 382); vgl zu Eötvös auch Redlich, Das österreichische Staats- und Reichsproblem (1920), I, 547–571; Voegelin, Der autoritäre Staat (1936), 55 ff; Söter, Eötvös Jósef (1953); Radvánsky, Baron Josef Eötvös – Ungarischer Staatsmann und Denker (1959); Kann, Das Nationalitätenproblem der Habsburgermonarchie (1964), II, 101–107; Böðy, Joseph Eötvös and the Modernization of Hungary 1840–1870 (1972); Haller, Die Prüfung von Gesetzen (1979), 18–20; Stourzh, Die politischen Ideen Josef von Eötvös und das österreichische Staatsproblem, in: ders, Wege zur Grundrechtsdemokratie (1989), 217 ff.

[3] Vgl dazu auch Jellinek, Gutachten über die Frage: Empfiehlt es sich, die Prüfung der Wahlen für gesetzgebende Körperschaften als eine richterliche Tätigkeit anzuerkennen und deshalb der Rechtsprechung eines unabhängigen Wahlprüfungsgerichtshofes zu unterstellen? In: ders, Ausgewählte Schriften und Reden (1911), Bd 2, 398–416, bes 411 ff; ders, Die Wahlprüfungen im Reichstage, in: ebd, 417 f; dazu: Jacques, Die Wahlprüfung in den modernen Staaten und ein Wahlgerichtshof für Österreich (1885), 1 ff und 73 ff; Adamovich sen., Zur Judikatur des Verfassungsgerichtshofes, ZÖR 1925, 368 ff; Eisenmann, La Justice Constitutionelle et la Haute Cour Constitutionelle d'Autriche (1928, Nachdruck 1986), 157–160; Haller, Die Prüfung von Gesetzen (1979), 25–30.

[4] Hier lag der Anlaß zur Abfassung der Schrift, wie Jellinek später mehrfach betonte; vgl seine in der vorigen Fn angeführten Artikel.

[5] Seitenzahlen im nachstehenden Text beziehen sich ausnahmslos auf Jellinek, Ein Verfassungsgerichtshof für Österreich (1885).

Staat eine Einheit ist, dass in der Mannigfaltigkeit der staatlichen Functionen doch überall nur ein einziges Subject als Träger derselben vorhanden ist [...] Nicht die gesetzgebende Gewalt, sondern der Staat gibt Gesetze, nicht die Regierung führt aus und verwaltet, sondern der Staatswille selbst ist es, der in der Vollziehung concrete Gestalt gewinnt." (S 4). Daraus aber folge, daß jeder Verwaltungsakt und jeder Richterspruch unter dem staatlichen Gesetze stehe, und daß jedes Organ, welches zu verwalten und Recht zu sprechen habe, an das Recht gebunden sei. „Die Fiction des englischen Staatsrechts, dass der König nicht unrecht tun könne" (S 4), werde zu Unrecht auch auf das Parlament übertragen; dieses trete vielmehr, wenn „es das freie Ermessen an Stelle der Forderung der Rechtsordnung (setzt), [...] heraus aus seiner organischen Stellung im Staate, sein individueller Wille tritt in Gegensatz zum allgemeinen, mit einem Worte: es begeht ein Unrecht" (S 5). Gerade für Österreich gelte es, Abhilfe zu schaffen:

> „Nirgends ist der Satz [...], dass es ein parlamentarisches Unrecht gebe, von allen Parteien so lebhaft behauptet und so bitter empfunden worden, wie bei uns. Für Österreich mit seinen im parlamentarischen Leben wechselnden Majoritäten und Minoritäten liegt es daher im Interesse aller Parteien, Schutz vor jenem Unrecht zu suchen und zu finden, das, so lange es kein Heilmittel gibt, die öffentliche Meinung tiefer, nachhaltiger und mit zersetzender Wirkung aufzuregen im Stande ist, als jedes andere – dem parlamentarischen Unrecht." (S 6)

Wo ist das parlamentarische Unrecht zu finden? Jellinek ortet drei prekäre Bereiche: die Entscheidung über die Gültigkeit bestrittener Wahlen (S 10 ff); die Konflikte zwischen einfacher und Verfassungsgesetzgebung (S 17 ff); und die Konflikte zwischen Reichs- und Landesgesetzgebung (S 27 ff).

1.1 Wahlgerichtshof

Das Abgeordnetenhaus des Reichsrates und die Landtage hatten gemäß damals geltendem Recht über die Legitimation ihrer gewählten Mitglieder zu entscheiden.[6] Die Entscheidung über die Rechtmäßigkeit der Wahl zum Abgeordnetenhaus sei aber – das „bedarf für den Juristen keiner näheren Ausführung" (S 10) – materiell ein richterliches Urteil, dem das bestehende Wahlgesetz zu Grunde liege. Parlamentarier seien aber gewohnt, „nach den Grundsätzen der Parteipolitik und nicht nach denen des Rechtes und der Billigkeit vorzugehen", und da es für jedermann eine schwierige Sache sei, „Politik und Richteramt, Zweckmäßigkeit und Gerechtigkeit stets auseinander zu halten", sei die Gefahr vorhanden, „dass gegebenen Falles Abgeordnetenhaus und Landtage nach anderen, als den im Gesetz vorgezeichneten Principien über die Berechtigung der Gewählten ihr Urteil

---

[6] Vgl § 58 G v 2. April 1873, RGBl Nr 41; § 3 G v 12. Mai 1987, RGBl Nr 94.

fällen". Dies sei insbesondere durch die Geschehnisse des Jahres 1880 auf das Deutlichste erwiesen worden.[7]
Daher:

> „Die einzig richtige Lösung des möglichen Conflictes kann vom Standpunkte einer ehrlichen, gesunden Politik nur darin bestehen, dass man dem Richter überweist, was des Richters ist. – Eine unparteiische Cognition über bestrittene Individualrechte kann nur von einer richterlich organisirten Institution erwartet werden. Der Satz der Verfassung, dass Niemand seinem gesetzlichen Richter entzogen werden dürfe, schliesst in sich den Befehl an die Gesetzgebung, jedem Individualrecht, also auch dem politischen den Richter im wahren Sinne des Wortes zu geben. Wenn streitige Privatrechte der definitiven Judicatur der Verwaltungsbehörden entzogen sind, wenn die politischen Rechte im Reichsgerichte einen richterlichen Schutz gefunden haben, wenn über Eingriffe der Verwaltung in die individuelle Rechtssphäre ein Verwaltungsgerichtshof judicirt, so erfordert es die juristische Consequenz, dass ein Streit über das Recht der zur Reichsvertretung Gewählten nicht von einem inappellablen Collegium entschieden werde, das zu sehr de lege ferenda beschäftigt ist, um stets Gerechtigkeit de lege lata üben zu können." (S 14 f)

Dieses Postulat führt Jellinek zur Forderung nach Einführung eines Wahlgerichtshofs (S 52 ff).

1.2 Normenkontrolle[8]

Auch für die Monarchie galt (Art 15 StGG über die Reichsvertretung), daß Beschlüsse über ein verfassungsänderndes Gesetz nur mittels einer Zweidrittelmehrheit, und zwar im Abgeordnetenhaus nur bei Anwesenheit von mindestens der Hälfte der Mitglieder gültig gefaßt werden konnten;[9] damit war ein formeller Unterschied zwischen einfachen und Verfassungsgesetzen gegeben. Jellinek zufolge macht dieser Unterschied den Reichstag (bzw die Landtage) „zum Competenzgerichtshof für Conflicte zwischen ein-

---

[7] Vgl die E des Reichsgerichtes v 24. April 1881, Hye Slg Nr 234, 335 und BlgStenProt Abgeordnetenhaus, IX. Session, 157. Sitzung.

[8] Adamovich sen., Die Prüfung der Gesetze und Verordnungen durch den österreichischen Verfassungsgerichtshof (1923), 90, Fn 1, warf Jellinek vor, dieser sei zu Unrecht der Ansicht, daß das Reichsgericht nach § 140 Z 3 des Kremsier Entwurfes auch über die Gültigkeit von Gesetzen und Verordnungen erkennen sollte. „Tatsächlich lag aber", so Adamovich sen., „diese Absicht, wie aus den Verhandlungen des Verfassungsausschusses hervorgeht, nicht vor." Adamovich' Monitum kann Jellinek nicht treffen: Dieser hatte ja gerade argumentiert, daß es – obzwar es nicht zu Einführung dieser Prüfungskompetenz für das Reichsgericht gekommen ist – nur folgerichtig wäre, es ihm in Hinkunft endlich zu geben!

[9] Vgl heute Art 44 (1) B-VG: „Verfassungsgesetz oder in einfachen Gesetzen enthaltene Verfassungsbestimmungen können vom Nationalrat nur in Anwesenheit von mindestens der Hälfte der Mitglieder und mit einer Mehrheit von zwei Drittel der abgegebenen Stimmen beschlossen werden; sie sind als solche (,Verfassungsgesetz', ,Verfassungsbestimmung') ausdrücklich zu bezeichnen."

facher und Verfassungsgesetzgebung" (S 18). Der Regierung stehe es zwar frei, die Ablehnung der Sanktion beim Monarchen anzuempfehlen, wenn sie von der Verfassungswidrigkeit eines Gesetzesentwurfes überzeugt sei (wie es ebenso dem Monarchen, wenn er die Überzeugung von der Verfassungswidrigkeit des zu sanktionierenden Gesetzes gewinne, freistünde, aus eigener Initiative die Sanktion zu verweigern), jedoch: die Beschlüsse des Reichsrates und der Landtage unterliegen „keiner juristisch fixierbaren Controlle der Regierung" (S 19). Dies sei – so Jellinek weiter – besonders deshalb zu kritisieren, da der damals entsprechenden Praxis zufolge der Vorsitzende des betreffenden Hauses entschied, wie ein gültiger Beschluß zu Stande zu kommen habe. Sollte sich die einfache Majorität des Hauses der Ansicht des Vorsitzenden anschließen,

> „so ist kein Rechtsmittel gegen eine solche Entscheidung vorhanden. Die Minorität kann protestieren, sich der Abstimmung enthalten, Rechtsverwahrungen erheben, das Haus verlassen, die Mandate niederlegen, das Alles hat nur den Charakter einer Demonstration, die keinen Einfluß auf den formal-juristischen Werth des so zu Stande kommenden Beschlusses besitzt. Es existieren daher nur moralische Schranken dafür, dass die Majorität sich innerhalb des Rahmens der Verfassung bewegt. Da aber parlamentarische Parteien – und in Österreich mehr als anderswo – sich stets in einer Art Kriegszustand befinden, so muss dieser moralische Schutz der Verfassung als ganz ungenügend bezeichnet werden. *Inter arma silent leges.*" (S 20)

Da aber der Richter grundsätzlich nur die formalen Erfordernisse der Publikation des Gesetzes, nicht aber die Art seines Zustandekommens zu prüfen berechtigt sei, den Verwaltungsbehörden noch weniger ein Prüfungsrecht der Gesetze zustehe, so müsse – das ist letztlich Jellineks Schlußfolgerung – „ein materiell verfassungswidriges Gesetz als formell unanfechtbar bezeichnet werden. Nur ein Act der Gesetzgebung selbst kann seine Wirksamkeit vernichten." (S 21)[10]

Wie aber läßt sich dann die Verfassung gegen rechtswidrige Abänderungsversuche schützen? Die einfachste Lösung wäre die Anerkennung des materiellen richterlichen Prüfungsrechtes der Gesetze. Gegen eine derartige Lösung sei aber (mit Laband) einzuwenden, daß sie erhebliche politische Nachteile hätte und es eine gravierende Störung der Rechtssicherheit und überdies eine Gefährdung der staatlichen Ordnung bedeuten würde, wenn jeder Einzelne in jedem Fall auf eigene Gefahr die Untersuchung vornehmen müßte, ob ein Gesetz in verfassungsmäßiger Weise zustande gekommen sei; darüberhinaus könne ein Gesetz nicht zugleich für die Gerichte unverbindlich und für alle anderen Behörden und Untertanen

---

[10] Dies ist ausdrücklich gegen Robert v. Mohl gerichtet, der den materiell verfassungswidrigen Gesetzen bekanntlich absolute Nichtigkeit zusprach. Jellinek hält demgegenüber fest, daß dies ein Prinzip de lege ferenda sei, „das sich in der österreichischen Verfassung nicht verwirklicht findet" (S 22).

verbindlich sein. Ein richterliches materielles Prüfungsrecht sei daher keine Lösung.[11] Was dann?

Als einzige Lösung bleibe, für die Einführung einer richterlichen Instanz zu plädieren:

> „Wenn man einer Minorität das Recht einräumt, einem Gerichtshofe die Frage vorzulegen, ob gegebenen Falles in einem Gesetzesvorschlag verfassungsändernde Bestimmungen enthalten seien, so wäre das ein Auskunftsmittel, welches ohne tiefgreifende Verfassungsänderung keinen jener Nachteile mit sich brächte, die das Gefolge des richterlichen Prüfungsrechts der Gesetze bilden. – Ein solches Gericht hätte mehr den Charakter eines Schiedsgerichts als den eines staatliches Imperium ausübenden Tribunals. Wie im Schiedssprüche die Streitenden an das unbefangene Urtheil eines Dritten appelliren, so würden auch hier die Parteien an einen Unparteiischen sich wenden. Eine Institution dieser Art würde dem Ansehen der Vertretungskörper in keiner Weise nachtheilig sein. Wenn selbst Grossmächte ihre Souveränität durch die Unterordnung unter einen Schiedsspruch nicht gemindert erachten, so können ihn die Vertretungskörper mit umso größerer Ruhe als Auskunftsmittel zur Lösung von Streitigkeiten in ihrem Schosse erwählen. Es bedeutet keine Minderung ihrer Rechte, sondern vielmehr eine Garantie dafür, dass ihr Recht und ihre Pflicht, die Verfassung zu wahren, nicht dem Arbitrarium eines gewöhnlich nur von der herrschenden Partei bestellten Präsidenten und der Parteilandschaft überlassen bleibe." (S 23 f)

Jellinek übersieht freilich nicht, daß das unbedingte Vertrauen in die Unparteilichkeit der Richter nicht immer gerechtfertigt erscheint; auch Richter könnten von der „Parteileidenschaft" erfaßt werden, Furcht vor der öffentlichen Meinung ausbilden oder durch Angriffe der Presse in ihrem Urteil beeinflußt werden. „Namentlich wenn es sich um eine Auslegung der Verfassung handelt, wird die Parteianschauung des Richters ihn wider Willen der Voraussetzungslosigkeit berauben, deren die Rechtsprechung bedarf. Wenn die Richter Wächter der Verfassung sein sollen, *quis custodiet custodes ipsos?*" (S 24).

Den Ausweg aus diesem seit jeher mit dem Thema Verfassungsgerichtsbarkeit verbundenen Dilemma sieht Jellinek in der Eigenart des richterlichen Handelns selbst; ein guter Richterspruch erhalte seinen Wert durch seine juristische Begründung:

---

[11] Vgl auch Kelsen, Judicial Review of Legislation, The Journal of Politics 1942, 183 ff, der gegen das richterliche Prüfungsrecht (ohne Hinweis auf Laband und Jellinek) einwendet: „The disadvantage of this solution consists in the fact that the different law-applying organs may have different opinions with regard to the constitutionality of a statute, and that, therefore, one organ may apply the statute because it regards it as constitutional whereas the other organ will refuse the application on the ground of its alleged unconstitutionality. The lack of a uniform decision of the question as to whether a statute is constitutional, i.e. whether the constitution is violated is a great danger to the authority of the constitution." (S 185).

„erst diese vermag vom Rechte zu überzeugen, das Unrecht verwerfen zu lehren. Nun ist das Parteigewissen weit, das juristische eng. Derselbe Mann, der als Politiker nur das Parteiinteresse verfolgt, wird als Mitglied eines Gerichtshofes, dessen Urtheil das ganze Volk mit Spannung entgegensieht, sich wohl hüten, seinen Ruf als Jurist aufs Spiel zu setzen, indem er einer widerspruchsvollen oder rabulistischen Begründung zustimmt. Wenn dem Richter nur die äusseren Garantien der Unabhängigkeit von der Regierung gegeben sind, so sind die moralischen stark genug, um die Wahrscheinlichkeit einer parteiischen Urtheilsfundung in hohem Grade zu vermindern, denn zu der angeführten Gewähr tritt noch hinzu das Bewusstsein concentrirter, an der Person haftender moralischer Verantwortlichkeit. Parteien bestehen aus zahlreichen Mitgliedern, Gerichtshöfe aus wenigen. Ein rechtswidriges Vorgehen einer Partei bemakelt den Einzelnen, der oft nur in engem Kreise bekannt ist, viel weniger, als ein rechtswidriges Urtheil eines höchsten Gerichtes, das mit wenigen, weithin bekannte Namen tragenden Männern besetzt ist. Eine Verantwortlichkeit, die sich auf Viele erstreckt, berührt den Einzelnen nur wenig, das ungerechte Urtheil jedoch haftet sich für immer an die leicht zu merkenden Namen der Richter. Der Parteigenosse setzt fast gar nichts, der Richter sehr viel aufs Spiel, wenn er Politik treibt, wo es gilt, dem Rechte zu dienen." (S 25 f)[12]

Zur Entscheidung der Kompetenzkonflikte zwischen einfacher und Verfassungsgesetzgebung müßte daher ein Gerichtshof bestellt werden, auch wenn durch diesen keine absolute Garantie der Verfassung gewonnen wäre – aber: „das absolut Beste hat in der Wirklichkeit des Staatslebens überhaupt keinen Raum" (S 26).

---

[12] Die Zeilen sind wohl symptomatisches Zeugnis für einen an „Anstand" und „Ehre" orientierten Bürgerlichen des ausgehenden 19. Jahrhunderts. So sehr der von Jellinek skizzierte sozialpsychologische Mechanismus an sich Plausibilität beanspruchen darf (vgl bloß Edelmann, Politik als Ritual [1976], 60 f; Wolff, The Conflict between Authority and Autonomy, in: Raz [ed], Authority [1990], 20 ff, bes 25–29), so sehr liegt das Argument – schon für die damalige Zeit und erst für die Gegenwart – neben der Realität: 1. Kein Mensch kennt die Verfassungsrichter, das öffentliche Leben ist vielmehr ausschließlich auf die führenden Repräsentanten der politischen Parteien und Interessenvereinigungen ausgerichtet; 2. soll Verantwortlichkeit organisatorisch sichergestellt werden, so setzt dies außer einem genau formulierten System von Erwartungen und Beurteilungsstandards die eindeutige Zurechenbarkeit von Leistungen und Fehlern voraus; 3. die Institutionalisierung eines „Richterkollegiums" verunmöglicht die individuelle Zurechnung einer Entscheidung, zumindest solange als es keine Möglichkeit der Veröffentlichung abweichender Meinungen gibt; 4. „Politikverdrossenheit" und andere Faktoren haben es für die Mehrzahl der Staatsbürger ganz unzweifelhaft werden lassen, daß „die Politik" schlecht und als Korrektiv dazu die Justiz geeignet sei, die Dinge wieder in Ordnung zu bringen. Der daraus erwachsende „Vertrauensvorschuß" für die rechtliche Bewältigung auch genuin politischer Probleme führt aber – im Zusammenhang mit dem Unvermögen, Rechtsfragen sachverständig beurteilen zu können, dh aus Mangel der „Fixierung der Verantwortlichkeit auf feststellbare Fehler" (Luhmann, Funktion und Folgen formaler Organisation [1976], 182) – dazu, daß zwischenzeitig viel eher die Politiker denn die Richter viel auf's Spiel setzen, wenn sie Politik betreiben (vgl dazu Noll, Justiz und mediale Öffentlichkeit, in: ders [Hrsg], Justiz unter Druck? [1991], 59 ff).

1.3 Konflikte zwischen Reichs- und Landesgesetzgebung

Den breitesten Raum der kleinen Schrift nimmt die Analyse der „Conflicte zwischen Reichs- und Landesgesetzgebung" (S 27–51) ein. Das ist verständlich, weil es tatsächlich eine Vielzahl von Übergriffen der Reichsgesetzgebung in die verfassungsmäßige Gesetzgebungssphäre der Länder gab; diese verfassungswidrigen Gesetze waren jedoch, sobald sie gehörig kundgemacht worden waren, rechtlich voll verbindlich und, da es eben eine rechtliche Möglichkeit zur Aufhebung bzw Vernichtung derartiger verfassungswidriger Rechtsakte nicht gab, in ihrer „rechtlichen Wirksamkeit" (so der schillernde Ausdruck von Jellinek) unbeschränkt.[13] Im Unterschied zu allen anderen föderativen Bundesstaaten, in denen den Gesetzen des Zentralstaates der Vorzug vor denen der Gliedstaaten eingeräumt sei („Reichsrecht bricht Landesrecht!"), gelte dies jedoch für Österreich nicht: „Nun ist Österreich ein wohl centralisirterer Staat als irgend eine der genannten Föderationen. Und doch enthält seine Verfassung durch die Anerkennung der Gleichwerthigkeit von Reichs- und Landesgesetzen eine Bestimmung, welche weit über das Mass von Rechten hinausgeht, das der decentralisirteste Bundesstaat seinen Gliedern einzuräumen im Stande ist." (S 31)

Diese Lage verursache, so Jellinek weiter, immer wieder Zweifel über die Kompetenz, insbesondere komme es zu Modifikationen eines Reichsgesetzes durch ein Landesgesetz (S 37 f), zu „Verworrenheit" bei der Abgrenzung der beiden Kompetenzen etwa im Hinblick auf die Justizgesetzgebung des Reiches (S 38 f) und der Regelung der Gemeindeangelegenheiten (S 41 f) und schließlich habe die unklare Kompetenzabgrenzung des Reichsrates „überhaupt eine bedenkliche Consequenz für das constitutionelle System in Oesterreich" (S 44). Klarheit könne nur durch eine tiefgreifende Verfassungsänderung erzielt werden: „durch eine schärfere und aufrichtigere Ausprägung der Grenzlinie beider Gesetzgebungsgebiete, durch die neuerliche Anerkennung des aus der Natur des Staates fliessenden Satzes, dass im Zweifel die Vermuthung für die Competenz des Reichsrathes streitet, durch die Feststellung des Vorzuges der Reichsgesetze vor den Landesgesetzen. Eine Verfassungsreform in diese Richtung steht aber heute in schroffem Widerspruch zu den von der Reichsmajorität gehegten Tendenzen." (S 45 f)

Da also eine Änderung in der Abgrenzung der Kompetenzen zwischen Reichs- und Landesgesetzgebung nicht zu erreichen sei (und auch die Errichtung eines dem französischen *conseil d'état* nachgebildeten Staatsrates nicht in der Sphäre des Erreichbaren liege), aber dennoch „bei dem Mangel positiver Vorschriften irgend Jemand vorhanden sein (muss), der sie (sc die Kompetenzkonflikte) löst" (S 34), nach damals geltender

---

[13] Vgl bloß Weyr, Rahmengesetze. Studie aus dem österreichischen Verfassungsrechte (1913), 36 ff; Kelsen, Reichsgesetz und Landesgesetz nach der österreichischen Verfassung, AöR 1914, 202 ff und 390 ff.

Rechtslage aber nur die Vertretungskörper[14] und die Regierung[15] derartige Streitigkeiten entscheiden könnten, bestehe auch hier die dringende Notwendigkeit der Einsetzung einer richterlichen Instanz,

> „welche im Verlaufe des Entstehungsprocesses des Gesetzes ihr Urtheil über die Verfassungsmäßigkeit desselben abzugeben hat [...] Ein solcher Gerichtshof hätte nun nicht in der Weise zu fungiren, dass er jeden Gesetzesentwurf auf die Competenzfrage hin zu prüfen hätte, denn damit wäre in gewissem Sinne der Staatsrath, dessen Reactivirung ich für unmöglich halte, wieder eingeführt. Nur auf die erhobenen Einwände der Incompetenz des betreffenden Vertretungskörpers hätte er sein Urtheil abzugeben. Das Princip: Wo kein Kläger, da kein Richter, hätte auch für ihn in Anwendung zu kommen [...] Die Legitimation zur Erhebung des Conflicts müsste sowohl den Vertretungskörpern, als der Regierung zustehen." (S 48)

1.4 Das Reichsgericht als Verfassungsgerichtshof

Wenn nun feststehe, daß die unter 1.1, 1.2 und 1.3 erörterten „richterlichen Funktionen der Vertretungskörper von diesen loszulösen und einer richterlichen Behörde zu übertragen sind, so fragt es sich schließlich, ob neue Gerichtshöfe zur Schlichtung dieser Angelegenheiten zu schaffen oder einer der bereits bestehenden damit zu betrauen sei" (S 52). Jellinek begründet seine Ansicht, daß das damals bestehende Reichsgericht am geeignetsten sei, diese Aufgaben zu übernehmen, im wesentlichen wie folgt:

Erstens: sei die ökonomische Verteilung der richterlichen und Verwaltungsaufgaben eines der obersten Prinzipien der Behördenorganisation; ohne Not solle daher kein neues Gericht geschaffen werden. Reichsgericht und der (praktisch niemals eine Rolle spielende) Staatsgerichtshof würden sich somit anbieten. Da aber letzterer ohnedies weder eine logische noch historische Berechtigung habe[16] und überdies „nur Parteigänger der herr-

---

[14] Der Reichsrat und die Landtage hätten sich weigern können, in die Beratung einer Vorlage einzutreten oder sich hiezu für inkompetent erklären.

[15] Diese hätte die Pflicht, kompetenzüberschreitenden Beschlüssen der Landtage die Empfehlung zur kaiserlichen Sanktion zu verweigern, sie könnte im Reichsrat aus Kompetenzgründen sowohl ihre eigene Vorlage zurückziehen als auch den aus der Initiative der Reichsvertretung hervorgegangenen Anträgen entgegentreten. Im übrigen würden die Minister für die Verfassungsmäßigkeit aller Regierungsakte haften, also auch für die Verfassungsmäßigkeit der publizierten, von ihnen gegengezeichneten Gesetze. „In der Ministerverantwortlichkeit liegt also ein Schutz für die Einhaltung der Competenzgrenzen zwischen Reich und Land. Aber wie unzureichend ist derselbe!" (S 34) – selbst die Verurteilung des Ministers ließe ja die Verfassungsverletzung in formal juristischer Gültigkeit fortbestehen.

[16] Weiter unten im Text heißt es bei Jellinek: „Eine Erweiterung der reichsgerichtlichen Competenz, die dasselbe zum Verfassungsgerichte in vollem Sinne macht, sollte sich heute ohne Weiteres auch auf die Ministerklage erstrecken. Indess ist dieses Moment nicht von wesentlicher Bedeutung. Es kommt im Staatsleben nicht jedes Princip zu seiner logisch einfachsten Verkörperung. Wenn der Staatsgerichtshof als selbständiges Tribunal fortvegetirt, so ist das schliesslich mehr eine Verletzung des architektonischen Bedürfnisses des Juristen, als ein Schaden für die Realität des Staates." (S 69).

schenden Majorität in dieses Gericht entsendet werden", sei dieser nicht zum Verfassungsgerichtshof für die oben erörterten Fälle geeignet (S 53 f). Bliebe das Reichsgericht, und für dieses gelte ohnedies, daß „der Ideenkreis, aus dem (es) entsprungen ist, auch die Gerichtsbarkeit über legislative Competenzen umfasst" (S 54 f). Das amerikanische, schweizerische und deutsche Beispiel zeige überdies, daß der Gedanke, daß in Verfassungssachen die Volksvertretungen Parteien sind und daher einem unparteiischen Spruche unterworfen werden müssen, auch anderswo Fuß gefaßt habe. Überall sei schließlich anerkannt worden, daß es vornehmlich in einem Bundesstaate, wo es neben der Zentralgewalt eine Reihe von „Gliedstaatsgewalten" gebe, Bestimmungen zur Lösung von Kompetenzkonflikten verfassungsrechtlicher Natur bedürfe.[17]

Zweitens: Unter Hinweis auf den Bericht des Verfassungsausschusses vor Einführung des Reichsgerichtes (in dem ausgeführt wurde, daß „jede Antastung der gesetzgebenden Gewalt der Vertretungskörper, jede Unterordnung derselben unter einen Richterspruch gefährlich und diese Frage der Zukunft überlassen bleiben [muß]") sieht Jellinek im Jahre 1885 „die Zukunft bereits herbeigekommen" und plädiert nachdrücklich für die Einrichtung des Reichsgerichts als Kompetenzgerichtshof, als Kausalgerichtshof über gewisse Ansprüche des öffentlichen Rechts und als Verwaltungsgerichtshof über Beschwerden wegen Verletzung der durch die Verfassung gewährleisteten Rechte:

> „Durch seine Natur als Competenzgerichtshof wäre es (sc das Reichsgericht) berufen, Competenzkonflicte zwischen Verfassungs- und einfacher Gesetzgebung, sowie zwischen Reichs- und Landesgesetzgebung zu entscheiden. Durch seine Natur als Gericht zum Schutze der gewährleisteten politischen Rechte wäre es berufen, die Entscheidung über angefochtene Wahlen zu treffen [...] Man braucht die Prinzipien, die dem Reichsgericht zu Grunde liegen, nur zu Ende denken, um die Einsicht zu gewinnen, dass dieses Tribunal bereits präformirt die Competenz in Verfassungssachen in sich trägt." (S 64 f)

Drittens: sei das Reichsgericht auch durch seine Zusammensetzung[18]

---

[17] Dies hat für Österreich insbesondere Kelsen, Verfassungs- und Verwaltungsgerichtsbarkeit im Dienste des Bundesstaates, nach der neuen österreichischen Bundesverfassung vom 1. Oktober 1920, ZSR 1923/24, 126 ff, später nachdrücklich und plastisch beschrieben.

[18] Vgl zu Jellineks Einschätzung der Mitglieder des Reichsgerichts auch ders, Staatsrechtliche Erörterung über die Entschädigung unschuldig Verurteilter, Grünhuts Zeitschrift 1893, 455 ff: „Die Mitglieder des Reichsgerichtes, als solche nicht Berufsbeamte, haben im Grunde den Charakter einer über Rechtsfragen entscheidenden Jury, und zwar einer Jury, die, den obersten Gesellschaftsklassen entnommen, schon auf Grund ihrer Lebensgewohnheiten nicht disponirt ist, in der Bestimmung dessen, was eine ‚angemessene' Entschädigung ist, zu kargen, und die überdies, in ihren Rechtssprüchen auf das fiskalische Interesse Rücksicht zu nehmen, sicherlich keinen psychologischen Grund hat" (hier zit nach dem Wiederabdruck, in: ders, Schriften und Reden II [1911], 470 ff, hier 483).

wie kein zweites Gericht in Österreich berufen, in Verfassungssachen zu entscheiden:

> „Da die Richter ihre Stelle als ein Ehrenamt bekleiden, da sie mit Ausnahme des frei von der Krone zu wählenden Präsidiums auf Vorschlag des Reichsraths vom Kaiser auf Lebensdauer ernannt werden, so besitzen sie die denkbar höchste Unabhängigkeit von der Regierung. Durch das Vorschlagsrecht des Reichsrathes ist allerdings gegebenen Falles der Majorität der Weg geöffnet, ausschliesslich ihre Candidaten in das Reichsgericht zu delegiren. Die Gefahr für die Unparteilichkeit des Gerichtshofes ist aber geringer, als es auf den ersten Blick den Anschein hat. Denn einmal ist ein Ding der Unmöglichkeit, einen Richter zu finden, der politisch absolut parteilos wäre, und dann ist durch die Lebenslänglichkeit des Richteramtes beim Reichsgericht immerhin eine Gewähr dagegen geboten, dass es, bei dem historischen Wechsel der Machtverhältnisse der Parteien, nur aus Mitgliedern einer Parteirichtung zusammengesetzt sei." (S 66)

Viertens: könne man angesichts der bisherigen Richtersprüche des Reichsgerichts „getrost diesem Gericht auch die anderen von den Verfassungskörpern loszulösenden verfassungsgerichtlichen Funktionen übertragen. Selbst im schlimmsten Falle, wenn das Reichsgericht sich nicht auf der Höhe seiner Aufgaben erhalten sollte, wäre die Verfassung noch immer kräftiger geschützt als bei den heute herrschenden verworrenen Zuständen, die die Verfassung zum widerstandslosen Spielballe der Parteien machen." (S 68). Um dieser Forderung in die Praxis umzusetzen, bedürfe es, so Jellinek abschließend, lediglich einer Änderung des Staatsgrundgesetzes über die Einsetzung eines Reichsgerichtes durch den Reichsrat; dann freilich werde „das österreichische Verfassungsrecht nicht nur in Compendium und System sein Dasein führe(n), sondern eine der grossen, sittlichen, staatserhaltenden Mächte werde(n)" (S 70).

Georg Jellineks Postulat einer präventiven Überprüfung der Verfassungsmäßigkeit einfacher Gesetze hatte ihr Motiv in der (innerhalb der Schrift freilich eher implizit geführten) Auseinandersetzung mit der aktuellen verfassungspolitischen Lage Österreichs Ende des 19. Jahrhunderts; dieser Situation stellte sich Jellinek „als ein zwar nicht Parteilose(r), wohl aber Unparteiliche(r)", dem – so seine Selbstsicht – „die wissenschaftliche Beschäftigung mit dem öffentlichen Rechte die Ruhe des Blickes für staatliche Dinge gewährt" (Vorwort). Ganz so enthoben von den politischen Auseinandersetzungen seiner Zeit war Jellinek jedoch nicht: er bürdet der Justiz – ganz in Fortsetzung der älteren Staatslehre – die Aufgabe zu, den Rechtsformalismus erst gegen den exekutivistischen Staatsapparat und gegen die feudalen Privilegien durchzusetzen, eine Aufgabe, der sie vor dem Hintergrund des politisch gefestigten Neo-Absolutismus und der sozialen Lage im Kaiserreich Ende des 19. Jahrhunderts nicht gewachsen sein konnte. Gleichzeitig kommt seine Forderung nach einer präventiven Kontrolle der Gesetzgebung dem im Bürgertum aufkeimenden Anti-Parlamentarismus entgegen: die höchsten Fragen des Staatsrechts würden durch Einführung eines Verfassungsgerichtes nicht länger „der parlamentarischen Willkür ausgesetzt"; und gerade die Vertreter des Parlamentarismus sollten, um das Ansehen des Parlaments wieder zu heben, die Majorität durch den Spruche eines derartigen Gerichtes vom Vorwurf eines Mißbrauchs ihrer Macht entlasten: „In einer Aera des Kampfes gegen den Parlamentarismus haben die Vertreter desselben allen Grund, ihn in irgend einem Punkte dem Odium zu entziehen, das er sich durch rücksichtslose Ausbeutung der Parteiherrschaft vielfach zugezogen hat." (S 26)

Im Deutschen Reich zogen Autoren wie Laband und Gerber aus der dortigen (gefestigten) politischen Lage den folgerichtigen Schluß, daß dem Richter weder ein materielles noch ein formelles, auf die Prüfung der Kompetenz und anderer Verfahrensfragen begrenztes Prüfungsrecht zustehe. Dies deshalb nicht, weil erstens (rechtssystematisch gesehen) die „logische" Begründung, der Richter dürfe nur ein verfassungsmäßiges Gesetz anwenden, weil ein verfassungswidriges Gesetz rechtlich nicht existent sei, nichts anderes als eine *petitio principii* sei[19], und weil zweitens (politisch-funktional betrachtet) der Richter im Deutschen Reich kein selbständiges Moment der gesellschaftlichen Bewegung gegenüber der exekutivistischen Staatsapparate zur Geltung bringen könne[20]; Jellinek akzeptiert die gegenüber dem Deutschen Reich ins Auge fallende Rückständigkeit österreichischer Verhältnisse. Der Anlaß zur Abfassung der kleinen Schrift über die Einführung eines „Verfassungsgerichtshofes für Österreich" (Aufnahme mehrerer Personen in die Wählerliste des oberösterreichischen Großgrundbesitzes) zeigt dies ebenso deutlich wie die Reaktionen auf Jellineks Schrift: „Die slawisch-feudal-klerikale Majorität der Taafeschen Ära nahm natürlich Stellung gegen mich, ohne das geringste Gegenargument vorbringen zu können, sondern antwortete mit Beschimpfungen."[21]

Aber auch Jellineks spätere, nach seinem Abgang aus Wien bezogene Positionen zur Verfassungsgerichtsbarkeit belegen, daß er nicht gar so „unparteiisch" zu urteilen vermochte, wie er sich selbst vorgab, daß also – mit anderen Worten – auch in Jellineks Position eine existentielle Bindung der positivistischen Ideologie an eine historisch bestimmte Konstellation deutlich wird:[22] Jellinek sah ein, daß ein richterliches Gesetzesprüfungsrecht unter den politischen Bedingungen des Bismarck-Reiches „wenig

---

[19] Laband, Das Staatsrecht des deutschen Reiches³ (1895), II, 42 ff, bes 45: mit dieser Forderung sei ja noch nicht bestimmt, durch „welche Tatsache für den Richter die Existenz des Gesetzes formell konstatiert wird".

[20] Der für das Bürgertum lebensnotwendige Rechtsformalismus wird von der Exekutive und der Legislative durchgesetzt, während eine materielle Kontrolle der Gesetzgebung angesichts der Homogenität der gesellschaftlich herrschenden Klasse (inklusive der Staatsapparate) als obsolet erscheinen muß.

[21] Jellinek, Die Wahlprüfung, 417 f.

[22] Vgl Hase/Ladeur, Verfassungsgerichtsbarkeit und politisches System (1980), 92 f.

praktisch" hätte sein können: hätte es nämlich früher (im älteren Konstitutionalismus) am notwendigen Vertrauen in die Verfassungsmäßigkeit der Gesetze gemangelt, so seien es doch nunmehr vor allem die sozialen Machtverhältnisse, die über Bestand oder Nichtbestand von Verfassung und Gesetz entscheiden würden: demgegenüber habe der richterliche Schutz der Verfassung „etwas Zufälliges"[23].

Erinnern wir uns daran, daß Jellinek schon für österreichische Verhältnisse eine Normenkontrolle nur präventiv, als antiparlamentarisches Instrument während des parlamentarischen Gesetzgebungsverfahrens zulassen wollte,[24] er eine Überprüfung des monarchischen „Gesetzesbefehls" als „freie" (d.h. an keine rechtliche Voraussetzung gebundene) Entscheidung aber ablehnte,[25] so wird deutlich, daß bei ihm das Postulat der Verfassungsgerichtsbarkeit vordergründig-politischen Überlegungen geschuldet war – und Argumente der Art, daß die „politische Sittlichkeit" und die „Wahrscheinlichkeit gerechter Entscheidungen" durch Juristen (die sich hüten würden, einer „widerspruchsvollen oder rabulistischen Begründung" zuzustimmen [S 23, 25]) nur *en passent* mitliefen.[26] Ganz offensichtlich ist die von Jellinek ins Treffen geführte „Verantwortung" nur eine appellative Größe, die – bei gutwilligster Interpretation – möglicherweise als regulatives Prinzip, kaum aber als konstitutives Prinzip der Verfassungsgerichtsbarkeit wirksam sein kann.[27]

Insgesamt sind Jellineks Forderungen also weniger einer konzisen theoretischen Überlegung entflossen als vielmehr den komplizierten österreichischen Verhältnissen, die zu stabilisieren sich Jellinek wünschte: „Vielleicht in keinem anderen Staate wird die Verfassungsmäßigkeit von Gesetzesvorschlägen so oft von Einzelnen, Ausschüssen oder Minoritäten in Frage gestellt, wie in Österreich. Fast jedem wichtigen organisatorischen Gesetze wird von der einen oder anderen Seite der Vorwurf der Verfas-

---

[23] Jellinek, Verfassungsänderung und Verfassungswandlung (1906), 17; vgl auch den Vortragsbericht unter demselben Titel in JBl 1906, 136 f.

[24] Rechtssoziologisch betrachtet wäre die Einführung einer präventiven Kontrolle von Gesetzesvorschlägen durch ein Gericht eine Zurechnungsverschiebung, die den Rechtsunterworfenen (also diesfalls den Parlamentariern) die Möglichkeit gibt, sich „offiziell" zwingen zu lassen und sich damit von Verantwortung zu entlasten; herausragendes Beispiel aus letzter Zeit: der Prüfungsantrag der dt FDP an das BVerfG über die Zulässigkeit des Einsatzes dt Truppen im Ausland.

[25] Vgl die barsche Kritik von Jacques, Die Wahlprüfung, 71: das Prinzip einer präventiven Kontrolle würde gerade das gefährden, was man doch wolle, nämlich die Loslösung des Richterspruches von allen politischen Momenten; Jacques forderte daher (ebd, 73 ff) eine nachprüfende Kontrolle.

[26] Vgl auch schon oben Fn 12.

[27] Das Problem ist freilich bis heute ungelöst: Es gibt im Hinblick auf die österreichische Verfassungsgerichtsbarkeit keine kritisch-konzeptionellen Überlegungen zum Zusammenhang von persönlicher Verantwortung und bestehenden Verfahrens- und Kontrollformen; der ganze Themenkomplex ist unterbelichtet. Vgl für einen Versuch Noll, Verfassungsgebung und Verfassungsgericht (1994), 120 ff.

sungswidrigkeit gemacht." (S 20) Dieser Zustand der „politischen Unsicherheit" sollte – politisch – ein Ende finden.[28]

Wie wenig das Postulat einer Verfassungsgerichtsbarkeit in die dann von Jellinek ausgebaute Theorie des öffentlichen Rechtes insgesamt paßt, wird auch deutlich, wenn man sich daran erinnert, daß Jellinek zufolge das Recht ohnedies nicht der Lage sei, die realen Verhältnisse tatsächlich zu beherrschen: „Die Entwicklung der Verfassungen bietet uns eine große, noch immer nicht genug in ihrer gewaltigen Bedeutung gewürdigte Lehre, daß Rechtssätze unvermögend sind, staatliche Machtverteilung tatsächlich zu beherrschen, die realen politischen Kräfte bewegen sich nach ihren eigenen Gesetzen, die von allen juristischen Formen unabhängig wirken."[29]

Dieses Urteil findet sich durch die Lektüre späterer Schriften Jellineks bestätigt: In seiner 1906 erschienen Schrift „Verfassungsänderung und Verfassungswandlung" wendet er sich ua der amerikanischen Praxis der Verfassungsgerichtsbarkeit zu, jenes Instituts, „das auf den ersten Blick als der stärkste Wall gegen verfassungswidrige Übergriffe des Gesetzgebers selbst gepriesen wird"[30]. Dort zeige sich, so Jellinek, daß „der Richter tatsächlich an Stelle des Verfassungsgesetzgebers" getreten sei: „Der Richter steht bei der Entscheidung über die Verfassungsmäßigkeit der Gesetze unter dem ungeheuren Drucke der häufig gespaltenen öffentlichen Meinung, die in der Demokratie sich jedem im öffentlichen Leben Stehenden mit unwiderstehlicher Gewalt aufdrängt, daher ist in vielen Fällen die Ansicht des Richters über das zur Frage stehende Gesetz, mag er sich noch

---

[28] Während im Deutschen Reich das um die Jahrhundertmitte punktuell bei v. Kirchmann ua aufgebrochene Krisenbewußtsein noch einmal für ein halbes Jahrhundert verdrängt wird (weil die im letzten Drittel des 19. Jahrhunderts erreichte Reichs- und Rechtseinheit, die konstitutionelle Monarchie, die klassenmäßige Homogenität der Juristen, der Rechtswissenschaft und der -praxis insgesamt eine prinzipielle Sicherheit verschaffen, die erst nach den revolutionären Ansätzen von 1918 erschüttert wird), ist die Lage in Österreich-Ungarn anders: die „Schroffheit der nationalen Gegensätze" (S 18) ließ Ruhe und Gewißheit auf verfassungspolitischem und rechtlichem Terrain nicht zu.

[29] Jellinek, Verfassungsänderung und Verfassungswandlung (1906), 72; vgl auch ders, Allgemeine Staatslehre[4] (1914), 338, 359. – Diese Auffassung – aus der die von Jellinek aufgebrachte und zur Redewendung verkommene Wortwendung von der „normativen Kraft des Faktischen" entsprungen ist – steht in deutlichem Widerspruch zu der ebenfalls von Jellinek vorgetragenen Theorie der „sozialen Schrankenziehung" durch Gesetze; vgl ders, Gesetz und Verordnung (1887), 240: „Hat ein Gesetz den nächsten Zweck, die Sphäre der freien Thätigkeit von Persönlichkeiten gegeneinander abzugrenzen, ist es der sozialen Schrankenziehung wegen erlassen worden, so enthält es die Anordnung eines Rechtssatzes, ist daher auch ein Gesetz im materiellen Sinne, hat es jedoch irgend einen anderen Zweck, so ist es kein materielles, sondern nur ein formelles Gesetz." Dabei betont Jellinek (ebd, 241), daß das Gesetz im materiellen Sinne Rechte und Pflichten für die „Rechtsuntertanen", aber auch für den Staat normiere. Eine Begründung der Verfassungsgerichtsbarkeit aus den daraus entstehenden Spannungsverhältnisse hat Jellinek jedoch weder in der vorliegend besprochenen Schrift noch später gegeben.

[30] Jellinek, Verfassungsänderung und Verfassungswandlung, 16.

so objektiv dünken, politisch gefärbt."[31] Die Verfassungsgerichtsbarkeit könne so zwar – wie das amerikanische Beispiel belege – Verfassungsänderungen unnotwendig erscheinen lassen, da die „Verfassungswandlung durch richterliche Interpretation"[32] es ermögliche, den oft auch vor hundert Jahren formulierten Verfassungstext jeweils neu „zum Leben zu erwekken". Die Verfassungsgerichtsbarkeit sei daher aber – schon wegen der „Unbestimmtheit der Verfassungsrechtssätze" – keineswegs als „Schutz der Verfassung" aufzufassen.[33] Damit gibt Jellinek aber ein plausibles Gegenargument zu der früher von ihm geäußerten Meinung, ein „guter Richterspruch" sei per se geeignet, die Frage „Wer wird die Wächter bewachen?" vergessen zu machen. Jellinek selbst argumentiert also gut ein Vierteljahrhundert nach seiner Kampfschrift für die Einführung der Verfassungsgerichtsbarkeit in Österreich gegen eine richterliche Kompetenz, Gesetze auf ihre materielle Verfassungsmäßigkeit zu überprüfen. Man wird ihn deshalb nicht umstandslos als Vorreiter der Verfassungsgerichtsbarkeit in Österreich nennen können; das Verdienst, sie definitiv auf die Tagesordnung der verfassungspolitischen Diskussion gesetzt zu haben, wird ihm allerdings niemand streitig machen wollen.

2. Ein Verfassungsgericht als „Regulator" (Frantisek Weyr)

Auch wenn Frantisek Weyr, der Begründer der sog „Wiener Schule der Rechtstheorie", heute fast in Vergessenheit geraten ist[34] und speziell zu Fragen der Verfassungsgerichtsbarkeit nur einen Aufsatz verfaßt hat,[35] so ist doch dessen im Jahr 1913 in deutscher Übersetzung erschienene Arbeit „Rahmengesetze. Studie aus dem österreichischen Verfassungsrechte" von einschlägiger Bedeutung: sie liest sich stellenweise fast wie ein Kommentar zu Jellineks „Ein Verfassungsgerichtshof für Österreich". Darüber hinaus wissen wir, daß Weyr ganz generell ein Befürworter der Einführung der Verfassungsgerichtsbarkeit gewesen ist, und daß er seine Ansichten bei der

---

[31] Ebd, 19 f.

[32] Ebd, 21.

[33] 1885 hieß es bei Jellinek über die amerikanische Verfassungsgerichtsbarkeit noch: „Die so weitgehenden Befugnisse des Obergerichtes sind zwar seinerzeit von den Vertretern der Staatensouveränität heftig angegriffen worden, heute jedoch zweifelt wohl Niemand, dass Errichtung und Competenz dieses Gerichtes ein nothwendiges Glied in dem Processe der Entwicklung und Festigung der Verfassung bilden." (S 56 f).

[34] Vgl für biographische Hinweise: Merkl, Frantisek Weyr (Nachruf), ZÖR 1953, 5 ff; Métall, Hans Kelsen und seine Wiener Schule der Rechtstheorie, in: Hans Kelsen zum Gedenken (1974), 15 ff, bes 19–25; zu Weyrs Rechtstheorie zusammenfassend: Kubes, Die Brünner Schule der Reinen Rechtslehre, in: ders/Weinberger (Hrsg), Die Brünner rechtstheoretische Schule (normative Theorie) (1980), 9 ff, bes 11–15 (in diesem Band findet sich auch eine Bibliographie der Schriften von Weyr [359–363]); für den hier interessierenden Zusammenhang vgl auch Haller, Die Prüfung von Gesetzen (1979), 61–67.

[35] O cem rozhoduje ceskoslovensky ústavní soud? [Worüber entscheidet das tschechische Verfassungsgericht?], Moderní stát XI (1938), 15 ff.

Errichtung des tschechoslowakischen Verfassungsgerichtes einbringen bzw praktisch durchsetzen konnte.[36]

In der schmalen Schrift „Rahmengesetze" geht es Weyr offensichtlich um zweierlei: einerseits will er den bis dahin in der Literatur schwankenden Begriff des „Rahmengesetzes" präzisieren und zur weiteren Benützung empfehlen; andererseits sollen anhand des begrifflich schärfer gefaßten Ausdrucks die Kompetenz-Bestimmungen des positiven Verfassungsrechts der Monarchie einer kritischen Untersuchung unterzogen werden. Wie Jellinek sieht auch Weyr, daß

> „1. Rechts- und Landesgesetzgebung gleichwertige Emanationen der legislativen Gewalt (sind); es gilt daher bezüglich ihres gegenseitigen Verhältnisses der Satz lex posterior derogat priori. – 2. Die bei Herausgabe eines Gesetzes etwa unterlaufene Kompetenzüberschreitung seitens des Gesetzgebers kann nach dem österreichischen Verfassungsrechte der Geltung des Gesetzes nicht im Wege stehen, insbesondere kann hiedurch dessen derogierende Kraft gegenüber älteren Gesetzen, bei denen der Gesetzgeber seine Kompetenzsphäre eingehalten hat, nicht aufgehoben werden."[37]

Daraus gehe die Notwendigkeit „eines Regulators" hervor, den das österreichische Verfassungsrecht aber nicht kenne. Weyr vergleicht daher das österreichische Verfassungsrecht mit der Verfassung eines konstitutionellen Staates, der zwei absolute Monarchen habe, die unabhängig voneinander zur Gesetzgebung berufen sind und deren gesetzgebende Willensäußerungen lediglich durch den Satz lex posterior derogat priori geregelt sind. Dies sei verfassungspolitisch ein ganz unhaltbarer Zustand; und da die verfassungsrechtlich vorgegebenen Möglichkeiten der Geltendmachung von Kompetenzüberschreitungen unzureichend seien,[38] schließt sich Weyr der Forderung Jellineks nach Übertragung der Prüfungskompetenz an das Reichsgericht an.

Weyr will dieses Postulat jedoch in zweifacher Hinsicht ergänzen: Erstens sei der Staatsgerichtshof nicht abzuschaffen, sondern vielmehr seine Kompetenz dahingehend zu erweitern, daß dieser auch das Recht erhalte, „die ministerielle Kontrasignatur der Gesetze gegebenenfalls auf ihre Verfassungsmäßigkeit hin zu prüfen [...] Dies könnte aber nicht anders geschehen als durch die Bestimmung, daß auch Landtage den Minister

---

[36] Vgl dazu Haller, Die Prüfung von Gesetzen (1979), 67: „Wie auch immer [...] die historischen Abläufe gewesen sein mögen, die Priorität bei der Schaffung eines eigenen Gesetzesprüfungsgerichtes kommt eindeutig den Schöpfern der Verfassung der tschechoslowakischen Republik – unter ihnen wohl an hervorragender Stelle Franz Weyr – zu." Zur tschechoslowakischen Verfassungsgerichtsbarkeit vgl ganz allgemein die ebd, 63, Fn 227, und die bei Adamovich sen., Grundriß des tschechoslowakischen Staatsrechtes (1929), 241, angeführte Lit.

[37] Weyr, Rahmengesetze. Studie aus dem österreichischen Verfassungsrechte (1913), 18.

[38] Ebd, 36–41.

wegen der Kontrasignierung von Reichsgesetzen belangen könnten, oder mit anderen Worten: daß die Institution der Ministerverantwortlichkeit auch gegenüber den Landtagen eingeführt werde." Da diese Haftung jedoch immer eine strafrechtliche wäre, habe „die eigentliche präventive Kautel zur Einhaltung der Kompetenzgrenzen [...] dann Sache des eigentlichen Kompetenzgerichtshofes: des Reichsgerichtes (zu sein), und darin würde allerdings der Schwerpunkt der ganzen Institution zur Überwachung der legislativen Kompetenzgrenzen liegen. Die dem Reichsgericht in dieser Angelegenheit von Jellinek zugedachte Kompetenz müßte im Sinne der obigen Ausführungen erweitert werden."[39] Allerdings wäre dann auch (was Jellinek unberücksichtigt gelassen habe) das Präsentationsrecht für die Besetzung des Reichsgerichts derart zu ändern, daß dieses „zwischen dem Reichsrat und den Landtagen geteilt würde"[40].

Auch Weyr will also nur eine präventive und keine nachprüfende Kontrolle durch das Reichsgericht als Verfassungsgericht. Wichtig an Weyrs Ausführungen ist dennoch zweierlei: zum einen ist er eine weitere Stimme, die für die Ausdehnung der Kompetenzen des Reichsgerichtes eintritt; zum anderen ist seine gesamte Schrift ein Meilenstein auf dem Weg zu der für Österreich dann rasch herrschend werdenden Ansicht, daß es „verfassungswidrige Gesetze" gibt. Zwar gesteht er etwa Spiegel zu, daß dessen Ansicht, daß alles, was juristisch unanfechtbar ist, juristisch richtig sei, aber:

„Dieser Standpunkt ziemt jedoch der juristischen Anschauungsweise gewiß nicht. Wenn ein gewöhnliches Gesetz gegen ein Staatsgrundgesetz verstößt, so ist damit ein sanierbarer, verfassungswidriger Zustand eingetreten. Daß er von der gesetzgebenden Gewalt in Zukunft nicht sanierbar sein sollte, oder mit anderen Worten: daß ihn dieselbe in Zukunft als verfassungsgemäß empfinden müßte, läßt sich nicht behaupten. Der Gesetzgeber, der verfassungsmäßig vorgehen will, muß sich immer an den Inhalt der Staatsgrundgesetze halten."[41]

Diese rechtspolitische Forderung eines der Begründer der „Reinen Rechtslehre" wird erst dann richtig verständlich, wenn man berücksichtigt, daß die sog „Lehre vom Stufenbau der Rechtsordnung" im Jahr 1913 noch nicht entwickelt war; das „rechtstheoretische Ei des Kolumbus" (so Weyr[42] einige Jahre nach deren Ausarbeitung durch Merkl) war noch nicht gefunden, – und so mußte das rechtspolitische Postulat das rechtstheoretische Argument ersetzen.

---

[39] Ebd, 42.
[40] Ebd, 43. – Dies ist bekanntlich heute nicht der Fall, da gem Art 147 Abs 2 B-VG der Bundesrat nur für drei Mitglieder und ein Ersatzmitglied einen Bestellungsvorschlag zu machen hat.
[41] Ebd, 35.
[42] Weyr, Die Rechtswissenschaft als Wissenschaft von Unterschieden, ARSP 1935, 364 ff (hier zit nach dem Wiederabdruck in: Métall [Hrsg], 33 Beiträge zur Reinen Rechtslehre [1974], 547–559 [557]).

3. „Rechtsunterworfenheit des Gesetzgebers" (Alfred von Verdroß)

Auch die nachfolgend kurz darzustellende Arbeit von Alfred von Verdroß „Zum Problem der Rechtsunterworfenheit des Gesetzgebers"[43] aus dem Jahr 1916 ist vor allem deswegen bedeutsam, weil sie einen eminenten Beitrag zu der Auffassung leistete, daß auch der Gesetzgeber dem Recht unterworfen ist, daß Gesetzgebung selbst Rechtsanwendung ist. Verdroß – der ebenso zum Mitbegründer der Wiener rechtstheoretischen Schule gezählt werden kann[44] – geht darin vor allem der von Weyr[45] aufgeworfenen Frage nach, ob es mit der staatlichen Souveränität vereinbar sei, daß durch einen Rechtssatz eine im positiven Recht enthaltene Bestimmung der Verfügung des staatlichen Gesetzgebers entzogen werden könne. Die nur vordergründig ausschließlich völkerrechtliche Problemstellung wird von Verdroß rechtsmethodologisch und rechtstheoretisch folgendermaßen entfaltet:

Für Weyr bedeute staatliche Souveränität die ausnahmslose und jederzeitige Verfügungsmöglichkeit des staatlichen Gesetzgebers über alle rechtssatzmäßig gegebenen Bestimmungen. Diese Auffassung sei jedoch, so Verdroß in seiner Antwort, keine rechtswissenschaftliche, denn das „der Rechtswissenschaft gesetzte Material ist der in den positiven Rechtsquellen niedergelegte Rechtsstoff [...] Am quellenmäßig gegebenen Stoffe selbst aber darf die Rechtswissenschaft nichts ändern. Denn der Stoff ist das der wissenschaftlichen Verarbeitung noch unbestimmt Gegebene, das der wissenschaftlichen Bestimmung harrt. Aller Rechtsinhalt muß daher aus diesen quellenmäßig vorgefundenen Daten erschlossen werden." (S 1545) Enthalte daher eine positive Rechtsordnung eines Staates eine verfassungsmäßige Rechtsnorm, die es dem Gesetzgeber verwehre, über eine rechtliche Bestimmung zu verfügen, so sei auch diese Norm als integrierender Bestandteil des positiven Rechts hinzunehmen. Daraus folge aber auch, daß die Auffassung Weyrs aus wissenschaftstheoretischen und aus ideen-

---

[43] JBl 1916, 471 ff und 483 ff; der Aufsatz ist wiederabgedruckt in: Die Wiener rechtstheoretische Schule. Ausgewählte Schriften von Hans Kelsen, Adolf Julius Merkl und Alfred Verdroß, hrsg v Klecatsky/Marcic/Schambeck (1968), Bd 2, 1545 ff, und wird nach dieser Ausgabe im Text zitiert.

[44] Biographische Angaben über Verdroß sind zu finden etwa bei: Adamovich, Biographie, in: FS Verdroß zum 90. Geburtstag (1980), 3 ff; Köck, Alfred Verdroß – Ein österreichischer Rechtsgelehrter von internationaler Bedeutung (1991); Putzer, Von der Einheit des rechtlichen Weltbildes. Zum 100. Geburtstag des Völkerrechtlers Alfred Verdroß, Salzburger Nachrichten, 17. Februar 1990; Seidl-Hohenfeldern, Alfred Verdroß (1890–1980), in: Brauneder (Hrsg), Juristen in Österreich (1987), 304 ff; Verdroß, Selbstbiographie, in: Grass (Hrsg), Österreichische Rechts- und Staatswissenschaften der Gegenwart in Selbstdarstellungen (1952), 201 ff; Verosta, Biographie, in: FS Verdroß zum 70. Geburtstag (1960) 1 ff; zu Gehalt und Grundlagen seiner Lehre vgl vor allem Mock, Die Erschließung der materialen Rechtsphilosophie durch Alfred Verdroß, in: FS Verdroß zum 90. Geburtstag (1980), 9 ff; eine von Scheuba zusammengestellte Bibliographie seiner Schriften findet sich ebd, 741–752.

[45] JBl 1916, 387 ff.

geschichtlichen Gründen abzulehnen sei. Insbesondere die ideengeschichtliche Entwicklung des Souveränitätsgedankens offenbare, so Verdroß weiter, daß spätestens seit der Zeit, als die Beziehung auf die Reichsordnung aufgegeben und die Begründung der Staaten je in der eigenen Ordnung proklamiert wurde, „jeder Staat vielmehr in seiner eigenen Verfassungsordnung auf sich selbst gestellt (wurde). So wurde die Verfassung jedes Staates nunmehr als letzte gegebene rechtliche Grundlage angesehen, aus der alles Recht für den betreffenden Staat abzuleiten war" (S 1548). Verfassung heißt aber bei Verdroß: nicht bloß Verfassungsurkunde, „sondern jene als oberst gedachte aus Rechtsnormen bestehende staatliche Grundordnung, die logisch vorausgesetzt werden muß, um den Staat rechtlich, dh als Person zu konstituieren um dem Rechte einen Rechtsgrund zu geben, aus dem alles Recht des bezüglichen Staates seine normative Kraft herleitet" (ebd).

Der Begriff der Souveränität habe daher eine ganz andere Ursache als die von Weyr unterstellte: die staatliche Ordnung werde in der Neuzeit ausschließlich in sich selbst begründet; sie trage ihren Rechtsgrund in sich und bedürfe keiner Rechtfertigung von seiten irgend einer anderen gegebenen Ordnung. Jede staatliche Verfassung sei sohin rechtlich die *causa sui*.

> „Völlige Konstituierung in der eigenen Ordnung und ausschließliche Bestimmbarkeit in derselben, begründen demnach den Begriff der Souveränität. Gemäß dem Prinzipe der Souveränität ist es daher dem Erforscher eines gegebenen, verfassungsmäßig zusammenhängenden Rechtsstoffes verwehrt, die auf Grund der Verfassung entwickelte Rechtsordnung aus einer anderen Ordnung rechtlich-normativ abzuleiten." (S 1549)[46]

Die von Weyr angeschnittene Frage, ob nämlich ein Staat jederzeit rechtlich in der Lage sein müsse, die ihm verfassungsmäßig auferlegten Pflichten und Bindungen wieder aufzuheben, sei daher recht eigentlich eine politische Forderung über deren Verwirklichung ausschließlich das positive Recht zu entscheiden habe.

Der davon abgesetzte Hauptpunkt der Arbeit liegt aber in der Erörterung der viel weitergehenden Frage, ob es möglich sei, den Gesetzgeber überhaupt „rechtlich-normativ" zu begreifen, was Weyr deutlich verneint und Verdroß (S 1550 ff) bejahend wie folgt begründet hat:

Alles Recht müsse in der Verfassung Grund und Rechtfertigung finden; erst durch die Verfassung werde die Vielheit des staatlichen Lebens zu einer Einheit verknüpft. Daher müsse weiters auch der staatliche Gesetzgeber (Verdroß folgt hier ganz deutlich Merkl[47]) seine Kompetenz aus der

---

[46] Vgl die später infolge der mit der Übernahme der EMRK entstandenen Probleme modifizierte Sicht: Verdroß, The status of European Convention for the protection of human rights and fundamental freedoms in the hierarchy of rules of law, The Indian Journal of International Law 1965, 455 ff; ders, Die Europäische Menschenrechtskonvention im Stufenbau der österreichischen Rechtsordnung, JBl 1966, 1 ff.

[47] JBl 1916, Nr 34 und 35.

Verfassung ableiten, denn sein „Rechtsetzendürfen" müsse ebenfalls einer Norm entspringen. Nur über die Verfassung selbst könne rechtlich nichts ausgesagt werden, diese sei die rechtliche Grundordnung, „die juristisch nicht weiter ableitbar ist" (S 1551). Wenn aber einmal die Grundverfassung gegeben sei, so sei damit auch ein Maßstab zur Beurteilung des Rechtsbaues vorhanden:

> „Jetzt kann und muß die rechtlich-normative Methode einsetzen. Denn nun gibt es Normen, auf Grund welcher die Rechtsdeduktion vor sich gehen kann. Auch der Gesetzgeber darf dieser Wertung an der Verfassungsordnung nicht entgleiten. Denn nur von Verfassungs wegen besteht er zu Recht. Und sein Erzeugnis: das Gesetz, ist auch bloß von Verfassungsgnaden mit normativer Kraft ausgestattet. Daraus folgt, daß die Befugnis von Gesetz und Gesetzgeber nicht weiter reichen, als es in der positiven Verfassung vorgezeichnet ist." (S 1551)

Es müsse daher immer anhand der konkreten Verfassung geprüft werden, welche Rechtsmacht die Verfassungsordnung dem Gesetzgeber einräumt. Daraus folge weiters, daß alle verfassungsmäßig abgeleiteten Gewalten (Legislative, Justiz und Verwaltung) unfrei sind, „der Verfassung unterworfen, durch sie rechtlich bestimmt und gebunden" (S 1556). Gerade in der Rechtsunterworfenheit, so schließt Verdroß gegen Weyr, erfahre also die staatliche Souveränität ihre tiefste Bestätigung, denn nur der Staat als Verfassung könne souverän sein. „Denn die Verfassung ist die den Staat konstituierende Ordnung, die seine Handlungen vorzeichnende Gesetzlichkeit, die ihm zugrunde gelegte Idee. Im Begründetsein in seiner eigenen Gesetzlichkeit besteht aber gerade seine Souveränität" (ebd).

Wer aber soll prüfen, ob der Gesetzgeber sich an die verfassungsmäßigen Vorgaben gehalten hat? Verdroß' lapidare Antwort darauf: „[...] dort, wo die Verfassung den Staatsbürgern, insbesondere den Gerichten kein Prüfungsrecht darüber einräumt, ob ein Gesetz verfassungsmäßig entstanden ist oder nicht, sondern diesen Organen befiehlt, jedes *gehörig kundgemachte Gesetz* anzuwenden, (sind) keine genügenden Garantien zur Verwirklichung der Verfassung vorhanden" (S 1557); denn auch ein rechtswidrig entstandenes Gesetz erwachse in Rechtskraft.

Für Verdroß – der die von Kelsen später rigoros betriebene Trennung von Recht und Moral auch in jungen Jahren nicht voll übernehmen wollte und in späteren Jahren ein überzeugter Verfechter eines katholisch orientierten Naturrechts wurde – entsteht daraus ein Problem, das er nicht zu lösen vermag: positiv-rechtlich ist mit der Anordnung, daß die Gerichte gehörig kundgemachte Gesetze nicht überprüfen dürfen, Schluß des rechtswissenschaftlichen Nachdenkens. Die Verfassungswidrigkeit eines Gesetzes bliebe (jedenfalls ohne Einrichtung und Tätigwerden eines zur Überprüfung befugten Gerichtes) bis zur allfälligen legislativen Änderung bestehen. Verdroß sieht mit Jellinek, daß

„die Realisierung allen Rechtes nur vom guten Willen der Anwendungsorgane abhängt – während die normative Geltung des Rechtes natürlich davon unabhängig ist. Denn nicht nur der Gesetzgeber, sondern z.B. auch die obersten Gerichtshöfe sind in ihrer Judikatur ohne Rechtskontrolle. Auch die Sprüche dieser Höfe erwachsen in Rechtskraft und schaffen damit ein Befolgungsgebot, eine lex – wenn auch nur inter partes sowie für die Vollzugsorgane, mögen die Entscheidungen auch noch so weit von der Rechtsordnung abgebogen sein" (ebd).

Diesem Dilemma entkommt die Rechtswissenschaft selbst nur, wenn sie bedenkt, daß „das Recht – von seinen übrigen Funktionen abgesehen – immer auch noch gelten (wird) als Wertmaßstab zur Beurteilung der Handlungen von Staat und Mensch" (ebd). Die Rechtswissenschaft dürfe ihre Betrachtung daher nie auf die faktische Praxis beschränken, sonst löse sich alle Rechtswissenschaft in den einzigen Satz auf: „Was die letzte Instanz gebietet, ist Recht" (ebd).

Verdroß selbst scheint seinem Aufsatz über die „Rechtsunterworfenheit des Gesetzgebers" keinen großen Stellenwert beigemessen zu haben.[48] Zu Unrecht, denn er hat – noch bevor es in Europa zur Errichtung eines Verfassungsgerichtshofes im modernen Sinne gekommen ist – klargestellt und begründet, daß sämtliche Emanationen des (Rechts-) Staates nur auf der Verfassung gegründet sein können, oder anders: daß der Staat sich in allen seinen Handlungen immer am Maßstab der Verfassung messen zu lassen hat. Ein derartiges Messen am Maßstab der Verfassung bedarf einer (wie dann auch immer konkret eingerichteten) institutionalisierten Prüfungsinstanz. Daß die Entscheidung darüber, ob mit einem bestimmten Handeln oder Unterlassen der Verfassung entsprochen bzw ihr zumindest nicht widersprochen wurde, nur einem Gericht übertragen werden könne, leuchtet aus Verdroß Ausführungen deutlich hervor – auch wenn er das Postulat einer besonderen Verfassungsgerichtsbarkeit nicht explizit zur Sprache bringt, sondern er eher ein allgemeines Prüfungsrecht der ordentlichen Gerichte zu favorisieren scheint. Die lapidare Antwort auf die Frage, wo denn der Schutz der Verfassung zu suchen sei, wenn den Gerichten kein Prüfungsrecht zustehe, bleibt dennoch deutlich: es fehlen dann eben die rechtlichen Garantien zum Schutz der Verfassung. Ein Zustand, den es rechtspolitisch zu überwinden gelte.

---

[48] In seiner Selbstbiographie (in: Grass [Hrsg], Österreichische Rechts- und Staatswissenschaften der Gegenwart in Selbstdarstellungen [1952], 201 ff [202]) erwähnt Verdroß zwar die Arbeiten über „Die Rechtskraft der kaiserlichen Verordnung vom 7. Juli 1915 über die Einstellung der Geschworenengerichte" (JBl 1915, 426 ff) und „Die Neuordnung der gemeinsamen Wappen und Fahnen in ihrer Bedeutung für die rechtliche Gestalt der österreichisch-ungarischen Monarchie" (JBl 1916, 121 ff und 134 ff), nicht aber den hier besprochenen Aufsatz.

4. Der VfGH als Werkzeug der Verfassungspolitik (Herbert Kier)

Im Jahre 1928 erschien eine später kaum mehr beachtete kleine Schrift des Grazer Juristen Dr. Herbert Kier[49] mit dem Titel „Der österreichische Verfassungsgerichtshof im Rahmen der Verfassungspolitik"[50]. Darin will Kier untersuchen, inwieferne der österreichische Verfassungsgerichtshof „verfassungspolitisch eine Rolle spielen kann" (S 5). Darauf soll im folgenden eingegangen werden.

4.1 Über die Begriffe „Verfassung" und „Verfassungspolitik"

Kier startet mit einem Fundamentalangriff gegen „formalistische Rechtslehrer" (S 7). Diese würden unter Beiseiteschiebung aller rechtsgeschichtlichen Erfahrungen daran gehen, die Voraussetzungen und Bedingungen festzulegen, unter denen Rechtssätze jeder Art zustande kommen; sie würden versuchen, auf Kosten der Rechtswirklichkeit ein in sich geschlossenes logisches Rechtssystem zu entwerfen, das ihrer Ansicht nach allein berechtigt sei, sich Rechts-System zu nennen. „Sie kommen dann in Verfolgung einer rein formalistischen Methode zu dem Schluß, daß ein Vorgang rechtlich unfaßbar sei, wenn sich das Werden und Wachsen einer Verfassung nicht streng innerhalb jener Bahnen bewegt, die von den gesetzlichen Vorschriften gezeichnet sind." (S 7). Das richtet sich selbstverständlich gegen Kelsen[51] und gegen Adamovich sen.:[52] diese Autoren würden unzutreffend den Staat „rechtlich sozusagen als lückenlose(n) Normenkomplex" auffassen; es sei aber, so Kier weiter, ganz unmöglich,

> „innerhalb eines Rechtssystems alles nur nach den Gesetzen menschlicher Logik aufbauen zu wollen [...] Es ist eine überall zu beobachtende Erscheinung der Rechtswirklichkeit, daß das Wachsen und Werden von Verfassun-

---

[49] Kier war illegaler Nationalsozialist und später (aufgrund seiner guten Verbindungen ins Deutsche Reich) einer der Organisatoren derjenigen Sondernummer des „Verwaltungsarchivs" (Bd 38, H III, September 1933), die – gegen Dollfuß gerichtet – die Rechtswidrigkeiten im Zusammenhang mit der Ausschaltung des VfGH dokumentierte. Während die Mehrzahl der darin enthaltenen Beiträge (etwa von May Layer [dessen Assistent Herbert Kier war], Adolf Merkl, Karl Braunias, Hans von Frisch, Karl Gottfried Hugelmann) als juristisch seriöse bezeichnet werden kann, war Kiers Artikel über „Das Erlöschen der Mandate der NSDAP (Hitlerbewegung)" direkt auf die Bedürfnisse der NSDAP ausgerichtet (vgl Rabofsky, Ver-fassungsloses Österreich, in: Dimmel/Noll [Hrsg], Verfassung [1990], 90 ff [99–101]); Kier hatte mit seinem (noch durchaus seriösen) Aufsatz „Grundmandat und Splitterpartei" (ZÖR 1931, 279 ff) seine Position schon vorbereitet gehabt.

[50] Seitenzahlen in Klammern beziehen sich nachfolgend immer auf diese 1928 in Graz erschienene Publikation.

[51] Erwähnt ist dessen Arbeit „Über Staatsunrecht", Grünhutsche Zeitschrift für das Privat- und öffentliche Recht der Gegenwart, Bd 40 (1914), 1 ff (= Die Wiener rechtstheoretische Schule, hrsg v Klecatsky/Marcic/Schambeck [1968], Bd I, 957 ff).

[52] Die Prüfung der Gesetze und Verordnungen durch den österreichischen Verfassungsgerichtshof (1923).

gen sich nicht in jenen Bahnen bewegt, in die es gesetzliche Vorschriften pressen wollen. Eine Rechtstheorie, die eine Erscheinung der Rechtswirklichkeit beiseiteschiebt und für rechtlich unfaßbar erklärt, ist nun unseres Erachtens nach nicht geeignet, als Richtschnur zur Beurteilung des tatsächlichen Rechtslebens herangezogen zu werden." (S 9)

Da es aber ganz unzweifelhaft sei, daß das Recht etwas tatsächlich Vorhandenes („sogar sehr bedeutsam sich Auswirkendes") ist, müsse man alle Elemente der Rechtswirklichkeit untersuchen; für die Rechtswissenschaft gelte es, eben jene Gesetze zu suchen, „nach denen das Recht sich entwickelt", es gelte (so Kier unter Berufung auf Georg Jellinek[53]) die „‚rechtserzeugenden Kräfte' zu untersuchen, und von ihnen ausgehend, dürfte es eher möglich sein, eine Theorie des Rechtes zu finden, die mit der Wirklichkeit in Einklang steht" (S 9). Diese rechtserzeugenden Kräfte seien entweder wirtschaftlicher oder geistiger Natur.[54] Da es aber unmöglich sei, den Gang kommender Entwicklungen vorauszusehen, sei der Mensch auch nicht in der Lage, „alles vorzukehren, um für alle Veränderungen und Wandlungen sofort den Paragraphen bereit zu haben, auf den er sich berufen kann, wenn er Rechtssätze neuen Verhältnissen entsprechend gestalten will" (S 12). Nur das Konzept der „rechtserzeugenden Mächte" erlaube es, sich anbahnende Entwicklungen und Wandlungen des Rechts als solche zu erkennen: „jede Verfassung (ist) das Werk rechtserzeugender Mächte, das von rechtsvernichtenden Mächten bedroht wird, selbst aber einem steten, mehr oder weniger faßbaren Wandel unterworfen ist" (S 12 f). Das Wirken dieser „Mächte" trete in Form einzelner Menschen oder Gruppierungen in Erscheinung – und deren Bestrebungen seien mit dem Begriff der „Verfassungspolitik" zu umschreiben.

Wenn der Sinn einer Verfassung derjenige sei, eine bestimmte Rechtsordnung innerhalb eines Staates zu gewährleisten bzw die Machtverteilung innerhalb eines Staates „rechtlich zu unterbauen und festzulegen", dann müßte eine jede Verfassung „vielfach von Zweckmäßigkeitsstandpunkten

---

[53] Verfassungsänderung und Verfassungswandel (1906), 31: „[…] eine wissenschaftliche Politik als Lehre von den rechtserzeugenden Mächten, die neben und über dem Gesetzgeber existieren, (ist) ein unentbehrliches Mittel und Verständnis der staatsrechtlichen Probleme selbst."

[54] Wobei der spätere Nationalsozialist schon 1928 nicht vergißt hinzuzufügen, daß Wechselbeziehungen „zwischen rassischen und geistigen Kräften bestehen" und daß „zweifelsohne Veränderungen rassischer Natur vielfach solche geistiger Natur zur Folge haben" (S 10). – „Jedoch in den meisten modernen Staaten werden solche Rechtssätze (sc Einwanderungsverbot für Chinesen in den USA aus dem Jahre 1894) abgelehnt, da sie als mit den heutigen demokratischen Anschauungen in Widerspruch stehend angesehen werden. Wegen dieses sich nicht Wehrens gegen fremdartige Zuwanderung und Einbürgerung kommt es daher vielfach zu tiefgehenden Veränderungen im Gefüge der Staatsvölker, die wiederum Veränderungen im gesamten Staatsleben nach sich ziehen. Daß derartige Veränderungen Ursachen für Revolutionen sowohl als auch für Änderungen des Geistes der Verfassung sein können, ist ein vielleicht für die Lehre von den rechtserzeugenden Mächten nicht unbeachtet zu lassender Umstand." (S 12).

beherrscht" sein – und es sei daher gerechtfertigt, sie auch vom Zweckmäßigkeitsstandpunkt aus zu betrachten; „eine derartige Betrachtungsweise wäre dann als eine verfassungspolitische zu betrachten" (S 13). Daraus ergebe sich als Aufgabe der Verfassungspolitik, „die theoretische Machtregelung der geschriebenen Verfassung mit der tatsächlich bestehenden in Einklang zu bringen und darauf hinzuzielen, daß sich die formelle Verfassung möglichst reibungslos den jeweiligen Machtverhältnissen anzupassen in der Lage ist, ohne dabei jedoch das Gepräge der Rechtsgrundlage eines Staates zu verlieren" (S 13). Die Auswirkungen der Verfassungspolitik im so verstandenen Sinne zeigten sich, so Kier weiter, in den sog „Verfassungsänderungen".

4.2 Verfassungsänderungen

Im Anschluß an die von Georg Jellinek geprägte Differenzierung von „Verfassungsänderung" und „Verfassungswandel" sieht Kier erstere dadurch gekennzeichnet, daß bei Verschiebung der gesellschaftlichen Machtverhältnisse diesen auf den in der Verfassung vorgesehenen Wegen Rechnung getragen werden, während letztere dann erfolgten, wenn bei gleichbleibendem Verfassungswortlaut sich deren „Geist" ändere; oder sich in die Lücken der Verfassung Gewohnheitsrecht einschiebe; oder trotz entgegenstehender Verfassungsbestimmungen in der Praxis anderes Recht widerspruchslos und allgemein anerkannt gehandhabt werde; oder die Verfassung durch Auslegung „zumindestens verhältnismäßig" (S 15) geändert werde.

Es sei nun ein Irrtum des Rationalismus, in den einmal geschaffenen Verfassungen „endgültige Fassungen von Erkenntnissen" zu sehen; daraus habe sich das Erfordernis der erschwerten Abänderung von Verfassungen ergeben. Verfassungsänderungen ließen sich aber nicht durch Verbote hintanhalten, vielmehr gelte, daß „eine schriftlich niedergelegte Verfassung solange unangetastet bleiben (wird), solange die theoretische Machtverteilung, die sie trifft, mit der tatsächlichen übereinstimmt, und ihrem Geiste nach wird dies der Fall sein, solange im geistigen Gefüge des Staatsvolkes keine wesentlichen Veränderungen vor sich gehen" (S 15). Will man daher die Verfassung vor Änderungen bewahren, so habe man das „Augenmerk vor allem auf jene Umstände zu lenken, die rechtserzeugend wirken, da diese allein das Schicksal einer Verfassung bestimmen" (S 16). Ob hingegen ein „Verfassungswandel" (im gekennzeichneten Sinne) in den Rechtsstaat eingliederbar sei, müsse getrennt untersucht werden.

4.3 Verfassungspolitik und der österreichische Verfassungsgerichtshof

Bevor Kier nun darauf eingeht, in welcher Weise der VfGH ein Element der Verfassungspolitik ist, stellt er dessen Zusammensetzung (S 18 ff) und

Aufgaben (S 20 ff) dar. Die Zusammensetzung des VfGH (S 31 f) sei geprägt durch die Art der Bestellung von Verfassungsrichtern, durch die Anzahl der Mitglieder und durch deren fachliche Eignung. Die Durchsicht des maßgeblichen Normenmaterials zeige, daß es keineswegs dem Geiste der österreichischen Verfassung entgegenstünde, wenn der VfGH ein Werkzeug der Verfassungspolitik würde (S 32). Kier begründet dies damit, daß die Wahl der Mitglieder durch die gesetzgebenden Körperschaften nahelege anzunehmen, daß vornehmlich politische Gründe für die Auswahl der Verfassungsrichter maßgeblich seien: „Es besteht wohl kein Zweifel, daß sich eine gesetzgebende Körperschaft, die auf Grund des allgemeinen und gleichen Wahlrechtes zustande kommt, bei allen ihren Handlungen und Entschlüssen in erster Linie von politischen Überlegungen leiten läßt und politische Gesichtspunkte im Auge hat" (S 28). Zwar stelle andererseits die „lebenslängliche Mitgliedschaft" vielleicht einen konservativen Bestandteil dar, aber es sei wahrscheinlicher anzunehmen, daß die Ergänzung der Mitglieder des VfGH immer mehr vom „Parteinützlichkeitsstandpunkt" aus vorgenommen werde, und da auch dann diese – aus parteipolitischen Zweckmäßigkeitsgründen gewählten – Mitglieder lebenslängliche sind, „so wäre die wahrscheinlich fortschreitende Politisierung des VfGH eben auch eine lebenslängliche" (S 28).

Aber noch andere Gründe würden dafür sprechen, daß der VfGH von allem Anfang an als Organ der Verfassungspolitik gedacht worden sei: die Anzahl der Mitglieder des VfGH sei nicht durch die Verfassung, sondern durch einfaches Gesetz festgelegt.[55] Der einfache Gesetzgeber könnte daher jederzeit aus tagespolitischen Gründen motiviert die Anzahl der Richter am VfGH erhöhen und so auf dessen Rechtsprechung direkt Einfluß nehmen.

Bedeutsam sei auch, daß die Verfassung keine besonderen Erfordernisse als Voraussetzung für die Wahl zum Mitglied des VfGH festlegt; die Eignung zu beurteilen, liege ausschließlich beim Parlament, und diesem wären keinerlei Schranken oder Richtlinien gegeben: „Diese Bestimmung allein weist schon darauf hin, daß bei der Wahl der Mitglieder nicht der Umstand der ausschlaggebende sein soll, ob jemand in der Lage ist, die zu beurteilenden Angelegenheiten vom strengen Rechtsstandpunkt aus richtig zu beurteilen oder nicht, denn sonst wäre es wohl unerläßlich gewesen, eine bestimmte Vorbildung oder sonstige dahingehende Eignungsmerkmale aufzustellen, die die Voraussetzungen dafür bilden, daß jemand zum Mitglied des VfGH gewählt werden kann." (S 29). Ganz im Gegenteil sage die

---

[55] Vor der B-VG-Novelle 1929 hatte Art 147 Abs 2 B-VG gelautet: „Er (sc der VfGH) besteht aus einem Präsidenten, einem Vizepräsidenten, ferner der erforderlichen Anzahl von Mitgliedern und Ersatzmitgliedern." – Zur Gesetzlage im Zeitpunkt der Publikation der Schrift von Kier vgl Vittorelli (Hrsg), Der Verfassungsgerichtshof. Die für ihn geltenden besonderen Vorschriften und seine wichtigsten Erkenntnisse. Nach dem Stande vom 31. Jänner 1928 (1928).

Verfassung aber, daß zumindest zwei Drittel der Mitglieder bzw Ersatzmitglieder des VfGH nicht Mitglieder des Nationalrates, Bundesrates oder eines Landtages sein dürften, dh aber, daß aktive Politiker im Ausmaß von einem Drittel der Mitglieder dem VfGH angehören dürften, oder anders: „daß ein politischer Einfluß auf die Rechtsprechung des VfGH beabsichtigt ist" (S 29). Zu berücksichtigen sei überdies, daß in der parlamentarischen Demokratie die Parteien als solche und deren führende Persönlichkeiten die ausschlaggebenden politischen Mächte sind. Wenn die Bestimmungen der Verfassung aber vorsehen würden, daß

- die Mitglieder des VfGH durch den Nationalrat und Bundesrat gewählt werden;
- Nationalrat und Bundesrat die gleiche Anzahl von Mitgliedern wählen, ersterer aber überdies den Präsidenten und Vizepräsidenten;
- ein Drittel der Mitglieder des VfGH dem Nationalrat, dem Bundesrat oder einem Landtag angehören kann;
- keinerlei bestimmte Eignungserfordernisse als Voraussetzung für die Wahl der Mitglieder notwendig sind;
- die Anzahl der Mitglieder des VfGH durch einfaches Gesetz geregelt wird; und daß schließlich
- aktive Politiker in unbeschränkter Anzahl Mitglieder des VfGH sein können,

dann dürfte, so die Schlußfolgerung von Kier, angenommen werden, daß „schon die Verfassung als solche durch die Art der Zusammensetzung des VfGH (beabsichtigte), daß dessen Rechtsprechung nicht von rein juridischen Gesichtspunkten aus erfolgen soll, sondern auch von politischen, daß somit schon auf Grund der Verfassungsbestimmungen einer allfälligen verfassungspolitischen Tätigkeit des VfGH die Wege geebnet sind" (S 32). Dem Geist der Verfassung stünde es also keineswegs entgegen, wenn dem VfGH just diejenigen Aufgaben zugeschrieben würden, die weiter oben als Aufgaben der Verfassungspolitik bezeichnet wurden.

Wenn nun auch der VfGH möglicherweise dazu berufen sein sollte, verfassungspolitisches Element im Staatsgeschehen zu sein, so frage sich dennoch, so Kier weiter, ob er im Hinblick auf seine Zuständigkeitskompetenz auch die reale Möglichkeit habe, Verfassungspolitik zu betreiben (S 32 ff). Auch dies Frage wird eindeutig positiv beantwortet: schon bei Erkenntnissen gem Art 138 und 126b B-VG habe der VfGH die Möglichkeit, auf eine föderalistische oder zentralistische Entwicklung der Verfassung Einfluß zu nehmen; und auch Erkenntnisse nach den Art 89 bzw 139, 140 B-VG und § 7 FVG würden Gelegenheit für eine verfassungspolitische Tätigkeit des VfGH geben. Daß es das B-VG 1920 darüber hinaus (also neben den Art 89 und 140 B-VG) politischen Stellen überlasse, ein Gesetz anzufechten, wenn Zweifel über seine Verfassungsmäßigkeit bestehen (die

Art 89 und 140 B-VG also nicht geeignet sind zu verhindern, daß in Österreich nicht formell verfassungswidrige Gesetze als geltendes Recht weiterbestehen), sei ein weiteres Indiz dafür, daß „die österreichische Verfassung selbst nicht alle Möglichkeiten eines Verfassungswandels unterbinden will und daß es daher auch nicht dem Geiste dieser Verfassung unter allen Umständen zuwiderliefe, wenn von Seiten des VfGH einem allfälligen Verfassungswandel Rechnung getragen würde" (S 33). Und schließlich sei der politische Charakter der sog „Staatsgerichtsbarkeit" (Erkenntnisse über die Verantwortlichkeit der obersten Bundes- und Landesorgane) und bei Erkenntnissen nach Art 144 B-VG evident.

Dies alles führt Kier zu dem folgenden Ergebnis: „Bezüglich des Zuständigkeitsgebietes des VfGH können wir zusammenfassend sagen, daß es sehr wohl für eine verfassungspolitische Tätigkeit des VfGH geeignet ist, ja daß es vielfach geradezu eine solche herausfordert." (S 35) Auch der Umstand, daß die Verfassungsgerichtsbarkeit innerhalb des B-VG im sechsten Hauptstück: „Garantien der Verfassung und Verwaltung" geregelt ist, stünde dazu nicht im Widerspruch, denn: da der Bestand einer Verfassung dann am sichersten gewährleistet sei, wenn die Möglichkeit besteht, die sich ständig wandelnden Machtverhältnisse möglichst reibungslos mit der geschriebenen Machtregelung in Einklang zu bringen (S 36), sei eine verfassungspolitische Tätigkeit des VfGH durchaus ein Element der „Garantie der Verfassung".

All diese theoretischen Erwägung würden schließlich, so Kier weiter, auch noch durch die empirische Praxis des VfGH gestützt. Schon die Wahl der Verfassungsrichter zeige dies; allerdings sei zu kritisieren,

> „daß bei einzelnen Wahlen die großen politischen Gesichtspunkte hinter engherzigen parteipolitischen zurückzutreten scheinen, was die Gefahr heraufbeschwört, daß der VfGH – statt ein hervorragendes Werkzeug einer vorausdenkenden und die Reibungen vermindernden Verfassungspolitik zu werden – ein solches einseitiger Parteipolitik wird, wodurch sich der Sinn einer allfälligen politischen Tätigkeit in das Gegenteil dessen verkehren würde, was dem VfGH als politische Tätigkeit in unserer Untersuchung zugedacht ist." (S 36 f)

Auch die Spruchpraxis des VfGH (die Kier am Beispiel eines Erkenntnisses betreffend die Aufhebung der VII. Novelle des Krankenversicherungsgesetzes darstellt[56]) zeige dies deutlich; in diesem Erkenntnis finde sich etwa das Postulat: „Es ist darum unumgänglich notwendig, daß auch die neuen, durch das Bundesverfassungsgesetz geschaffenen Kompetenzbestimmungen endlich in Geltung gesetzt werden", und ferner die Bemerkung des VfGH: „Die Kompetenzbestimmungen der §§ 11 und 12 der Grundgesetze über die Reichsvertretung sind mit einer zweckmäßigen

---

[56] Zl G 2/24/10 v 27. Juni 1924.

Aufteilung der Gesetzgebungskompetenzen zwischen Bund und Länder gänzlich unvereinbar. Sie waren es schon in den letzten Jahrzehnten der Monarchie, wie die über diese Bestimmung immer wieder hinausgehende Verfassungspraxis zeigte." – Derartige Überlegungen seien aber nur dann am Platz, so Kier, wenn der VfGH damit zum Ausdruck bringen wolle, daß politische Überlegungen von ihm angestellt worden sind. Zwar betone der VfGH ständig, daß für seine Rechtsfindung ausschließlich juridische Gesichtspunkte ausschlaggebend seien; dies könne aber lediglich heißen, daß sich der VfGH bisher bewußt auf den Standpunkt stellte, „daß er von der Möglichkeit, Verfassungspolitik zu betreiben, Abstand nehmen will, ja daß er eine solche Tätigkeit als mit dem Sinne seiner Errichtung in Widerspruch stehend ansieht" (S 37). Das gerade widerspreche allerdings der Aufgabe des VfGH, die Kier abschließend wie folgt beschreibt:

> „Unseres Erachtens nach ist es der tiefste Sinn jedes Gerichtshofes, Recht zu finden, das vor allem mit der Rechtswirklichkeit und dem Rechtsempfinden im Einklang steht, aber nicht solches, das lediglich abstrakten, dogmatisch-formalistischen Erwägungen bei Auslegung der Norm gerecht wird. Der von uns angeführten Aufgabe hat sich ein Gerichtshof vielmehr dann aber umsomehr zu unterziehen, wenn ihm die zweifellose Möglichkeit gegeben ist, trotz entgegenstehender dogmatisch-formalistischer Erwägungen dennoch den Forderungen der Rechtswirklichkeit nachzukommen und damit zugleich einer politischen Notwendigkeit Rechnung zu tragen. Wir möchten an dieser Stelle unserer Meinung Ausdruck geben, die dahingeht, daß eine rein formalistisch-dogmatische Betrachtungsweise oft geeignet sein dürfte, den ethischen Rechtsbegriff zu vernichten und damit die Grundlage zu zerstören, auf der jedes Rechtssystem ruht, ja der den Bestand eines Rechtssystems erst ermöglicht. Gerade im VfGH aber erblicken wir eine Einrichtung, die berufen ist, der oberste Hüter der Rechtmäßigkeit des staatlichen Lebens zu sein, und gerade er hätte zu vermeiden, an einer Erschütterung des ethischen Rechtsbegriffs mitzuwirken, ja im Gegenteil, wir möchten ihm förmlich die Aufgabe zuschreiben, den ethischen Rechtsbegriff zu festigen und zu vertiefen. Wir glauben nachgewiesen zu haben, daß der VfGH sehr wohl dazu berufen ist, das Werkzeug einer wohlverstandenen Verfassungspolitik zu werden und wir würden seine dahingehende Tätigkeit nur als im Dienste der Wahrung des ethischen Rechtsbegriffes anzusehen." (S 38)

Und außerdem sei schlußendlich zu bedenken, daß

> „gerade die notorische mangelnde politische Begabung unseres Volkes geradezu eine Einrichtung (erfordert), die auf Grund ihres Ansehens und ihrer Ausstattung mit der richterlichen Unabhängigkeit vielleicht am besten in der Lage wäre, der Rechtswirklichkeit auch formal sozusagen zu ihrem Rechte zu verhelfen und einem Verfassungswandel Rechnung zu tragen, wo eben die mangelnde politische Begabung bisher außerstande war, formell den neuen Verhältnissen und Notwendigkeiten nachzukommen." (S 39)

4.4 Verfassungspolitik durch den VfGH und Rechtsstaat

Aus diesem Postulat ergibt sich für Kier als letzte Frage, ob eine solcherart verstandene Verfassungspolitik mit den Grundsätzen des Rechtsstaates vereinbar sei (S 39 ff). Solange nun die Verfassungspolitik ihre Ziele auf die Weise verfolgt, daß sie die notwendigen Änderungen einer Verfassung auf den Wegen zu verwirklichen suche, die in der betreffenden Verfassung dafür vorgesehen sind, könne kein Zweifel daran bestehen, daß solche Bestrebungen mit dem Rechtsstaat vereinbar seien; wenn es aber Aufgabe der „Verfassungspolitik" sei, die theoretische Machtregelung der geschriebenen Verfassung möglichst reibungslos mit der tatsächlich bestehenden in Einklang zu bringen, dann lasse sich oftmals eine möglichst reibungslose Anpassung „nur auf dem Wege des Verfassungswandels" vollziehen (S 39). Bei aller Skepsis gegenüber einem darauf gerichteten Streben: „wenn ein Verfassungswandel das Gleichgewicht zwischen den Rechten und Pflichten eines Staatsorganes herstellt, so erscheint er uns mit dem Rechtsstaat vereinbar, solange das Staatsvolk als solches hiedurch nicht mit dem Untergang bedroht wird. – Die österreichische Verfassung nun hat durch den VfGH unserer Ansicht nach eine Einrichtung geschaffen, die in der Lage ist, vorkommende Verfassungswandlungen auch formalrechtlich zu beglaubigen." (S 42)

Ganz offensichtlich bildet die von Kier bezogene Position den zu den Auffassungen von Kelsen, Weyr, Verdroß, Merkl und Adamovich sen. gegenüberliegenden Pol: zwar ist auch bei Kier noch die Rede von der Sicherung der Recht- und Verfassungsmäßigkeit im Staat. Vordringlich aber ist ihm (wenn man an dieser Stelle von seinen deutlich präfaschistischen Intentionen einmal absieht[57]) etwas ganz anderes: Er ist mit der aktuellen politischen Situation unzufrieden und erwartet sich durch eine geänderte Rolle des VfGH Besserung. Dieses Urteil wird nicht nur durch die eben referierten Ausführungen indiziert, sondern auch durch die Lektüre seines drei Jahre später publizierten Aufsatzes über „Grundmandat und Splitterpartei"[58]: dort versucht er – in gänzlicher Abkehr von der in der hier

---

[57] Es wäre eine gesonderte Behandlung wert, den österreichischen Quellen und Vorläufern der nationalsozialistischen Rechtsideologie verstärkt Beachtung zu schenken; als bisher weitgehend einsame Beispiele sei immerhin verwiesen auf Rabofsky/Oberkofler, Verborgene Wurzeln der NS- Justiz (1985), sowie Funk, Die „österreichische" Staats(rechts)lehre in der nationalsozialistischen Ära, in: U. Davy ua (Hrsg), Nationalsozialismus und Recht (1989), 388 ff, und Rathkolb, Die Rechts- und Staatswissenschaftliche Fakultät der Universität Wien zwischen Antisemitismus, Deutschnationalismus und Nationalismus 1938, davor und danach, in: Heiss ua (Hrsg), Willfährige Wissenschaft (1989), 197 ff.

[58] ZÖR 1931, 279 ff. – Anlaß zur Beschäftigung gaben zwei Entscheidungen des VfGH v 13. Jänner 1931, in denen dieser die Wahlanfechtungen der NSDAP und des Landbundes für Österreich abgewiesen hatte und die Nationalratswahl vom 9. November 1930 für rechtmäßig erklärte. Beide Parteien sahen sich durch das Erfordernis des sog „Grundmandates" beschwert und behaupteten, daß die Bestimmung des § 76 Abs 1 NWO verfassungswidrig sei, da sie gegen die Verfassungsgrundsätze der Gleichheit und Verhältnismäßigkeit der

besprochenen Monographie dem VfGH zugedachten Rolle eines über dem Unverständnis des Volkes stehenden Verfassungspolitikers – auf die Verfassungswidrigkeit der Grundmandatsbestimmung der Nationalratswahlordnung zu pochen. Ebenso „positivistisch" argumentierte er später in der von ihm organisierten Sondernummer des „Verwaltungsarchivs".

Für Kier ist die faktisch-gesellschaftliche Entwicklung der Maßstab des Rechtlichen. Verfassung und Gesetz hätten sich „möglichst reibungslos" unterzuordnen. Kier schließt damit nicht nur verbal an Positionen an, die vorher schon Georg Jellinek vertreten hatte; er übernimmt auch dessen „Zwei-Welten-Lehre" und die „Einsicht", daß das Recht überhaupt untauglich sei, die gesellschaftlichen Mächte zu kontrollieren oder auch bloß in Zaum zu halten. Sein vehementer Antiformalismus ist weniger seinen rechtstheoretischen Positionen geschuldet als vielmehr der Überzeugung, daß eine wirkungsvolle Indienststellung des Rechts (und also auch des VfGH) im Sinne der am Ende der 20er Jahre maßgeblichen Tendenzen nur in der (wenn auch verbrämten) Abkehr von den positiven Bestimmungen der österreichischen Verfassung zu erwarten war. Bekanntlich ist die tatsächliche historische Entwicklung anders verlaufen: die christlich-soziale Partei hatte (gegen den mäßigen Widerstand der Sozialdemokratie) einen antiparlamentarisch-präfaschistischen Verfassungsentwurf vorgelegt[59], der dann in Form der B-VG-Novelle 1929[60] Realität wurde. Bis heute ist die von Kier bezogene Position in Österreich nicht wieder aufgegriffen worden, seine Schrift wird in den maßgeblichen Lehrbüchern verschwiegen.[61] Das Verschweigen und Verheimlichen der Schrift von Kier ist freilich ein allzu leichtfertiger Umgang mit den dargestellten Positionen – zumal in einer Zeit, in der der VfGH mittels des „Sachlichkeitsprinzips" die „Zweckmäßigkeit" ohne große Umstände zu einem Element der „Rechtmäßigkeit" gemacht hat und mit seinen ständig zunehmenden und immer konkreter und detaillierter werdenden und auch das Alltagsprogramm des parlamentarischen Gesetzgebers bestimmenden Direktiven zum positiven Gesetzgeber zu werden droht.

Wahl verstoße. Die NSDAP hatte bei dieser Wahl 111.636, der Landbund für Österreich (der nur im dritten Wahlkreisverband kandidiert hatte) 43.688 Stimmen erzielt.

[59] Vgl dazu Noll, Verfassungen ohne Recht. Von der Verfassungsnovelle 1929 über den Verfassungsbruch zur faschistischen Diktatur, ÖVDJ-Mitteilungen, März 1988, 1 ff mwN.

[60] Vgl dazu umfassend Berchtold, Die Verfassungsreform von 1929, 2 Bde (1978); Hasiba, Die zweite Bundes-Verfassungsgesetznovelle 1929 (1976), und die bei Walter/Thienel, Parlament und Verfassung (1990), 47, angeführte Lit.

[61] Vgl bloß Walter, Österreichisches Bundesverfassungsrecht. System (1972), 798 f; ders/Mayer, Grundriß des österreichischen Bundesverfassungsrechts[7] (1992), 374 f.

Ein ungedruckt gebliebener Vortrag von Eduard Winter über die Gemeinsamkeiten von Christus und Lenin aus dem Jahr 1968

Gerhard Oberkofler, Innsbruck

Der deutsche Philosoph Manfred Buhr schreibt in dem von ihm organisierten und herausgegebenen Buch: Das geistige Erbe Europas (= Biblioteca Europea 5 [1994], 172): „Marx gehört genauso zum geistigen Erbe Europas wie das Christentum, der Humanismus, die Aufklärung oder die klassische deutsche Philosophie, aus denen er sein Denken herleitete und mit der sozialen Frage koppelte, die keine Erfindung von ihm, sondern eine Realität war und ist". Diese von Buhr für die Gegenwart eingeforderte umfassende Herangehensweise an das europäische Erbe war eine Haupttriebkraft im Denken und Handeln von Eduard Winter (1896–1982),[1] zuerst, bedingt durch kleinbürgerliche Herkunft und römisch-katholisches Studium, gespeist aus religiös-moralischen Motiven auf der Suche nach dem Sinn seines Lebens, dann durch und seit seiner Begegnung mit Bernard Bolzano (1781–1848) und der intensiven andauernden Beschäftigung mit dessen gedruckten und ungedruckten Schriften seinem Leben den eigentlichen Sinn gebend. Bolzano, einer der bedeutendsten österreichischen Denker des 19. Jahrhunderts, durchdrang die ganze geistige Persönlichkeit von Winter und nahm von ihr Besitz. Denselben zündenden Funken von Bolzano erhoffte sich Winter auch bei anderen Menschen, wenn sie mit diesem geistig in Berührung kamen. Besonders nach der Befreiung Europas vom Hitlerfaschismus und der nun einsetzenden, von ihm gesuchten Kooperation mit sowjetischen Soldaten, Offizieren und Wissenschaftlern betrachtete Winter es als nützlich, ja notwendig, mit der Propagierung von Bolzanos Betrachtungen und mit dem Wirken in dessen Geiste den Nationalismus in Europa zu überwinden, Barrieren im dogmatischen Denken zu überwinden und an der Organisation der „Neuen Menschen" mitzuwirken. Winter war der Auffassung, daß Bolzanos ethisches Denken nicht bloß ideelle Konstrukte des öster-

---

[1] Winter, Mein Leben im Dienst des Völkerverständnisses. Nach Tagebuchaufzeichnungen, Briefen, Dokumenten und Erinnerungen. Bd 1 (1981); ders, Erinnerungen (1945–1976). Hrsg v Gerhard Oberkofler (1994).

reichischen Vormärz waren, sondern aktuell geeignet sind, die geistigen Grundlagen für den Versuch, eine sozialistische Gesellschaft aufzubauen, über den Marxismus-Leninismus hinaus zu erweitern. Zugleich waren ihm Bücher und Schriften Bolzanos humanistische Stellungnahmen und Eingriffe in die barbarische kapitalistische Gesellschaftsordnung. Die von Winter 1947 in Wien ausgewählten und herausgegebenen sozialethischen Betrachtungen von Bernard Bolzano weisen deutlich in diese Richtung.[2] Kennzeichnend sind die von Winter den einzelnen Originalauszügen vorgesetzten Überschriften. Die Bolzano-Betrachtung zu Mariä Heimsuchung 1816 überschreibt Winter mit dem Text: „Neue Gesellschaftsordnung ist nicht ohne Härte zu erreichen"[3], jene zum 7. Sonntag nach Pfingsten 1816: „Das Ringen um eine bessere Gesellschaftsordnung ist christlich."[4] Winter betonte, daß die von Bolzano gegebenen Begriffe von Religion und Sittlichkeit auch von Atheisten angenommen werden können. Aber Winters Büchlein war schon sein Abschiedsgeschenk an Österreich, von dessen kleinlichen reaktionären Kreisen und Institutionen er als ehemaliger römisch-katholischer Priester verleumdet und verfolgt wurde. Das Büchlein wurde, beim sozialistischen „Vorwärts" gedruckt, von den Wiener katholischen Kreisen jedenfalls nicht als Geschenk angenommen, vielmehr als Provokation scharf zurückgewiesen.[5] Bolzano galt in diesen Kreisen als ein von Rom verurteilter Ketzer. Aber auch in Halle, wohin Winter 1947 übersiedelte, um dort eine Geschichteprofessur anzunehmen, wurde das Büchlein mit einigen Reserven aufgenommen. Jedenfalls schrieb Leo Kofler in der Deutschen Literaturzeitung (Heft 8/9 von August/September 1948, Spalte 305–307):

> „Er [Bolzano], der im Bereiche der philosophischen Arbeit einer harten und mit mathematischer Präzision durchgeführten Logik sich zu bedienen wußte, blieb, gehemmt durch eine sentimental-religiöse Einstellung zum Menschen, weit hinter den soziologischen Erkenntnissen selbst der Utopisten zurück, die trotz ihrer negativen Beurteilung des Klassenkampfes doch immerhin die großartige Erkenntnis der Notwendigkeit der Aufhebung des Privateigentums an den Produktionsmitteln als wichtigste Voraussetzung für die Heilung des sozialen Übels entwickelt hatten."

---

[2] Bolzano-Brevier. Sozialethische Betrachtungen aus dem Vormärz. Ausgewählt und herausgegeben von Univ.-Prof. Dr. Eduard Winter (1947).
[3] Ebenda, 109.
[4] Ebenda, 115.
[5] „Die Furche" vom 17. April 1948. Der Verfasser dieser kurzen Besprechung, Leopold Lentner, schreibt am 28. Juni 1948 an Franz Klein-Bruckschwaiger, der sich über die Behandlung von Eduard Winter durch die „Die Furche" beschwert hatte: „Aber es war mir mehr darum zu tun, darauf hinzuweisen, daß gerade eine richtige moralische Verpflichtung nur aus dem persönlichen Schöpfergott folgen kann. ... Keinesfalls bin ich der Ansicht, daß man einen religiösen Positivismus das Wort reden kann und darf." Abschrift des Originals in der Bolzano-Korrespondenz von Eduard Winter. Privatbesitz.

An diese Vorbehalte erinnerte sich Winter noch viele Jahre später bei der Abfassung seiner Selbstbiographie Anfangs der Siebziger Jahre, doch verband ihn mit dem Wiener Kofler sichtlich eine gewisse persönliche Nähe,[6] was auch von diesem bestätigt erscheint.[7]

Nur wenige engagierte Wissenschaftler im Umkreis des Instituts für Wissenschaft und Kunst in Wien bedauerten Winters Emigration aus Österreich. Zu diesen zählt der Mathematiker Paul Funk (1886–1969)[8], Professor an der Technischen Hochschule Wien seit 1945, vorher in Prag. Dieser schreibt am 28. Oktober 1947 an Winter:

„Lieber Herr Kollege! Auch mir tut es recht leid, daß wir nicht voneinander Abschied nehmen konnten. Vor allem aber tut es mir leid, daß Sie nicht mehr in Wien sind, denn ich glaube gerade Sie haben das richtige Verständnis für die österreichische Geistesgeschichte und eine Reform des gesamten Geschichtsunterrichtes wäre hier dringend notwendig. Wie Sie wissen habe ich auch historische Interessen und oft täte mir ein Gespräch mit Ihnen sehr wohl. Voriges Jahr waren es hauptsächlich griechische Mathematik und die Mathematik des späten Mittelalters. Leider habe ich gar keine Lust mich mit Ihrem Kollegen Santifaller[9] zu unterhalten, da er sich nur für die Technik der Edition interessiert und nicht für den Zusammenhang der Mathematik mit dem übrigen Kulturleben. Übrigens habe ich heuer andere mathematisch-historische Interessen nämlich: die ersten Jahrzehnte des 19. Jahrhunderts. Daß ich mich gerade für diese Zeit jetzt besonders interessiere, hängt damit zusammen, daß ich es übernommen habe, eine Reihe von Vorträgen im sogenannten Außeninstitut der T.H. über ein gewisses Kapitel der Mathematik zu sprechen und dabei spielt die Abkehr vom kritiklosen Formalismus (Leibniz), die eben in dieser Zeit erfolgte, eine große Rolle. Wichtig wäre in diesem Zusammenhang für mich zu wissen, wann Bolzano an seiner Funktionenlehre zu arbeiten begann. Ferner wäre wichtig zu wissen, welche mathematische Literatur Bolzano vorwiegend beeindruckt hat. Leider bin ich derart überbürdet mit anderen Problemen, daß nicht daran zu denken ist, daß ich selbst mich in das Studium des Bolzano Nachlaßes vertiefen kann. Dasselbe gilt auch von meinen Assistenten und von einem sehr fähigen jungen Assistenten an der Universität. Eine kleine Hoffnung habe ich, daß vielleicht ein Assistent an der Nationalbibliothek, ein gewisser Dr. Mayerhöfer, der Mathematik studiert hat,[10] und noch ein anderer junger Student sich dieser wichtigen Aufgabe widmen könnten. Ich selbst will wohl etwa im Frühjahr im Institut für Wissenschaft und Kunst einen Vortrag über diese Zeit halten mit dem Untertitel: Aus Anlaß

---

[6] Winter, Erinnerungen (1945–1976), 34, 41, 45.

[7] Kofler, „Die Kritik ist der Kopf der Leidenschaft". Aus dem Leben eines marxistischen Grenzgängers (1987), 49 f.

[8] Nachruf von Hans Hornich, Almanach der Österreichischen Akademie der Wissenschaften für das Jahr 1969 (1970), 119/271–277.

[9] Leo Santifaller (1890–1974). Nachruf Almanach der Österreichischen Akademie der Wissenschaften für das Jahr 1975 (1976), 125/478–502 (Harald Zimmermann).

[10] Mayerhöfer, Über die Gültigkeitsgrenzen des Ohm'schen Gesetzes. Wiener phil. Dissertation, 1937.

des 100jährigen Todestages von Bolzano.[11] Aber wichtig wäre es auch, daß Sie wieder einmal nach Wien kommen und über Bolzanos Persönlichkeit und seine Philosophie sprechen würden. Viele herzliche Grüße! Ihr Paul Funk m.p."[12]

Die Verbindung zwischen Funk und Winter blieb aufrecht, gefördert vor allem auch durch Wilhelm Frank,[13] der immer wieder auf die Bedeutung, die Bolzano in der Geschichte der Mathematik hat, hinwies. 1967 gab Winter in Verbindung mit Funk und Jan Berg die Schrift „Bernard Bolzano. Ein Denker und Erzieher im österreichischen Vormärz" heraus.[14] Gewidmet ist diese Schrift dem Andenken von Anton Lampa (1868–1938), der sich 1910 wirksam für die Berufung von Albert Einstein nach Prag eingesetzt hatte und der in Wien sich um die Volksbildung herausragende Verdienste erworben hatte.[15]

Bolzano trat in den ersten Hallenser und Berliner Jahren von Winter nur scheinbar etwas in den Hintergrund. 1949 war noch sein Buch „Leben und geistige Entwicklung des Sozialethikers und Mathematikers Bernard Bolzano. 1781–1848" in den Hallischen Monographien herausgekommen. 1951 wurde Winter auf einen der wichtigsten Ordinariate der Geschichte in der DDR, dem Lehrstuhl für osteuropäische Geschichte an der Humboldt-Universität zu Berlin mit den entsprechenden Verpflichtungen berufen. Immer wieder machte Winter aber Vorstöße, um Bolzano für die Überwindung der Spaltung Europas im Sinne einer solidarischen Zukunft nutzbar zu machen. Dabei war Winter ein mutiger und seinem Helden Bolzano treuer Gratwanderer. Für den Sozialutopisten Bolzano war das Interesse in Berlin und natürlich auch am Wirkungsort von Bolzano in Prag ein eingeschränktes und Winter stieß mit seinen Anregungen oftmals ins Leere. In Prag gab es für interessierte Bolzano-Forscher wie Jaromir Louzil, Pavel Krivsky oder Marie Pavlikova überhaupt keinen institutionellen Rahmen. Immerhin erschienen 1955 in Berlin die Briefe Bolzanos an Franz Prihonsky.[16] Diese Ausgabe hatte Winter schon für die Deutsche Akademie der Wissenschaften in Prag vorbereitet, dann am 28. November 1945 der Österreichischen Akademie zur Drucklegung angeboten mit der Begründung: „Die Briefe

---

[11] Funks Vortrag wurde für 1. März 1948 unter dem Titel: „Bernard Bolzano und die Mathematik am Anfang des 19. Jahrhunderts" angekündigt. Mitteilungen des Instituts für Wissenschaft und Kunst Nr 5 vom Februar 1948.

[12] Bolzano-Korrespondenz von Eduard Winter.

[13] Über Wilhelm Frank siehe Oberkofler/Rabofsky, Wissenschaft in Österreich (1945–1960). Beiträge zu ihren Problemen (1989), 11.

[14] Österreichische Akademie der Wissenschaften. Philosophisch-Historische Klasse. Sitzungsberichte, S 252, Bd 5. Abhandlung (1967).

[15] Neue Deutsche Biographie 1982, 13/453 f (Andreas Kleinert).

[16] Bolzano, Der böhmische Vormärz in Briefen B. Bolzanos an F. Prihonsky (1824–1848). Beiträge zur deutsch-slawischen Wechselseitigkeit. Hrsg v Eduard Winter (1956) (= Deutsche Akademie der Wissenschaften. Veröffentlichungen des Instituts für Slawistik 11).

Bolzanos an Prihonsky sind Dokumente der inneren Entwicklung Bolzanos, da sie von 1816 ununterbrochen bis zum Tode des „österreichischen Leibniz" 1848 führen"[17]. Die Wiener Akademie hatte durch ihren damaligen Vizepräsidenten Richard Meister die Anregung aufgenommen, hatte aber gegen Winter auch Vorbehalte und meinte, daß die Rechte der Veröffentlichung bei der Prager Universitätsbibliothek als Eigentümerin der Briefe liegen. Deshalb gab Richard Meister Winter des Manuskript mit Schreiben vom 9. Februar 1946 wieder zurück.[18]

Im November 1960 veranstaltete Winter an der Humboldt-Universität ein international beschicktes Bolzano-Symposion. 1963 (7. August) machte Winter erneut den Versuch, über Wien die Bolzano-Forschung anzuheben. Er schreibt an Akademiepräsident Richard Meister:

„Bei der Rezension von Werken zur österreichischen Geschichte muß ich immer wieder einen mir unbegreiflichen Pessimismus feststellen. Immer wieder heißt es nämlich, daß Österreich keine Denker im weitesten Sinne des Wortes hervorgebracht habe. Jedenfalls ist von diesen kaum die Rede. Mir scheint doch, daß dies im letzten in der Unkenntnis der Geschichte des Denkens in Österreich begründet erscheint. Vielleicht wäre doch noch einmal der Versuch zu machen, [daß] zur Bolzanorenaissance in der Welt, ich verweise auf Schweden, USA, Japan, von der Wiener Akademie etwas beigetragen würde."[19]

Mühsam entwickelte sich der von Winter verfolgte Plan einer Gesamtausgabe der Werke Bolzanos. 1965 traf er sich in Berlin mit dem weitblickenden Verleger Günther Holzboog (Friedrich Frommann Verlag) und legte erste Grundlinien dafür fest. 1966 gab er als siebzigjähriger Emeritus seinen Briefen den Briefkopf einer fiktiven Bolzano-Arbeitsstelle Berlin, die in seinem Privathaus in der Erich Weinert-Siedlung 20 ihre Adresse hatte. Winter organisierte ein internationales Gremium von Bolzano-Forschern, in dem Jan Berg aus Schweden rasch eine treibende

---

[17] Bolzano-Korrespondenz von Eduard Winter. Original im Archiv der Österreichischen Akademie der Wissenschaften, 1946, Zahl 56 (Eingelangt 10. Jänner 1946).

[18] Bolzano-Korrespondenz von Eduard Winter. Am 21. Jänner 1946 hatte Winter gegenüber Hofrat Meister betont, daß das Original-Manuskript des Briefwechsels in der Universitätsbibliothek Prag erliegt, „von der mir die Einsicht und die Veröffentlichung 1935 zugesprochen wurde". Und weiter schreibt Winter: „Sehr bestürzt war ich über die Bedenken, die gegen mich von der Universität aus erhoben werden; ich war stets nur Forscher, wie alle meine zahlreichen Arbeiten offenbaren, dies gilt auch für die während des Krieges veröffentlichten Werke: 1. Brentanos Ringen um eine neue Gottessicht, Brünn 1940, 2. Byzanz und Rom im Kampf um die Ukraine, Leipzig 1942, 3. Der Josephinismus und seine Geschichte, Brünn 1943, 4. Der Panslavismus nach den Berichten der österr.-ungar. Gesandtschaften, Brünn 1944 und 5. Der Bolzanoprozeß, Brünn 1944. Da es Aufgabe der Akademie der Wissenschaften seit ihrer Gründung ist, wissenschaftliche Forscher bei Forschungen zu unterstützen, bitte ich mir wenigstens eine ruhige Forschungsarbeit zu ermöglichen und mich gegen die Freiheit der Forschung gefährdende Angriffe zu schützen." Durchschlag im Akademie-Archiv 1946, ad Zahl 56.

[19] Bolzano-Korrespondenz von Eduard Winter.

Kraft wurde. Drei Jahre später konnte der Einleitungsband zur Gesamtausgabe erscheinen.[20]

Am 11. Jänner 1968 hielt Winter in Berlin einen Akademie-Vortrag: Die Deduktion des obersten Sittengesetzes B. Bolzanos in historischer Sicht. Ein Beitrag zur Geschichte der Ethik,[21] in welchem er energisch auf die Bedeutung der geistigen Potenz von Bernard Bolzano für die Entwicklung einer sozialistischen Gesellschaft hinweist und abschließend meint: „Über Bolzanos Deduktion des obersten Sittengesetzes treten sich sozialistischer und christlicher Humanismus näher, wenn auch ihre letzten ideologischen Gegensätze nicht geleugnet und verharmlost werden dürfen" (S 22). Den Anstoß zu diesem Vortrag hat Winter durch die Diskussionen über die Grundsätze des neuen sozialistischen Strafrechtes, die in der Akademie von John Lekschas[22] vorgestellt worden waren, erhalten.

Darüber hinaus gelang es Winter schließlich, wieder nachdrücklich von Wilhelm Frank und aufsteigend auch von Ludmilla Krestan, der Aktuarin der philosophisch-historischen Klasse, unterstützt, an der Österreichischen Akademie eine Subkommission zur Herausgabe der Schriften Bernard Bolzanos zu installieren (27. Juni 1969), an deren Sitzungen Winter als kooptiertes Mitglied regelmäßig teilnahm. Nun war ihm die Möglichkeit an die Hand gegeben, Schriften von und über Bolzano in der Österreichischen Akademie herauszugeben, so 1970 über den Bolzanokreis.[23] 1977 erschien dort „Die Sozial- und Ethnoethik Bernard Bolzanos"[24], die Winter einmal als Herzstück des Denkens von Bolzano bezeichnete. Am 17. und 18. Dezember 1973 veranstaltete die Österreichische Akademie in ihrem Kleinen Festsaal ein Symposion „Bolzano als Logiker" aus Anlaß des 125. Todestages von Bolzano (18. Dezember 1848), zu dem neben Winter Jan Berg, Eva Pavlikova, Curt Christian, Jaromir Louzil und Edgard Morscher[25] Beiträge beisteuerten.[26] Im Bolzano-Jahr 1981 wurden

---

[20] Bernard Bolzano-Gesamtausgabe. Hrsg v Eduard Winter ua (1969) Einleitungsband. 1. Teil: Eduard Winter, Bernard Bolzano. Ein Lebensbild.

[21] Vortrag. Berlin: Akademie-Verlag 1968 (= Sitzungsberichte der Deutschen Akademie der Wissenschaften zu Berlin. Klasse für Philosophie, Geschichte, Staats-, Rechts- und Wirtschaftswissenschaften, 1968, Nr 5). Mit Anhang. 37 Seiten.

[22] Vgl Benjamin, Zur Mitwirkung von John Lekschas bei der Entwicklung des sozialistischen Strafrechts der DDR. In: Professor Dr. sc. jur. John Lekschas, Ordentlicher Professor für Strafrecht und Kriminologie an der Humboldt-Universität zu Berlin, Korrespondierendes Mitglied der Akademie der Wissenschaften der DDR, zum 60. Geburtstag von seinen Genossen und Kollegen gewidmet. Berlin, d. 10. 10. 1985. Seite 1–10. Berlin, vervielfältigtes Typoskript.

[23] Vgl Schriftenverzeichnis von Eduard Winter in der Festschrift zu seinem 80. Geburtstag. Ost-West-Begegnung in Österreich. Hrsg von Gerhard Oberkofler und Eleonore Zlabinger (1976).

[24] ÖAdW. Phil.-Hist. Kl., SB 316. Bd. („Veröffentlichungen der Kommission für Geschichte der Mathematik, Naturwissenschaften und Medizin 19) (1977).

[25] Edgar Morscher konnte nach dem Tod von Eduard Winter mit Unterstützung von Frau Oberin Hildegard Pautsch ein eigenes Bernard Bolzano–Eduard Winter-Kabinett am Institut für Philosophie in Salzburg installieren.

in Berlin auf Veranlassung Winters und mit Unterstützung des Zentralinstituts für Philosophie (Bereich Edition) „Studien und Quellen"[27] herausgegeben, die Winter seinen Freunden überreichte „Mit dem Wunsch Bolzanos – immer besser und weiser zu werden".

Bolzano bot nach Auffassung und Lebenserfahrung von Winter die Möglichkeit, für Gespräche mit Menschen guten Willens, soweit überhaupt die gleichen Ideen des Humanismus verbindend wirken können, eine breite Plattform zu finden. In diesem Geiste konzipierte er ein mit dem eigenhändigen handschriftlichen Vermerk *„Vortrag in Buch*[28] *Frühjahr 1968, ungedruckt"* versehenes maschineschriftliches Vortragsmanuskript über die Gemeinsamkeiten von Christus und Lenin. Es soll hier zur Erinnerung an Eduard Rabofsky, der solchen Fragestellungen, die dem Gewinnen eines höheren Bewußtseins nützlich sind, stets offen gegenüber gestanden ist, erstmals abgedruckt werden.

Edition

(Eigenhändige handschriftliche Einfügungen und Verbesserungen von Eduard Winter in seinem Vortrags-Typoskript sind hier kursiv gesetzt.)

Als an mich herangetreten wurde zum Thema Christus und Lenin einige einleitende Worte zu sagen, sträubte sich zuerst der theologisch gespeicherte Teil des Gehirns. Das gleiche galt für den marxistisch gespeicherten Teil. Sind beide Persönlichkeiten nicht völlig unvergleichbar? Aber als das Gehirn seine volle Funktion rasch wieder gewann, erkannte ich *sofort*, wie reizvoll und wertvoll dieses Thema doch sein muß. Verehre ich doch beide, Christus und Lenin, sehr hoch. Wieso ist dies möglich? Es muß also doch Gemeinsames geben.

Außerdem erkannte ich die Wichtigkeit einmal darüber wenigstens nachzudenken, weil ich mein Werk „Rußland und das Papsttum", von dem zwei Bände erschienen sind, mit dem dritten Band „Sowjetunion und Vatikan" abschließen muß.[29] Dies wurde in den beinahe hundert Besprechungen immer wieder als Wunsch von Freunden oder als Hohn von *Gegnern*[30]

---

[26] Sitzungsberichte der ÖAdW, Phil.-Historische Kl., Bd. 293, 5. Abh. (= Veröffentlichungen der Kommission für Geschichte der Mathematik und der Naturwissenschaften 12) (1974).

[27] Akademie-Verlag Berlin 1981.

[28] Buch ist ein Stadtteil im NO von Berlin, im Stadtbezirk Pankow.

[29] Winter, Rußland und das Papsttum. Teil I: Von der Christianisierung bis zu den Anfängen der Aufklärung (1960). Teil II: Von der Aufklärung bis zur Großen Sozialistischen Oktoberrevolution (1961). Teil 3 der Trilogie Rußland und das Papsttum: Die Sowjetunion und der Vatikan (1972) (Quellen und Studien VI, 1-3). Eine Zusammenfassung dieser Bände gab Eduard Winter in seinem Werk: Rom und Moskau. Ein halbes Jahrtausend Weltgeschichte in ökumenischer Sicht (1972).

[30] Zuerst maschinenschriftlich *Feinden*.

vorgebracht. Für dieses Buch ist aber die Frage Christus und Lenin eine notwendige Grundanalyse.

Was verbindet, was trennt Christus und Lenin? Der Ausgangspunkt ist bei beiden gleich. Beide liebten die Menschen, studierten sie gründlich. Die Aussprüche von Christus im Neuen Testament sprechen immer wieder von diesem liebevollen Interesse an der menschlichen Gesellschaft. Es sei nur auf sein Verhalten bei der Hochzeit von Kanaa hingewiesen, auf seinen Umgang mit den aus der jüdischen Gesellschaft weitgehend ausgestoßenen Samaritern, Zöllnern, Dirnen, was ihm von der herrschenden Klasse und ihren Sprechern, den Pharisäern und Schriftgelehrten, immer wieder vorgeworfen wurde. Wie scharf geißelt Christus die Verachtung der armen Menschen, der Aussätzigen. Sie, die ohne weiters ihren Esel am Sabbat aus der Grube holten, in die er gefallen war, sahen in der Heilung eines Kranken am Sabbat dessen Verletzung. Wieviel Kenntnis der menschlichen Leiden und Sorgen, ihrer Schwäche, aber auch ihrer Größe spricht doch aus seinen Gleichnissen, wie vom Samenkorn.

Und was kennzeichnet Lenin mehr als die verständnisvolle große Liebe zu den Bedrückten, Unterdrückten, zu den Arbeitern und Bauern und deren liebevolles Verständnis. Seine Frau Krupskaja kann in ihren Erinnerungen „Das ist Lenin" nicht oft genug auf dieses Interesse Lenins für die Menschen, vor allem die bedrückten und ausgebeuteten Arbeiter, hinweisen.[31] Wohin er auch kam, immer stand der Umgang gerade mit diesen Menschen im Mittelpunkt. Aus diesem Umgang lernte er ständig. Nur so konnte er auch so aufrütteln und vorwärtsweisend reden.

Zu meinen größten Erlebnissen in der Sowjetunion gehört der Besuch des Leninmuseums und, in notwendiger Ergänzung, der Besuch Gorkis bei Moskau, wo er in seinen letzten Lebensjahren oft geweilt hat. Die Einfachheit seines Arbeitsraumes im Kreml ist erstaunlich. Im Winter 1922/23 ließ er in Gorki, obwohl er schwer krank war, nur einen Raum heizen, weil er wußte wie Brennmaterial selten war. Er wollte das Schicksal der Massen teilen. Diese Verbundenheit mit den Massen, das war Lenin.

Aber Christus und Lenin bleiben nicht bei der Menschenkenntnis und der Liebe zu den Volksmassen stehen. Sie sind bestürzt und beschämt über den unvollkommenen Zustand, in dem sich die menschliche Gesellschaft befindet. Sie daraus herauszuführen, sehen sie als ihre Aufgabe an, für die sie sich bis zur Selbstaufopferung einsetzten. Christus sagte einmal das sein ganzes Wirken kennzeichnende Wort „Misereor super turbam! – Mich erbarmen die Massen!" In der Liebe zu den Menschenbrüdern besteht für Christus die Liebe zu Gott. Das ist *überhaupt* der *letzte* Sinn der frohen Botschaft des Evangeliums.

Und Lenin, wie tief war er erschüttert über den Zustand, in dem sich die

---

[31] Nadeshda Konstantinowna Krupskaja (1869–1939), Lebens- und Kampfgefährtin von Lenin: Erinnerungen an Lenin (1960).

russische Gesellschaft befand. *Deswegen fand er zur Arbeiterbewegung.* Unablässig erforschte er die Lage der Massen und fragte, systematisch nach den Ursachen bohrend, woher diese Trostlosigkeit komme. In den Schriften von Marx und Engels *sah* er den Schlüssel zu*r notwendigen Erneuerung der menschlichen Gesellschaft im*[32] Kommunismus.

Für beide war es evident: Es muß anders werden. Christus starb für sein Werk als politischer Verbrecher am Kreuz. Lenin starb, wie Krupskaja sagt, weil er seine Kräfte völlig im Dienste der Neugestaltung der Gesellschaft erschöpft hatte.

Der Weg, den beide zu der Aufwärtsentwicklung der Menschheit gingen, war freilich völlig verschieden. Christus glaubte an die gewaltlose Überwindung des Bösen durch das Gute und wollte so die vollkommene brüderliche Gesellschaft herbeiführen. Lenin sah darin eine Utopie. Geschult an dem wissenschaftlichen Sozialismus, wie ihn Marx und Engels entwickelt hatten, wußte er von dem erbarmungslosen Kampf der Klassen. Der Arbeiterklasse zum Siege zu verhelfen, das sah er als einzigen Weg, um zu der vollkommenen brüderlichen menschlichen Gesellschaft zu kommen, an die auch Christus dachte. Also auch das Ziel Beider ist dasselbe: Die vollkommene brüderliche menschliche Gesellschaft, wenn auch Christus die Brüder in der Vereinigung mit dem Vater, mit Gott, versöhnen wollte, während Lenin zu dieser Verbrüderung der Menschen, die über den Klassenkampf geht, Gott nicht brauchte, indem er die autonome (menschengewollte) der theonomen (gottgewollten) Weltordnung entgegensetzte.

Dieser Gegensatz im Weg zum Ziel scheint freilich so tief und breit, daß keine Brücke darüber führen kann. Eine Brücke ist auch nicht möglich, aber wenn wir philosophisch vorgehen, so verengt sich der Spalt in der Tiefe wesentlich. Ich bitte Sie mir *deswegen* etwas auf dem Weg in die Tiefe zu folgen. Voranleuchten wird uns der große, noch viel zu wenig bekannte böhmisch-österreichische Philosoph Bernard Bolzano, der heute zu den klassischen Denkern gehört. Er führt uns in seiner Deduktion des obersten Sittengesetzes in jene Tiefe, wo theonome wie autonome Weltordnung ihren Ursprung haben. Für ihn, den großen Mathematiker *und Logiker*, ist das oberste Sittengesetz eine Wahrheit, die an sich unabhängig vom menschlichen oder göttlichen Denken, wie eine mathematische Wahrheit, wie zwei mal zwei ist vier, ist. Dieses oberste Sittengesetz definiert Bolzano folgendermaßen: „Wähle von allen dir möglichen Handlungen immer diejenige, die, alle Folgen erwogen, das Wohl der *Gesellschaft*[33] am meisten fördert" (RW I, 236)[34]. Religion aber ist für Bolzano überhaupt nur „die

---

[32] Im Typoskript ursprünglich: *fand er den Schlüssel zum wahren* /durchgestrichene handschriftliche Variante: welterneuernden/ *Kommunismus.*

[33] Ursprünglich: *des Ganzen*, gleichviel in welchen Teilen.

[34] Eduard Winter hat für seinen Vortrag das in seinem Typoskript richtig ausgeführte Zitat aus Religionswissenschaft I, S 236: „*Wähle von allen dir möglichen Handlungen immer*

Summe aller derjenigen Meinungen *für einen Menschen*, die für den Zweck seiner Tugend und Glückseligkeit nicht gleichgültig sind" (RW I/1 §17).[35] Und die Tugend sieht er wiederum „in dem herrschenden Bestreben, dem Sittengesetz allzeit gemäß zu handeln" (ER 1809, 4° u.a.O.).[36] So ist die Religion im Sittengesetz verankert. Von Gott spricht er dabei nicht, nur von Tugend – dem herrschenden Bestreben dem Sittengesetz gemäß zu handeln, und von Glückseligkeit. *Glücklich sein und glücklich machen, war sein Lebensgrundsatz.* Bolzano aber war gläubiger Christ, katholischer Priester und hielt den Katholizismus, freilich nur so wie er ihn verstand und keineswegs in *völliger* Übereinstimmung mit der Kirchenleitung, die seine Schriften auf den Index setzte, für die so vervollkommenbare Religion, daß sie die „unter allen denkbaren anderen *Religionen* der Tugend und Glückseligkeit eines gewissen Menschen am allerzuträglichsten ist" (RW I § 33).[37,38]

Heute kann aber mit noch größerem Recht der kommunistische Atheismus auf dieses oberste Sittengesetz zurückgreifen, dieser Grundlage jeder menschlichen Gesellschaft. Aber Sie sehen auch wie in der Tiefe auf der Grundlage des obersten Sittengesetzes sich theistisches Christentum und atheistischer Sozialismus auf Rufweite nahe begegnen können. Nur aus dieser gemeinsamen Wurzel ist überhaupt ein echter Dialog zwischen den über den Weg so wesentlich verschiedenen Auffassungen wie der christlichen und marxistischen überhaupt erst möglich. Es darf auch von christlicher Seite nicht übersehen werden, daß der Klassenkampf für den Marxismus nicht Ziel, sondern notwendiger Weg zur vollkommenen menschlichen Gesellschaft ist.[39] Über allem steht der Mensch.[40] Dies richtig zu erkennen würde manche Vorurteile beseitigen und dadurch für

---

diejenige, die, alle Folgen erwogen, das Wohl des Ganzen, gleichviel in welchen Teilen, am meisten befördert" handschriftlich zum besseren Verständnis der Zuhörer verkürzt. Vgl: Bernard Bolzano 1781–1848. Quellen. Hrsg von Eduard Winter und Hildegard Pautsch in Zusammenarbeit mit dem Bereich Edition des Zentralinstituts für Philosophie der AdW der DDR. In: Bernard Bolzano 1781–1848. Studien und Quellen. (1981), 185–358, hier 253.

[35] Religionswissenschaft, 1. Teil, 1. Hauptstück § 17. Winter-Pautsch, 246: „*Die Summe aller derjenigen Meinungen eines Menschen, die für den Zweck seiner Tugend und Glückseligkeit nicht gleichgiltig sind, nennen wir seine Religion in dieses Wortes weitester Bedeutung.*"

[36] Erbauungsreden 1809, 40, 1808. 3. Winter-Pautsch, 257: „*Tugend ist das herrschende Bestreben, dem Sittengesetz allzeit gemäß zu handeln. In diesem Sinne gibt es nur eine Tugend.*"

[37] Eduard Winter hat das Zitat für den Vortrag verdeutlicht: „*Vollkommenste Religion ist diejenige Religion, die unter allen gedenkbaren andern der Tugend und Glückseligkeit eines gewissen Menschen am allerzuträglichsten ist.*" Religionswissenschaft, 1. Teil, 1. Hauptstück, § 33. Winter-Pautsch, 247.

[38] Am Rand handschriftlich hinzugefügt: *Tugendbegriff Sumierung.*

[39] Besonders in dieser Formulierung zeigt sich doch sehr deutlich das idealistische Denken von Eduard Winter. Er meint also, der Klassenkampf ist eine Erfindung des Marxismus.

[40] Am Rand handschriftlich: *M. Gorki: Über Proletarischen Humanismus.*

den Fortschritt der menschlichen Gesellschaft von großer Bedeutung sein, eine wichtige Plattform für den Kampf gegen *unmenschliche* Restauration und Reaktion, wo immer und welcher Gestalt in der Welt sie auftritt.

Zur Erhellung des wissenschaftlichen und religiösen Denkens dient die Deduktion des obersten Sittengesetzes sehr. Ich gebe, wie Sie vielleicht wissen, eine Buchreihe „Beiträge zur Geschichte des wissenschaftlichen und religiösen Denkens" heraus und untersuchte die Anfänge der ursprünglich fortschrittlichen geistigen Bewegungen im Bürgertum wie den Humanismus, die Aufklärung, den Liberalismus. In diesen Untersuchungen war ich immer wieder *erneut*[41] überrascht, wie geradezu revolutionär Worte Christi im Sinne des Fortschrittes der Menschheit wirkten, und wie schwer sich diese Bewegungen gerade gegen die herrschenden Kirchenführungen durchsetzten. Immer wieder versuchten die herrschenden Klassen die Sprengwirkung der neuen Ideen zu entschärfen, ja gerade *über die Kirchenleitungen* in den Dienst der Erhaltung ihrer Herrschaft zu stellen. Wie großartig ist zum Beispiel eine Gestalt wie Franz von Assisi, der so spektakulär für die Stadtarmut eintrat, aber wie rasch wurden seine Anhänger, in einem kirchlichen Orden gebändigt, Werkzeuge zur Niederhaltung der Stadtarmut. Und diejenigen, die es mit den Gedanken Franz von Assisis Ernst nahmen, starben als Fraticellen[42] auf dem Scheiterhaufen.

Aber immer wieder neu regte es sich unter den Christen. Es sei nur auf eine Persönlichkeit wie Thomas Münzer verwiesen, der die Bauern mit Bibelworten zum Kampf gegen ihre Bedrücker aufrief. Ein christliches Liederbuch, aufbauend auf Worte Christi, in tschechischer Sprache, die „Harfa Nova" *von Liberda*, wurde geradezu die Fahne, unter der die tschechischen Bauern im 18. Jahrhundert zum Kampf gegen ihre Fronherren auftraten. Sie hießen nach dem Liederbuch Harfanisti.[43] Aber dies sind nur Fälle aus vielen.

Wir brauchen aber gar nicht so tief in die Vergangenheit zurückblicken. Wieviel christliche Opfer des Faschismus gab es, die mit Kommunisten *gemeinsam* in den Tod gingen. Allein 4000 katholische Priester wurden ein Opfer des Hitlerfaschismus, wie die Frau des ehemaligen amerikanischen stellvertretenden Hauptanklägers im Nürnberger Prozeß, B. M. Kempner, festgestellt hat.[44] Vor kurzem ging durch die Welt die Nachricht, daß ein katholischer Geistlicher in Kolumbien als Führer der Befreiungsbewegung fiel. Eine ganze Armee war aufgeboten, um ihn zur Strecke zu bringen. So

---

[41] Ursprünglich *zuerst*.
[42] Fraticelli gaben sich für Franziskaner des 3. Ordens aus.
[43] Johann Liberda (1701–1742) sammelte tschechische Lieder, Harfa nova. Die Aufständischen in Ostböhmen wurden deshalb Harfanisti genannt, weil sie diese Liedersammlung besaßen und nach ihr religiöse Lieder sangen, die die Singenden im letzten immer wieder zum tapferen Widerstand gegen die katholische Grundobrigkeit aneiferten. Winter, Barock, Absolutismus und Aufklärung in der Donaumonarchie (1971), 116.
[44] Benedicta Maria Kempner, Frau von Robert M. W. Kempner.

sehr war er von der Reaktion gefürchtet. Und diese christlichen Blutzeugen des Kampfes für den Fortschritt der menschlichen Gesellschaft, sind sie nicht echte Jünger Christi? Sie erkannten das Wort Christi, ich bin nicht gekommen einen faulen Frieden zu bringen, sondern das Schwert, und sie handelten danach. Christus selbst mußte ja den schimpflichen und furchtbaren Tod sterben, weil er der herrschenden Klasse so gefährlich erschien. Mit Recht stellt deswegen der große tschechische Pamphletist Havlicek[45] in seinen „Kuttenberger Episteln" die zugespitze Frage: Wäre Christus gekreuzigt worden, wenn er so regierungszahm gewesen wäre wie die Bischöfe seiner Zeit es in Österreich waren?

Wir sind, und zwar nicht mit Unrecht, gewohnt, Religion und Reaktion verbunden zu sehen. Die engste Verbundenheit von staatlicher und kirchlicher Inquisition, die tausende Opfer kostete, das enge Zusammengehen von Kirchenfürsten und Faschismus. Alles das kann nicht vergessen werden. Als willige Werkzeuge der geistigen und politischen Restauration sahen Marx, Engels, Lenin das Christentum, die christlichen Kirchen ihrer Zeit, und kämpften mit aller Leidenschaft dagegen. Eine tiefere Erkenntnis Christi verbunden mit einer philosophisch ethischen Grundanalyse im Geiste Bolzanos zeigt aber doch auch, daß Christen, die Christus richtiger verstanden, mit Recht zu Blutzeugen des Fortschrittes in der menschlichen Gesellschaft wurden, und daß es trotz des Gegensatzes über den Weg durchaus möglich, ja notwendig ist, wenn christlicher und sozialistischer Humanismus für die Erhaltung des Weltfriedens zusammengehen. Das Wohl, ja die Existenz der menschlichen Gesellschaft verlangen es.

Die Gewalt der Reaktion in der Welt ist noch sehr groß, wie die tägliche Erfahrung zeigt, und Religion und Kirchen werden immer noch in ihren Dienst einzuspannen gesucht und nicht ohne Erfolg, wie wir wissen. Warum sollte es da nicht möglich sein, daß Christen, die es mit dem obersten Sittengesetz Ernst nehmen und die Intention ihres Gründers befolgen, mit den Marxisten zusammengehen in Grundfragen, die heute sogar die Existenz der Menschheit bedeuten? In diesem Sinne erklärte die spanische Kommunistin Ibárruri,[46] voll Hoffnung über die Auswirkungen des II. Vatikanums, in der Pravda vom 15. April 1965:

> „Wenn die Kirche, die auf Millionen von Menschen moralisch und politisch Einfluß nimmt, eine solche fortschrittliche Evolution nimmt, *wie sie das 2. Vatikanum anzudeuten scheint,* können wir ihr gegenüber nicht indifferent sein. Das wäre politisch nicht nur unklug, sondern wir begingen einen schweren Fehler, der sich gegen uns auswirken würde. Die spanische kommunistische Partei tritt deswegen für die Zusammenarbeit mit den

---

[45] Karel Havlicek (1821–1856), Mitbegründer des kritischen Realismus in der tschechischen Literatur, war wegen seiner antihabsburgischen Tätigkeit 1851 bis 1855 nach Tirol verbannt, wo er die „Tiroler Elegien" schrieb.

[46] Dolores Gómez Ibárruri (1895–1989), genannt La Pasionaria, spanische kommunistische Arbeiterführerin.

katholischen Kräften nicht nur für die Zeit des Überganges von der Diktatur zur Demokratie, sondern auch in der neuen demokratischen Herrschaft ein."

Das stimmt ganz mit dem überein, was wir von der christlichen Seite hören können. Der bekannte Jesuit Karl Rahner sagt: „Warum sollten Christen und Marxisten nicht gemeinsam die Zukunft planen, warum nicht Gerechtigkeit, Freiheit, Würde, Einheit und Differenz der Gesellschaft gemeinsam sich deutlicher machen?"[47] Das Thema Christus und Lenin erweist sich also durchaus *nicht als so abseitig, wie es anfänglich schien, sondern ist in hohem Maße* aktuell.

---

[47] Karl Rahner (1904–1984), führender Theologe an der katholisch-theologischen Fakultät der Universität Innsbruck, war Fachexperte des Vatikanischen Konzils für Glaubensfragen. Dr. theol. Roman Siebenrock, Mitarbeiter am Karl Rahner-Archiv der katholisch-theologischen Fakultät der Universität Innsbruck, dem ich für seine Recherchen sehr herzlich danke, konnte dieses Zitat in den Schriften Rahners so nicht feststellen. Rahner hat allerdings Ende der sechziger Jahre mehrere Aussagen in diese Richtung gemacht.

Rechts- und Regelungsprobleme bei der Erlassung von (Landes-) „Heimgesetzen"

Walter J. Pfeil, Salzburg

1. Problemstellung

Derzeit leben in Österreich an die 65.000 Personen nicht bloß vorübergehend in Heimen und ähnlichen Einrichtungen.[1] In erster Linie handelt es sich dabei um ältere, behinderte und pflegebedürftige Menschen. Viele von ihnen haben – in der Regel aus wirtschaftlichen bzw sozialen, nicht zuletzt aber auch aus gesundheitlichen Gründen – keine Möglichkeit, in der vertrauten häuslichen bzw familiären Umgebung zu verbleiben. Schon dieser Umstand und das Fehlen eines ausreichenden Angebotes derartiger „Sonderwohnformen" in vielen Regionen ermöglicht es den betroffenen Personen nur in wenigen Fällen, ihre Bedürfnisse und Interessen im Wege privatautonomer Gestaltung zu wahren. Häufig übersteigen zudem die Kosten für die Unterbringung und Betreuung in einer solchen Einrichtung die wirtschaftliche Leistungsfähigkeit älterer bzw pflegebedürftiger Menschen (und ihrer Angehörigen) bei weitem. Die Notwendigkeit eines umfassenden Schutzes dieser Personen ist damit evident.

Einheitliche rechtliche Regelungen zur Sicherung einer wirklich bedarfsgerechten Infrastruktur und eines auch qualitativ hochstehenden Angebotes an entsprechenden Wohn- und Betreuungsleistungen gibt es bis dato jedoch nicht. Regelmäßig noch prekärer ist die Situation im Hinblick auf die Rechtsstellung und den Schutz der Personen, die auf diese Leistungen angewiesen sind.[2] Mit ein Grund für dieses rechts- wie sozialpolitisch unerträgliche Defizit ist fraglos eine etwas *diffuse Kompetenzlage*. Diese hat zum Teil zu einem – eher unkoordinierten – Nebeneinander von zudem ohnedies recht vorsichtigen Ansätzen zur Bewältigung der jeweiligen Probleme geführt. Zum Teil hat die Unsicherheit, welcher Rechtsträger bzw welcher politische Entscheidungsträger allenfalls für welche Maßnahmen

---

[1] Vgl die bundesweite Statistik über Alten- und Pflegeheimbetten bei Eiersebner, in: Amt der Salzburger Landesregierung, Büro für Seniorenfragen (Hrsg), Altenheime, Pflegeheime und Pflegestationen im Bundesland Salzburg (1994), insb 34.

[2] Vgl dagegen etwa das bereits aus 1974 stammende *deutsche* Heimgesetz, neugefaßt durch (deutsches) BGBl 1990 I, S 763, zuletzt geändert durch Art 19 PflegeVG (dBGBl I, S 1014, 1057).

zuständig ist, auch bewirkt, daß die jeweiligen Stellen – sozusagen im Zweifel – gar nicht tätig geworden sind. Ein Erkenntnis des VfGH aus dem Jahr 1992 hat diesbezüglich zwar einiges geklärt, eine 1994 in Kraft getretene Vereinbarung zwischen Bund und Ländern nach Art 15a B-VG soll überdies in Zukunft ein möglichst koordiniertes und „flächendeckendes" Vorgehen gewährleisten: Die jüngsten Versuche einer spezifischen Regelung der (Rahmenbedingungen für die) Unterbringung und Betreuung in Heimen und ähnlichen Einrichtungen machen jedoch deutlich, daß immer noch große Unsicherheiten bestehen.

Hier ein wenig zu einer weiteren Klärung beizutragen, ist das Anliegen des vorliegenden Beitrages. Er bewegt sich insofern im Grenzbereich zwischen dem, was sozialpolitisch als notwendig bzw wünschenswert angesehen wird, und dem, was rechtlich möglich bzw kompetenzmäßig zulässig ist. Gerade diese Nahtstelle von Sozialpolitik und Recht, insb auch im Hinblick auf die verfassungsrechtliche Kompetenzlage, war schon frühzeitig ein Schwerpunkt in der rechtswissenschaftlichen und rechtspolitischen Arbeit Eduard Rabofskys.[3] Die folgenden Überlegungen sollen daher dem Andenken an diesen Mann gewidmet werden, dem Zeit seines Lebens in der österreichischen Rechtswissenschaft, zumal jener im Arbeits- und Sozialrecht, nicht jene Anerkennung zuteil wurde, die er eigentlich verdient hätte.

2. Ausgangssituation

2.1 Bisherige Regelungen

Die bisherigen Regelungen der Rahmenbedingungen insb für die Errichtung, die Ausstattung und den Betrieb von Einrichtungen, die Wohnmöglichkeiten und Betreuungsleistungen vor allem für ältere bzw pflegebedürftige Menschen anbieten, weisen einen höchst unterschiedlichen Zugang auf. Dies zeigt sich in Adressatenkreis und Zielsetzung der jeweiligen Bestimmungen ebenso wie in deren Regelungstechnik und Regelungsinhalten:[4] Manche der hier interessierenden Einrichtungen unterliegen dem Regime des *Krankenanstaltenrechtes*, insb soweit es sich um „Pflegeanstalten für chronisch Kranke" iSd § 1 Abs 2 bzw § 2 Abs 1 Z 4 (Bundes-Grundsatz-)KAG (BGBl 1957/1 zuletzt idF 1994/1105) handelt.[5] Für andere Einrichtungen sind hingegen die für sogenannte „Alten-

---

[3] Vgl bereits seine Beiträge über „Sozialrechtliche Bestimmungen und die Grundsatzgesetzgebung des Bundes", ÖJZ 1949, 169 ff, bzw über „Landarbeitsrecht und Bundesverfassung", ÖJZ 1957, 505 ff, 533 ff und 561 ff.

[4] Zum folgenden grundlegend Pfeil, Rechtsprobleme der Pflege in stationären Einrichtungen, Österreichische Krankenhaus-Zeitung 1993, 325 ff.

[5] Als Beispiele für ausführungsgesetzliche Regelungen vgl jeweils § 1 Abs 2 des OÖ- (OÖLGBl 1976/10), des Sbg- (SbgLGBl 1975/97) bzw des WrKAG (WrLGBl 1987/23).

heime" bzw „Betreuungsheime für Erwachsene" maßgebenden (gast)*gewerberechtlichen* Bestimmungen anzuwenden (vgl insb §§ 3 ff VO BGBl 1990/24 iVm § 153 Abs 1 GewO 1994, BGBl 1994/194, zuletzt idF 1994/314).

Während zwischen Krankenanstalten und gewerblichen Einrichtungen relativ deutlich getrennt wird (vgl insb die Ausnahmebestimmung in § 2 Abs 1 Z 11 GewO)[6], gibt es eine Vielzahl von Heimen und ähnlichen Einrichtungen, die nicht als Krankenanstalten geführt werden, für die dennoch (auch) landesgesetzliche Vorschriften zur Anwendung kommen. Diese stehen durchwegs in einem *sozialhilferechtlichen* Kontext, wenngleich nicht immer nur solche Einrichtungen erfaßt werden (sollen), deren Bewohner auf Kosten des betreffenden Sozialhilfeträgers dort eine Wohn- bzw Betreuungsmöglichkeit erhalten. Einen derartigen Zugang haben etwa die Landesgesetzgeber im Burgenland oder in Niederösterreich gewählt, wenn sie die einschlägigen Regelungen nur auf solche Einrichtungen beziehen, die zumindest überwiegend der Erfüllung sozialhilfegesetzlicher Aufgaben dienen (vgl § 26 Abs 1 BgldSHG, BgldLGBl 1975/4), bzw in denen oder durch die Sozialhilfemaßnahmen erbracht werden (vgl § 45 Abs 1 NÖSHG, NÖLGBl 9200, zuletzt idF 9200-12). Auf einen grundsätzlich unbeschränkten Adressatenkreis, mit anderen Worten: auf *alle* einschlägigen „Heime" etc stellen hingegen etwa das KtnSHG (KtnLGBl 1981/30, zuletzt idF 1995/53) in §§ 33a, 33b bzw das SbgSHG (SbgLGBl 1975/19, zuletzt idF 1995/28) in §§ 24 ff ab. Es ist insofern gewiß kein Zufall, daß gerade die beiden letztgenannten Länder als einzige konkretere Regelungen für Ausstattung und Betrieb dieser Einrichtungen auf *Verordnungsebene* getroffen haben.[7]

2.2 Grundlagen und Impulse für eine Weiterentwicklung

Daß eine derartige Erfassung aller Heime bzw verwandter Wohn- und Betreuungseinrichtungen – gleichgültig ob und inwieweit die dort gewährten Leistungen solche der Sozialhilfe darstellen – auf *landesgesetzlicher* Grundlage erfolgen kann, steht spätestens seit dem VfGH-Erkenntnis vom 16. 10. 1992/ VfSlg 13237 außer Zweifel. Anlaß für diese Entscheidung war ein im Jahre 1990 vom Gesundheitsministerium vorgelegter *Entwurf* für ein *Pflegeheim-Grundsatzgesetz*, in dem „vom gesundheitlichen Standpunkt aus an Pflegeheime zu stellende Anforderungen getroffen" wurden. Dieser Entwurf wies – wie ja auch aus dem Titel hervorging – deutliche Parallelen zum

---

[6] GewO-Zitate ohne Jahresangabe beziehen sich in der Folge auf deren *aktuelle* Fassung, basierend auf der 1994 erfolgten Wiederverlautbarung.

[7] Vgl einerseits KtnLGBl 1989/52 und andererseits SbgLGBl 1987/74. Ähnliche Verordnungsermächtigungen finden sich auch in § 32 Abs 2 StmkSHG (StmkLGBl 1977/1), freilich äußerst zurückhaltend umgesetzt durch die VO StmkLGBl 1986/30, und – seit kurzem – auch in § 37 Abs 9 OÖSHG (OÖLGBl 1973/66 idF 1995/9).

Krankenanstaltenrecht auf[8] und stieß nicht zuletzt aus diesem Grund bei den Ländern auf Ablehnung. Da aber vor allem dessen fehlende kompetenzrechtliche Deckung geltend gemacht wurde, strengte die Bundesregierung eine Kompetenzfeststellung nach Art 138 Abs 2 B-VG an. Dabei gelangte der VfGH zum Ergebnis, daß „die Regelung der Errichtung, der Erhaltung und des Betriebes von Heimen für Personen, die wohl ständiger Pflege, aber bloß fallweiser ärztlicher Betreuung bedürfen, gemäß Art 15 Abs 1 B-VG in die Zuständigkeit der Länder fällt" (vgl die Kundmachung BGBl 1992/790).

Die Grundlage für die Regelung der Rahmenbedingungen insb für Errichtung, Ausstattungserfordernisse und Betrieb derartiger Heime liegt also in der subsidiären *Generalkompetenz* der Länder. Es ist daher unerheblich, ob oder inwieweit in diesen Regelungen ein Bezug zu Einrichtungen der Sozialhilfe hergestellt wird, deren historischer Kernbereich sich kompetenzrechtlich als Materie des Art 12 Abs 1 Z 1 B-VG („Armenwesen") darstellt. Die Länder wären freilich derzeit auch in diesem Bereich in ihrer Regelung frei, weil der Bund kein Armenwesen-Grundsatzgesetz erlassen hat (vgl Art 15 Abs 6 B-VG).[9]

Von dieser Kompetenzlage geht offenbar auch die Art 15a B-VG-Vereinbarung „über gemeinsame Maßnahmen des Bundes und der Länder für pflegebedürftige Personen" (vgl etwa BGBl 1993/866, in der Folge kurz *„Pflege-Vereinbarung")* aus. In dieser haben sich Bund und Länder – im Rahmen der ihnen verfassungsrechtlich zugeordneten Kompetenzbereiche – zur Schaffung eines umfassenden Pflegeleistungssystems verpflichtet (vgl Art 1 Abs 2 dieser Vereinbarung). Den Ländern obliegt es insb, für einen Mindeststandard an ambulanten und (teil)stationären Diensten zu sorgen (Art 3 Abs 1), der den Anforderungen, wie sie in Anlage A zu dieser Vereinbarung aufgestellt sind, zu entsprechen hat (Art 5).

Diese *Anlage A* enthält nun – nach einer demonstrativen Auflistung der in Betracht kommenden Dienste[10] – unter 2.2 eine Reihe allgemein um-

---

[8] So waren Errichtungs- und Betriebsbewilligungen durch die Landesregierung vorgesehen (§§ 2–6) oder wurde die Erlassung einer Heimordnung (§ 7 f) sowie die Führung einer entsprechenden ärztlichen und Pflegedokumentation (§§ 14 f) vorgeschrieben. Besondere Beachtung wurde natürlich der ärztlichen Aufsicht, Betreuung und Behandlung (§§ 9–13) sowie dem Nichtärztlichen Dienst (§ 16) gewidmet. Die behördliche Aufsicht wurde in diesem Entwurf den Bezirksverwaltungsbehörden übertragen (§ 25). Schließlich hätte in einem Art III dieses Gesetzes das Verhältnis zum Gewerberecht klargestellt werden sollen: Dort war nämlich vorgeschlagen, die Ausnahmebestimmung des § 2 Abs 1 Z 11 GewO hinsichtlich der Kranken- und Kuranstalten um die Pflegeheime zu erweitern.

[9] Ein Tätigwerden des Grundsatzgesetzgebers ist auch in Hinkunft nicht zu erwarten. Im Gegenteil: In der vorerst politisch nicht weiter verfolgten „Bundesstaatsreform" wäre das Armenwesen sogar ausdrücklich als alleinige Landeskompetenz vorgesehen (vgl Art 15 Abs 1 Z 16 B-VG in der durch die RV für eine B-VG-Novelle 1994, 1706 BlgNR 18. GP, vorgeschlagenen Fassung).

[10] Im vorliegenden Zusammenhang ist vor allem auf die dort unter 1.6 bzw 1.7 genannten „Kurzzeitpflegeeinrichtungen" bzw „Sonderwohnformen (zB Altenheime, Pflegeheime, Wohngemeinschaften)" zu verweisen.

schriebener „Qualitätskriterien für Heime", die ausdrücklich nur auf Neu- und Zubauten bezogen werden. Auf diese inhaltlichen Standards ist noch zurückzukommen (s unten 3.2). An dieser Stelle bedarf es lediglich des Hinweises, daß zu den Qualitätskriterien für Heime auch *„Aufsichtsregelungen"* zählen: Nach dem derart überschriebenen letzten Punkt dieses Kriterienkataloges haben die Länder nämlich auch „Regelungen für die Aufsicht von Alten- und Pflegeheimen, die insb auch den rechtlichen Schutz der Heimbewohner gewährleisten, zu erlassen".

Damit gehen die Parteien der Pflege-Vereinbarung, also auch der Bund, offenbar von einer Regelungszuständigkeit der Länder aus, die über jene Pflegeheime nach dem seinerzeitigen Entwurf, über den der VfGH zu befinden hatte,[11] hinausreicht. Diese Annahme ist auch zutreffend. Die im Erkenntnis VfSlg 13237 zu den anderen allenfalls in Betracht zu ziehenden Kompetenzgrundlagen angestellten Überlegungen scheinen durchaus verallgemeinerungsfähig und sind auch für andere Wohn- bzw Betreuungseinrichtungen als Pflegeheime im obigen Sinn beachtlich:

Der Kompetenztatbestand *„Volkspflegestätten"* in Art 12 Abs 1 Z 1 kommt kaum in Betracht. Darunter fallen – wie der VfGH im oa Erkenntnis wohl zutreffend festgestellt hat – vornehmlich Maßnahmen, mit denen Vorsorge dafür getroffen werden soll, daß entsprechende Liegenschaften zur Verfügung stehen, um sozialen Zwecken dienende öffentliche Einrichtungen schaffen zu können (vgl das seinerzeitige VolkspflegestättenG StGBl 1919/309 bzw die zu diesem ergangenen Vollzugsanweisungen StGBl 1919/349 bis 351). Selbst wenn man hier etwa im Hinblick auf Wohnheime eine abweichende Deutung vertreten wollte, wäre nicht an der Regelungsbefugnis der Landesgesetzgeber zu zweifeln. In Ermangelung eines entsprechenden Grundsatzgesetzes wäre deren Kompetenz wiederum aus Art 15 Abs 6 B-VG abzuleiten.[12]

Ebenfalls unproblematisch ist die Abgrenzung zu einem anderen Tatbestand in Art 12 Abs 1 Z 1 B-VG, den *„Heil- und Pflegeanstalten"*. Als entscheidendes Differenzierungskriterium zwischen diesen Einrichtungen und Pflegeheimen (iSd damaligen Bundes-Entwurfes) sieht das Erkenntnis VfSlg 13237 den Umstand, daß bei Krankenanstalten die – zumal ständig erforderliche – ärztliche Betreuung, bei den Pflegeheimen hingegen die Pflege im Vordergrund steht, während ärztliche Hilfe – wenn überhaupt –

---

[11] Nach § 1 dieses Entwurfes galten als Pflegeheime „Einrichtungen zur Aufnahme von chronisch Kranken, vorübergehend oder dauernd pflegebedürftigen und behinderten Menschen, die ständiger Pflege und fallweiser ärztlicher Betreuung bedürfen" (Abs 1) sowie „auch solche *Bereiche von Alten-, Pensionisten- und ähnlichen Heimen* (Herv d Verf), in denen iSd Abs 1 Personen ständig oder vorübergehend gepflegt und fallweise ärztlich betreut werden" (Abs 2).

[12] Auch diese Materie wäre nach der schon (oben Fn 9) angesprochenen RV für eine „Bundesstaatsreform" in den dann neugefaßten Art 15 B-VG transferiert worden, wo sie – bemerkenswerterweise in unmittelbarer Nachbarschaft zu den erstmals als eigener Tatbestand aufscheinenden „Pflegeheimen" – in Abs 1 Z 15 Eingang gefunden hätte.

nur fallweise nötig ist. Bei Einrichtungen, in denen es uU überhaupt vorrangig um den Wohnaspekt geht, tritt dieser Unterschied sogar noch deutlicher hervor.

Die im vorliegenden Zusammenhang interessierende Regelungskompetenz kann auch nicht auf den Tatbestand „*Gesundheitswesen*" iSd Art 10 Abs 1 Z 12 B-VG gestützt werden. Dazu gehören zwar grundsätzlich alle Maßnahmen zur Abwehr von Gefahren für den allgemeinen Gesundheitszustand der Bevölkerung (also die „Volksgesundheit"), sofern nicht eine für eine bestimmte andere Kompetenzmaterie allein typische Abart dieser Gefahr bekämpft werden soll.[13] Worin der Beitrag allfälliger heimgesetzlicher Regelungen für die Volksgesundheit liegen sollte, vor allem wenn es nicht nur um Pflegeheime, sondern lediglich um „Sonderwohnformen" handelt, ist nicht ersichtlich.

Als letzte kompetenzrechtliche Anknüpfung, die einer Befugnis zur Erlassung von „Heimgesetzen" nach Art 15 Abs 1 B-VG entgegenstehen könnte, kämen die „*Angelegenheiten des Gewerbes*" nach Art 10 Abs 1 Z 8 B-VG in Betracht. Nach VfSlg 13237 zählten Errichtung und Betrieb jedenfalls von Pflegeheimen im Lichte von Stand und Systematik der Rechtsordnung zum sogenannten „Versteinerungszeitpunkt" (1. 10. 1925; vgl insb die GewO 1859, RGBl 227) nicht zu diesen Angelegenheiten: Zum einen wurden die damals bestehenden Einrichtungen offenbar vor allem von der öffentlichen Hand und von karitativen Organisationen ohne Gewinnabsicht betrieben. Es handelte sich insoweit um keine (iSd Art IV des Kundmachungspatentes zur GewO 1859) „gewerbmäßig betriebenen" Einrichtungen. Zum anderen wären selbst allenfalls doch vorhandene, auf Gewinn gerichtete „Pflegeheime" nicht dem Regime des Gewerberechtes zu unterstellen gewesen, weil sie unter die – weit auszulegende – Ausnahme in Art V lit g des Kundmachungspatentes zur GewO 1859 einzuordnen gewesen wären.[14] Dieser Befund ist nun grundsätzlich auch auf *andere* „Heime" übertragbar. Auch solche dürften zum Zeitpunkt des Inkrafttretens der Kompetenztatbestände des B-VG gewerbmäßig gar nicht betrieben worden sein. Die in Betracht kommenden Einrichtungen standen vielmehr vor allem in der Tradition der *Armenhäuser*,[15] für welche die Regelungskompetenz wiederum primär auf dem „Armenwesen" beruhte (und damit – Art 12 Abs 1 Z 1 iVm Art 15 Abs 6 B-VG – erst recht wieder allein bei den Ländern läge). Davon abgesehen wäre in diesem Zusammenhang auch die Ausnahmebestimmung in Art V lit i des Kundmachungs-

---

[13] Vgl neben VfSlg 13237 insb die Nachweise bei Pfeil, Die Neuregelung der Pflegevorsorge (1994), 123 f.

[14] Nach dieser Bestimmung fand die GewO 1859 (ua) keine Anwendung auf „die Unternehmungen von Heilanstalten jeder Art mit Inbegriff der Gebär- und der Irrenbewahr-, Bade- und Trinkkuranstalten".

[15] Vgl zu diesen insb die Nachweise bei Mayrhofer/Pace, Handbuch für den politischen Verwaltungsdienst, 5. Bd⁵ (1901), 249 f, 281 f bzw 302 f.

patentes zur GewO 1859 zu beachten, wonach auch „die gewerblichen Arbeiten öffentlicher Humanitätsanstalten"[16] nicht gewerberechtlich erfaßt werden sollten. Wenn somit sogar in regelmäßiger Erwerbsabsicht in solchen Einrichtungen geleistete gewerbliche Arbeiten nicht als typische „Angelegenheiten des Gewerbes" anzusehen waren, wird dies wohl umso mehr für die Errichtung und den Betrieb derartiger Einrichtungen gelten müssen. Auch vor diesem Hintergrund muß daher auf eine äußerst *begrenzte* gewerberechtliche Regelungsbefugnis im Hinblick auf „Heime" und vergleichbare Wohn- bzw Betreuungseinrichtungen geschlossen werden.

Dies klingt wohl auch in VfSlg 13237 an, wenn dort ausgeführt wird, daß es für die – in concreto verneinte – Unterstellung unter den Kompetenztatbestand „Angelegenheiten des Gewerbes" unerheblich sei, wie sich die einfachgesetzliche Rechtslage nach dem Versteinerungszeitpunkt entwickelte, insb wie die GewO 1973 diese Frage behandelt. „Heim-spezifische" Regelungen auf Gesetzesebene bestehen dort ohnedies erst seit der Novelle BGBl 1993/29, durch die mit der Anordnung in § 158 Abs 1 (nunmehr: § 153 Abs 1) die Vorschriften der bisherigen Verordnung VO 1990/24 in den Gesetzesrang gehoben wurden. Diese Regelungen „über die Einrichtung, Ausstattung und Betriebsführung von Gastgewerbebetrieben" stehen längstens bis 30. 6. 1996 in Geltung, sofern nicht der nunmehr zuständige Landeshauptmann für das jeweilige Bundesland schon früher durch Verordnung festlegt, durch welche Maßnahmen die betreffenden Gastgewerbebetriebe den der Betriebsart entsprechenden Anforderungen Rechnung zu tragen haben.

Die nunmehrigen gesetzlichen Vorgaben für diese Verordnung (§ 153 Abs 1 GewO 1994, arg insb „Ansehen der österreichischen Tourismuswirtschaft" bzw „besondere regionale oder örtliche Besonderheiten") machen es besonders deutlich. Im Grunde mußte aber schon früher klar sein, daß mit den (gast)gewerberechtlichen Regelungen im Hinblick auf „Heime" nur bestimmte Aspekte erfaßbar sind. Ansonsten wären auch die Grenzen intrasystematischer Weiterentwicklung des oben umrissenen kompetenzrechtlichen Rahmens überschritten. Nicht zuletzt im Lichte einer möglichst verfassungskonformen Interpretation der fraglichen gewerberechtlichen Vorschriften ist deren „Reichweite" auf Leistungen im Rahmen der – hier allein (vgl den Katalog in § 142 Abs 1 GewO) einschlägigen – *Beherbergung* zu beschränken. Wie schon an anderer Stelle ausgeführt wurde,[17] liegt eine solche Beherbergung umso weniger vor, je länger die Aufnahme in einer Einrichtung dauert (und je weniger damit

---

[16] In etwas modernere Terminologie übersetzt: „Anstalten, die von öffentlichen Wohlfahrts- und Fürsorgeeinrichtungen betrieben werden", vgl die EBRV zur GewO 1972, 395 BlgNR 13. GP, 107; ebenso nunmehr § 2 Abs 1 Z 13 GewO 1994.

[17] Vgl dazu bereits die Nachweise bei Pfeil, ÖKZ 1993, insb 331 f.

von einem „Gast" gesprochen werden kann); je stärker die persönliche Betreuung (und nicht so sehr die Obsorge für die zur Verfügung gestellten Räume etc) im Vordergrund steht; je intensiver diese Betreuung notwendige Verrichtungen betrifft (dh solche, deren Unterbleiben zu einer Verwahrlosung oder zum Verkommen des „Gastes" führen würde); weiters je stärker diese Dienstleistungen besondere Qualifikationen (insb auf Grund eigener berufsrechtlicher Vorschriften) oder besondere technische Ausstattung erfordern; schließlich wohl auch je mehr auf die individuellen Bedürfnisse des einzelnen eingegangen werden muß. Zur Regelung *aller* in diesem Sinn nicht zur Beherbergung zu zählenden Aspekte der Unterbringung bzw Aufnahme in Heimen etc ist somit nach Art 15 Abs 1 B-VG die Landesgesetzgebung zuständig. Dabei können dann auch solche Einrichtungen erfaßt werden, die gewerbsmäßig betrieben werden, dh auch „Altenheime" bzw „Betreuungsheime für Erwachsene" im bisherigen (gast)gewerberechtlichen Sinn.

2.3 Jüngste Entwicklungen

Insoweit kann es daher keinen kompetenzrechtlichen Bedenken begegnen, wenn die Länder nunmehr daran gehen, diese Regelungsbefugnis wahrzunehmen, nicht zuletzt um die Verpflichtung aus der Pflege-Vereinbarung umzusetzen. Das erste Bundesland, das diesen Versuch gewagt hat, ist die *Steiermark*. Dort wurde am 11. 10. 1994 ein Gesetz beschlossen, „mit dem Vorschriften über die stationäre Betreuung Pflegebedürftiger erlassen werden" (Stmk PflegeheimG, StmkLGBl 1994/108), das nach seinem § 19 Abs 2 seit 1. 1. 1995 in Geltung steht.

In anderen Bundesländern liegen zum Teil ebenfalls schon relativ konkrete Gesetzesentwürfe vor. Namentlich ist hier auf jenen Entwurf zu verweisen, der Anfang 1995 vom Amt der *Kärntner* Landesregierung zur Begutachtung versendet wurde (in der Folge kurz Ktn Entwurf).[18] Dieser Vorschlag weist ebenso wie die Regelung in der Steiermark offenkundige Parallelen zum Entwurf für ein *Salzburger* Heimgesetz, der bereits im Jahr 1993 der (Fach-)Öffentlichkeit vorgestellt wurde (in der Folge Sbg Entwurf).[19] Auch die Diskussion in Tirol und in Vorarlberg bewegt sich in eine ähnliche Richtung.[20] Weitere einschlägige Entwürfe befinden sich dem

---

[18] Entwurf für ein Gesetz, mit dem Vorschriften über Betreuungseinrichtungen in Kärnten erlassen werden (Kärntner Heimgesetz), Zl Verf-1249/2/1994, im Juni 1995 überarbeitet als Zl Verf-416/26/1995. Die folgenden Zitate beziehen sich bereits auf die *überarbeitete* Fassung.

[19] Vgl Büro für Seniorenfragen Salzburg (Hrsg), Heimgesetz, Projektbericht² (1993); überarbeitet als Eiersebner/Diemath, Das Salzburger Heimgesetz – Entwurf (1994).

[20] Für diese beiden Länder liegt zumindest ein als Punktation abgefaßter „Rohentwurf" aus dem Jahr 1993 vor, der unter Beteiligung von Vertretern der zuständigen Abteilungen am jeweiligen Amt der Landesregierung ausgearbeitet wurde.

Vernehmen nach auch in anderen Bundesländern, so etwa in Niederösterreich, in Ausarbeitung.

In *Oberösterreich* wurde dagegen – zumindest vorerst – nicht der Weg einer eigenständigen gesetzlichen Regelung eingeschlagen. Dort kam es vielmehr zu der schon erwähnten Novellierung des OÖSHG durch OÖ-LGBl 1995/9. Diese bewirkte insb eine Neugestaltung des § 37, der die Rahmenbedingungen für „Anstalten und Heime zur Unterbringung von Hilfeempfängern" regelt. Auf diese ist ebenso zurückzukommen wie auf die Kriterien für die „*Heimverordnung*" (deren Erlassung unmittelbar bevorsteht), die in Abs 9 dieser Bestimmung enthalten sind.

3. Primäre Regelungsgegenstände und -probleme

3.1 Allgemeines, Geltungsbereich

Welche konkreten Aspekte sind es aber nun, die in einem derartigen „Heimgesetz" geregelt werden (sollen)? Sowohl das Stmk PflegeheimG als auch der Ktn wie der Sbg Entwurf differenzieren im wesentlichen – durchwegs in Form eigener Abschnitte – zwischen *drei* großen Fragenkomplexen.[21] In all diesen Texten finden sich zunächst Vorschriften im Hinblick auf die Rechtsbeziehungen zwischen Heimbewohner und Heimträger, die in der Folge auch näher zu beleuchten sind (s unten 4). Auf die beiden anderen Schwerpunkte, zum einen die inhaltlichen Vorgaben für Errichtung, Ausstattung und Betrieb der jeweiligen Einrichtung, zum anderen die Verfahrensregelungen zu deren Überwachung bzw Durchsetzung, ist sogleich – wenn auch nur überblickshaft – zurückzukommen (vgl unten 3.2 bzw 3.3). In diesem Zusammenhang ist auch kurz das Problem allfälliger Übergangsbestimmungen anzusprechen.

Zuvor ist aber noch der *Geltungsbereich* der jeweiligen Regelungen bzw Regelungsvorschläge zu betrachten. Das Stmk PflegeheimG bezieht sich nach seinem § 1 Abs 1 auf „den Betrieb und die Organisation von stationären Einrichtungen für Personen, die pflege- oder betreuungsbedürftig sind", worunter wiederum „jedenfalls" Pflegegeldbezieher zu verstehen sind. Ausdrücklich ausgenommen sind nach Abs 2 leg cit die ausschließliche Pflege von Angehörigen sowie Einrichtungen, deren Betrieb durch das Behinderten- (vgl StmkLGBl 1964/316), das Jugendwohlfahrts- (vgl StmkLGBl 1990/93) bzw das Krankenanstaltengesetz (vgl StmkLGBl 1957/78) geregelt ist. Für Einrichtungen, in denen weniger als fünf Perso-

---

[21] Der Sbg Entwurf enthält zusätzlich insb einen Abschnitt „*Standardförderung*", der Regelungen über eine „Standardkommission" (vgl § 19), über „Öffentlichkeitsarbeit/Beratung" (§ 20) sowie über die „Förderung von Gemeinschaftswohnanlagen" (§ 21) enthält. Diese Besonderheit des Sbg Entwurfes ist bereits in der dessen § 1 vorgeschlagenen (zweiten) Zwecksetzung des Gesetzes zu erkennen, nämlich „Gemeinschaftswohnanlagen" durch entsprechende Entwicklungsanreize zu fördern.

nen mit Pflegegeldanspruch gepflegt werden (sogenannte „Pflegeplätze") besteht dagegen offenbar nur eine Anzeigepflicht gegenüber der Bezirksverwaltungsbehörde, welche wiederum zur Aufsicht berufen ist (vgl § 1 Abs 3).

Die hier uU auftauchenden Abgrenzungsprobleme können an dieser Stelle nicht weiter verfolgt werden.[22] Die etwas offenere Umschreibung wie sie der Sbg- bzw der Ktn Entwurf vorsehen, erscheint dennoch eher zielführend.[23] In beiden Entwürfen sind zudem ausdrückliche Ausnahmen insb im Hinblick auf Krankenanstalten bzw kleinere (konkret solche mit weniger als drei betreuten Personen) sowie solche Einrichtungen vorgesehen, die nur während eines Teiles des Tages Betreuung und Hilfe anbieten (Tageszentren oä).[24]

Um keinen äquivalenten Ersatz für ein solches „Heimgesetz" kann es sich dagegen bei der Neufassung des § 37 im OÖSHG handeln. Zielgruppe dieser Regelung sind nämlich zunächst nur Anstalten und Heime, die von Sozialhilfeträgern errichtet und betrieben werden (vgl Abs 1 dieser Bestimmung). Heime anderer Träger werden nur erfaßt, wenn sie als „gleichartig" anerkannt sind und daher eine Unterbringung von Hilfeempfängern zur Sicherung des Lebensbedarfes in diesen Einrichtungen erfolgen darf (vgl § 38 OÖSHG).

Auch im Lichte der Anforderungen der Pflege-Vereinbarung bedürfte es hier eines weiter gezogenen Adressatenkreises: Zum einen bezieht sich die Anlage A in Punkt 2.2 auf „Alten- und Pflegeheime" schlechthin. Zum anderen haben die Länder, wenn sie die den geforderten Mindeststandards entsprechenden Sachleistungen nicht selbst erbringen, dafür zu sorgen, daß diese von anderen Trägern „qualitäts- und bedarfsgerecht" erbracht werden (vgl insb Art 3 Abs 2 Pflege-Vereinbarung). Die drei vorher genannten Regelungen tragen diesen Vorgaben hingegen grundsätzlich hinreichend Rechnung.

3.2 Inhaltliche Standards – Übersicht

In der grundsätzlichen *Zielsetzung* stimmen alle bisher vorliegenden heimrechtlichen Texte weitgehend überein. Durchwegs geht es hier im den

---

[22] So kann zB die Geltung des Gesetzes etwa auch für Wohnheime mit Pflegestationen zwar wohl noch bejaht werden (arg „Einrichtungen *für* …"). Ist dies aber auch der Fall, wenn sich konkret weniger als fünf Personen in dieser Pflegestation befinden?

[23] Beide Entwürfe stellen auf Einrichtungen ab, die für Erwachsene eine besondere Wohnmöglichkeit sowie Assistenzleistungen anbieten, und stellen klar, daß Einrichtungen für pflegebedürftige Personen jedenfalls unter den jeweiligen Geltungsbereich fallen (vgl § 2 Sbg – bzw § 1 Ktn Entwurf). Noch einmal sei hier auf die – offenkundig auf die Schaffung eines neuen (Selbst-)Verständnisses abzielende – Begriffswahl im Sbg Entwurf verwiesen, der den Begriff „Heim" bewußt vermeidet und statt dessen von „Gemeinschaftswohnanlagen" spricht.

[24] Für diese Einrichtungen soll nur ein Teil der sonst maßgebenden Standards gelten (vgl insb die Ausnahmebestimmungen in § 2 Abs 3 Sbg – bzw § 1 Abs 2 Ktn Entwurf).

Schutz der Interessen und Bedürfnisse der Bewohner bzw die Sicherung ihrer Menschenwürde, Selbständigkeit bzw Individualität.[25] Im OÖSHG wird in diesem Zusammenhang von *„fachgerechter Sozialhilfe"* gesprochen: Diese umfaßt neben der Befriedigung gleichartiger, regelmäßig auftretender persönlicher und sozialer Bedürfnisse die Beachtung der körperlichen, geistigen, psychischen und religiösen Individualität und Integrität und des Rechts auf Selbstbestimmung, die Förderung der individuellen Fähigkeiten sowie den Ausgleich nicht mehr behebbarer Gebrechen (vgl § 37 Abs 7 und 8) und ist im Verordnungsweg noch zu konkretisieren.

In dieser Verordnungsermächtigung[26] werden im Grunde all jene Bereiche angesprochen, die zum erforderlichen Mindeststandard iSd Art 5 Pflege-Vereinbarung iVm Punkt 2.2 ihrer Anlage A zählen: Dort werden – neben den schon angesprochenen Aufsichtsregelungen – allgemeine Vorgaben im Hinblick auf *Heimgröße, Zimmergröße, Besuchsrecht, Infrastruktur, Standort und Umgebung, Personal bzw ärztliche Versorgung* formuliert.

All diese Gesichtspunkte finden sich im Grunde – allenfalls mit unterschiedlicher Akzentuierung – auch im Stmk PflegeheimG.[27] Der Sbg- und der Ktn Entwurf beschränken sich hier in einigen Punkten auf eher allgemeine Regelungen und sehen entsprechende Verordnungsermächtigungen für die jeweilige Landesregierung vor.[28] Auch diese Vorgangsweise ist grundsätzlich – ausreichende gesetzliche Determinierung (Art 18 B-VG) selbstverständlich vorausgesetzt – zur Erfüllung der Verpflichtungen aus der Pflege-Vereinbarung geeignet.

Diese beziehen sich aber – wie bereits angedeutet – nur auf Neu- und Zubauten. Bereits *bestehende* Einrichtungen müssen diesen Anforderungen demnach offenbar nicht unterstellt werden. Die Pflege-Vereinbarung geht allerdings von einer langfristigen Sicherung der betreffenden Mindeststandards aus (vgl deren Art 6 und die Anlage B), wonach die in den – bis Ende 1996 zu erstellenden – Bedarfs- und Entwicklungsplänen festgestellten

---

[25] Diesbezüglich enger allerdings § 2 Stmk PflegeheimG, dessen erster Zweck lediglich in der „Beachtung (sic!) der Interessen und Bedürfnisse" liegt. Abgesehen davon zählen nach dem Sbg – und dem Ktn Entwurf auch die „Aufnahmewerber" zum geschützten Personenkreis.

[26] Nach § 37 Abs 9 OÖSHG sollen diese Regelungen insb die örtliche Lage, die bauliche Gestaltung, die Größe, Einrichtung und Ausstattung der Gebäude und Räumlichkeiten, die notwendigen organisatorischen und betriebswirtschaftlichen Erfordernisse, die sonstigen sachlichen und personellen Voraussetzungen, die ärztliche Versorgung sowie den Heimbetrieb betreffen.

[27] Vgl insb dessen – alle dem Abschnitt „Betrieb der Einrichtungen" zugeordneten – §§ 5 (Personalausstattung), 7 (Ärztliche Behandlung), 8 (Bauliche und technische Anforderungen für Neu- und Zubauten). Der Aspekt „Besuchsrecht" wird dagegen als unabdingbares Recht des Bewohners formuliert (vgl § 3 Abs 3 Z 9 iVm Abs 4; s dazu auch unten 4.2.2).

[28] So insb im Hinblick auf die personelle Ausstattung (vgl § 7 Sbg – bzw § 10 Ktn Entwurf) und die baulichen bzw technischen Anforderungen (vgl § 13 Sbg – bzw § 15 Ktn Entwurf).

Defizite in quantitativer und qualitativer Hinsicht in drei Stufen bis zum Jahr 2010 ausgeglichen werden sollen. Daraus folgt fraglos, daß bestehenden Einrichtungen ausreichend Zeit zur Schaffung der Voraussetzungen gegeben werden muß, die eine Einhaltung der geforderten Qualitätsstandards gewährleisten. Sollte ein Heim etc dagegen nicht „sanierbar" sein, müßte das jeweilige Land – spätestens bis 2010 – für entsprechenden Ersatz sorgen.

Insofern liegt nahe, daß die vorliegenden Heimgesetz-Texte besondere Vorkehrungen in Form von *Übergangsbestimmungen* enthalten: In der Steiermark haben Betreiber bereits bestehender Pflegeheime bis Ende Juni 1995 Zeit, eine entsprechende Bewilligung zu beantragen, und dürfen die Einrichtungen bis zum Abschluß des Bewilligungsverfahrens im bisherigen Umfang weiterführen (vgl § 17 Abs 1 Stmk PflegeheimG). Vor allem aber sind Abweichungen von den sonstigen Anforderungen zulässig, wenn den pflegerischen und sozialen Notwendigkeiten dennoch entsprochen wird (Abs 2), wobei allenfalls eingeschränkte Bewilligungen bzw Auflagen erteilt werden können (Abs 3 dieser Bestimmungen). Ähnliche Vorkehrungen enthalten auch der Sbg – (vgl § 27 Abs 2) sowie der Ktn Entwurf (vgl § 25 Abs 3).

3.3 Verfahrensbestimmungen – Übersicht

Damit wurden bereits verfahrensrechtliche Aspekte der vorliegenden heimrechtlichen Regelungen angesprochen. Nach diesen bedarf der Betrieb derartiger Einrichtungen durchwegs einer – bei nachträglichem Wegfall der erforderlichen Voraussetzungen auch wieder entziehbaren – *Bewilligung* durch Bescheid der jeweiligen *Landesregierung*.[29] Diese würde nach dem Sbg- (vgl § 24) bzw dem Ktn Entwurf (vgl dessen § 19) auch als *Aufsichtsbehörde* fungieren.[30] § 14 Abs 1 Stmk PflegeheimG überträgt diese Funktion dagegen den Bezirksverwaltungsbehörden. Für die Heimträger sind damit durchwegs spezielle Zutrittsgewährungs- bzw Auskunftserteilungspflichten verbunden.[31] Die Nichteinhaltung der aus dem jeweiligen Gesetz resultierenden Verpflichtungen schließlich wird regelmäßig mit *verwaltungsstrafrechtlichen* Sanktionen bedroht.[32]

---

[29] Vgl § 12 Stmk PflegeheimG bzw § 22 Sbg – sowie §§ 17f Ktn Entwurf.

[30] Dies entspricht im übrigen dem status quo, vgl § 26 Sbg- bzw § 34 KtnSHG.

[31] Vgl insb § 14 Abs 2 Stmk PflegeheimG bzw § 22 Abs 2 Ktn Entwurf. Auch in diesem Punkt beschreitet der Sbg Entwurf neue Wege und sieht in § 24 primär beratende und unterstützende Maßnahmen durch die Aufsichtsbehörde bzw von dieser beauftragten Personen vor.

[32] Vgl im einzelnen § 15 Stmk PflegeheimG bzw § 26 Sbg – sowie § 23 Ktn Entwurf. Auf diese Bestimmungen ist noch mehrfach zurückzukommen.

4. Regelung der Rechtsbeziehung zwischen Träger und Bewohner der Einrichtung

4.1 Zur Zulässigkeit landesgesetzlicher Zivilrechtsregelungen im allgemeinen

Neben diesem klassischen *hoheitlichen* Instrumentarium – Bewilligungsbescheid, behördliche Aufsicht, Auflagen, Verwaltungsstrafen usw – enthalten alle vorliegenden heimgesetzlichen Texte auch Regelungen, die zumindest auf den ersten Blick unmittelbar die Rechtsbeziehungen zwischen Träger der jeweiligen Einrichtung und der dort wohnenden bzw betreuten Person betreffen. Grundlage dieser Beziehungen ist wohl regelmäßig ein privatrechtlicher Vertrag, den man als „Heimvertrag" bezeichnen könnte.[33] Gleichgültig ob dieser in concreto einem bestimmten Vertragstypus zugeordnet werden kann oder ob es sich dabei um einen gemischten Vertrag handelt:[34] Gesetzliche Reglementierungen dieses Bereiches insb im Sinne einer Einschränkung der Privatautonomie sind Vorschriften *zivilrechtlicher* Natur. Zu deren Erlassung sind die Länder nun aber nur nach Maßgabe des Art 15 Abs 9 B-VG befugt. Die fraglichen zivilrechtlichen Regelungen müssen demnach zur Regelung des jeweiligen Gegenstandes, also der „Hauptmaterie", die in der Zuständigkeit der Länder liegt, erforderlich sein.

Dieses *„erforderlich"* wird vom VfGH streng ausgelegt: Die betreffende zivilrechtliche Regelung muß in einem *unerläßlichen* rechtstechnischen Zusammenhang mit den eigentlichen Hauptbestimmungen des jeweiligen Gesetzes stehen, mit anderen Worten: diese bedürften erst zivilrechtlicher Annexregelungen um sinnvoll vollziehbar zu werden.[35] Es reicht dagegen *nicht* aus, wenn die zivilrechtliche Ergänzung lediglich *zweckmäßig*,[36] dh geeignet ist, eine Förderung der im Bereich der Landesgesetzgebung angestrebten Zielsetzungen zu erreichen; vielmehr müsse die jeweilige Bestimmung zivilrechtlichen Inhalts eine notwendige Ergänzung einer bestimmten Regelung der Verwaltungsmaterie darstellen und müsse diese Ergänzung dadurch notwendig werden, daß eine zivilrechtlich zu lösende Frage gerade durch eine konkrete Regelung im Gesetz ausgelöst wird.[37]

---

[33] Einen derartigen Vertragstypus kennt die österreichische Rechtsordnung bis dato freilich nicht, vgl dagegen etwa §§ 4 bis 4d des deutschen HeimG.

[34] So wird etwa die reine Wohnraumüberlassung in der Regel als Mietvertrag anzusehen sein, viele „Heimverträge" werden dagegen auch Elemente eines Kaufvertrages und eines (freien) Dienstvertrages aufweisen.

[35] Grundlegend VfGH 1980/ VfSlg 8989, vgl weiters insb 1983/ VfSlg 9906, 1984/ VfSlg 10097.

[36] Nach der RV für die „Bundesstaatsreform" (vgl oben Fn 9) würde der Gesichtspunkt der Zweckmäßigkeit derartiger zivilrechtlicher Bestimmungen uU bereits ausreichen. Nach der dort vorgeschlagenen und in Abs 2 des Art 15 B-VG transferierten Neufassung wären solche Regelungen zulässig, soweit eine bundesgesetzliche Ermächtigung hiezu besteht oder die Bundesregierung ihrer Kundmachung ausdrücklich zugestimmt hat.

[37] Vgl insb VfGH 1992/ VfSlg 13322.

Diese Voraussetzungen sind – wie der VfGH gerade im zuletzt genannten Erkenntnis ausgeführt hat – nicht gegeben, wenn jegliche Verwaltungsvorschrift des Landes fehlt, zu deren Umsetzung die Erlassung zivilrechtlicher Regelungen rechtstechnisch erforderlich wäre. Bei der Prüfung ob es sich um rechtstechnisch selbständige Regelungen handle, käme es auch auf die jeweilige *Gesetzessystematik* an: Für diese Selbständigkeit spräche jedenfalls, würden sich die fraglichen zivilrechtlichen Regelungen in einem eigenständigen Abschnitt finden.

Gerade unter dem letztgenannten Gesichtspunkt spricht der erste Anschein wohl eindeutig *gegen* die kompetenzmäßige Deckung der in den vorliegenden heimrechtlichen Texten allenfalls enthaltenen Zivilrechtsregelungen, finden sich diese doch durchwegs in einem eigenen Abschnitt, konkret ist es sogar immer jener, der unmittelbar auf den Einleitungsabschnitt über Zweck und Anwendungsbereich des jeweiligen Gesetzes (entwurfes) folgt. Hier kann es sich freilich bestenfalls um ein Indiz für das Vorliegen von „rechtstechnisch selbständigen Regelungen" iSd angeführten Judikate handeln. Ob bzw inwieweit die „Erforderlichkeit" iSd Art 15 Abs 9 B-VG gegeben ist, muß vielmehr *konkret* für jede zivilrechtliche Bestimmung im Lichte der sonstigen, dh verwaltungsrechtlichen Regelungen des jeweiligen heimrechtlichen Textes geprüft werden. Davon abgesehen kann aus der systematischen Anordnung einer Bestimmung in einem Gesetzesabschnitt, der mit „Rechtsbeziehungen zwischen Bewohner und Träger der Einrichtung" oä überschrieben ist, noch nicht (zwangsläufig) auf deren zivilrechtlichen Charakter geschlossen werden.

4.2 Konkrete Bereiche

Eine nähere Betrachtung der fraglichen Regelungen ist daher unvermeidlich. Dabei sind zumindest drei – allen vorliegenden Texten gemeinsame – größere Problemkreise zu erkennen. Zunächst finden sich Bestimmungen, die offenbar vor allem eine Klarlegung der wesentlichen Inhalte der Rechtsbeziehung zwischen dem Träger der jeweiligen Einrichtung und deren (zukünftigen) Bewohnern bezwecken. In weiterer Folge werden bestimmte „Rechte der Heimbewohner" formuliert, auf die noch dazu durchwegs nicht rechtswirksam verzichtet werden kann. Alle vorliegenden Texte enthalten schließlich gewisse Begrenzungen der Kündigungsfreiheit des Heimträgers. Diese drei Regelungsgruppen sollen in der Folge als „gemeinsamer Nenner"[38] und zugleich stellvertretend für alle den „Rechtsbeziehungen zwischen Trägern und Bewohnern" zugeordneten Bestimmungen näher beleuchtet werden.

---

[38] Nur in den beiden Entwürfen finden sich zusätzlich auch materielle Regelungen im Hinblick auf (die Modalitäten für) das vom Bewohner der Einrichtung zu entrichtende Entgelt bzw allenfalls darüber hinausgehende Zuwendungen an den Heimträger.

4.2.1 Heimstatut bzw Mindestvertragsinhalt

Was die erste Gruppe der hier angeführten Regelungen betrifft, sind zunächst zwei markante Unterschiede zwischen dem Stmk PflegeheimG und dem Sbg – bzw dem Ktn Entwurf festzustellen. Zum einen verlangen letztere jeweils einen *schriftlichen* Vertrag, während nach § 3 Abs 5 Stmk PflegeheimG der Vertrag „in jeder zivilrechtlich möglichen Form zustande kommen" kann, der „Eintritt in das Pflegeheim" hat dabei aber jedenfalls „die Wirkung des Vertragsabschlusses". Zum anderen – und dieser Unterschied hängt eng mit dem Formgebot zusammen – fordern die beiden Entwürfe einen bestimmten *Mindestinhalt* dieser Verträge; im Stmk PflegeheimG dagegen wird der Heimträger lediglich verpflichtet, „öffentlich zugänglich" und damit naheliegenderweise ebenso „in schriftlicher Form festzulegen, welche Leistungen er anbietet und welche rechtlichen Beziehungen zwischen ihm und dem Heimbewohner entstehen" (§ 3 Abs 1). Nach Abs 2 leg cit hat diese Art „Selbstdarstellung" in Form eines sogenannten *Heimstatuts* bestimmte Punkte „jedenfalls zu enthalten". Diese stimmen nun weitgehend mit den Aspekten überein, die nach den beiden Entwürfen in den jeweiligen Verträgen „jedenfalls zu regeln" sind.[39]

Damit ist aber offenkundig, daß in beiden Varianten derselbe Zweck verfolgt wird, nämlich die *Träger* von Heimen bzw anderer in Betracht kommender Einrichtungen zu verpflichten, weitestgehend *offenzulegen*, unter welchen Bedingungen sie ihre Leistungen anbieten bzw zu erbringen gedenken. Inhaltliche Eingriffe in die Rechtsbeziehung zu den (potentiellen) Bewohnern werden damit nicht vorgenommen. Vielmehr handelt es sich lediglich um Regelungen der Art wie sie etwa in den „Schutzbestimmungen" der §§ 69 ff GewO enthalten sind. Diese *gewerbepolizeilichen* Vorschriften enthalten ua die Pflicht des jeweiligen Gewerbeinhabers, allenfalls regelmäßig verwendete Geschäftsbedingungen den Kunden entsprechend ersichtlich zu machen (vgl § 73 Abs 1 GewO) bzw unter gewissen Voraussetzungen auch Dritten anzuzeigen (vgl insb Abs 2 und 3 dieser Bestimmung). Verletzungen dieser Pflichten sind als Verwaltungsübertretung zu ahnden (vgl § 368 Z 8 bzw 14 GewO). Einschlägige Strafbestimmungen enthält nun auch § 15 Abs 2 Stmk PflegeheimG (arg „wer den Bestimmungen dieses Gesetzes ... zuwiderhandelt"). Bei dem in dessen § 3 Abs 2 verlangten „Mindestinhalt" handelt es sich somit offenkundig – und zwar ungeachtet der Einordnung in den Abschnitt „Rechtsbeziehungen zwischen Heimbewohner und Heimträger" um *keine* zivilrechtlichen Regelungen iSd Art 15 Abs 9 B-VG. Die kompetenzmäßige Deckung dieser Bestimmungen im Stmk PflegeheimG kann demnach nicht in Zweifel gezogen werden.

---

[39] Vgl einerseits § 3 Abs 2 Z 1 bis 8 Stmk PflegeheimG, andererseits § 3 Abs 4 Z 1, 3, 4, 5, 7, 11 und 13 Sbg- bzw § 6 Abs 2 lit b, c, g und i Ktn Entwurf.

Nun kann aber wohl kein Unterschied bestehen, ob – durch landesgesetzliche Regelung – vom Träger eines Heimes etc im eben dargestellten Sinn verlangt wird, seine „Geschäftsbedingungen" in genereller Weise den (potentiellen) Vertragspartnern kundzutun oder ob dies jedem einzelnen Bewohner gegenüber erfolgen muß.[40] Der somit primär *verwaltungsrechtliche* Charakter der Verpflichtung zum Abschluß bzw zur Ausfertigung von Verträgen mit einem gewissen Mindestinhalt wird auch durch die Strafbestimmungen insb in § 23 Abs 1 lit a Z 2 Ktn Entwurf, letztlich aber auch durch die – ähnlich wie im Stmk PflegeheimG eher allgemein gehaltene – Strafdrohung in § 26 Abs 2 Sbg Entwurf[41] bestätigt. Die Befugnis der Landesgesetzgeber zur Erlassung von Regelungen wie in § 3 Abs 2 Sbg – bzw § 6 Abs 1 und 2 Ktn Entwurf ergibt sich daher wohl bereits aus *Art 15 Abs 1 B-VG* und begegnet insoweit keinen kompetenzrechtlichen Bedenken.

4.2.2 Mindestrechte der Bewohner

Schon eher um unmittelbare Eingriffe in die Rechtsbeziehung zwischen Träger und Bewohner der betreffenden Einrichtungen könnte es sich dagegen bei jenen Rechten handeln, die den Bewohnern von Heimen etc allen vorliegenden Texten zufolge zukommen sollen.[42] Dies umso mehr, als diese Rechte – wie schon angedeutet – durchwegs offenbar (relativ) *zwingender* Natur sind, da die Bewohner auf sie nicht rechtswirksam verzichten können.

Diese in § 3 Abs 4 Stmk PflegeheimG wie in § 6 Abs 3 Ktn – bzw § 3 Abs 7 Sbg Entwurf angeordnete Rechtsfolge würde freilich ohne diese Regelungen genauso eintreten. Auch der rechtsgeschäftliche Verzicht eines Konsumenten auf die Einhaltung von Ausübungs- oder Standesregeln iSd § 69 Abs 2 GewO durch einen Gewerbetreibenden wäre zivilrechtlich nicht wirksam. So wäre konkret etwa die Vereinbarung einer Vergütung, welche

---

[40] Daran kann auch der Umstand nichts ändern, daß die beiden Entwürfe zusätzlich eine Anzeige- und Genehmigungspflicht für standardisierte Vertragsformulare udgl vorsehen und damit ausdrücklich verwaltungsrechtliche Instrumentarien zum Einsatz bringen, vgl § 3 Abs 8 Sbg- bzw § 6 Abs 4 und 5 Ktn Entwurf.

[41] Im Lichte des Legalitätsprinzips (Art 18 Abs 1 B-VG, vgl auch § 1 Abs 1 VStG) ist diese Regelung vielleicht sogar *zu* allgemein gehalten. Dieses Manko ist möglicherweise aus der Grundhaltung des Sbg Entwurfes zu erklären, die Strafbestimmungen nur völlig untergeordnete Bedeutung zumißt (vgl Eiersebner/Diemath [Fn 19] Erläuterungen zum Entwurf, 18).

[42] Nach den – wiederum weitgehend übstimmenden – Katalogen in § 3 Abs 3 Stmk PflegeheimG bzw § 3 Abs 6 Sbg- und § 6 Abs 3 Ktn Entwurf zählen dazu insb das Recht auf höflichen Umgang und Anerkennung der Würde und Persönlichkeit, auf Einsicht in die Pflegedokumentation, auf Namhaftmachung einer – in wesentlichen Belangen vom Heimträger zu verständigenden – Vertrauensperson, auf freie Arztwahl, auf angemessene Mahl- und Ruhezeiten, auf angemessenen Zugang zu einem Telefon oder auch das Recht auf persönliche Kleidung.

die Höchstbeträge auf Grund einer auf § 69 Abs 2 Z 5 GewO basierenden Verordnung[43] übersteigt, als Verstoß gegen ein gesetzliches Verbot iSd § 879 Abs 1 ABGB anzusehen und damit ebenfalls nichtig.

Für die oa heimrechtlichen Regelungen kann nun – gerade im Lichte der schon (oben 3.2) angeführten Ziele der betreffenden Gesetze(sentwürfe) – nichts anderes gelten. Adressat dieser Bestimmungen ist in diesem Fall nicht der Gewerbetreibende, sondern der *Heimträger*. Diesem werden bestimmte Verpflichtungen *zugunsten* seiner (potentiellen) Vertragspartner auferlegt. Bei der Formulierung in den beiden Entwürfen (arg „dem Bewohner *sind* ... folgende Rechte *einzuräumen*") scheint im Grunde sogar nur diese Deutung möglich. Letztlich kann aber auch § 3 Abs 3 Stmk PflegeheimG (arg „haben jedenfalls Recht auf ...") nicht anders verstanden werden, zumal die dann konkret genannten Rechte nicht oder nur ausnahmsweise im Sinne individueller, gegebenenfalls einklagbarer Ansprüche des Bewohners gesehen werden können. Auch hier stellt sich also das „Recht" des Heimbewohners viel eher als Verpflichtung des Trägers dar, für bestimmte Standards Vorsorge zu treffen[44] oder allenfalls auch bestimmte Maßnahmen zu unterlassen, die diesen Standards abträglich sind.[45] Als Sanktion für Zuwiderhandlungen stehen wiederum primär die schon genannten Strafbestimmungen zur Verfügung. An dieser Stelle ist freilich noch einmal anzumerken, daß dieses gewichtige Indiz für das neuerliche Vorliegen von verwaltungsrechtlichen Regelungen dem Ktn Entwurf (vgl dessen § 23 Abs 1 lit a Z 2) deutlicher zu entnehmen ist als seinem Salzburger Pendant (§ 26 Abs 2) oder § 15 Abs 2 Stmk PflegeheimG.

Auch die „Mindestrechte" der Bewohner der dem Anwendungsbereich der vorliegenden Texte zu unterstellenden Einrichtungen müssen somit keineswegs als zivilrechtliche Regelungen angesehen werden. Zivilrechtliche Konsequenzen – insb über § 879 ABGB – sind deswegen nicht ausgeschlossen. Die dort normierte Rechtsfolge der Nichtigkeit tritt jedoch nur als Reflex – und zwar auf Grund einer Anordnung des jedenfalls zuständigen Bundesgesetzgebers – ein. Die Anordnung der Unwirksamkeit eines Verzichts auf bestimmte Rechte durch den Bewohner eines Heimes etc in den oa heimrechtlichen Bestimmungen könnte damit bloß als – allenfalls „atmosphärisch" bedeutsame – *Klarstellung* gesehen werden. Daraus allenfalls in Verbindung mit der – wie schon ausgeführt: auch sonst keineswegs eindeutigen – Gesetzessystematik auf das Vorliegen von zivilrechtlichen Regelungen zu schließen, deren Zulässigkeit an Art 15 Abs 9 B-VG zu messen wäre, erscheint indes überzogen. Selbst wenn man also –

---

[43] Vgl etwa die ImmobilienmaklerVO BGBl 1978/323 zuletzt idF 1994/66.

[44] Hier wäre zB an eine ausreichende Zahl leicht zugänglicher Telefonanschlüsse ohne Verrechnung besonderer Zusatzkosten für die Bewohner zu denken.

[45] Das wäre etwa der Fall, würde durch strenge Sperrzeiten das Besuchsrecht unangemessen eingeschränkt, oder würde durch eine Hausordnung die Pflicht zum Tragen einer bestimmten Kleidung vorgeschrieben.

zumal vor dem Hintergrund der oben skizzierten Judikatur des VfGH – die Erforderlichkeit bzw Unerläßlichkeit der Statuierung von Rechten des Bewohners gegenüber dem Träger eines Heimes grundsätzlich in Frage stellte: Im Sinne einer möglichst verfassungskonformen Interpretation ist – zumindest im Zweifel – davon auszugehen, daß die Landesgesetzgeber ihre Befugnisse hier nicht überschritten haben (bzw daß diese Befugnisse nicht überschritten werden sollten). Die in § 3 Abs 3 Stmk PflegeheimG bzw § 3 Abs 6 Sbg – oder § 6 Abs 3 Ktn Entwurf getroffenen Anordnungen sind daher letztlich ebenfalls als verwaltungsrechtliche Vorschriften zu sehen, die in ihrer Struktur und Rechtswirkung durchaus den gewerbepolizeilichen Regelungen etwa in § 69 Abs 2 GewO vergleichbar sind (vgl nun auch § 5 Abs 1 des überarbeiteten Ktn Entwurfes). Die Erlassung derartiger Vorschriften im Hinblick auf Heime etc liegt nun aber gemäß Art 15 Abs 1 B-VG in der Kompetenz der *Länder*. Die Frage, ob diese Bestimmungen tatsächlich unerläßlich oder vielleicht doch nur zweckmäßig sind, stellt sich daher erneut nicht.

4.2.3 Kündigungsschutz

Kaum mehr vorstellbar erscheint eine derartige Deutung im Hinblick auf die Regelungen über die Kündigung eines „Heimvertrages". Zum einen finden sich hier Vorschriften über die Kündigung durch den *Bewohner* der Einrichtung bzw deren Rechtsfolgen,[46] die gewiß nicht als „Pendant" zu gewerbepolizeilichen Regelungen gesehen werden können. Zum anderen kann es sich bei diesen Bestimmungen schon von ihrer Formulierung, aber auch von ihrer offenkundigen Zielsetzung um nichts anderes handeln als um *Einschränkungen der Privatautonomie* zugunsten des – typischerweise schwächeren – Heimbewohners (arg nicht zuletzt „Kündigungsschutz"): Dieser darf nämlich vom Heimträger durchwegs nur bei Vorliegen eines *wichtigen Grundes* gekündigt werden. Als ein solcher gelten nach allen Texten „insbesondere"[47] die folgenden Umstände: Einschränkung oder Einstellung des Betriebes der jeweiligen Einrichtung; Zahlungsverzug des Bewohners trotz Setzung einer Nachfrist und Androhung der Kündigung; Veränderungen im Gesundheitszustand des Bewohners, die eine fachgerechte Pflege unmöglich machen; schließlich auch gemeinschaftswidriges bzw den Heimbetrieb unzumutbar belastendes Verhalten des Bewohners.[48]

---

[46] Während der Bewohner nach § 4 Abs 1 Sbg Entwurf eine einmonatige Kündigungsfrist einhalten müßte, hat er nach § 3 Abs 6 Stmk PflegeheimG ebenso wie nach § 7 Abs 1 Ktn Entwurf eine jederzeitige Lösungsmöglichkeit ohne Angabe von Gründen. Der Heimträger kann in diesem Fall nur eine Art „Entschädigung" in Höhe des zehnfachen Tagsatzes verlangen.

[47] All diese Kataloge sind demnach *demonstrativer* Natur.

[48] Vgl im einzelnen § 3 Abs 7 Stmk PflegeheimG sowie § 4 Abs 3 Sbg – und § 7 Abs 2 Ktn Entwurf.

Durchwegs bedarf eine solche Kündigung der *Schriftform* und hat unter Einhaltung bestimmter *Fristen* zu erfolgen.[49]

Auf inhaltliche Fragen kann und soll in diesem Zusammenhang nicht näher eingegangen werden. Zwei Probleme sind dennoch kurz anzusprechen. Zum einen lassen die angeführten Kündigungsbeschränkungen offen, inwieweit andere Formen der Beendigung des durch den „Heimvertrag" begründeten *Dauerrechtsverhältnisses* möglich sind. Eine einvernehmliche Auflösung wird zwar gewiß unproblematisch sein. Der oa Kündigungsschutz könnte dagegen durch Vereinbarung einer bloß *befristeten* Unterbringung bzw Betreuung de facto unterlaufen werden. Von den vorliegenden Texten schiebt hier lediglich der Sbg Entwurf einen Riegel vor, wenn er in § 2 Abs 5 befristete Verträge nur in bestimmten Fällen, nämlich „zum Zweck des Kurzzeitaufenthaltes und des Probewohnens" für zulässig erklärt.[50]

Davon abgesehen – und das ist das zweite an dieser Stelle aufzuwerfende Problem – ist nicht klar, welche *Rechtswirkungen* den angeführten Begrenzungen der Kündigungsfreiheit des Trägers der Einrichtung zukommen sollen. Im Stmk PflegeheimG fällt auf, daß die einschlägigen Regelungen getrennt von den sonstigen (oben 4.2.2 skizzierten) Rechten der Heimbewohner behandelt werden. Damit würde sich aber die dort in § 3 Abs 4 angeordnete Ungültigkeit allfälliger Verzichtserklärungen durch den Heimbewohner nicht auch auf den Verzicht auf den Kündigungsschutz beziehen. Der daraus möglicherweise zu ziehende Schluß, daß es sich quasi nur um *dispositive* Regelungen handeln könnte, ließe sich uU durch die Anordnung in § 3 Abs 2 Z 6 leg cit untermauern, derzufolge das Heimstatut jedenfalls „Kündigungsgründe, -frist und -form" – offenbar aber durchaus beliebigen Inhaltes – zu enthalten hat.

Der letztgenannte Passus findet sich – als „Mindestvertragsinhalt" – zwar auch in den beiden Entwürfen. Daß die Formulierung wie im Stmk PflegeheimG in § 3 Abs 4 Z 7 Sbg Entwurf indes keine Abweichung vom dort in § 4 normierten Kündigungsschutz erlaubt, ergibt sich aus der in § 3 Abs 1 des Sbg Entwurfes generell angeordneten Unwirksamkeit von Vereinbarungen zum Nachteil des Bewohners. Nach § 6 Abs 2 lit d Ktn Entwurf wiederum müssen bei den Bestimmungen über die Kündigungsmodalitäten, die der Vertrag zu enthalten hat, die Anordnungen nach § 6

---

[49] § 3 Abs 9 Stmk PflegeheimG sieht im Regelfall eine *einmonatige* Kündigungsfrist vor (lediglich bei fortgesetzt unzumutbarem Verhalten ist – nach entsprechender Ermahnung – eine fristlose Auflösung möglich, vgl Abs 8 leg cit). § 7 Abs 2 Ktn Entwurf verlangt grundsätzlich die Einhaltung einer *dreimonatigen* Frist. Diese reduziert sich uU auf ein Monat, sofern eine andere gleichwertige Wohn- und Betreuungsmöglichkeit zur Verfügung steht (vgl Abs 5 dieser Bestimmung). Einzig der Sbg Entwurf kennt generell nur eine Dreimonatsfrist (vgl dessen § 4 Abs 2).

[50] Auch nach § 4b Abs 1 deutsches HeimG wird der Heimvertrag grundsätzlich auf unbestimmte Zeit geschlossen.

Abs 2 und 3, insb also der Kündigungsschutz im dargestellten Sinn, berücksichtigt werden. Geschieht dies nicht, handelt es sich erneut um eine Verwaltungsübertretung, die nach der ausdrücklichen Anordnung in § 23 Abs 1 lit a Z 2 des Entwurfes zu ahnden wäre.

Vor diesem Hintergrund, und damit ist wieder auf den Charakter dieser Regelungen bzw die Befugnis zu deren Erlassung zurückzukommen, ließe sich nun der im Ktn Entwurf vorgesehene Kündigungsschutz uU sogar wieder als rein verwaltungsrechtliche Regelung qualifizieren, die allenfalls – wegen Verstoßes gegen ein Verbotsgesetz – bloß zivilrechtliche Reflexwirkungen zeitigt (§ 879 Abs 1 ABGB). Dieser Befund ist freilich alles andere als eindeutig. Angesichts der doch offenkundigen Trennung von den „Mindestvertragsinhalten", der viel stärkeren Ausrichtung auf die unmittelbare Gestaltung der Beziehungen zwischen Bewohner und Träger der Einrichtung, vor allem aber wegen der nicht ausschließlichen Adressierung dieser Bestimmung an den letzteren (Regelung auch der Kündigung durch den Bewohner!) sprechen vielmehr die gewichtigeren Argumente *gegen* eine (ausschließlich oder zumindest vorwiegend) verwaltungsrechtliche Deutung der Regelungen über den Kündigungsschutz.[51] Für das Stmk PflegeheimG wie den Sbg Entwurf liegt dieses Ergebnis sogar noch wesentlich näher, kann doch dort – wie schon mehrfach erwähnt – nur auf ganz allgemein gehaltene Strafbestimmungen zurückgegriffen werden. Insgesamt handelt es sich bei den Kündigungsschutzregelungen in den vorliegenden heimrechtlichen Texten somit doch durchwegs um Bestimmungen *zivilrechtlicher* Natur.

Damit ist deren *Erforderlichkeit* bzw Unerläßlichkeit iSd Art 15 Abs 9 B-VG zu hinterfragen. Dabei ist zunächst vom *Zweck* der jeweiligen (wie ausgeführt: Verwaltungs-)Materie auszugehen, wobei freilich nicht bloß auf die – schon erwähnten – eher programmatischen Aussagen jeweils in § 2 Stmk PflegeheimG bzw Ktn Entwurf oder § 1 Z 1 Sbg Entwurf zurückgegriffen werden darf. Was unter Sicherung der Interessen und Bedürfnisse der (potentiellen) Bewohner zu verstehen ist, ergibt sich vielmehr aus einer Vielzahl von Bestimmungen, die diese allgemeine Zielsetzung erst präzisieren und operationalisierbar machen.

All diese Vorgaben – vom Personalschlüssel bis zur Zimmerausstattung, von der ärztlichen Versorgung bis zur Verschwiegenheitspflicht – könnten nun ad absurdum geführt werden, könnte ein Heimträger etc einen Bewohner beliebig kündigen, vielleicht sogar gerade weil dieser entsprechende Mängel der Aufsichtsbehörde gemeldet hat. Was nützen in diesem Fall Aufsichtsmaßnahmen oder die Verhängung von Verwaltungsstrafen,

---

[51] Die oa Strafbestimmung könnte insofern nur als zusätzliche Absicherung oder aber auch als Versuch verstanden werden, den zivilrechtlichen Charakter der fraglichen Bestimmungen zu „verschleiern". Vgl nunmehr auch die Klarstellung in § 5 Abs 1 des überarbeiteten Entwurfes.

wenn der möglicherweise mißliebige Bewohner die Einrichtung bereits verlassen mußte, weil er – auf privatautonomem Weg – nicht in der Lage war, seine Interessen auch für den Fall der Auflösung der Vertragsbeziehung in ausreichender Weise zu wahren? Vor diesem Hintergrund erweist sich doch eine Einschränkung der Kündigungsmöglichkeiten als nicht bloß zweckmäßige, sondern als geradezu *unerläßliche Flankierung* der in den diversen heimrechtlichen Vorschriften vorgegebenen inhaltlichen Standards. Insofern läßt sich durchaus mit gutem Grund behaupten, deren Vollziehung wäre ohne zivilrechtliche Annexe, wie es eben ein Kündigungsschutz darstellt, nicht zu gewährleisten.

Dies gilt umso mehr, als die fraglichen Kündigungsbegrenzungen keineswegs nur – gleichsam schematisch vergröbernd – den Schutz des typischerweise Schwächeren bezwecken. Vielmehr wird durchwegs äußerst *differenziert* vorgegangen und auch auf die Interessen des *Trägers* der Einrichtung bzw jene der anderen Bewohner Rücksicht genommen. So stellt sich insb eine Kündigung wegen „unzumutbarer Belastung für den Heimbetrieb" durch den Bewohner (vgl nur § 3 Abs 7 Z 3 Stmk PflegeheimG) oder wegen – infolge Verschlechterung seines Zustandes – nicht mehr zu deckenden Pflegebedarfes (vgl nur Z 4 leg cit) gerade als eine Absicherung der inhaltlichen Standards zugunsten der *anderen* Heimbewohner dar. Ähnliches gilt wohl letztlich auch für den Kündigungsgrund des „qualifizierten Zahlungsverzuges", ja sogar für den Tatbestand „Betriebseinschränkung" usw (vgl nur § 3 Abs 7 Z 1 und 2 Stmk PflegeheimG). Schließlich kann auch der Schutz berechtigter Interessen des Trägers im Falle einer Kündigung durch den Bewohner unter diesem Gesichtspunkt und damit als zur Erreichung der oa Ziele erforderliche Regelung gesehen werden. Da all diese Probleme auf verwaltungsrechtlichem Weg nicht wirklich lösbar erscheinen, ist die Unerläßlichkeit bzw der unmittelbare rechtstechnische Zusammenhang der Kündigungsschutzbestimmungen wohl auch auf diese Weise unschwer zu begründen.

Ein zusätzlicher Aspekt, der für die Erforderlichkeit der fraglichen Regelungen ins Treffen geführt werden könnte, kommt besonders in den beiden Entwürfen zum Ausdruck. Dort gilt jeweils eine – wegen qualifizierten Zahlungsverzugs durch den Bewohner – an sich gerechtfertigte Kündigung als unwirksam, wenn das fällige Entgelt von dritter Seite entrichtet wird oder sich ein Sozialhilfeträger innerhalb eines Monates zur Kostentragung verpflichtet (vgl § 4 Abs 4 Sbg – bzw § 7 Abs 3 Ktn Entwurf) hat.[52] Noch weiter geht § 7 Abs 5 Ktn Entwurf, wo die Kündigung eines Bewohners nur für zulässig erklärt wird, wenn der Träger eine andere gleichwertige Wohn- und Betreuungsmöglichkeit anbietet oder für eine solche von dritter Seite gesorgt ist. „Schutzobjekt" all dieser Regelungen ist offenkun-

---

[52] Hier diente wieder – wie auch sonst bei den Kündigungsschutzbestimmungen – das deutsche HeimG offenkundig als Vorbild (vgl dessen § 4b Abs 4, aber auch Abs 2, 3 und 5).

dig nicht so sehr der betroffene Heimbewohner selbst. Vielmehr soll damit jenen *öffentlichen Trägern* eine *Dispositionsmöglichkeit* eröffnet werden, rechtzeitig für eine adäquate Unterbringung bzw Betreuung zu sorgen (bzw diese aufrecht zu erhalten), denen diese Aufgabe auf Grund bestimmter anderer (Verwaltungs-)Vorschriften zukommt.

Eine solche Verpflichtung haben, wie schon erwähnt, die *Länder* nach Art 3 Pflege-Vereinbarung übernommen. Aus einer Vereinbarung nach Art 15a B-VG erfließen bekanntlich aber nur Rechte und Pflichten der Vertragsparteien untereinander. Für weitergehende Rechtsfolgen bedürfte es einer speziellen Transformation in die jeweilige (Landes-)Rechtsordnung.[53] Eine solche fehlt zwar bis dato sowohl in Salzburg als auch in Kärnten. Im Lichte der Pflege-Vereinbarung wird jedoch die landesgesetzliche Normierung einer entsprechenden umfassenden Vorsorgepflicht – und damit verbunden allenfalls auch individueller Rechtsansprüche auf Unterbringung bzw Betreuung in einem Heim etc – auf Sicht unausweichlich sein. Dafür wären aber nun die fraglichen heimrechtlichen Kündigungsschutzbestimmungen gewiß als erforderliche zivilrechtliche Ergänzungen anzusehen.

In genereller Weise kann auf das Argument „Absicherung bzw Flankierung der Vorsorgepflicht für Unterbringung/ Betreuung in Heimen" somit wohl nur im Hinblick auf erst zu erlassende landesgesetzliche Regelungen zurückgegriffen werden. Der heimrechtliche Kündigungsschutz könnte aber bereits jetzt dort als – durchaus iSd Art 15 Abs 9 B-VG erforderliche – zivilrechtliche Ergänzung angesehen werden, wo die Unterbringung bzw Betreuung (teilweise) auf Kosten der *Sozialhilfe* erfolgt: In beiden hier interessierenden Bundesländern kann der Lebensunterhalt im Einzelfall uU nur durch entsprechende stationäre Unterbringung bzw Betreuung gedeckt werden (vgl § 17 iVm § 10 Abs 2 Sbg- bzw § 13 iVm § 2 KtnSHG). Ein Kündigungsschutz im dargestellten Sinn ist nun ohne Zweifel unerläßlich zur effektiven Umsetzung der hier vorgesehenen Rechtsansprüche bzw – umgekehrt – zur Erfüllung der Verpflichtungen der jeweiligen Sozialhilfeträger. Für Einrichtungen, die der Erfüllung sozialhilferechtlicher Verpflichtungen dienen, ließe sich der heimrechtliche Kündigungsschutz somit auch unter dem zuletzt genannten Gesichtspunkt – und schon heute – kompetenzrechtlich rechtfertigen.

5. Zusammenfassung

Die Befugnis der Landesgesetzgebung zur Erlassung von „heimrechtlichen Vorschriften" hat sich somit doch als recht umfassend erwiesen. Derartige „Heimgesetze" könnten – auf Basis des Art 15 Abs 1 B-VG – im Grunde

---

[53] Vgl gerade im Hinblick auf die Pflege-Vereinbarung die Nachweise bei Pfeil, Pflegevorsorge (Fn 13), 133 ff.

alle Einrichtungen erfassen, soweit sie nicht als Krankenanstalten zu qualifizieren sind. Dabei ist völlig unerheblich, ob das Heim etc in Erwerbsabsicht geführt wird oder nicht, ob es von einem privaten, karitativen oder von einem öffentlichen Träger betrieben wird oder ob bzw inwieweit es der Erfüllung sozialhilferechtlicher Aufgaben dient.

Als typische, aber keineswegs als einzige zulässige Gegenstände einer derartigen Regelung sind jene Materien anzusehen, die in der Anlage A zur Art 15a B-VG-Vereinbarung über die Pflegevorsorge als „Mindestqualitätskriterien für Heime" aufgelistet sind. Die in den bisher vorliegenden konkreten Texten (Stmk PflegeheimG bzw Sbg – und Ktn Entwurf) vorgesehenen Standards, insb im Hinblick auf personelle, technische und bauliche Ausstattung sowie Inhalt und Qualität von Unterbringung und Betreuung, lassen sich durchwegs grundsätzlich der Regelungsbefugnis der Länder nach Art 15 Abs 1 B-VG unterstellen.

Auch darüber hinausgehende Eingriffe in die unmittelbare Rechtsbeziehung zwischen Träger und Bewohner der jeweiligen Einrichtung sind auf landesgesetzlichem Wege möglich. Soweit es sich dabei um zivilrechtliche Regelungen handelt, müssen diese nach Art 15 Abs 9 B-VG für die betreffende Materie erforderlich (im Sinne von unerläßlich) sein. Bei einer Reihe derartiger „Eingriffe" auf Grund der bisher vorliegenden Texte handelt es sich freilich – bei genauerer Betrachtung – um gar keine zivilrechtlichen Regelungen. Die dort jeweils gewählte Vorgangsweise ähnelt vielmehr den gewerbepolizeilichen Schutzbestimmungen (vgl §§ 69 ff GewO) und läßt sich grundsätzlich ebenfalls bereits auf Art 15 Abs 1 B-VG stützen.

Sehr wohl zivilrechtlicher Natur – und damit der Prüfung auf ihre kompetenzmäßige Deckung iSd Art 15 Abs 9 B-VG zu unterziehen – sind dagegen insb die bisher vorliegenden Regelungen im Hinblick auf die Kündigung des durch den „Heimvertrag" begründeten Rechtsverhältnisses als wohl massivste Eingriffe in die Privatautonomie. Grundsätzlich können diese Bestimmungen gerade im Lichte der Zwecksetzung des jeweiligen Gesetzes(entwurfes) als erforderlich bzw unerläßlich angesehen werden. Soweit ein derartiger Kündigungsschutz auch der Absicherung bzw Effektuierung gesetzlich (derzeit freilich höchstens im Sozialhilferecht) verankerter Vorsorgepflichten dient, kann an der entsprechenden Regelungsbefugnis der Länder kein Zweifel bestehen.

Rechtspolitisch wäre wohl dennoch eine weitestmögliche Entkoppelung von „Heimrecht" und Sozialhilferecht anzustreben. Nur auf diese Weise scheint es auf Sicht möglich, die stationäre Unterbringung und Betreuung für ältere, behinderte bzw pflegebedürftige Menschen vom Odium „armenpolizeilicher Maßnahmen" zu befreien und auf eine zeitgemäße, den Bedürfnissen dieser Menschen gerecht werdende gesetzliche Basis zu stellen.

Übervater Schmitt – Hüter der Demokratie?

Peter Römer, Stadtallendorf

Die Dämme sind gebrochen: Mit der Tagung in Speyer 1986, deren Vorträge und Diskussionsbeiträge unter der Titel „Complexio Oppositorum. Über Carl Schmitt"[1] erschienen sind und dann erst recht nach der Wiedervereinigung. Eine Flut von Literatur über Carl Schmitt ergießt sich in die Spalten der Zeitungen und Zeitschriften und läßt Zahl und Umfang der Monographien[2] ansteigen.[3] Normalität ist wieder hergestellt in der Bundesrepublik Deutschland, die von ihrer politischen Klasse und ihren führenden Kräften intensiv darauf vorbereitet wird, ihre Rolle als politische Großmacht zu spielen und ihre Bundeswehr für den weltweiten Einsatz zu rüsten. Die Bundesrepublik Deutschland ist wieder wer und mit ihr Carl Schmitt.

Nur wenige haben da noch den Mut, von einem „so unverstehbar überschätzten Carl Schmitt" zu sprechen.[4]

---

[1] Quaritsch (Hrsg), Complexio Oppositorum. Über Carl Schmitt (1988); s dazu die Besprechungen von Hofmann, Was ist uns Carl Schmitt?, in: Maier (Hrsg), Politik, Philosophie, Praxis. Festschrift für W. Hennis zum 65. Geburtstag (1988) 545 ff; Stolleis, Die Jünger am Grabe, Rechtshist. Journ., 1987, 247 ff; Römer, Tod und Verklärung des Carl Schmitt, ARSP 1990, 373 ff.

[2] Eine kritische Übersicht über neuere Literatur zu Schmitt bei Hofmann, Legitimität gegen Legalität. Der Weg der politischen Philosophie Carl Schmitts² (1992), Vorbemerkung zur Neuausgabe, I–XXVIII; s auch das Literaturverzeichnis bei van Laak, Gespräche in der Sicherheit des Schweigens. Carl Schmitt in der politischen Geistesgeschichte der frühen Bundesrepublik (1993), 304 ff; an neuester Literatur sei hingewiesen auf Becker, Die Parlamentarismuskritik bei Carl Schmitt und Jürgen Habermas (1994); Meier, Die Lehre Carl Schmitts. Vier Kapitel zur Unterscheidung Politischer Theologie und Politischer Philosophie (1994); Flickinger (Hrsg), Die Autonomie des Politischen. Carl Schmitts Kampf um einen beschädigten Begriff (1990); Eichhorn, Es wird regiert! Der Staat im Denken Karl Barths und Carl Schmitts in den Jahren 1919 bis 1938 (1994); Meuter, Der Katechon. Zu Carl Schmitts fundamentalistischer Kritik der Zeit (1994); Schmoeckel, Die Großraumtheorie. Ein Beitrag zur Geschichte der Völkerrechtswissenschaft im Dritten Reich, insbesondere der Kriegszeit (1994); Schmitt, Das internationale Verbrechen des Angriffskriegs und der Grundsatz „Nullum crimen, nulla poena sine lege", hrsg mit Anmerkungen und einem Nachwort versehen v Quaritsch (1994); Noack, Carl Schmitt. Eine Biographie (1993); kritisch dazu: Rüthers, Wer war Carl Schmitt? Bausteine zu einer Biographie, NJW 1994, 1681 ff.

[3] von Simsons vor sechs Jahren aufgestellte These, von Carl Schmitt sei, wie man sagen könne, in letzter Zeit eine „vollständige" Bestandsaufnahme gemacht worden, hat sich nicht bewahrheitet; vgl ders, Carl Schmitt und der Staat unserer Tage, AÖR 1989, 185 ff,185.

[4] Hennis, Ein einig Volk von Zuschauern, FAZ, 24. 2. 1995, Nr 47, 39.

Überschätzt wird Schmitt gewiß und dies nicht nur, wenn er als Klassiker des politischen Denkens in eine Reihe mit Bodin oder Hobbes gestellt wird, sondern auch, wenn man ihn mit anderen Staatsrechtslehrern dieses Jahrhunderts vergleicht, insbesondere mit Hans Kelsen.

Unverständlich ist die Überschätzung Schmitts jedoch keineswegs. Auf die Frage: „Why Carl Schmitt?" gibt Bernhard Schlink eine richtige (Teil)- Antwort; nach jahrzehntelanger Verdrängung versuche die juristische Kultur der Bundesrepublik nunmehr, „das Dritte Reich als Bestandteil ihrer Geschichte wahrzunehmen und anzuerkennen".[5] Zu berücksichtigen ist auch, daß die Beschäftigung mit Schmitt immer mehr die Gestalt eines autopoietischen, sich selbst reproduzierenden Systems annimmt, das sich selbst als sinnvoll voraussetzt, um mit weiteren Operationen seine eigene Reproduktion in der Zeit betreiben zu können und das sich dabei selbstgenügsam operativ schließt. Mit anderen Worten: Schmitt-Literatur erzeugt Schmitt-Literatur und nimmt andere Autoren, wie zB Smend, Heller, Anschütz, Thoma und vor allem Kelsen nicht oder nur marginal zur Kenntnis. Dabei kommt der Renaissance Carl Schmitt gewiß auch entgegen, daß die Aussagen Schmitts von „schneidiger Entschiedenheit sind", Widerspruch nicht dulden, Begründungen nicht in rationaler Auseinandersetzung mit anderen Theorien entwickeln, sondern gleichsam mit „knallenden Stiefeln"[6] die ideologische Front abschreiten. Das imponiert offensichtlich einigen.

Ist es deshalb aber gerechtfertigt, mit Schlink anzunehmen, Carl Schmitt sei kein Autor, „dessen Theorien gegenwärtig von Relevanz sind, weitergedacht und angewandt werden"[7]? Dies wohl doch nicht. Von Schmitt geprägte Begriffe wie zB Nation, Volk und völkische Homogenität, Ernstfall, Großraum mit Interventionsverbot für raumfremde Mächte und von Schmitt vorgestanzte Kritikmuster an Parlament und Parteien, am Pluralismus und an politischen Kompromissen gewinnen immer mehr an Bedeutung in der wissenschaftlichen und politischen Publizistik.

Es ist offensichtlich, daß es in der Wissenschaft und in der politischen Öffentlichkeit eine mit Intensität, Geschick und Macht verfolgte Strategie gibt, die Begriffe nach dem Vorbild von Schmitt zu besetzen und seine politischen Positionen zu rechtfertigen – und dies nicht nur innerhalb von sich selbst als rechts verstehenden Kräften. Die Auseinandersetzung mit ihm ist deshalb unumgänglich.

Obwohl keine der politischen Schriften Schmitts die Geschlossenheit der „Verfassungslehre" erreicht hat, bilden die rechtswissenschaftlichen, insbesondere die verfassungstheoretischen und verfassungsdogmatischen Schriften Schmitts nicht den Mittelpunkt des Interesses. Die Begriffsbil-

---

[5] Schlink, Why Carl Schmitt?, Rechtshist. Journ. 1991, 160 ff, 175.
[6] Schlink, Why Carl Schmitt?, 167.
[7] Schlink, Why Carl Schmitt?, 167.

dung im öffentlichen Recht und insbesondere im Verfassungsrecht hat Schmitt dennoch nachhaltig mit geprägt. Erst neuerdings wird auch untersucht, ob und in welchem Umfang er die inhaltliche Gestaltung des Grundgesetzes beeinflußt hat.

Gefragt wird, ob er als „Vater der Verfassungsväter" – und also auch der vier Verfassungsmütter des Parlamentarischen Rats – angesehen werden könne.[8] Insbesondere die sogenannte „Ewigkeitsgarantie", durch die der Kernbestand des Grundgesetzes vor jeder Verfassungsänderung geschützt werden soll, wird auf Schmitt zurückgeführt und als sein positiver Beitrag zur Ausgestaltung des Grundgesetzes angesehen.

Es ist vor allem die Ewigkeitsgarantie des Art 79 Abs 3 GG, mit der das Urteil gerechtfertigt wird, das Grundgesetz sei mit Abstand die beste Verfassung, die Deutschland je gehabt habe, und seine Eignung begründet wird, Vorbild für die Verfassungen anderer Demokratien zu sein.

Die Ewigkeitsgarantie ermöglicht, Verfassungsfeinde und Verfassungsfreunde voneinander zu unterscheiden, die verfassungsfeindliche Gesinnung durch Berufsverbote[9] zu diskriminieren und politische Parteien zu verbieten, die verfassungfeindliche Ziele verfolgen. Denn was Ergebnis einer legalen Verfassungsänderung sein kann, darf notwendigerweise auch politisch angestrebt werden und nur die Mittel, mit denen dieses Ziel verfolgt wird – insbesondere also gewaltsame – können den Vorwurf der Verfassungswidrigkeit begründen. Die militante, abwehrbereite, kämpferische Demokratie stellt demgegenüber auf das Ziel, das verfolgt wird, ab.

Die Ewigkeitsgarantie bestimmt somit zugleich auch Inhalt und *rechtlich zulässige* Betätigungsformen der verfassunggebenden Gewalt des Volkes und damit der Volkssouveränität insgesamt.

Angesichts der Bedeutung dieser Ewigkeitsgarantie stellt sich nicht nur die Frage, ob diese Garantie auf Schmitt zurückgeht, sondern vor allem die, wie er begründete, daß die Weimarer Reichsverfassung eine solche Garantie enthalte; der Verfassungstext nämlich enthielt keinen Anhaltspunkt dafür, einen Kernbestand als Verfassungssubstanz und „Baugesetz der

---

[8] Vgl Lietzmann, Vater der Verfassungsväter? – Carl Schmitt und die Verfassungsgründung in der Bundesrepublik Deutschland, in: Hansen/Lietzmann (Hrsg), Carl Schmitt und die Liberalismuskritik (1988), 107 ff; Preuß, Vater der Verfassungsväter? Carl Schmitts Verfassungslehre und die verfassungspolitische Diskussion der Gegenwart, in: Politisches Denken. Jahrbuch 1993, 117 ff; van Laak, Gespräche, 157 ff; Mußgnug, Carl Schmitts verfassungsrechtliches Werk und sein Fortwirken im Staatsrecht der Bundesrepublik Deutschland, in: Complexio, 517 ff; Böckenförde, Der Begriff des Politischen als Schlüssel zum staatsrechtlichen Werk Carl Schmitts, in: Complexio, 283 ff; Müller, Das Freund/Feind-Theorem. Carl Schmitts Fortwirkungen im Verfassungsdenken der Bundesrepublik Deutschland, in: Eisfeld/Müller (Hrsg), Gegen Barbarei, Essays Robert W. Kempner zu Ehren (1989), 153 ff; Staff, Staatsdenken im Italien des 20. Jahrhunderts – Ein Beitrag zur Carl-Schmitt-Rezeption (1991).

[9] Vgl dazu Römer, Kritik der „Berufsverbote" in der BRD, in: Hagen/Römer/Seiffert (Hrsg), Rechtswissenschaft und Arbeiterbewegung, Festschrift für Eduard Rabofsky (1976), 131 ff; ders, Im Namen des Grundgesetzes. Eine Streitschrift für die Demokratie (1959), 59 ff.

Verfassung"[10] einer Änderung zu entziehen. Die Änderung der Verfassung war durch den Text der Verfassung keinerlei Beschränkungen unterworfen.

Die Gesetzgebungmaterialien zum Grundgesetz geben keine Hinweise auf Schmitt; das ist jedoch angesichts seiner Rolle im Nationalsozialismus[11] nicht verwunderlich. Man kann aber wegen der Bekanntheit Schmitts und wegen der in Weimar breit geführten Diskussion über die Grenzen der Verfassungsänderung davon ausgehen, daß den Mitgliedern des Parlamentarischen Rats, jedenfalls soweit sie juristisch vorgebildet waren, die Position Schmitts bekannt war. Da aber andere Autoren ebenfalls für Grenzen der Verfassungsänderung eintraten, läßt sich nicht feststellen, inwieweit gerade Schmitt die Urheberschaft für Art 79 Abs 3 GG zukommt.

Die Argumente, mit denen Schmitt die Grenzen der Änderung der Weimarer Verfassung begründete, sind aber, wie ua die Debatte über die Ablösung des Grundgesetzes im Zusammenhang mit der Vereinigung zeigt, weiterhin von wissenschaftlicher und vor allem von politischer Relevanz und damit noch immer diskussionwürdig.

Die Begründungen für seine Theorie in der „Verfassungslehre" waren, der Zielsetzung dieser Arbeit entsprechend, ausschließlich verfassungstheoretischer, nicht verfassungsdogmatischer Natur. Für jede Verfassung sollte es Grenzen ihrer Änderung geben. Deshalb bleiben die Thesen Schmitts unabhängig von der Positivierung der Grenzen der Verfassungsänderung in Art 79 Abs 3 GG von Bedeutung.

„Ein Begriff von Verfassung ist nur möglich, wenn Verfassung und Verfassungsgesetz unterschieden werden."[12] Mit dieser für Schmitt typischen apodiktischen Feststellung führt er eine Unterscheidung ein, die grundlegend für das System seiner Verfassungslehre ist. „Für die Verfassungslehre ist die Unterscheidung von Verfassung und Verfassungsgesetz vielmehr der Anfang jeder weiteren Erörterung."[13] Dieser positive Verfassungsbegriff, auch als Verfassung im positiven Sinne[14] bezeichnet, dieser „Grundbegriff der Verfassungslehre"[15] wird polemisch der Verfassung im Sinne eines Gesetzes, in schriftlicher Form in einer Verfassungsurkunde aufgezeichnet und in der Regel erschwert abänderbar, entgegengesetzt. Die Verfassung, durch die einmalige Entscheidung der verfassunggebenden

---

[10] Vgl zu diesem Begriff Noll, Verfassunggebung und Verfassungsgericht. Ein Essay zur rechtspolitischen Konzeption der Verfassungsgerichtsbarkeit (1994).

[11] Vgl dazu Rüthers, Carl Schmitt im Dritten Reich. Wissenschaft als Zeitgeist-Verstärkung? (1989); ders, Entartetes Recht. Rechtslehren und Kronjuristen im Dritten Reich[2] (1989); kritisch dazu Stolleis, Lehren aus der Rechtsgeschichte? Zur Auseinandersetzung mit den Thesen Bernd Rüthers, in: Eisfeld/Müller (Hrsg), Gegen Barbarei (1989), 385 ff; Römer, Tod und Verklärung, 389 ff.

[12] Schmitt, Verfassungslehre (1928), hier zitiert nach dem unverändertem Neudruck 1957, 20.

[13] Schmitt, Verfassungslehre, 21.

[14] Vgl Schmitt, Verfassungslehre, 20, 21.

[15] Schmitt, Verfassungslehre, 21.

Gewalt erzeugt, „konstituiert Form und Art der politischen Einheit", enthält die „bewußte Bestimmung der besonderen Gesamtgestalt, für welche die politische Einheit sich entscheidet"[16]. Die Verfassungsgesetze gelten erst auf Grund der Verfassung und setzen diese voraus, weil das „Wesen der Verfassung nicht in einem Gesetz oder einer Norm enthalten ist"[17]. Alle normativen Regelungen sind nach Schmitt sekundär gegenüber der existentiellen Entscheidung über die Art und die Form der politischen Einheit.

Der Verfassung im positiven Sinn kommt nicht nur bei der Festlegung der Schranken der Verfassungsänderung Bedeutung zu, sondern auch für die Regelung des Ausnahmezustandes: die Verfassung ist unantastbar, das Verfassungsgesetz aber kann suspendiert und durchbrochen werden.[18] Ferner gilt, daß die „echten" Grundrechte im Sinne Schmitts als Bestandteile der Verfassung im positiven Sinn auch durch verfassungsänderndes Gesetz nicht vernichtet werden dürfen.[19]

Der Begriff der Verfassungsstreitigkeit betrifft ebenfalls nicht jede Norm des Verfassungsgesetzes, sondern bezieht sich ebenso wie der Verfassungseid nur auf die Verfassung, also auf die grundlegende politische Entscheidung.[20] Höchst bedeutsam angesichts der politischen Kämpfe in Weimar ist die Behauptung Schmitts, der Hochverrat sei ein Angriff auf die Verfassung, nicht auf das Verfassungsgesetz.[21]

Der Kern der Verfassung, ihre Substanz, kann aus dem Verfassungsgesetz nicht erschlossen werden; die Verfassungssubstanz liegt dem Verfassungsgesetz voraus. Gerade jene Bestimmungen des Verfassungsgesetzes, die zugleich Aussagen über die Verfassung im positiven Sinne enthalten, werden von Schmitt aus dem Begriff des Verfassungsgesetzes herausgenommen. Sätze wie „die Staatsgewalt geht vom Volke aus" oder „das Deutsche Reich ist eine Republik" seien „überhaupt keine Gesetze und infolgedessen auch keine Verfassungsgesetze"[22].

Mit seiner Bestimmung der Verfassung im positiven Sinne als einmalige Entscheidung, die das Ganze der politischen Einheit betrifft,[23] wendet sich Schmitt einerseits antipositivistisch gegen die ganz herr-

---

[16] Schmitt, Verfassungslehre, 21.
[17] Schmitt, Verfassungslehre, 23, vgl auch 22.
[18] Schmitt, Verfassungslehre, 26.
[19] Schmitt, Verfassungslehre, 27.
[20] Schmitt, Verfassungslehre, 27.
[21] Schmitt, Verfassungslehre, 28; in bezug auf Art 178 Abs 2 WRV, wonach der Vertrag von Versailles in seinen Bestimmungen durch die Verfassung nicht berührt werde, schreibt Schmitt (aaO, 72): „Eine rein völkerrechtliche Pflicht gehört nicht zur Verfassung im positiven Sinne. Ein auf ihre Beseitigung gerichtetes Unternehmen ist infolgedessen auch niemals Hochverrat im Sinne strafrechtlicher Normen; die Berufung auf eine völkerrechtliche Pflicht des Staates kann keinen Landesverrat rechtfertigen, eine völkerrechtliche Pflicht wird nicht durch den Beamteneid beschworen." Vgl auch aaO, 121, wo dies Ergebnis damit begründet wird, daß vor jeder Norm die konkrete Existenz des politisch geeinten Volkes stehe.
[22] Schmitt, Verfassungslehre, 24.
[23] Schmitt, Verfassungslehre, 21.

schende Lehre, die in der Verfassung eine Summe – oder ein System – von Rechtsnormen, die nach Form oder Inhalt besonders qualifiziert sind, erblickt. Andererseits bezieht er sich aber nicht auf Begründungsmuster, die bereits in der Weimarer Zeit entwickelt wurden, um die Existenz einer unveränderbaren Verfassungssubstanz zu begründen. Er geht nicht von naturrechtlichen Normen oder von unwandelbaren Werten aus, an denen sich das positive Verfassungsrecht messen lassen müsse; ebensowenig akzeptiert er die Vorgabe eines historisch geprägten Verfassungs- und Rechtsstaates oder der Bürger- und Menschenrechte.

Die Unterscheidung von Verfassung und Verfassungsgesetz ist allgemein und betrifft das Verhältnis von verfassungsgesetzlicher Normierung und grundlegender politischer Entscheidung. Sie ist nicht an bestimmte Verfassungstypen gebunden.

Der Traum des Naturrechts wird von Schmitt also nicht geträumt, die Legitimität der Verfassung – im positiven Sinn – von Weimar wird nicht nur nicht in Frage gestellt, sondern begründet, weil, was „als politische Größe existiert, ist, juristisch betrachtet, wert daß es existiert"[24].

Inhalt der Weimarer Verfassung als positive Verfassung betrachtet, Inhalt der politischen Gesamtentscheidung also, ist nach Schmitt die Entscheidung für die Republik, für den Bundesstaat sowie „für die parlamentarisch-repräsentative Form der Gesetzgebung und Regierung; schließlich die Entscheidung für den bürgerlichen Rechtsstaat mit seinen Prinzipien: Grundrechte und Gewaltenunterscheidung"[25].

War Schmitt also nicht doch der Hüter der Demokratie, der Wahrer der Weimarer Verfassungssubstanz? Muß das Fragezeichen der Überschrift dieses Beitrags nicht in ein Ausrufungszeichen verwandelt werden? War also, um nur ein Beispiel zu nennen, der Zentrumspolitiker Prälat Kaas wirklich so blind und ignorant, wenn er sich gegen die „das gesamte Staatsrecht relativierenden Grundtendenzen von Carl Schmitt" wandte, wie Helmut Quaritsch meint, der behauptet, Kaas habe Schmitt „diffamiert", weil dieser abgewehrt habe, daß parlamentarische Mehrheiten Zugriff auf verfassungsrechtliche Grundentscheidungen bekämen?[26]

Die Beantwortung dieser Fragen hängt ua davon ab, ob die politische Grundentscheidung in Weimar wirklich den von Schmitt behaupteten Inhalt hatte.

Schmitt behauptet, die fundamentale Entscheidung sei für den bürgerlichen Rechtsstaat gefallen, nur scheinbar sei die Alternative bürgerliche oder sozialistische Gesellschaftsordnung durch einen Kompromiß erledigt worden,[27] denn die „Entscheidung mußte für den bisherigen sozialen status

---

[24] Schmitt, Verfassungslehre, 22.
[25] Schmitt, Verfassungslehre, 24.
[26] Vgl Quaritsch, Positionen und Begriffe Carl Schmitts (1989), 45 f.
[27] Vgl Schmitt, Verfassungslehre, 30.

quo, d.h. für die Beibehaltung der bürgerlichen Gesellschaftsordnung fallen, schon deshalb, weil die andere Entscheidung, eine konsequent durchgeführte sozialistische Revolution nach Art einer Sowjetverfassung, auch von den Sozialdemokraten ausdrücklich abgelehnt wurde"[28]. Die politische Alternative: Räterepublik mit Diktatur des Proletariats oder liberaler Rechtsstaat mit demokratischer Staatsform sei jedenfalls klar entschieden worden.[29] Auf historische Einzelheiten geht Schmitt nicht ein; ungeachtet der Tragweite seiner Aussagen beschränkt er sich auf wenige, apodiktische Aussagen. Es sind Feststellungen, die auch von Rosa Luxemburg und Karl Liebknecht nicht in Frage gestellt worden wären – aber als ausschließlich politische, die Entwicklung oder den Abbruch des revolutionären Prozesses betreffende Erkenntnisse. Sie waren illusionslos und erkannten früh, wo die Weichen gestellt wurden zur Bewahrung des status quo.

Es ist Aufgabe der Historiker zu untersuchen, wann und durch welche konkreten Ereignisse es welchen Kräften in welchen Formen des Zusammenspiels und begleitet von welchen Prozessen der Selbsttäuschung und der Fremdtäuschung auch immer, gelungen war, die Revolution, die Ebert bekanntlich wie die Sünde gehaßt hatte, zu beenden.

Sicher kam dem Beschluß des Rats der Volksbeauftragten, durch allgemeine Wahlen eine Nationalversammlung einzuberufen, die auch mit der Ausarbeitung einer Verfassung betraut sein sollte, besondere Bedeutung zu. Aber jene existentielle, einmalige, grundlegende Entscheidung des Volkes über seine konkrete politische Existenzform wird man schwerlich darin erblicken können.[30] Dies schon deshalb nicht, weil das Volk selbst an dieser Entscheidung nicht unmittelbar beteiligt war.

Außerdem waren der Nationalversammlung keine inhaltlichen Vorgaben gemacht worden. Rechtlich gesehen hätte sie durchaus ein Rätesystem oder wieder die Monarchie einführen können, politisch allerdings wohl kaum, denn mit der Einberufung der Nationalversammlung und mit dem Gesetz über die vorläufige Reichsgewalt kam nur noch eine demokratisch-parlamentarische Staatsform in Betracht. Dennoch muß festgehalten werden, daß die Nationalversammlung keinen konkreten Auftrag hatte und ohne vorherige programmatische Festlegung arbeitete.[31] Sie selbst aber konnte, gerade nach dem Verfassungsverständnis von Schmitt, nicht die Kraft sein, die existentielle Grundentscheidungen hätte treffen können. Ihre Aufgabe war „nur" die Ausarbeitung eines Verfassungsgesetzes – und diese Aufgabe war noch nicht einmal ihre einzige.

Die Revolution hatte sich in der Abschaffung der Monarchie erschöpft,

---

[28] Vgl Schmitt, Verfassungslehre, 31.
[29] Vgl Schmitt, Verfassungslehre, 36.
[30] Vgl auch Hofmann, Legitimität gegen Legalität, 135.
[31] Vgl v Wedel, Das Verfahren der demokratischen Verfassunggebung (1976), 177; Jellinek, Die Nationalversammlung und ihr Werk, in: Anschütz/Thoma, Handbuch des Deutschen Staatsrechts (1930), 121 ff.

einem negativen Akt. Danach gab es – von einigen Rückzugkämpfen der Linken abgesehen – nur noch Parteikämpfe, Wahlen, Regierungs- und Verwaltungstätigkeit, Gesetzgebung und schließlich Verfassungsgesetzgebung. Von einer grundlegenden Entscheidung des Volkes als Träger der verfassunggebenden Gewalt nirgends eine Spur.

Entgegen Schmitt ist daran festzuhalten: Die politische Gestalt der Republik wurde geprägt durch die Reichsverfassung, war ausschließlich das Werk der Nationalversammlung. Einmal einberufen, war sie der Ort, wo die politischen Entscheidungen, die jeder Normierung vorausgehen, getroffen wurden.

Die Reichsverfassung sah, das war unstreitig, Grenzen der Verfassungsänderung nicht vor. Das war konsequent und eigentlich selbstverständlich. Die Nationalversammlung war zugleich ein arbeitendes Parlament. Die Verfassunggebung wurde keineswegs als Hauptaufgabe angesehen; Wirtschaftsfragen und der Abschluß des Friedensvertrags bildeten Kernpunkte der Arbeit und die Verfassunggebung wurde lediglich in einem der acht Ausschüsse der Nationalversammlung behandelt.[32] Berücksichtigt man ferner, daß die Verfassung nicht dem Volk zur Beschlußfassung vorgelegt wurde, so wäre es doch allzu vermessen und mit demokratischen Traditionen schwerlich vereinbar erschienen, Ewigkeitsgarantien, insbesondere für die kapitalistische Wirtschaftsordnung auszusprechen. Das hätte sowohl die revolutionären als auch die reformerischen Kräfte, die beide das Ziel einer grundlegenden Umgestaltung der gesellschaftlichen und staatlichen Verhältnisse noch nicht aufgeben hatten, aktiviert. Das mußte insbesondere die Sozialdemokratie fürchten, denn sie hatte stets behauptet, mit der Entscheidung zur Einberufung der Nationalversammlung sei nicht auch zugleich die Entscheidung getroffen worden, die Möglichkeit der legalen Umwälzung der Verhältnisse auszuschließen.

Schmitt versuchte deshalb klugerweise auch gar nicht erst, die Verfassung im positiven Sinne in der Nationalversammlung zu verorten. Der Akt der Einberufung der Nationalversammlung selbst und die damit verbundene faktische Beendigung des revolutionären Prozesses genügten ihm, um die Behauptung aufzustellen, alle staatliche Gewalt und auch die verfassunggebende Nationalversammlung sei nunmehr an die Entscheidung für den bürgerlichen Rechtsstaat gebunden.

Die Bindung aller künftigen Generationen an die angeblich einmal getroffene politische Grundentscheidung, also an die Verfassung im positiven Sinne, ist von so großer Bedeutung, daß der Frage besonderes Gewicht zukommt, was denn nun im einzelnen zu diesem Verfassungskernbestand gehört.

Die grundlegende existentielle Entscheidung als einmaliger Akt der politischen Formgebung kann aber per definitionem über Einzelheiten

---

[32] von Wedel, Verfassunggebung, 178.

nichts aussagen. Die konkrete Ausgestaltung solcher Grundentscheidung könnte auch nur im eingehenden rationalen Diskurs geschehen, in der Demokratie also typischerweise in einem Verfassungskonvent, in einer verfassunggebenden Versammlung und innerhalb einer politischen Öffentlichkeit, die das Forum abgibt für die Artikulation von Interessen und für das Abwägen von Gründen und Gegengründen. Ein solches Verfahren der Willensbildung führt jedoch zum Erlaß eines Verfassungsgesetzes und dieses ist, wie Schmitt zu betonen nicht müde wird, zweitrangig gegenüber der Verfassung im positiven Sinne. Die Weimarer Verfassung – hier ist also das Verfassungsgesetz von Weimar gemeint – „beruht" zwar auf der verfassunggebenden Gewalt des deutschen Volkes,[33] und die Legitimität der Weimarer Verfassung wird von Schmitt nicht nur nicht in Frage gestellt, sondern bekräftigt. Aber nicht alle Bestimmungen der Weimarer Verfassung sind gleichermaßen Ausdruck der ursprünglichen verfassunggebenden Gewalt des Volkes, nur der politische Wille, der imstande ist, „die konkrete Gesamtentscheidung über Art und Form der eigenen politischen Existenz zu treffen, also die Existenz der politischen Einheit im Ganzen zu bestimmen", gilt Schmitt als verfassunggebende Gewalt.[34] Die Weimarer Reichsverfassung als Verfassungsgesetz war also nicht insgesamt Ausdruck und Ausformulierung des Willens der verfassunggebenden Gewalt des deutschen Volkes, sondern nur soweit sie die vorrangige konkrete Gesamtentscheidung bestätigt und konkretisiert.[35]

So bleibt viel Raum für die verfassungsgestaltende Kraft der Interpreten der positiven Verfassung. Und Schmitt nützt diesen durch die eigenen Begriffsunterscheidungen geschaffenen Spielraum.

Es geht ihm um den bürgerlichen Rechtsstaat, von dem er gleich zu Beginn sagte, daß er dem Schutz des gesellschaftlichen status quo diene. Dieser Schutz wird gegen den Staat verwirklicht; dieser soll in die bürgerliche Freiheit, deren Kern die Freiheit des Privateigentums und die wirtschaftliche Handlungsfreiheit bilden, nicht regulierend, planend, umverteilend, fürsorgend und vorsorgend eingreifen dürfen.

Die Grundidee der rechtsstaatlich umhegten bürgerlichen Freiheit konkretisiert sich in einem Verteilungsprinzip: „Die Freiheitssphäre des Ein-

---

[33] Schmitt, Verfassungslehre, 60.
[34] Schmitt, Verfassungslehre, 75.
[35] Vgl Schmitt, Verfassungslehre, 58, 59: Die „Nationalversammlung übte die verfassunggebende Gewalt des deutschen Volkes aus und formulierte die in der politischen Entscheidung des deutschen Volkes enthaltenen Inhalte sowie die zu ihrer Ausführung notwendigen verfassungsgesetzlichen Normen. Sie war nicht Subjekt oder Träger der verfassunggebenden Gewalt, sondern nur ihr Beauftragter." Das folgt schon daraus, daß jedes Verfassungsgesetz „seinem Inhalt nach die ausführende Normierung des verfassunggebenden Willens" ist. Es „steht ganz unter der Voraussetzung und auf der Grundlage der in diesem Willen enthaltenen politischen Gesamtentscheidung. Werden weitere Einzelheiten in die ‚Verfassung' hineingeschrieben, so hat das nur [! P.R.] eine juristisch-technische Bedeutung." aaO, 76.

zelnen wird als etwas vor dem Staat Gegebenes vorausgesetzt, und zwar ist die Freiheit des Einzelnen prinzipiell unbegrenzt, während die Befugnis des Staates zu Eingriffen in diese Sphäre prinzipiell begrenzt ist."[36] Das zweite Grundprinzip ist die Gewaltenteilung. Schmitt bezieht sich in diesem Zusammenhang auch auf die historische Herausbildung und Entwicklung des Rechtsstaats, aber Verfassung im positiven Sinn wird der Rechtsstaat ausschließlich durch die – angebliche, wie immer hinzugefügt werden muß – Entscheidung des Volkes für die historisch gewordene Form des Rechtsstaats. Ist diese Entscheidung aber einmal gefallen, dann allerdings gelten Grundrechte und Gewaltenteilung auch, wenn dies „nicht ausdrücklich ausgesprochen oder verkündet"[37] worden ist.

Echte Grundrechte sind nach Schmitt nur die Rechte des Einzelmenschen, der aus dem unpolitischen Zustand des bloß Gesellschaftlichen nicht heraustritt. Sobald also die nur als unpolitisch gedachte Vereinigungsfreiheit die Sphäre des Privaten verlasse, könne sie auch nicht den Schutz der Freiheitsrechte beanspruchen. „Sobald die Vereinigungsfreiheit zu Koalitionen führt, d.h. zu Vereinigungen, die einander bekämpfen und mit spezifischen, sozialen Machtmitteln wie Streik und Aussperrung einander gegenüberstehen, ist der Punkt des Politischen erreicht und ein individualistisches Grund- und Freiheitsrecht infolgedessen nicht mehr vorhanden. Koalitionsrecht, Streikrecht oder Stillegungsrecht sind keine Freiheitsrechte im Sinne des liberalen Rechtsstaats."[38] Generell sind im bürgerlichen Rechtsstaat Grundrechte nur die Freiheitsrechte.[39]

Die Absicherung des bürgerlichen Rechtsstaats[40] und des status quo war Schmitt perfekt gelungen. Begründet angeblich auf dem Willen des Volkes selbst, also demokratisch legitimiert, wurde er zu einem Bollwerk gegen den demokratischen Gesetzgeber aufgerüstet, für den die Grundstruktur der gegebenen, auf dem Privateigentum an den Produktionsmitteln aufbauenden, Verhältnisse unantastbar wurde.[41]

Vor allem aber bildete dieser bürgerliche Rechtsstaat eine unüberwindliche Schranke gegenüber der verfassunggebenden Gewalt des Volkes. Zwar wurde die verfassunggebende Gewalt des Volkes emphatisch bejaht. „Das Volk, die Nation, bleibt der Urgrund alles politischen Geschehens, die

---

[36] Schmitt, Verfassungslehre, 126.
[37] Schmitt, Verfassungslehre, 128.
[38] Schmitt, Verfassungslehre, 165.
[39] Schmitt, Verfassungslehre, 181.
[40] Böckenförde sieht richtig im Schmittschen Rechtsstaat angelegt die „weithin autonome bürgerliche Erwerbs- und Wirtschaftsgesellschaft", durch die die politische Handlungseinheit des Staates im Interesse unpolitischer, individual-freiheitlicher Zielsetzungen begrenzt würde (s Complexio, 290).
[41] Die Ausführungen von Meier über das Verhältnis von Rechtsstaat und Demokratie bei Schmitt, vgl Die Lehre Carl Schmitts, 213 ff, berücksichtigen nicht genügend, daß Schmitt den Rechtsstaat mit den Grundstrukturen der bürgerlichen Wirtschaftsordnung identifiziert und deren Verteidigung während der Weimarer Republik nie aufgekündigt hat.

Quelle aller Kraft, die sich in immer neuen Formen äußert, immer neue Formen und Organisationen aus sich herausstellt, selber jedoch niemals ihre politische Existenz einer endgültigen Formierung unterordnet."[42] Verfassungsgesetzlich aber könne sich die verfassunggebende Gewalt „niemals" konstituieren.[43]

Es ist gewiß ebenso richtig wie banal, daß eine erfolgreiche, Anerkennung findende Revolution sich auch eine neue Verfassung schafft. Wer, wie Schmitt, auf das Faktische schaut und nicht auf überzeitliche Werte und auf das Naturrecht rekurriert, dem fällt es nicht schwer, anzuerkennen, was ohnedies geschieht. Aber einmal ausgeübt, kann das Volk seine eigene verfassunggebende Gewalt nicht mehr *legal* betätigen. Es könne, so Schmitt, nicht ein geregeltes Verfahren geben, welches die Betätigung der verfassunggebenden Gewalt bände.[44] Alle verfassungsgesetzlichen Befugnisse zur Änderung der Verfassung, auch zu ihrer Totalrevision, sind prinzipiell begrenzt und stellen keine verfassunggebende Gewalt dar, auch dann nicht, wenn das Volk selbst durch Volksentscheid entscheidet, weil es, wie jedes andere Organ auch, seine Befugnis aus dem Verfassungsgesetz ableitet.[45]

Warum aber soll die so gänzlich ungebundene verfassunggebende Gewalt nicht auch das Verfahren der Verfassunggebung regeln können, wie es tatsächlich ja auch häufig geschieht?[46] Faktisch können diese Normierungen zwar mißachtet werden, durch eine Revolution zB oder durch einen Staatsstreich. Aber das unterscheidet die Normen über die Verfassunggebung nicht von anderen Normen.

Verfassungspolitisch und verfassungstheoretisch mag es problematisch sein, die Befugnis zur Verfassungsänderung und die zur Verfassungsablösung, Verfassungsvernichtung und Verfassungsneuschöpfung den selben Organen zuzuweisen und gleiche Verfahren dafür vorzusehen.

Aber irgendein Verfahren muß vorgesehen werden. Folgerichtig hat Sieyès,[47] gerade weil er strikt Verfassunggebung und Verfassungsänderung trennt, dem Volk das Recht zuerkannt, seine Verfassung zu erneuern und vorgeschlagen, dafür feste Zeitpunkte zu bestimmen. Insoweit erfolgt die Berufung Schmitts auf Sieyès zu unrecht.

---

[42] Schmitt, Verfassungslehre, 79.
[43] Schmitt, Verfassungslehre, 79.
[44] Vgl Schmitt, Verfassungslehre, 82.
[45] Vgl Schmitt, Verfassungslehre, 98, 102 ff.
[46] Vgl Häberle, Die verfassunggebende Gewalt des Volkes im Verfassungsstaat – eine vergleichende Textstufenanalyse, AöR 1987, 54 ff; im Hinblick auf die Schweiz beispielsweise sagt er (S 80): „Für unverfaßte und unverfaßbare verfassunggebende Gewalt des Volkes ist in der Schweiz praktisch kein Raum. Sie bleibt allenfalls theoretisches, ‚sehr deutsches' Gedankenspiel ohne realen Hintergrund." Ewigkeitsgarantien kennt die Schweiz auch nicht.
[47] Vgl Breuer, Nationalstaat und pouvoir constituant bei Sieyes und Carl Schmitt, ARSP 1984, 494 ff.

Die Weimarer Nationalversammlung jedoch tat gut daran, das Verfahren der Verfassunggebung nicht ausdrücklich zu regeln, denn sie hätte sich selbst delegitimiert, wenn sie ein grundsätzlich anderes Verfahren als sie es selbst anwandte und ein von ihr selbst ganz verschiedenes Organ für die Verfassungsneuschaffung vorgesehen hätte.

So war es nur konsequent und entsprach sowohl der historisch-politischen Entwicklung als auch dem überkommenen Demokratieverständnis, die Offenheit der Verfassung zu betonen, keine Grenzen der Verfassungsänderung zu statuieren[48] und dem Reichstag für die künftige Neugestaltung der Verfassung ebensoviel rechtliche Freiheit einzuräumen wie sie die Nationalversammlung besessen hatte.

Die Umformung der Weimarer Verfassung zu einer rechtlich nicht mehr einnehmbaren Trutzburg des status quo wurde nach Schmitt ergänzt durch die „Entscheidung für die Demokratie". Das demokratische Prinzip gehöre ebenfalls zur Verfassung im positiven Sinne und somit zum unantastbaren Kernbereich. Radikaldemokratisch wird Demokratie von Schmitt sogar definiert als Identität von Herrschern und Beherrschten, Regierenden und Regierten, Befehlenden und Gehorchenden."[49]

Ebenso sorgsam und gründlich wie Schmitt den Rechtsstaat des Besitzindividualismus zum Bollwerk gegen den Gesetzgeber und den Verfassungsgesetzgeber ausbaute, destruierte er nun, trotz des Bekenntnisses zur Demokratie, die emanzipatorischen politischen Kräfte der Demokratie, verfälschte das Wesen der Demokratie und machte ihre Realisierung in schwieriger Weimarer Zeit verächtlich und lächerlich.

Die Freiheit wurde ganz dem Rechtsstaat zugeschlagen und als Freiheit gegen den Staat ausgestaltet; Demokratie wird nicht als die freie Teilnahme aller am politischen Leben und als selbstbestimmte Erledigung der gemeinsamen Aufgaben verstanden, vielmehr soll „nur die Gleichheit als demokratisches Prinzip gelten" und zwar als „substanzielle Gleichheit"[50], als Gleichartigkeit des Volkes.[51] Volk im Sinne der Schmittschen Demokratietheorie ist nur das wirklich versammelte Volk; nur es „kann akklamieren, d.h. durch einfachen Zuruf seine Zustimmung oder Ablehnung ausdrücken, Hoch oder Nieder rufen, einem Führer oder einem Vorschlag zujubeln"[52]. Die geheime Abstimmung des Volkes ist deshalb nach Schmitt keine

---

[48] S § 28 der Verfassung der Französischen Republik von 1793: „Dem Volke steht das Recht zu, seine Verfassung einer Untersuchung zu unterziehen, zu verbessern und zu verändern. Eine Generation kann die kommende nicht an ihre Gesetze binden."

[49] Schmitt, Verfassungslehre, 234; zu dem unterschiedlichen Inhalt und der unterschiedlichen Funktion dieser Identitätsformel bei Carl Schmitt und Wolfgang Abendroth vgl Römer, Recht und Demokratie bei Wolfgang Abendroth (1986), insb 27 ff.

[50] Vgl zu diesem Begriff eingehend Maus, Rechtsgleichheit und gesellschaftliche Differenzierung bei Carl Schmitt, in: dies, Rechtstheorie und politische Theorie im Industriekapitalismus (1986), 111 ff.

[51] Vgl Schmitt, Verfassungslehre, 223 ff, insb 224, 228, 234.

[52] Schmitt, Verfassungslehre, 243.

wirkliche Volkswahl, kein wirklicher Volksentscheid. Das akklamierende oder durch Murren die Zustimmung verweigernde Volk, aus dem zuvor zwecks Bewährung und Herstellung substanzieller Gleichheit die heterogenen Elemente ausgeschieden wurden: Dies ist wohl kaum ein Volk, das in freier, rationaler Selbstbestimmung seine eigenen Angelegenheiten regelt.

Die Ausübung der Gewalt des Volkes durch seine Vertreter im Parlament kann für Schmitt erst recht kein Ersatz für das unmittelbare Tätigwerden des wirklich versammelten Volkes sein. Mit seiner Kritik am Parlamentarismus und an den Parteien hat Schmitt besondere Resonanz gefunden. Er konstatiert den Wegfall der ideellen Voraussetzungen der Demokratie: Die wesentlichen Entscheidungen würden außerhalb des Parlaments getroffen; die Entscheidungen des Parlaments kämen nicht mehr durch Diskussion zustande, denn der Fraktionszwang gehöre zur Parlamentspraxis; die Öffentlichkeit sei entfallen, weil die Entscheidungen in den Ausschüssen und Parteigremien getroffen würden.[53]

So bleibt also von der demokratischen Willensbildung des Volkes nicht viel übrig. Schon gar nichts bringt die feierlich-hochgestimmte Erklärung, in einer Demokratie könne das Volk nicht zur Behörde und zum bloßen Staatsorgan werden, denn als Träger der verfassunggebenden Gewalt stehe es „außer und über jeder verfassungsgesetzlichen Normierung"[54].

Die Feststellung, daß das Volk als wirklich vorhandene Größe wirkliche Revolutionen machen kann, ist eine nicht zu bestreitende Tatsache. Höchst problematisch und demokratieverhindernd ist aber, daraus abzuleiten, das Volk könne nur auf diese Weise eine von ihm selbst einmal geschaffene Verfassung durch eine andere ersetzen und die Möglichkeit, dies durch Verfassungsgesetzgebung legal und friedlich zu tun, sei ihm verwehrt, so daß zum Verfassungsfeind wird, wer dies Ziel verfolgt.

Wer die grundlegenden Aussagen Schmitts in der „Verfassungslehre" nicht analysiert – oder wie H. Lietzmann, gar nicht erst zur Kenntnis nimmt[55] – kann auch die Frage nicht angemessen beantworten, ob Schmitt zu den geistigen Urhebern der Ewigkeitstheorie des Grundgesetzes gehört.

H. Quaritsch allerdings vertritt die Meinung, in der Bundesrepublik müsse wegen des Art 79 Abs 3 GG nicht mehr zwischen Verfassung und Verfassungsgesetz unterschieden werden, weil „das Ziel" dieser Theorie positives Verfassungsrecht geworden sei[56]. Diese Theorie, das begriffliche Fundament eines der Hauptwerke Schmitts, – wenn nicht sogar, wofür gute Gründe sprechen, des Hauptwerks – hatte also lediglich ein rechtspolitisches Ziel; nach dessen Erreichen soll die Theorie dann vergessen werden können. Rühmt sich aber Schmitt in der Vorbemerkung zur „Verfassungs-

---

[53] Vgl die zusammenfassende Kritik bei Schmitt, Verfassungslehre, 318, 319.
[54] Schmitt, Verfassungslehre, 242.
[55] Vgl Lietzmann, Vater der Verfassungsväter?, 107 ff.
[56] Quaritsch, Positionen und Begriffe, 45, Anm 75.

lehre" von 1954 nicht, den Typus einer rechtsstaatlich-demokratischen Verfassung mit einer bis auf den heutigen Tag überzeugenden Systematik entwickelt zu haben?[57] Soll das richtig sein, dann kann die basale Unterscheidung von Verfassung und Verfassungsgesetz nicht bedeutungslos geworden sein.

Die These Quaritschs, Schmitt habe diese Unterscheidung getroffen, um ein politisches Ziel zu erreichen, – er sei also, so muß man dann folgern, als Wissenschaftler nicht so recht ernst zu nehmen, ist durchaus vertretbar.[58] Dennoch: man muß nicht Mitglied der Schmitt-Gemeinde sein, um nicht doch, entgegen Quaritsch, sich zunächst einmal auf den Anspruch Schmitts einzulassen, die von ihm getroffene Unterscheidung zwischen Verfassung und Verfassungsgesetz sei grundlegend für jede Verfassung, auch für solche, die Ewigkeitsgarantien enthalten.

Stellt man sich aber auf den Boden der Schmittschen Theorie, so kann Art 79 Abs 3 GG als verfassungsgesetzliche Bestimmung die Grundentscheidung der Verfassung im positiven Sinne nicht enthalten. Maßgebend ist allein die existentielle Grundentscheidung des Volkes und die Unterscheidung zwischen Verfassungsgesetz und Verfassung, zwischen Verfassungsänderung und Verfassungsbeseitigung; „wird durch ausdrückliche verfassungsgesetzliche Bestimmung eine bestimmte Verfassungsänderung verboten, so handelt es sich nur (! P.R.) um eine Bestätigung dieser Unterscheidung"[59] – oder auch nicht, wie man hinzufügen muß. Käme zB der Verfassungsgesetzgeber, aus welchen politischen Gründen auch immer, auf die Idee, das von Schmitt belächelte Akteneinsichtsrecht der Beamten, Art 129 Abs 4 WRV, in den Katalog der unveränderbaren Normen aufzunehmen, würde es dennoch gewiß nicht zur Verfassung im positiven Sinn zu zählen sein.

Was aber Verfassung im positiven Sinn der Bundesrepublik ist, das ist angesichts der Entstehungsgeschichte des Grundgesetzes zweifelhaft[60], und dies dürfte einer der Gründe sein, weshalb von einigen Schmittianern danach nicht ernsthaft gefragt wird.

Die Bedeutung der Ausführungen Schmitts zur verfassunggebenden und verfassungsändernden Gewalt und damit zur Verfassung im positiven Sinne zeigt sich aber in der ausgedehnten Diskussion über den Umfang der verfassungsändernden und der verfassunggebenden Gewalt in der Bundesrepublik im Zusammenhang mit dem Beitritt der fünf neuen Länder und

---

[57] Schmitt, Verfassungslehre, VII.
[58] Schmitt selbst zitiert Quabbe, der die Lehre von der unveränderbaren Verfassungssubstanz als „Lausbüberei" bezeichnet habe; s Schmitt, Legalität und Legitimität, in: ders, Verfassungsrechtliche Aufsätze aus den Jahren 1924–1954. Materialien zu einer Verfassungslehre[2] (1973), 263 ff, 346.
[59] Schmitt, Verfassungslehre, 105.
[60] Vgl Römer, Im Namen des Grundgesetzes. Eine Streitschrift für die Demokratie (1989), 9 ff.

dem damit verbundenen Problem einer Totalrevision der Verfassung oder ihrer Neuschöpfung;[61] in dieser Diskussion wird durchgängig auf Schmitt Bezug genommen und auf seine Thesen zur verfassunggebenden Gewalt.

In der Endphase der Weimarer Republik begründete Schmitt, aber ohne seine in der „Verfassungstheorie" aufgestellten Thesen und Schlußfolgerungen zurückzunehmen oder zu relativieren, seine Verteidigung des bürgerlichen Rechtsstaats neu in seiner Abhandlung über „Legalität und Legitimität". Diese Schrift wird von Politologen und Soziologen intensiver rezipiert als die „Verfassungslehre" und prägt deshalb entscheidend die Auseinandersetzung mit der Lehre Schmitts über die Grenzen der Verfassungsänderung.

Schmitt stützt seine Lehre hier hauptsächlich verfassungsdogmatisch ab, nicht verfassungstheoretisch und argumentiert stärker offen politisch als in der Verfassungslehre, in der die Begriffunterscheidung und Begriffsentfaltung dominiert.

Die geschriebene Verfassung des überkommenen und, nach Schmitt, überholten parlamentarischen Gesetzgebungsstaates „muß sich grundsätzlich auf organisatorische und verfahrensrechtliche Regelungen beschränken"[62]. Eindringlich wird betont, Rechtslehre und Rechtspraxis müßten sich, nachdem die sozialen und geistigen Voraussetzungen, auf denen der liberale, parlamentarische Gesetzgebungsstaat beruhe, durch die Entwicklung zum pluralistischen Parteienstaat entfallen seien, entscheiden und entweder die Wertneutralität des organisatorischen Teils – also des politischen Teils gemäß der Begriffsbestimmung in der „Verfassungslehre" – preisgeben oder aber auf das inhaltliche Sinnsystem des zweiten Verfassungsteils über die Grundrechte und Grundpflichten der Deutschen verzichten.[63] Die Weimarer Verfassung – hier wird offenbar nun umstandslos die Verfassung mit dem Verfassungsgesetz gleichgestellt – sei „zwischen der Wertneutralität ihres ersten und der Wertfülle ihres zweiten Hauptteils buchstäblich gespalten"[64]. Schmitt schließt sich Hauriou an, der in den allgemeinen Freiheitsrechten Prinzipien verkörpert sieht, die eine Superlegalität begründen, durch die „sie nicht nur über die gewöhnlichen, einfachen Gesetze, sondern auch über die geschriebenen Verfassungsgesetze" erhoben seien.[65] Schmitt entscheidet sich also gegen die demokratischen Willensbildungsformen des organisatorischen Teils der Verfassung und für

---

[61] Die Literatur zu dieser Problematik ist inzwischen sehr umfangreich; einige Hinweise auf sie und auf die Gesamtproblematik bei Römer, Die demokratischen Kosten der Einheit, DuR 1991, 29 ff; ders, Chancen der Verfassunggebung oder Gefahr für die Souveränität des Volkes?, DuR 1992, 160 ff; ders, Deutschland ohne Grundgesetz, FORVM Nr 478/479, 1993, 45 ff.

[62] Schmitt, Legalität und Legitimität, 282.
[63] Schmitt, Legalität und Legitimität, 300.
[64] Schmitt, Legalität und Legitimität, 303.
[65] Schmitt, Legalität und Legitimität, 311.

den zweiten Hauptteil. Die „Wertfülle" dieses Teils der Verfassung sind die Freiheitsrechte des Einzelnen und die institutionelle Garantie des Eigentums.

Gegenüber den Positionen in der „Verfassungslehre" ist somit eine erhebliche Radikalisierung eingetreten.[66] Gekämpft wird nur noch um den mit den bürgerlichen Freiheits- und Eigentumsrechten garantierten gesellschaftlichen status quo. Gewaltenteilung und Demokratie sind nicht mehr Inhalt der Superlegalität. Dazu muß allerdings dieser zweite Hauptteil von allen Bestandteilen gereinigt werden, die nicht zum Kernbestand bürgerlicher Freiheitsrechte gehören, insbesondere von den sozialen Rechten, die Schmitt schon früh als lediglich dilatorische Formelkompromisse und politische Lyrik ihres Geltungsanspruchs beraubt hatte. „Der Kern des zweiten Hauptteils der Weimarer Verfassung verdient, von Selbstwidersprüchen und Kompromißmängeln befreit und nach seiner inneren Folgerichtigkeit entwickelt zu werden."[67]

Die Legalität des per Mehrheitsbeschluß entscheidenden parlamentarischen Gesetzgebungsstaats wird aber nicht allein durch die Bindung an die Substanz der superlegalen Grundrechte in Frage gestellt. Mit einem zweiten Argumentationsmuster, das sich auf die politische Voraussetzung und Funktion der Mehrheitsentscheidung bezieht, wird eine weitere äußerst wehrhafte und abwehrbereite Schranke gegen die „Diktatur der Mehrheit" errichtet.

Schmitt hält es für unabdingbar, daß im Gesetzgebungsstaat der überstimmten Minderheit die Chance bleibt, die Mehrheit zu erringen und damit die politische Macht.[68] Dieses Prinzip der gleichen Chance ist „von solcher Empfindlichkeit, daß schon der ernstliche Zweifel an der vollen loyalen Gesinnung aller Beteiligten die Anwendung des Prinzips unmöglich macht. Denn man kann die gleiche Chance selbstverständlich nur demjenigen offenhalten, von dem man sicher ist, daß er sie einem selbst offenhalten würde"[69]. Der legale Weg zur Beseitigung der Legalität führe zum Selbstmord.[70] Die herrschende Lehre, die keine Grenzen der Verfassungsänderung kenne, und damit auch keine verfassungswidrigen Ziele, müsse zum

---

[66] Dies verkennt Hennig, Carl Schmitts „Legalität und Legitimität": Die politische Dezision im Jahre 1932, in: Flickinger (Hrsg), Die Autonomie des Politischen, 1990, 129 ff; nicht weit genug bei der Anerkennung substanzieller Werte geht Schmitt nach Hösle, vgl dessen demokratieferne Beitrag: Carl Schmitts Kritik an der Selbstaufhebung einer wertneutralen Verfassung in Legalität und Legitimität, DVjs 1987, 2 ff. Bemerkenswert die These Hösles: „ Bedauerlich ist daher die Volkssouveränitätsvorstellungen suggerierende [! P.R.] Formulierung in Art 20 II 1 GG: ‚Die [! Originaltext GG: ‚Alle' P.R.] Staatsgewalt geht vom Volke aus' – einem Artikel, der gerade der Souveränität des Volkes entzogen ist." Ders, aaO, 33, Anm 75.
[67] Schmitt, Legalität und Legitimität, 345.
[68] Schmitt, Legalität und Legitimität, 287.
[69] Schmitt, Legalität und Legitimität, 289.
[70] Schmitt, Legalität und Legitimität, 303.

Ergebnis kommen: „Jedes noch so revolutionäre oder reaktionäre, umstürzlerische, staatsfeindliche, deutschfeindliche oder gottlose Ziel ist zugelassen und darf der Chance, auf legalem Weg erreicht zu werden, nicht beraubt werden."[71]

Schmitt hat nach 1945 für sich – mit der bei ihm selbstverständlichen vornehmen Zurückhaltung beim Eigenlob – in Anspruch genommen, den Modellfall einer legalen Revolution „ein für allemal erkannt und festgehalten" zu haben.[72] Die Rolle des von ihm zum Hüter der Verfassung ernannten Reichspräsidenten bei der (schein)legalen Machtübernahme der Nationalsozialisten wird von dieser Erkenntnis leider nicht erhellt.[73] Seine Ausführungen will er als Protest und Beschwörung, als Warnruf und wahren „Notschrei" zur Rettung der Weimarer Republik verstanden wissen.[74]

Was er retten wollte war indes, wie ausgeführt, eine um Demokratie und soziale Grundrechte verkürzte, ihres Rechts zur Umgestaltung des besitzindividualistischen Rechtsstaats in eine soziale Demokratie beraubte Weimarer Verfassung. Was blieb und mit rechtlicher Unantastbarkeit ausgestattet wurde, war die Macht des Reichspräsidenten und der ihn tragenden politischen, wirtschaftlichen, bürokratischen und militärischen Kräfte sowie der Schutz der „bürgerlichen Gesellschaftsordnung als die höhere Ordnung und wahre Verfassung"[75]. Die gesunde Wirtschaft im starken Staat also, das politische Ziel Schmitts, sollte als Verfassungssubstanz bewahrt werden.[76]

Das war nun gewiß unvergleichbar besser als der Nationalsozialismus, der dann kam und den Schmitt sofort und so hemmungs – wie bedingungslos begrüßte; aber dieser kam auch, weil Schmitt und seine geistigen Bundesgenossen bekämpft hatten, was die Republik zum Leben gebraucht hätte: Den Umbau des Staates zum Organ der gesamten Gesellschaft und den sozialen Ausbau der Demokratie.

Das Problem allerdings, das Schmitt mit vielen anderen sah, ist sehr ernst zu nehmen[77] und wurde von Kelsen knapp und einprägsam beschrieben:

„Schließlich muß noch eines Einwandes gedacht werden, den man nicht als Bolschewist und nicht als Faschist, den man als Demokrat gegen die

---

[71] Schmitt, Legalität und Legitimität, 302.
[72] Schmitt, Legalität und Legitimität, 345.
[73] Vgl auch die Kritik bei Becker, Parlamentarismuskritik, 68 f.
[74] Schmitt, Legalität und Legitimität, 345.
[75] Schmitt, Der Hüter der Verfassung^2 (1931), 14, mit Zustimmung zur Rechtsprechung des amerikanischen Gerichtshofs, der diese Prinzipien verteidigt habe.
[76] Schmitt, Gesunde Wirtschaft im starken Staat, Vortrag. 60. ordentliche Mitgliederversammlung des Vereins zur Wahrung der gemeinsamen wirtschaftlichen Interessen in Rheinland und Westfalen, 1932.
[77] Eine sehr exakte Analyse der dynamischen und statischen Momente der Verfassungstheorie Schmitts findet sich bei I. Maus, Bürgerliche Rechtstheorie und Faschismus. Zur sozialen Funktion und aktuellen Wirkung der Theorie Carl Schmitts^2 (1980), 107 ff.

Demokratie machen kann. Sie ist diejenige Staatsform, die sich am wenigsten gegen ihre Gegner wehrt. Es scheint ihr tragisches Schicksal zu sein, daß sie auch ihren ärgsten Feind an ihrer eigenen Brust nähren muß. Bleibt sie sich selbst treu, muß sie auch eine auf Vernichtung der Demokratie gerichtete Bewegung dulden, muß sie ihr wie jeder anderen politischen Überzeugung die gleiche Entwicklungsmöglichkeit gewähren."[78]

Und er fragt, ob die Demokratie sich nicht selbst verteidigen soll, auch gegen das Volk, das sie nicht wolle und gegen eine Majorität, die sich nur einig sei in dem Willen, sie zu zerstören. Von dieser Problemstellung ausgehend wird von Verteidigern der Demokratie versucht, die Grenzen der Mehrheitsdemokratie und der Verfassungsänderung zu bestimmen. Früh hatte die Kelsen-Schülerin Margit Kraft-Fuchs in Kritik an Schmitt und unter Bezugnahme auf die Lehre Kelsens von der Grundnorm die Souveränität des Volkes als Voraussetzung der Verfassung benannt, die auch durch verfassungsänderndes Gesetz nicht beseitigt werden dürfe.[79] Kelsens Auffassung war das allerdings nicht. Aber es liegt nahe, anstelle der wirtschaftlichen Freiheitsrechte die demokratischen Beteiligungsrechte zum änderungsresistenten Kern der Verfassung zu erklären. Auf Schmitt kann man sich dann jedoch nicht mehr berufen.[80]

Auch für linke Freunde der Demokratie liegt viel Anziehungskraft in einem solchen Demokratieschutz – nach dem Aufkommen rechter Kräfte in der Bundesrepublik begreiflicherweise umsomehr. Aber das Recht und die Praxis des Schutzes der freiheitlichen demokratischen Grundordnung in der BRD zeigt auch das Dilemma, das notwendigerweise entsteht, wenn die Demokratie durch ihre teilweise Selbstaufhebung geschützt werden soll. Wer soll eigentlich den Verfassungskern bewahren, wenn das Volk und auch seine Vertreter im Parlament als Gefahr für die Demokratie angesehen werden? Es kommen dann nur noch exekutivische oder andere staatliche Organe in Frage: ein Reichspräsident, ein Staatspräsident zB, oder aber ein Verfassungsgericht.[81] Sollen sie zum Vormund des Volkes ernannt werden? Wer Hüter des Verfassungskerns ist, hat auch die Interpretationsmacht, zu bestimmen, was änderbarer Verfassungsbestandteil ist und was unveränderbarer Kern. Soll also ein Präsident oder ein Gericht die Entscheidung treffen, worüber das Volk abstimmen darf? Ist nicht schließlich Schmitt insoweit recht zu geben, daß, wenn Werte, welcher Art auch

---

[78] Kelsen, Verteidigung der Demokratie, in: Demokratie und Sozialismus. Ausgewählte Aufsätze, hrsg und eingeleitet von Norbert Leser (1967), 60 ff, 68. Der Beitrag erschien 1932.

[79] Kraft-Fuchs, Prinzipielle Bemerkungen zu Carl Schmitts Verfassungslehre, ZöR 1930, 511, 533: „Die zum Verständnis der rechtlichen Verbindlichkeit der Weimarer Verfassung notwendigerweise vorauszusetzende Grundnorm setzt das Volk als rechtserzeugendes Organ ein."

[80] Preuß, Vater der Verfassungsväter?, geht jedoch davon aus, es ginge Schmitt darum, „der Mehrheit das Recht, die Demokratie abzuschaffen", zu verweigern (S 131).

[81] S dazu neuestens eingehend Noll, Verfassunggebung und Verfassungsgericht.

immer, für rechtlich unantastbar erklärt werden, notwendigerweise die Gesinnung und die Verfassungsloyalität überprüft werden müßten? Daraus folgt dann notwendig, daß die Feinde des Verfassungskerns von den Verfassungsfreunden unterschieden werden müssen und letzteren gerade jene Grundrechte abzuerkennen sind, zB die Pressefreiheit, die Versammlungsfreiheit, die Lehrfreiheit, vgl Art 18 GG, die doch andererseits wiederum zum unantastbaren Verfassungskern gehören sollen.

Diese Fragen können hier nicht weiter ausgeführt werden.[82] Aber festgehalten kann werden, daß Schmitt zu ihrer Beantwortung nichts Demokratieförderliches beigetragen hat und gegenwärtig beitragen kann.

Das allgemeine Problem der Grenzen der Verfassungsänderung wurde nicht von ihm allein gesehen; darüber gab es bereits in der Weimarer Republik eine ausgedehnte Diskussion, die allerdings von Schmitt initiiert wurde. Deshalb ist die Behauptung, die Vorschrift des Art 79 Abs 3 GG beruhe auf der Lehre von Schmitt, für die in der Entstehungsgeschichte des Grundgesetzes auch keine ausreichenden Belege zu finden sind, sehr problematisch und dienlich nur der zeitgeistgemäßen Entsorgung deutscher antidemokratischer Verfassungstheorie.

Ganz ungeeignet aber zur Festigung und langfristigen Absicherung sind die Begründungen Schmitts: Die Entgegensetzung von Verfassung und Verfassungsgesetz und das Ausspielen des werterfüllten substanzhaften, die kapitalistischen Eigentumsverhältnisse schützenden Teils der Verfassung gegen ihren organisatorischen Teil, der die Formen der demokratischen Willensbildung enthält.

Sehr bedenklich ist auch, wenn wissenschaftliche Frageverbote verhängt und herausragende demokratische Staatsrechtslehrer, die sich stets ernsthaft und auf hohem wissenschaftlichen Niveau mit Schmitt auseinandergesetzt haben, nicht mehr zur Kenntnis genommen werden. So schreibt U. K. Preuss: „Aber es läßt sich auch nicht leugnen, daß die Selbstaufhebung der Demokratie in den *Formen* der Demokratie (gesperrt von U.K.P.) nicht mehr selbst als legitimes Element des demokratischen Prinzips angesehen werden kann."[83] Dies kann geleugnet werden und es ist geleugnet worden. So stellte Hans Kelsen die Frage: „Ob die Demokratie sich nicht selbst verteidigen soll, auch gegen das Volk, das sie nicht mehr will, auch gegen eine Majorität, die in nichts anderem einig ist, als in dem Willen, die Demokratie zu zerstören." Und er antwortet: „Diese Frage stellen, heißt schon, sie zu verneinen. Eine Demokratie, die sich gegen den Willen der Mehrheit zu behaupten, gar mit Gewalt sich zu behaupten versucht, hat

---

[82] Vgl dazu Römer, Im Namen des Grundgesetzes, 41 ff; Welan, Wer wird die Wächter bewachen? in: Dimmel/Noll (Hrsg), Verfassung. Juristisch-politische und sozialwissenschaftliche Beiträge anläßlich des 70-Jahr-Jubiläums des Bundes-Verfassungsgesetzes (1990), 291 ff.
[83] Preuß, Vater der Verfassungsväter? 133.

aufgehört, Demokratie zu bleiben. Eine Volksherrschaft kann nicht gegen das Volk bestehen bleiben."[84] Und soll, so ist hinzuzufügen, auch nicht vorbeugend vor ihm geschützt werden.

---

[84] Kelsen, Verteidigung der Demokratie, 68. Es versteht sich von selbst, daß auch für Kelsen der eigentliche Sinn der Demokratie darin liegt, zu garantieren, daß die Minderheit jederzeit selbst zur Mehrheit werden kann; vgl ders, Vom Wesen und Wert der Demokratie, Neudruck der 2. Aufl von 1929 (1963), 103. Die Frage ist nicht, was das Wesen der Demokratie ist, sondern mit welchen Mitteln sie sich selbst schützen darf.

Nazifaschistische Verfassungsleere

Karl-Heinz Schöneburg, Potsdam

Dieser Text hat eine Geschichte. Zunächst 1989 verfaßt als Beitrag zum 60. Geburtstag des aufrechten Marxisten Gerhard Riege, der später von der konservativen Front des Deutschen Bundestages Bonn in den Freitod getrieben wurde, verfiel er dem Veröffentlichungsverbot der „gewendeten" Obrigkeit der Universität Jena. Er wird nunmehr dem Gedächtnis meines Freundes Eduard Rabofsky gewidmet, dem lauteren Kämpfer gegen alle Arten von Faschismus und für die Rechte der arbeitenden Klassen.

Verfassungsbruch gegenüber der Weimarer Verfassung

Die erste Problematik nazifaschistischen Verfassungsdenkens betraf das Verhältnis zur Weimarer Verfassung. So sehr die deutschen Faschisten betonten, daß sie legal, entsprechend den Regelungen der Weimarer Reichsverfassung am 30. Januar 1933 zur Macht gekommen seien, ebenso schnell haben sie ihre grundsätzliche Gegnerschaft gegen diese Verfassung, gegen jede Art von juristischer Verfassungsgesetzlichkeit formuliert und praktiziert.

Dies war durchaus folgerichtig. Denn ein staatliches System, das vornehmlich auf willkürlicher, terroristischer Gewaltanwendung gegen alle innenpolitischen Gegner und auf durch keinerlei völkerrechtliche Normen gebundene Aggression nach außen beruht, konnte kein positives Verhältnis zu einer juristischen Verfassung entwickeln. Denn dies hätte ja bedeutet, Recht (in diesem Falle Verfassungsrecht) nicht nur als Instrument zur Durchsetzung faschistischer Politik zu gebrauchen, sondern es zugleich als Maß für jedes innen- und außenpolitische Wirken anzuerkennen. Und genau dies letztere war mit den Intentionen der Hitlerfaschisten unvereinbar.

Ein wichtiger Schritt zur Liquidation der Weimarer Reichsverfassung wurde mit dem Ermächtigungsgesetz vom 24. März 1933 getan. Bereits das Zustandekommen dieses Gesetzes war ein offener Verfassungsbruch, weil nahezu 100 Abgeordnete des Reichstages (83 der KPD und 12 der SPD) vorher durch den nazifaschistischen Terror vor und nach dem Reichstagsbrand ohne Aufhebung ihrer Immunität in Gefängnisse und Konzentrationslager verbracht worden waren. Deshalb war das Abstimmungsergebnis über das Ermächtigungsgesetz keine verfassungsmäßige Mehrheit im Sinne des Artikels 76 der Weimarer Verfassung. Bereits von dieser Seite aus war daher dieses Ermächtigungsgesetz rechtswidrig. Es war aber auch in materieller Hinsicht illegal, weil es keine Änderung von Einzelvorschriften der Weimarer Verfassung betraf (und genau dafür war Artikel 76 gedacht), sondern weil es dieses Verfassungssystem prinzipiell veränderte.

Die führenden konservativen Verfassungsrechtler der Weimarer Republik haben daran keinen Anstoß genommen. An ihrer Spitze Carl Schmitt, der ohne jegliche Skrupel die „Legitimität" jenes Gesetzes bejahte, weil es Ergebnis der „nationalen Revolution" der deutschen Faschisten seit dem Januar 1933 gewesen sei. Es entsprach ganz der Logik der verfassungsfeindlichen Ideologie Carl Schmitts, daß er das Ermächtigungsgesetz selbst nunmehr als „Staatsgrundgesetz" des neuen Deutschland, als dessen vorläufiges Verfassungsgesetz charakterisierte, das die Weimarer Verfassung praktisch außer Kraft gesetzt habe.[1]

Und ein Jahr später formulierte derselbe, mit aller Konsequenz auf die Positionen der deutschen Faschisten übergelaufene konservative Verfassungstheoretiker: „Die Weimarer Reichsverfassung gilt nicht mehr."[2]

Diese Position ist sehr schnell unter den juristischen Wortführern des Dritten Reiches zur allgemein anerkannten geworden. Ob E. R. Huber, O. Koellreutter, E. Forsthoff, W. Weber oder andere: Sie unterschieden sich höchstens in nebensächlichen Nuancierungen von ihrem großen Meister Carl Schmitt. Alle diese Herrn avancierten in der BRD nach 1949 wieder zu „hochangesehenen", staatstragenden Professoren. Es bleibt also festzuhalten: Ersatz der Verfassung durch verfassungswidrige Einzelgesetze war ein kennzeichnendes Merkmal nazifaschistischen Verfassungsdenkens und -handelns.

Staatliche Willkür statt Verfassungsstaat

Seit Hitlers „Mein Kampf" und dem Parteiprogramm der NSDAP von 1923 konnte niemand darüber im unklaren sein, daß die deutschen Faschisten einen Führerstaat mit absoluten Vollmachten des Führers, unbegrenzt durch jegliche rechtliche Bindung, anstrebten. Das war eine unmißverständliche Absage an alle bürgerlich-demokratischen, radikal-demokratischen, liberalen und sozialistischen Vorstellungen von verfassungsmäßig gestalteter Demokratie und Rechtsstaatlichkeit. Die deutschen Faschisten sagten sich also los von den in Jahrhunderten in Europa erkämpften Fortschritten auf diesem Gebiet. Dabei war die Stoßrichtung ihrer Ideologie

---

[1] Schmitt, Das Gesetz zur Behebung der Not von Volk und Reich, Deutsche Juristenzeitung 1933, 455 ff; ders, Staat, Bewegung, Volk (1933), 7 ff.

[2] Schmitt, Ein Jahr nationalsozialistischer Verfassungsstaat, Deutsches Recht 1934, 27.

nicht in bewährter konservativer Weise auf die Erhaltung irgendeines Status quo, also gegen eine dem historischen Fortschritt entsprechende Weiterbildung gerichtet, sondern auf eine willkürliche Veränderung der bestehenden Verhältnisse ohne jede Bindung an Geschichte, Gesetzmäßigkeit, Vernunft.

Die führenden konservativen Verfassungstheoretiker Deutschlands haben sich sofort 1933 diese ideologische Grundposition zu eigen gemacht. Ob Carl Schmitt oder Rudolf Höhn: Es wurde jede Restauration alter Ordnungen abgelehnt, keine Erneuerung staatlicher Strukturen, sondern deren terroristischer Umsturz gefordert. Der „bürgerliche Verfassungsstaat" wie der „bürgerliche Rechtsstaat" hätten jeglichen Sinn verloren. An ihre Stelle müsse ein neuer Staat treten, der nicht schlechthin autoritär, sondern Führerstaat zu sein habe.[3]

Führerstaat, Führerprinzip: Das war nichts anderes als schrankenlose Willkür. Daran wurde kein Zweifel gelassen. Philosophen, Rechtsphilosophen wie Verfassungsrechtler waren sich darüber einig, daß es keine Bindung der Führergewalt geben dürfe, weder eine rechtliche noch eine moralische. Es ging im Grunde um die Hinwendung zu einem Despotismus ohne jede Beschränkung. Darüber kann auch die Verbrämung des Ganzen durch Bezüge auf eine sogenannte Volksgemeinschaft, auf die Rasse nicht hinwegtäuschen.

Der prinzipienlos herrschende Führer bedurfte des Rechts höchstens als eines von vielen Instrumenten zur Durchsetzung seines Willens. Es konnte und durfte ihn aber in seiner Politik niemals begrenzen, beschränken, verbindliche Maßstäbe setzen. Die Führergewalt sei, so wurde von Juristen immer wieder betont, durch keinerlei Normen beschränkt: „Der Führer kann nicht hemmbar sein durch ihm Übergeordnete gesetzliche Normierungen", hatte der Reichsjuristenführer Hans Frank verkündet.[4] Wie sollte das auch möglich sein, da doch der Führer zugleich als Quelle allen Rechts qualifiziert wurde: „Der Führer Adolf Hitler als Träger der höchsten Souveränität des großdeutschen Reiches ist alleiniger Ursprung allen Rechts", so hatte der Chef der Reichskanzlei H. H. Lammers 1943 wiederum deutlich zu machen versucht.[5]

Ein Staat, der wie der nazifaschistische keinen Zweifel daran ließ, daß er gewillt war, mit einem Einsatz aller staatlichen Zwangsmittel, insbesondere auch willkürlich-terroristischer zu herrschen, der also ganz offiziell diese Art von Gewalt als wichtigstes Mittel seines Staates proklamiert hatte, konnte Recht lediglich als ein Instrumentarium zur Durchsetzung von Gewalt ansehen, aber nicht wie im Verfassungsrecht – als verbindliche rechtliche Ordnung der Gesellschaft und damit als Maß aller Politik. Fa-

---

[3] ZB Höhn, Der bürgerliche Rechtsstaat und die neue Front (1929), 69, 114.
[4] Frank, Recht und Verwaltung, Deutsche Verwaltung 1938, 739.
[5] Lammers, Reichsverwaltungsblatt 1943, 43.

schistisches Führerprinzip und juristische Verfassung schlossen deshalb einander prinzipiell aus.

Die Verfassungstheoretiker des Dritten Reiches sind in allen diesen Fragen ihren parteipolitischen Vorrednern bedingungslos gefolgt. Dafür einige Beispiele von Autoren, die später alle der ehrenwerten Gelehrtengesellschaft der BRD angehörten: E. R. Huber schreibt: „Es ist ... nicht möglich, die Gesetze des Führers an einer ihnen übergeordneten Rechtsidee zu messen, da jedes Führergesetz selbst unmittelbar Ausdruck dieser völkischen Rechtsidee ist."[6]

K. Larenz betont: „Niemand anderes als der Führer kann die letzte Entscheidung darüber fällen, ob eine bestimmte Regelung gelten soll. Ihm gegenüber bedarf es keiner Garantie für die Wahrung der Gerechtigkeit, da er kraft seines Führertums der ‚Hüter der Verfassung' das heißt der ungeschriebenen Rechtsidee seines Volkes ist."[7]

U. Scheuner formuliert: „Für das nationalsozialistische Reich (verliert) die Frage nach der Willensbildung ihre Bedeutung, da der einheitliche nationale Wille jederzeit konkret in Führer und Bewegung lebendig und wirksam ist."[8]

H. Messerschmidt (Gaurechtsleiter der NSDAP und Lehrbeauftragter an der Universität Göttingen sowie Mitglied der Akademie für Deutsches Recht) entäußert sich: „Der Führer ist unabhängig von allen Gruppen, Verbänden und Interessen, aber gebunden an die Wesensgesetze des Volkes. Er besitzt daher die gesamte politische Macht. Sein Anordnungsrecht ist rechtlich und tatsächlich unbeschränkt."[9] Wo sollte auch in einem Staate Platz für verfassungsrechtliche verbindliche Gestaltung der Gesellschaft sein, in dem der Führer oberste Rechtsquelle, oberster Richter, oberster Gesetzgeber und oberster Exekutor und Henker in einem gewesen ist!

Völkische statt juristische Verfassung

Die deutschen Faschisten haben den bürgerlichen Verfassungsstaat liquidiert. Als ideologische Verbrämung dieses Vorgangs haben sie den Begriff der völkischen Verfassung kreiert. Liest man heute die Elaborate faschistischer Verfassungstheoretiker und Verfassungsrechtler, so fällt es schwer, inhaltlich und begrifflich diesen terminus „völkische Verfassung" auszufüllen. Zwei ihrer Kennzeichen sind offensichtlich gewesen:

Erstens: Die völkische Verfassung ist „ungeschriebene Verfassung", das heißt, sie ist kein textlich fixiertes juristisches Normensystem.

---

[6] Huber, Neue Grundbegriffe des Hoheitlichen Rechts (1935), 40.
[7] Larenz, Deutsche Rechtserneuerung und Rechtsphilosophie (1934), 34.
[8] Scheuner, Der Gleichheitsgedanke in der völkischen Verfassungsordnung, Zeitschrift für die gesamte Staatswissenschaft 1939, 245 f.
[9] Messerschmidt, Das Reich im nationalsozialistischen Weltbild (1940), 64.

Zweitens: Sie sei „lebendige Ordnung der Volksgemeinschaft", „Gesamtordnung des politischen Zusammenlebens". Mit anderen Worten: Das, was als faschistisches terroristisches staatliches System existiert, wird zum Verfassungssystem, nämlich dem völkischen, umbenannt.

Die „völkische Verfassung" kann nur dann genauer analysiert werden, wenn man einen Blick auf den nazifaschistischen Begriff der Volksgemeinschaft wirft, denn er wird in dieser völkischen Verfassung auf das Juristische übertragen. Der Staat ist nach Meinung nazifaschistischer Juristen letztlich „rechtliche Erscheinung der Volksgemeinschaft".

Was es mit der Volksgemeinschaft tatsächlich auf sich hat, wird daran deutlich, daß eine Identität zwischen Führerprinzip und Volksgemeinschaft postuliert wurde. Auch hier hat sich Carl Schmitt als einer der ersten hervorgetan. In seinem Büchlein „Staat, Bewegung, Volk" hat er den Führer nicht nur zum Träger des Willens der Volksgemeinschaft qualifiziert, sondern diese als identisch mit ihm hingestellt.[10] Der Führer war also Ausdruck des politischen Willens des Volkes, nicht Repräsentant dieses Willens. Denn sonst hätte jemand auf den Gedanken kommen können, danach zu fragen, was geschehen müsse, wenn Wille der Volksgemeinschaft und Führerwille auseinanderfallen. In der nazifaschistischen Ideologie war dies eine typisch liberale, zu bekämpfende Denkweise. Da der Führerwille immer identisch mit der Volksgemeinschaft ist, konnte es jenes Problem nicht mehr geben. Widerspruchsdenken, Dialektik, dies waren den deutschen Faschisten und ihren juristischen Vorreitern und Mittätern zu bekämpfende, jüdisch-bolschewistische, zumindest abzulehnende liberale Denkweisen.

Die ganze Ideologie von der Volksgemeinschaft lief deshalb letztlich darauf hinaus, dem Führerwillen eine fiktive ideologische Basis zu geben. Denn die Volksgemeinschaft als Ganzes hatte ebenso wie ihre Glieder, bis hin zum Individuum, keinen Charakter als Rechtssubjekt.

Zwischen Volk und Führer, so hatte Carl Schmitt deduziert, bestehe lediglich eine Treuepflicht des Volkes gegenüber seinem Führer. Auch das Problem des möglichen Machtmißbrauchs des Führers war ein typisch liberalistisch-jüdisches, kein germanisch-nationalsozialistisches. Die Art- und Rassegleichheit zwischen Führer und Gefolgschaft verhindere von vornherein, „daß die Macht des Führers Tyrannei und Willkür werde. Und nur durch diese unterscheidet sich die Herrschaft des Führers von der Herrschaft eines anderen, noch so rationalen fremden Willens."[11]

Selbstverständlich war Volksgemeinschaft für die deutschen Faschisten immer Rassegemeinschaft. Auch dies wurde von der Verfassungstheorie und vom Verfassungsrecht bedingungslos übernommen. So qualifizierte E. R. Huber den Staat nur noch als ein Instrument, das Hilfsfunktionen zur

---

[10] Schmitt, Staat, Bewegung, Volk (1933), 42.
[11] Messerschmidt, ebenda.

Sicherung der nationalsozialistischen Rassegemeinschaft zu erfüllen habe.[12]

Damit schieden alle sogenannten rassisch Minderwertigen oder Fremdvölkischen als Gemeinschaftsfremde aus der nationalsozialistischen Volksgemeinschaft aus und damit auch aus der „völkischen Verfassung". Zu diesen Gemeinschaftsfremden gehörten alle aus rassischen Gründen „unerwünschten" Personen, alle aus politischen und weltanschaulichen Gründen Mißliebigen. Sie wurden zu Feinden und waren damit zu verfolgen. Mit anderen Worten: Feind wurde der, den die Machthaber im faschistischen Staat zum Feind erklärten. Das bedeutete zugleich deren Kriminalisierung. Sie konnten jederzeit ohne Rechtfertigung und ohne Gesetz verfolgt und bestraft werden. Den Gipfelpunkt dieser Entwicklung markiert der Gesetzentwurf „Über die Behandlung Gemeinschaftsfremder" vom 1. Januar 1945, der auf Grund der Kriegsereignisse nicht mehr in Kraft treten konnte. Dieser Gesetzentwurf entstand unter der Federführung Heinrich Himmlers. Er stellte alle „gemeinschaftsfremden" Personen unter Polizeiaufsicht, ordnete an, diese in Konzentrationslager oder Arbeitshäuser zu überführen. Weder eine richterliche Kontrolle noch eine zeitliche Begrenzung war für diese Maßnahme vorgesehen.[13]

---

[12] Huber, Vom Sinn der Verfassung (1935), 10 f.
[13] Vgl Bundesarchiv Koblenz, R 18/3386.

Eduard Rabofsky als Arbeitsrechtler in der Arbeiterkammer Wien

Bernhard Schwarz, Wien

Eduard Rabofsky war als Leiter der Arbeitsrechtsabteilung mein erster Chef in der Arbeiterkammer. Ich trat dort im Jahre 1971 als 23jähriger ein, frisch von der Universität und mit spärlichen Erfahrungen aus der Arbeitswelt durch einige kurzfristige Jobs während prüfungsfreier Semester und während der Ferien. Er war damals 60 Jahre alt und blickte auf reiche Erfahrungen als Arbeiter und politischer Kämpfer, als politisch Verfolgter, aber auch als Jurist und juristischer Berater und Lehrer der Arbeiterbewegung zurück. Etwa 5 Jahre lang arbeiteten wir gemeinsam in der Arbeitsrechtsabteilung. Rabofsky verabschiedete sich dann in Richtung wohlverdienten Ruhestand, ich in Richtung Abteilung für Sozialpolitik.

Disziplin und Grundsatztreue

Vielleicht verklären sich Ereignisse und Zeiträume, die schon 20 Jahre und länger zurückliegen, vielleicht behält man eher die positiven Erinnerungen – jedenfalls kann ich mich beim besten Willen nur an einen ernsthaften Konflikt erinnern, den ich mit meinem damaligen Chef im Verlaufe dieser fünf Jahre hatte: Eine Kollegin war eben im Begriffe, in Pension zu gehen, und Rabofsky teilte mir schriftlich und ohne Begründung ihre gesamten Beratungs- und Telefondienste zusätzlich zu meinen sonstigen Arbeiten zu. Ich war empört. Womit hatte ich das verdient? Auch die pensionsreife Kollegin, übrigens damals eines der bekanntesten ÖAAB-Mitglieder in der Kammer und auf bestem dienstlichen Fuß mit dem prominenten Kommunisten Rabofsky, ergriff meine Partei. Gemeinsam erläuterten wir dem griesgrämig dreinschauenden Vorgesetzten, daß kein Mensch in der Woche an sieben Halbtagen Dienst machen könne, wenn er daneben auch noch schriftliche Stellungnahmen, Referate, Begutachtungen von Gesetzen und Besprechungen von Entscheidungen machen müßte.

„Schauen Sie, Sie werden vielleicht einmal in unheimlichem Zeitdruck für irgend einen Minister schwierige Aufgaben lösen müssen. Da hab ich mir gedacht, Sie können jetzt schon ein bißchen üben für diese Hektik und für diesen Streß", war seine Antwort auf die Proteste. Letztlich gab er aber nach. Zwei Dienste wurden mir abgenommen, die Kollegin, der ich so leid getan habe, konnte beruhigt in Pension gehen. Ich erzähle diese Geschichte nicht nur, um persönliche Erinnerungen wachzurufen. Aber das war doch typisch für Rabofsky, wie ich ihn als Chef kennenlernte: Er war weder der Anhänger basisorientierter Abteilungsbesprechungen, wenn es um Abteilungspositionen oder die Verteilung der Arbeit ging, noch ein freundlicher älterer Herr, der seinen Mitarbeitern großen Spielraum ließ. Das Wort „Zeitgeist" gab es damals noch nicht, es wäre für ihn sicherlich ein Horror gewesen.

Pflichterfüllung für die Interessen der Arbeitnehmer und Bewahrung des politischen Einflusses der Arbeiterbewegung in der Gesellschaft durch saubere, unanfechtbare Arbeit sah er als wichtiges politisches Instrument an. Seine Vorliebe für Disziplin und fachliche Integrität wurde im besonderen dokumentiert durch die Art und Weise, wie er den Arbeitsrechtslehrgang in der Wiener Gewerkschaftsschule leitete. Ich hatte die Auszeichnung, diese Kurse zwei Jahre vor seiner Pension von ihm übernehmen zu dürfen, was zu einem unschätzbaren Vorteil des Lernens und der Erfahrung für meine weitere berufliche Arbeit wurde. Daher durfte ich auch bei seinen Referaten in den letzten Jahrgängen, die er noch absolvierte, zuhören, und ich durfte seine Referatsunterlagen übernehmen. Zwischenfragen während seiner Referate durch die Gewerkschaftsschüler verbat er sich. Er wollte seinen Stoff „ex cathedra" systematisch geordnet und ungestört vortragen. Er legte größten Wert darauf, daß nicht individuelle Probleme und Fragen die Sicht auf das Ganze und auf die Systematik des Rechts verstellten. In der Pause war er bereit, auf Einzelanfragen Auskünfte zu geben, während der Lehrstunde nicht. Er verlangte von jedem Gewerkschaftsschüler die Kenntnis der Grundsätze des Arbeitsrechts und der wichtigsten Detailvorschriften. Er war der Auffassung, daß Lernen kein Selbsterfahrungsprozeß mit spielerischen Mitteln und kein Vergnügen für die Lernenden sein sollte, sondern harte Knochenarbeit. Nur so, glaubte er, kann das Rüstzeug erworben werden, um politische Arbeit als Arbeitnehmervertreter im Betrieb oder in der Gewerkschaft leisten zu können.

Natürlich habe ich diese Methode nicht unverändert beibehalten können und wollen. Die Zeiten änderten sich – Gewerkschaftsschulen ohne Gruppenarbeit und individuelle Artikulationsmöglichkeiten, ohne Eingehen auf subjektive Bedürfnisse der Hörer sind gegen Ende der 70er Jahre nicht mehr durchzuhalten gewesen. Auch die Monopolisierung des gesamten Arbeitsrechtslehrganges an der Gewerkschaftsschule in Wien durch einen Referenten, wie sie von Rabofsky durchgeführt worden ist, war auf die Dauer nicht haltbar – breitere Auffächerungen des Stoffes, Berücksichtigung spezieller Interessengebiete der Hörer und eine zeitliche Ausweitung des Lehrganges erforderten mehr Referenten, neue Lehrmethoden, größere Spezialisierung. Ich gebe aber zu – wenn ich das fachliche Rüstzeug der

Funktionäre heute und vor etwa 20 Jahren vergleiche, so ist doch einiges verloren gegangen: Die einheitliche Ausrichtung, der Blick für Gesamtinteressen, die harte Schule der Aneignung von Fachwissen auch in Bereichen, die einen selbst eigentlich nicht so sehr interessieren und betreffen, aber für die Aufgabenerfüllung umso wichtiger sind.

Kampf für die benachteiligte Klasse

Fachliche Integrität und Genauigkeit verband Rabofsky mit einem starken Sinn für soziale Gerechtigkeit zugunsten der Schwächeren, vor allem zugunsten der schwächeren sozialen Gruppe im Arbeitsleben. Mit romantischen oder idyllischen Vorstellungen vom guten Arbeitnehmer und bösen Arbeitgeber hatte dies wenig zu tun, umso mehr mit der Bekämpfung ungerechtfertigter sozialer Ungleichheit.

Ein Lieblingsbeispiel Rabofskys in der Gewerkschaftsschule zur Erläuterung des politischen Gehalts der Entlassungsbestimmungen im Arbeitsrecht war jener Schneider, der nach 30jähriger Arbeit beim selben Arbeitgeber Stoff im Wert von S 28,– für private Zwecke verwendet hatte und deswegen fristlos entlassen wurde mit Abfertigungsverlust für ein ganzes Arbeitsleben. Diese Entlassung wurde vom Obersten Gerichtshof rechtskräftig bestätigt. Was Rabofksy kritisierte, war nicht so sehr die Tatsache, daß der Arbeitnehmer entlassen wurde, sondern der Umstand, daß die Richter, die den Mann um einen Jahreslohn Abfertigung brachten, pro Tag sicherlich mehr als im Gegenwert von S 28,– Büromaterial und dienstliche Telefonanlagen für private Zwecke verwenden können, ohne daß irgend jemand auf die Idee kommt, ihnen deswegen ein Disziplinarverfahren anzuhängen. Der Klassencharakter des bürgerlichen Rechts und der bürgerlichen Rechtswissenschaft wurde von ihm schonungslos aufgezeigt und zur Politisierung der Arbeitnehmer genutzt. Die Konsequenz aus diesen Sachverhalten war jedoch nicht die Geringschätzung des Rechts, sondern im Gegenteil – das Ziel, Recht im Sinne der Lohnabhängigen zu verändern und zu nutzen. „Wir müssen besser und dadurch mächtiger sein als die anderen" – das war eines seiner Leitmotive in seiner Arbeit als Jurist in der Praxis und in der Rechtswissenschaft.

Das zweischneidige Schwert der Wissenschaft

Mit der Rechtswissenschaft verband Rabofsky eine intensive Haßliebe. Auf der einen Seite ärgerte ihn nichts mehr als die Vertiefung in juristischen Gedankengebäuden ohne Bezug zur gesellschaftspolitischen Realität. Juristische Ausreden für vorgefaßte Meinungen oder – noch schlimmer – für Unverständnis gesellschaftlicher Zusammenhänge geißelte er nicht nur in geschliffenen oder manchmal auch zynischen Fachartikeln, sondern auch in der täglichen Arbeit bei der Korrektur von Rechtsgutachten und schriftlichen Anfragebeantwortungen. Er sprach sogar der Rechtswissenschaft das Attribut „Wissenschaftlichkeit" ab, weil es überhaupt unmöglich wäre, die Interpretation der von gesellschaftlichen Machtverhältnissen geprägten und herausgebildeten Normen objektiv zu gestalten und zu beurteilen. Die Inzucht professoraler Abhandlungen und Karrieren war ihm einerseits ein Greuel. Einerseits, wie gesagt – andererseits liebte er die Rechtsdogmatik als Form gesellschaftspolitischer Auseinandersetzung und als Mittel, um den Klassengegner in seinem eigenen Feld zu schlagen.

Strafrecht und Haftung als Disziplinierungsmittel gegen Arbeitnehmer

Schon vor meiner persönlichen Bekanntschaft mit Rabofsky bei meinem Eintritt in die Arbeiterkammer war mir sein Ruf bekannt, den er durch seine Arbeiten über die Beziehungen zwischen Strafrecht und Arbeitsrecht nicht nur in den Arbeitnehmerorganisationen, sondern weit darüber hinaus auch auf akademischem Boden erworben hatte. Das Spannungsfeld zwischen deliktischem Verhalten und der Arbeitsrechtsbeziehung gehörte in vieler Hinsicht – vermutlich mitbeeinflußt auch durch seine Erfahrungen in der politischen und persönlichen Verfolgung während des Naziregimes – zu seinen Arbeitsschwerpunkten. Seine Position in diesen Fragen war es, daß das Arbeitsverhältnis als schuldrechtliches Austauschverhältnis von Arbeit und Entgelt streng zu trennen ist von Werturteilen aus Delikten, die außerhalb dieser Austauschbeziehungen stehen. Weiters bekämpfte er in diesem Zusammenhang die Abwälzung des Unternehmerrisikos auf den Arbeitnehmer durch Schadenersatzdrohungen für Fehler, die während fortgesetzter Arbeitsleistung vorkommen können.

Ausufernde Treuepflichten im Arbeitsverhältnis, wie sie von manchem Rechtswissenschaftler in der Literatur vertreten wurden, bestritt er mit zwingenden juristischen Argumenten in zahlreichen literarischen Äußerungen. Er verwies darauf, daß vor allem die Kriminalisierung und Sanktionierung von Meinungsäußerungen von Arbeitnehmern außerhalb der unmittelbaren Erfüllung der Arbeitspflicht sehr leicht zu einem Eingriff in subjektive Rechte und auch kollektiven Interessenvertretungsmöglichkeiten führen kann. Aus einseitigen Interessenwahrungspflichten für das Unternehmen abgeleitete Verbote der öffentlichen Kritik sah er als Verstärkung der Abhängigkeit des Arbeitnehmers und Verkürzung seiner Grundrechte an, die in der schuldrechtlichen Beziehung zwischen Arbeitgeber und Arbeitnehmer keine ausreichende Rechtfertigung findet. Interpretationen des Arbeitsverhältnisses als personenrechtliche Beziehung zwischen Arbeitgeber und Arbeitnehmer verwies er mit Logik und spitzer Feder in das Reich der von der bürgerlichen Wissenschaft herbeigesehnten Klassenharmonie, die nur zu einer Verstärkung der Abhängigkeit des seine Arbeitskraft verkaufenden Arbeitnehmers führt.

Strafrecht und Schadenersatzrecht wurden von ihm als Mittel zur Disziplinierung des wirtschaftlich Schwächeren erkannt. Der Einsatz dieser Disziplinierungsmittel durch den Arbeitgeber gegen den Arbeitnehmer sollte seiner Ansicht nach zurückgedrängt werden auf jenes Maß, das einerseits – was das Strafrecht betrifft – für die Erfüllung der arbeitsvertraglichen Pflichten im engeren Sinn essentielle Voraussetzung ist, und das andererseits – was das Schadenersatzrecht betrifft – bei der Riskenverteilung für Fehlleistungen in der Arbeitserbringung die persönlich und wirtschaftlich abhängige Position des Arbeitnehmers berücksichtigt. Die Verfügungsmacht über das Betriebsergebnis muß der Verantwortung für betriebliche Abläufe und der Haftung für unternehmerische Dispositionen entsprechen.

Das bürgerliche Recht als Instrument der Schwächeren

Ein weiterer Schwerpunkt der Arbeit Rabofskys im Arbeitsrecht war die kritische Analyse des Allgemeinen Bürgerlichen Gesetzbuches hinsichtlich seiner Bestimmungen über das Arbeitsverhältnis. Sein gemeinsam mit dem späteren Minister Geppert, seinem zweiten Nachfolger in der Leitung der Arbeitsrechtsabteilung in der Arbeiterkammer Wien Erich Csebrenyak, und in der zuletzt herausgegebenen Auflage auch mit Wolfgang Maßl von der Arbeiterkammer Niederösterreich verfaßter Kommentar in der Schriftenreihe des Österreichischen Gewerkschaftsbundes „ABGB und Arbeitsvertragsrecht" war und ist seit Jahrzehnten ein Standardwerk zu diesem Thema, das nicht nur unmittelbar in der Rechtsanwendung verwertet wird, sondern auch von literarischen Äußerungen zu diesem Thema sowie von der Judikatur seit Mitte der 70er Jahre gern zitiert wird.

Die Auseinandersetzung mit bürgerlichen Rechtsbegriffen und den dahinterstehenden politischen Vorstellungen ist ja die ursprüngliche Motivation Rabofskys gewesen, sich als Kämpfer für die Arbeiterinteressen mit dem Recht zu beschäftigen. Seine Konzeption in der arbeitsrechtlichen Behandlung bürgerlicher Rechtsvorstellen war es, zunächst im ersten Schritt analytisch die Wertvorstellungen offenzulegen, die hinter Rechtsvorschriften stehen, ihren Klassencharakter deutlich zu machen und darauf aufbauend zu versuchen, die im bürgerlichen Recht enthaltenen Gleichheits- und Gerechtigkeitsideale zugunsten der Schwächeren im Arbeitsrecht konsequent einzufordern und die bürgerliche Rechtsanwendung auf ihre Widersprüche hinzuweisen. Bei allen Rechtsbeziehungen im Arbeitsverhältnis, ob es sich nun um den Umfang der Arbeitspflicht (Versetzungsschutz), um den Entgeltschutz oder um das Beendigungsrecht handelte, zeigte er Interpretationsmuster auf, die von gleichheitsfördernden Ansätzen im bürgerlichen Recht ausgehend zugunsten der Schwächeren wirken konnten. Er bewies, daß Interpretationsansätze, die eine Überbetonung des Weisungsrechtes des Arbeitgebers im Arbeitsverhältnis vertraten, indem sie etwa der Treuepflicht des Arbeitnehmers überragende Bedeutung beimessen, nicht rechtlichen, sondern bürgerlich-ideologischen Ursprung haben. Diese dialektische Methode der Analyse und der Interpretation von Recht (Aufzeigen der Doppelfunktion und der Widersprüche, Versuch einer Synthese unter Reduzierung des Normzwecks auf die Funktionsfähigkeit des Austauschverhältnisses Arbeit – Lebensunterhalt und auf den Zweck arbeitsrechtlicher Vorschriften, nämlich den Schutz des Schwächeren) beinhaltet auf den ersten Blick selbst einen Widerspruch: Nämlich jenen zwischen der Ablehnung der bürgerlichen Gesellschaft und Rechtsordnung einerseits und der Nutzung der bürgerlichen Wertvorstellungen, die dem Schutzgedanken entsprechen. Auf den zweiten Blick führt dieser scheinbare Widerspruch aber zu einem ideologischen Pragmatismus bei der Anwendung von Rechtsvorschriften, der es seinen Gegnern sehr schwer machte, die Lösungsansätze mit rechtlichen Mitteln aus den Angeln zu heben. Er beschränkte sich eben nicht darauf, auf der emotionalen und ideologischen Ebene gegen die Übermacht der Unternehmer zu argumentieren, sondern er ließ sich bewußt auf Methoden des Gegners ein, um diesen mit seinen eigenen Waffen zu schlagen.

Diese Haltung beeinflußte und befruchtete eine ganze Generation von Rechtsanwendern und Rechtsdogmatikern der Arbeitnehmerbewegung. Nicht nur durch seine Lehrtätigkeit, sondern auch durch sein Beispiel bei der Lösung zahlreicher Einzelrechtsfragen bewegte er mehr, als es aufgrund seiner Position und seiner parteipolitischen Zuordnung erwartet hätte werden können. In der ersten Vorlesung in der Gewerkschaftsschule (man muß diese Referate so nennen), bei der ich als Zuhörer anwesend sein durfte, brachte er den Betriebsräten und Gewerkschaftern folgendes plastische Beispiel: Die erste arbeitsrechtliche Vorschrift, die nach der französischen Revolution im Code Napoleon geschaffen wurde, sagte im Ergebnis in etwa aus, daß bei Streitfragen zwischen einem Gewerbeinhaber und seiner Hilfskraft im Zweifel davon auszugehen ist, daß der Gewerbeinhaber Recht hat. Die entrüsteten Mienen der Zuhörer in der Gewerkschaftsschule waren programmiert. Dann gab er zu bedenken, daß diese Regelung aber erst deswegen notwendig geworden war, weil die Ideale der bürgerlichen Revolution das feudale Herrschaftsverhältnis eben beseitigen wollten. Vor der bürgerlichen Revolution wäre eine solche Vorschrift gar nicht notwendig gewesen – die persönliche Ungleichheit der Menschen ließ es als Selbstverständlichkeit erscheinen, daß der gesellschaftlich höher Angesiedelte in der besseren rechtlichen Position ist. Erst durch das Gleichheitspostulat und die persönliche Freiheit der Untergebenen wird es erforderlich, rechtliche Regeln dafür aufzustellen, wie in einem Machtverhältnis, wie es das Arbeitsverhältnis nun einmal auch ist, die Spielregeln im einzelnen zu gestalten sind. Diese Möglichkeit des Fortschritts muß nun die benachteiligte Klasse nutzen mit dem Ziel, selbst zur bestimmenden Klasse zu werden und letztlich die Klassengegensätze nicht nur rechtlich, sondern auch faktisch zu überwinden. Das Recht ist eines von vielen, wegen der Wichtigkeit von juristischen Spielregeln in der bürgerlichen Gesellschaft besonders bedeutendes Mittel, um Schritte zur Erreichung dieses Zieles zu setzen.

Kampf gegen den Faschismus

Aus dieser ideologischen und politischen, gleichzeitig aber auch pragmatischen Position ergab sich Rabofskys Engagement, um nicht zu sagen Fanatismus, wenn es darum ging, das Zurückdrehen des Rades in Richtung feudale, patriarchalische und nationale Herrschaftsverhältnisse der oberen Klassen zu verhindern. Seine Abneigung und sein Kampf gegen jede Form des Faschismus war ja nicht nur dadurch begründet, daß seine politische Richtung und er persönlich zu den schärfsten politischen Gegnern von Austrofaschismus, Ständestaat und Nationalsozialismus gehörte, sondern eben auch dadurch, daß er in diesen Bewegungen den Versuch erkannte, materialistische und gleichheitsfördernde Ansätze im bürgerlichen Rechtsstaat zu vernichten und damit die Möglichkeiten der Unterprivilegierten zuzuschütten, politische und rechtliche Machtverhältnisse in ihrem Sinn beeinflussen zu können.

Die Aktualität dieser Fragen gerade Mitte der 90er Jahre muß nicht erst besonders betont werden. Gefahren gerade für den bürgerlichen Rechtsstaat und die Position der unselbständig Erwerbstätigen durch eine „Dritte Republik", in der geschickte Demagogen gleichzeitig die Werte dieses Rechtsstaates untergraben und an ihre Stelle die Führerschaft von Vertretern der oberen Klassen setzen wollen, sind auch im Arbeitsrecht an allen Ecken und Enden spürbar. Was bedeutet es denn, wenn an die Stelle gesetzlicher Spielregeln oder kollektivrechtlicher Vereinbarungen zum Schutz der unselbständig Erwerbstätigen Einzelvereinbarungen treten sollen, die sich am persönlichen Einfluß des Unternehmers und den von ihm geltend gemachten wirtschaftlichen Notwendigkeiten orientieren? Welche Konsequenzen ergeben sich für die gesellschaftliche Position der unselbständig Erwerbstätigen in längerfristiger Sicht, wenn nicht mehr die fachliche Vorbereitung von Rechtsnormen durch große Interessengruppen, sondern die individuelle Haltung einzelner Abgeordneter je nach der Stimmung des Zeitgeistes maßgeblich für die Rechtsentwicklung wird? Was würde an die Stelle kollektiver Interessenvertretung der Arbeitnehmer treten, wenn in einer Klassengesellschaft Machtblöcke aufgelöst werden und nur mehr jene artikulationsfähig sind, die über entsprechende individuelle Möglichkeiten verfügen?

Die Antworten auf diese Fragen sind ernüchternd für jeden, der wie Rabofsky gesellschaftliche Zusammenhänge nicht nur aus der Tagespolitik erkennt, sondern im längerfristigem Ablauf und mit dem Anspruch der Weiterentwicklung in Richtung Solidarität und Gleichheit sieht.

Eine politische Ideologie der Vergangenheit?

Die Entwicklung wirksamer Gegenstrategien darf sicher nicht auf gesellschaftliche Veränderungen vergessen, die sich seit der Hauptschaffensperiode Rabofskys in den 50er und 60er Jahren ergeben haben. Die Entfremdung kollektiver Organisationen, ob sie nun Parteien oder Gewerkschaften sind, von individuellen Wünschen und Erfahrungen der Vertretenen haben dort, wo die Macht durch diese kollektiven Organisationen monopolisiert worden ist, zu einer revolutionären Abschüttelung und Auflösung dieser Machtstrukturen geführt. Daß die Alternative zu den kommunistischen Diktaturen Osteuropas zumindest bisher nicht in einer demokratischen und pluralistischen Struktur gefunden wurde, sondern in einem Konglomerat aus Inkompetenz, Nationalismus und gesellschaftlicher Aufsplitterung besteht, das für die Unterprivilegierten vielfach noch mehr Leid gebracht hat als die frühere Diktatur, darf kein Anlaß dafür sein, das Scheitern des Irrweges einer Veränderung der Gesellschaft in Richtung Gleichheit durch eine Diktatur von oben zu bedauern. Daß sich diese von Rabofsky mitvertretene Politik und Ideologie als falsch erwiesen hat, darf aber auch nicht darüber hinwegtäuschen, daß kollektive Organisation zugunsten der Schwächeren und zugunsten der unselbständig Erwerbstätigen nicht nur, aber auch zur Beeinflussung der Richtung der Rechtsentwicklung unverzichtbar ist, wenn die Ziele von Solidarität und Gleichheit auch unter geänderten gesellschaftlichen Rahmenbedingungen weiter verfolgt werden sollen.

Kontinuität und Zielgerichtetheit in der Rechtspolitik, und vor allem in der Arbeitsrechtspolitik, darf nichts weniger bedeuten als Stillstand und Bewahrung, sie muß die Verbindung zwischen Theorie und Praxis zu ihrer obersten Maxime machen und versuchen, längerfristig gewünschte Entwicklungen mit den Veränderungen der konkreten Lebensverhältnisse in Übereinstimmung zu bringen. Im Bereich des Arbeitsrechts war dies ein Ziel Rabofskys, das er an die Spitze seines arbeitsreichen Lebens gestellt hat, und das große Einflüsse nicht nur auf Menschen, sondern auch auf Strukturen in der Rechtspolitik ausgeübt hat.

Eine persönliche Erinnerung

Über einzelne Arbeiten und Themenschwerpunkte Rabofskys im Bereich des Arbeitsrechtes könnte noch vieles berichtet werden. Von seinen Bemühungen, die Stellung der Arbeitnehmervertreter im Betrieb zu stärken und unabhängiger vom Einfluß der Unternehmer zu gestalten, bis zu den Arbeiten über das Landarbeitsrecht, die von den Bemühungen zur Integration von Randgruppen in das große Gebäude gleichheitsfördernder arbeitsrechtlicher Systematik geprägt waren, spannt sich ein weiter Bogen, der von Grundsätzen und von Exaktheit der Ausarbeitung geprägt war. Ich möchte mich aber nicht zu sehr mit einzelnen Details befassen und einen Menschen nicht auf einzelne Artikel und Rechtsmeinungen reduzieren. Das würde Rabofsky nicht entsprechen.

Abschließen möchte ich hingegen mit einer persönlichen Erinnerung, die ein bezeichnendes Licht auf die Schärfe gesellschaftlicher Analyse wirft. Diese Schärfe wird für mich der stärkste Eindruck bleiben, den ich von Rabofsky behalten werde. Es ging in einer Diskussion um die Bewertung des neuen Arbeitsverfassungsgesetzes Anfang des Jahres 1974. Viele linke Kräfte in der SPÖ und natürlich auch die KPÖ, die politische Heimat Rabofskys, kritisierten das sozialpartnerschaftlich erreichte Ergebnis als zu weich und zu wenig in seinen Akzentsetzungen betreffend Einschränkung der Unternehmermacht und Ausweitung der Mitbestimmung der Arbeitnehmer. Rabofsky teilte in vielen Einzelpunkten diese Kritik. In der Gesamteinschätzung des Ergebnisses vertrat auch er die Auffassung, daß man gerade angesichts der damaligen politischen Mehrheitsverhältnisse mit den Unternehmern hätte härter verhandeln müssen.

In einem unterschied er sich aber von vielen anderen Kritikern: In der gesellschaftspolitischen Einschätzung der Zielrichtung der neuen Arbeitsverfassung. Sinngemäß sagte er, daß es in der gesellschaftlichen Realität Österreichs Anfang der 70er Jahre eben keine Bedingungen für selbstverwaltungsähnliche Mitbestimmungsformen gab. Er wies alle Vorstellungen, wonach man die Unternehmer de facto entmachten, gleichzeitig aber kapitalistische Strukturen an sich mit ihren dynamischen Elementen beibehalten könne, ins Reich der Spekulation und des Illusionismus. „Entweder hat eine Arbeitnehmerpartei die Macht über die Wirtschaft, oder sie hat sie nicht. Ein Mittelding gibt es nicht. In Österreich gibt es keine antikapitalistische Mehrheit. Daher ist der Weg richtig, den Einfluß der Arbeitnehmer zu stärken, ohne ihnen tatsächliche oder scheinbare Verantwortung für unternehmerische Entscheidungen überantworten zu wollen."

Es wäre übertrieben, aus Rabofsky nachträglich einen Anhänger der Sozialpartnerschaft machen zu wollen. Er erkannte aber an, daß zu den in Österreich damals – und wie ich glaube auch heute noch – bestehenden Bedingungen die Einbindung der Arbeitnehmervertretungen in den Staat, in die Gesellschaft und in die Wirtschaft ein möglicher Weg ist, um die vorher beschriebene Zurückdrehung des Rades in Richtung patriarchalischer und faschistische Strukturen verhindern zu können. „Das wichtigste ist, daß von den Arbeitnehmervertretungen Macht ausgeübt werden kann. Macht innerhalb der Sozialpartnerschaft ist mir noch lieber als gar keine Macht. Basisdemokratische Zirkeln in den Betrieben können diese Macht nicht sichern – im Gegenteil." Diese Worte sind mir aus der Diskussion noch ziemlich genau im Gedächtnis. Man muß ihnen nicht zustimmen, aber man sollte darüber nachdenken.

Zu den Rechtsgrundlagen für Betriebsvereinbarungen im Arbeitszeitgesetz[*]

Rudolf Strasser, Linz

I. Allgemeine Lehren zum Rechtsinstitut BV?

Gem § 29 ArbVG können BVen nur „in Angelegenheiten abgeschlossen werden, deren Regelung durch Gesetz oder Kollektivvertrag der Betriebsvereinbarung vorbehalten ist". Läßt man die Kategorie der durch KollV-Vorbehalt zugelassenen BVen beiseite, so steht fest, daß der einfache Gesetzgeber es jederzeit in der Hand hat, die Zahl der Rechtsgrundlagen für den Abschluß von BVen zu erweitern. Da mit dem Rechtsinstitut BV zahlreiche nicht unkomplizierte Rechtsfragen verbunden sind (zB Art des Zustandekommens, Form, Rechtswirkung, Beendigung), lag es für den Gesetzgeber des ArbVG nahe, die allen BVen gemeinsamen Problemstellungen in einem allgemeinen, diesem Rechtsinstitut gewidmeten Teil des ArbVG einheitlich zu regeln. Dies geschah auch tatsächlich im Rahmen des 5. Hauptstückes des I. Teiles des ArbVG (§§ 29–32). Schon ein bloß flüchtiger Blick auf diese Bestimmungen zeigt, daß viele Fragen, von denen man sich auch vorstellen kann, daß sie das Rechtsinstitut als solches, dh allgemein betreffen, in diesem allgemeinen Teil nicht geregelt werden. Es ist und war daher zweifellos legitim, den Versuch zu unternehmen, aus den besonderen Ausgestaltungen, die die BV im Rahmen der Beteiligungsrechte der Belegschaft erfahren hat (§§ 89–114 ArbVG), zusätzliche allgemeine Regeln für BVen abzuleiten.[1] Dies vor allem deshalb, um auf diese Weise für jene mit Sicherheit zu erwartenden Fälle gerüstet zu sein, in denen der Gesetzgeber zwar neue Rechtsgrundlagen für BVen schafft, es dabei aber gleichzeitig unterläßt, deren nähere rechtliche Ausgestaltung umfassend zu regeln. Daß der Gesetzgeber in dieser Hinsicht die Rechtsanwendung bisher tatsächlich nicht „enttäuscht" hat, zeigen ua das AZG in der Stammfassung und dessen Novellierungen.

Eine der fruchtbarsten, weil schon im Rahmen der rechtsdogmatischen Bearbeitung des ABGB, im besonderen seines Schuldvertragsrechtes be-

---

[*] Paragraphen ohne Gesetzesbezeichnung sind solche des AZG.
[1] Strasser in Floretta/Spielbüchler/Strasser, Arbeitsrecht II³ (1990), 385 f; Mayer-Maly/Marhold, Arbeitsrecht II (1991), 272; Tomandl, Arbeitsrecht 1³ (1993), 165 ff.

währten Methoden, solche zusätzliche, die §§ 29–32 ArbVG ergänzenden allgemeine Lehren zu gewinnen, stellt die Herausarbeitung gemeinsamer rechtlicher Merkmale der im ArbVG vorgesehenen besonderen Rechtsgrundlagen für den BV-Abschluß dar. Auf diese Weise ist es möglich und, wie gesagt, zwecks systematischer allgemeiner Erfassung des Rechtsinstitutes BV zweckmäßig, verschiedene Kategorien bzw Typen von BVen zu unterscheiden.[2]

Stellt man etwa darauf ab, ob eine Angelegenheit wahlweise durch BV oder durch Einzelarbeitsvertrag (oder Weisung) geregelt werden könnte, sind zwei Arten von BVen auseinanderzuhalten, und zwar solche gem § 96 und § 96a ArbVG (Regelung nur durch BV zulässig)[3] und solche gem § 97 ArbVG oder gem eines KollV-Vorbehaltes (Regelung wahlweise durch BV oder durch individualrechtliche Regelungsinstrumente, dh je nach Rechtslage durch Einzelarbeitsvertrag oder Weisung zulässig).[4]

Stellt man darauf ab, ob bei Nichteinigung zwischen den Betriebspartnern der BV-Abschluß rechtlich erzwungen werden kann oder nicht, ist zwischen den BVen gem § 96a und § 97 Abs 1 Z 1–6a ArbVG (erzwingbare BVen) einerseits und BVen gem § 96 Abs 1 und § 97 Abs 1 Z 7–23a und 25 ArbVG (nicht erzwingbare oder fakultative BVen) zu unterscheiden.[5]

Stellt man auf die Art der Beendigungsmöglichkeiten einer BV ab, so hat man zwischen prinzipiell kündbaren (alle fakultativen BVen, das sind die gem § 96 und 97 Abs 1 Z 7–23a und 25 ArbVG vorgesehenen und die gem eines KollV-Vorbehaltes zulässigen BVen) und unkündbaren (alle erzwingbaren BVen, das sind die gem § 96a und § 97 Abs 1 Z 1–6a ArbVG) zu unterscheiden.[6]

Stellt man auf die aufgrund einer Kündigung der BV eintretende Nachwirkung und auf die Länge der gesetzlich vorgesehenen Kündigungsfrist

---

[2] Strasser, Arbeitsrecht II³, 389; Marhold, Arbeitsrecht II, 271; Tomandl, Arbeitsrecht I³, 167 ff; Schwarz/Löschnigg, Arbeitsrecht⁵ (1995), 112 ff; Strasser in Floretta/Strasser, Handkommentar zum ArbVG (1975), §§ 96, 97, 2.; Floretta/Strasser, ArbVG-Kurzkommentar² (1988), § 96a, 2; Schwarz in Cerny/Haas-Laßnigg/Schwarz, Arbeitsverfassungsrecht III (1994), § 97, 2.

[3] Strasser, Arbeitsrecht II³, 309 ff; Marhold, Arbeitsrecht II, 210 f; Tomandl, Arbeitsrecht I³, 168; Schwarz/Löschnigg, Arbeitsrecht⁵, 113, 744; Strasser in ArbVG-Handkommentar, Vorb zum 2. Abschnitt, 496, §§ 96, 97, 2.; Floretta/Strasser, ArbVG-Kurzkommentar², § 96, 1, § 96a, 2; Cerny in Cerny/Haas-Laßnigg/Schwarz, Arbeitsverfassungsrecht III, § 96, 1, § 96a, 1; Schwarz in Cerny/Haas-Laßnigg/Schwarz, Arbeitsverfassungsrecht III, § 97, 2.

[4] Strasser, Arbeitsrecht II³, 311 f; Marhold, Arbeitsrecht II, 213; Tomandl, Arbeitsrecht I³, 168 f; Schwarz/Löschnigg, Arbeitsrecht⁵, 116, 745; Strasser in ArbVG-Handkommentar, Vorb zum 2. Abschnitt, .496; Floretta/Strasser, ArbVG-Kurzkommentar², § 96a, 2; Schwarz in Cerny/Haas/Laßnigg/Schwarz, Arbeitsverfassungsrecht III, § 97, 2.

[5] Strasser, Arbeitsrecht II³, 389; Marhold, Arbeitsrecht II, 271; Tomandl, Arbeitsrecht I³, 168; Schwarz/Löschnigg, Arbeitsrecht⁴, 101 ff; Schwarz in Cerny/Haas-Laßnigg/Schwarz, Arbeitsverfassungsrecht III, § 97, 2.

[6] Strasser, Arbeitsrecht II³, 398 ff; Marhold, Arbeitsrecht II, 287 f; Tomandl, Arbeitsrecht I³, 191 f; Schwarz/Löschnigg, Arbeitsrecht⁵, 128 ff.

ab, so kommt man zu einer weiteren Unterscheidung innerhalb der fakultativen, prinzipiell kündbaren BVen. Und zwar ist bei dieser Gruppe zu unterscheiden zwischen BVen einerseits, bei denen dispositiv eine gesetzliche Kündigungsfrist vorgesehen ist und bei denen aufgrund einer Kündigung zwingend die sogenannte Nachwirkung eintritt (fakultative BVen gem § 97 Abs 1 Z 7–18, 19–23a und 25 ArbVG und BVen aufgrund eines KollV-Vorbehaltes), und BVen andererseits, die nach dem Gesetz fristlos gekündigt werden können und bei denen aufgrund einer solchen Kündigung keine Nachwirkung eintritt (fakultative BVen gem § 96 ArbVG).[7]

Die bisherige positivrechtliche Ausgestaltung dieser BV-Typen im ArbVG zeigt, daß sie regelmäßig weiter zu unterteilen sind in solche, bei denen ihr Erfordernis (zwingende Mitbestimmung) oder ihre Erzwingbarkeit von bestimmten im Gesetz näher umschriebenen Bedingungen abhängt (zB § 96 Abs 1 Z 4 und § 97 Abs 2 ArbVG).[8]

Es versteht sich von selbst, daß eine Berücksichtigung aller dieser vom Gesetz her zwingend gegebenen rechtlichen Unterschiede zu weiterführenden Gruppierungen Anlaß geben kann und auch tatsächlich gibt. Als Beispiel sei auf die BVen über Materien gem § 96 ArbVG verwiesen, die einerseits zur Gruppe der fakultativen, dh nicht erzwingbaren BVen gehören (weil sowohl das Ob als auch das Wie einer solchen BV von dem Konsens der für den Abschluß in Frage kommenden präsumtiven BV-Partner abhängt),[9] die andererseits aber auch zu jener BV-Gruppe zu zählen sind, die vom Gesetz für Materien vorgesehen sind, bei denen eine wahlweise Regelung durch individualrechtliche Instrumente (Einzelarbeitsvertrag oder Weisung) unzulässig ist.[10] Daher werden diese BVen von manchen Schriftstellern nicht ganz zutreffend auch als zwingende oder notwendige BVen (nicht zu verwechseln mit der Gruppe der erzwingbaren BVen) bezeichnet[11] (in Wahrheit liegt ihnen zwar mitbestimmungsmäßig eine zwingende Mitbestimmung zugrunde, der BV-Abschluß ist aber, wie

---

[7] Strasser, Arbeitsrecht II³, 403 ff; Marhold, Arbeitsrecht II, 288 f; Tomandl, Arbeitsrecht I³, 195; Schwarz/Löschnigg, Arbeitsrecht⁵, 125 f.

[8] Strasser, Arbeitsrecht II³, 313; Strasser in ArbVG-Handkommentar, §§ 96, 97, 3.3.1., 4.3.1.

[9] Strasser, Arbeitsrecht II³, 309; Marhold, Arbeitsrecht II, 210; Schwarz/Löschnigg, Arbeitsrecht⁵, 113 f; Floretta/Strasser, ArbVG-Kurzkommentar, § 96, 1.; so auch Tomandl, Arbeitsrecht I³, 178 ff, der diese Betriebsvereinbarungen als „notwendige fakultative Betriebsvereinbarungen" bezeichnet.

[10] Strasser, Arbeitsrecht II³, 309 f; Marhold, Arbeitsrecht II, 210; Tomandl, Arbeitsrecht I³, 168; Schwarz/Löschnigg, Arbeitsrecht⁵, 113, 744; Strasser in ArbVG-Handkommentar, Vorb zum 2. Abschnitt, 496, § 96, 97, 2.; Floretta/Strasser, ArbVG-Kurzkommentar², § 96, 1.

[11] Schwarz/Löschnigg, Arbeitsrecht⁴, 101 f; Tomandl, Bemerkungen zu den §§ 96a und 62a Arbeitsverfassungsgesetz, ZAS 1986, 182; Cerny in Cerny/Haas-Laßnigg/Schwarz, Arbeitsverfassungsrecht III, § 96, 1; zur Diskussion anhand der bedingt erzwingbaren Mitbestimmung vgl Trost, Ausgewählte Strukturprobleme der Mitwirkung nach der Arbeitsverfassungsgesetz-Novelle 1986, DRdA 1989, 13.

oben dargelegt, auch in der Frage des Ob vom Konsens der Betriebspartner abhängig und daher fakultativ), weil die ihr vom Gesetz als Regelungsmaterien zugewiesenen Angelegenheiten nur durch eine BV und nicht durch ein anderes Regelungsinstrument (mitunter jedoch ausnahmsweise durch KollV) geregelt werden könnten.[12] Gleichzeitig bilden diese BVen jene Kategorie, die nach dem Gesetz fristlos kündbar ist und bei der im Falle einer Kündigung keine Nachwirkung eintritt.

Im Rahmen des AZG und seiner bisherigen Novellierungen, vor allem im Rahmen der tiefgreifenden Novellierung durch das Gesetz BGBl 1994/ 446 wurde der BV, dh den Betriebspartnern eine ganze Reihe neuer Regelungsmöglichkeiten eröffnet.

Bei allen diesen im Rahmen des Arbeitszeitrechtes geschaffenen Rechtsgrundlagen für den BV-Abschluß hat es der Gesetzgeber unterlassen, einige damit verbundene, an sich schon im Zusammenhang mit der Anwendung des ArbVG bekannt gewordene Problemstellungen zu regeln. Für die Rechtsanwendung erhebt sich daher die Frage, ob und wie diese, den Betriebspartnern eröffneten Regelungsmöglichkeiten in das bisherige System einzuordnen sind. Es liegt auf der Hand, daß bei einer vom Gesetzgeber neu geschaffenen Rechtsgrundlage für einen BV-Abschluß die Ermittlung der näheren, in diesem Zusammenhang nicht geregelten rechtlichen Voraussetzungen und Rechtsfolgen dann wesentlich leichter vonstatten gehen würde, wenn es möglich wäre, die neu zugelassene BV einer der im ArbVG schon vorhandenen und rechtsdogmatisch erschlossenen BV-Typen zu subsumieren.

Dazu vorweg folgendes: Dem Gesetzgeber muß es selbstverständlich freistehen, entsprechend seinen rechts- und sozialpolitischen Zielsetzungen und Bedürfnissen neue von den BV-Typen des ArbVG abweichende BV-Formen zu entwickeln, dh, die von ihm neu geschaffenen Rechtsgrundlagen für BVen mit von den ArbVG-Typen abweichenden Rechtsgestaltungen auszustatten. Er hat dies zB im Rahmen des BPG durch die Regelung des § 3 Abs 1 und 2 getan. Die BV, die für die Errichtung einer betrieblichen Pensionskasse erforderlich ist, ist zweifellos eine fakultative, nicht erzwingbare BV, die außerdem deswegen im Prinzip den gem § 96 Abs 1 ArbVG im Rahmen der zwingenden Mitbestimmung vorgesehenen BVen entspricht, da diese Errichtung durch individualrechtliche Rechtsinstrumente nicht zulässig ist (arg a contrario zu § 3 Abs 2 BPG). Die Regelung der Beendigungsfrage durch § 3 Abs 1 Z 3 BPG iS eines Zwanges, die Auflösung der Pensionskasse autonom in der BV zu regeln, was auf einen Ausschluß oder doch jedenfalls auf eine Modifikation der Geltung sowohl

---

[12] Strasser, Arbeitsrecht II[3], 309 f; Marhold, Arbeitsrecht II, 210 f; Tomandl, Arbeitsrecht 1[3], 168; Schwarz/Löschnigg, Arbeitsrecht[5], 113, 744; Strasser in ArbVG-Handkommentar, Vorb zum 2. Abschnitt, 496, § 96, 97, 2.; Floretta/Strasser, ArbVG-Kurzkommentar[2], § 96, 1.

des § 32 Abs 2 als auch des § 96 Abs 2 ArbVG hindeutet, zeigt, daß man es mit einen neuen BV-Typ zu tun hat. Eine noch stärkere Abweichung von den gängigen BV-Modellen des ArbVG liegt bei der Regelung des Pensionskassenbeitrittes vor. Hier hat der Gesetzgeber für den Fall des Fehlens eines zuständigen Belegschaftsorgans vorgesorgt (was er in den Fällen des § 96 Abs 1 ArbVG gerade nicht getan hat), indem er in diesem Fall zwar die Regelung durch den Einzelarbeitsvertrag zugelassen hat (Nichtübereinstimmung mit dem BV-Modell gem § 96 Abs 1 ArbVG), dessen inhaltliche Gestaltung aber an ein von einer staatlichen Verwaltungsbehörde zu genehmigendes Vertragsmuster gebunden hat.[13]

II. Zu den Rechtsgrundlagen für BVen im AZG

II.1 Vorbemerkung

Grob gesprochen kann man die im AZG vorhandenen Grundlagen für eine BV-Regelung in zwei Gruppen einteilen. Einmal handelt es sich um die Ermächtigung der Betriebspartner, Bestimmungen zu vereinbaren, die im Zusammenhang mit dem KollV-Recht bisher als sogenannte Zulassungsnormen bezeichnet werden (§ 4 Abs 3a, 5; § 4b Abs 4; § 5a Abs 1 und 2). Bei der zweiten Gruppe handelt es sich um die Ermächtigung, (normale) Inhaltsnormen mit unmittelbarer Wirkung für die Einzelarbeitsverhältnisse zu vereinbaren (§ 4a Abs 3 Z 1; § 4b Abs 2; § 11 Abs 2; § 26 Abs 4).

Auf die Gruppe der Ermächtigungen zur Vereinbarung von Zulassungsnormen wird im folgenden nicht näher eingegangen. Dies deshalb nicht, weil mE der Stand der bisherigen dogmatischen Aufarbeitung der mit dieser Kategorie von Bestimmungen in KollVen und BVen verbundenen Probleme höchst unbefriedigend ist und daher ein näheres Eingehen darauf, das zugegebenermaßen dringlich wäre, den Umfang dieser Untersuchung sprengen würde. Nur zur Illustration dieser weitwendigen Problematik sei auf die Frage verwiesen, ob die gesetzliche Ermächtigung zur Statuierung von Zulassungsnormen in einem KollV oder in einer BV tatsächlich notwendig die Ermächtigung zur Regelung derselben Angelegenheit in Gestalt von Inhaltsnormen umfaßt bzw überhaupt benötigt.[14]

---

[13] Schrammel, Betriebspensionsgesetz, § 3, 4.; Farny-Wöss, Betriebspensionsgesetz – Pensionskassengesetz, § 3 BPG, Erl 15.

[14] Vgl OGH 1969/Arb 8662; 1971/Arb 8927 = JBl 1972, 216 = SozM II B, 1002; Arb 8935; Weißenberg, Arbeitszeitverlängerung durch Kollektivvertrag?, DRdA 1961, 251; Martinek, Kollektivvertragliche Regelungen im Arbeitnehmerschutzrecht, DRdA 1969, 41 ff; Floretta, Die Beteiligung der Kollektivvertragsparteien am Arbeitszeitschutz – Die Rechtsnatur von Zulassungsnormen im Kollektivvertrag, Hämmerle-FS (1972), 79 ff und DRdA 1979, 1 ff; Grillberger, Kollektivvertragsdispositives Recht, DRdA 1973, 41 ff; ders, Rechtsfragen der kollektivvertraglichen Arbeitszeitverkürzung, RdW 1987, 200, 202; Cerny, Der Schutzgedanke im Arbeitszeitrecht, DRdA 1973, 100 ff; Holzer, Strukturfragen des Betriebsvereinbarungsrechts (1972), 58 f; vgl auch Strasser in ArbVG-Handkommentar, § 2, 5.8.

II.2 Zu den BVen über Inhaltsnormen im AZG

II.2.1 Die BV gem § 4a Abs 3 Z 1 (12-Stundenschicht am Wochenende)

Erfolgt die Einführung dieser Schicht zwar im Rahmen einer kontinuierlichen Arbeitszeit mit Schichtwechsel, steht sie aber mit einem Schichtwechsel nicht im Zusammenhang (a contrario § 4a Abs 3 Z 2), dann muß dies, dh die 12-Stundenschicht, durch eine BV geregelt werden (§ 4a Abs 3 Z 1). Dazu ist nun zu bemerken, daß die Länge der einzelnen Schichten bei gleichbleibender Wochenarbeitszeit letztlich eine Frage der Verteilung der vorgegebenen Arbeitszeit ist und daher jedenfalls bis zur AZG-Novelle 1994 durch eine erzwingbare BV gem § 97 Abs 1 Z 2 ArbVG oder je nach der vertragsrechtlichen Situation durch Einzelvereinbarung oder Weisung, freilich immer nur in den Grenzen der höchstzulässigen Tagesarbeitszeit geregelt werden konnte. § 4a Abs 3 Z 1 läßt nun eine Ausdehnung der Tagesarbeitszeit bis auf 12 Stunden unter ganz bestimmten Voraussetzungen zu. Diese Voraussetzungen sind: kontinuierlicher Schichtbetrieb mit erforderlichem Schichtwechsel; Plazierung der 12-Stundenschicht am Wochenende, Regelung durch BV. Der Satz, der die dritte Voraussetzung umschreibt, lautet „wenn dies durch Betriebsvereinbarung geregelt ist". Darin liegt an sich insofern eine Undeutlichkeit, als vom Wortlaut her nicht völlig klar ist, ob damit eine bloße Inhaltsnorm oder eine Zulassungsnorm in Gestalt einer BV gemeint ist. Würde man diese Bestimmung als Zulassungsnorm deuten, so läge eigentlich eine Art von zweistufiger Zulassung nach dem Schema vor: Das Gesetz läßt die Zulassung einer 12-Stundenschicht durch eine BV zu. Meines Erachtens ist eine solche Deutung mit Rücksicht auf einige andere Formulierungen der AZG-Novelle eher abzulehnen. Im besonderen ergibt sich das aus § 5a Abs 1, wo das Gesetz völlig eindeutig davon spricht, daß die BV ermächtigt wird, bestimmte Ausdehnungen *zuzulassen*. Gerade vor dem Hintergrund dieser Regelung muß die des § 4a Abs 3 Z 1 als Ermächtigung zu einer bloßen Inhaltsnorm erscheinen. Die für die 12-Stundenschicht erforderliche besondere Zulassung liegt schon unmittelbar in der Gesetzesbestimmung selbst.

Damit steht man vor der Frage, mit welcher Art von BV bzw Mitbestimmung man es zu tun hat. Hier fällt nun ganz entscheidend ins Gewicht, daß es sich bei diesem Regelungsgegenstand um eine bereits durch § 97 Abs 1 Z 2 ArbVG der BV vorbehaltene Angelegenheit handelt. Sieht man dies so, dann drückt die Bestimmung des § 4a Abs 3 Z 1 eigentlich nur die Anordnung des Gesetzgebers aus, daß die uhrzeitmäßige Fixierung der durch das Gesetz zugelassenen 12-Stundenschicht bei Vorliegen der übrigen im Gesetz näher umschriebenen Voraussetzungen in Abweichung von dem Konzept des § 97 Abs 1 Z 1–6a und Abs 2 ArbVG *nur* durch BV und nicht auch wahlweise (wenn der BR von der Erzwingbarkeit keinen Gebrauch macht) durch Einzelvereinbarung oder Weisung (je nach gegebener vertragsrechtlicher Situation) geregelt werden darf. Und dies wieder heißt, daß man es der Sache nach mit einer nach dem Modell des § 96a ArbVG gestalteten Mitbestimmung und einer im Rahmen dieser Mitbestimmungskategorie abzuschließenden BV zu tun hat. Das wieder bedeutet, daß eine BV gem § 4a Abs 3 Z 1 unkündbar ist, und ihr Abschluß (ihre Abänderung oder Aufhebung) bei Nichteinigung von jedem der beiden Betriebspartner im Wege der Anrufung der Schlichtungsstelle erzwungen werden kann.

Etwas anders ist die Rechtslage allerdings dann, wenn die Einführung dieser verlängerten Schicht mit einem Schichtwechsel in Verbindung steht (§ 4a Abs 3 Z 2). In diesem Fall kann diese Verlängerung als Inhaltsnorm sowohl durch den KollV oder eine BV gem § 97 Abs 1 Z 2 ArbVG als auch durch individualrechtliche Regelungsinstrumente geregelt werden. Eine besondere Form für den Abschluß einer diesbezüglichen Einzelvereinbarung ist nicht vorgesehen (Gegensatz zu § 4b Abs 2, wo für die Gleitzeiteinzelvereinbarung Schriftlichkeit gefordert wird).

Eine Regelung der 12-Stundenschicht bei Vorliegen bloß der Voraussetzungen des § 4a Abs 3 Z 1 ist, da sie durch die AZG-Novelle im Prinzip zugelassen wird, auch durch KollV zulässig. Eine solche KollV-Regelung beseitigt insoweit die Erzwingbarkeit der BV. Dies ergibt sich auch für die durch § 4a Abs 3 Z 1 vorgesehene BV aus § 97 Abs 2 ArbVG, der nach wie vor für diesen BV-Typ, dessen Basis letztendlich in der Bestimmung des § 97 Abs 1 Z 2 ArbVG gesehen werden kann, maßgebend ist. Im übrigen würde eine analoge Anwendung des § 96a ArbVG (wegen der gegebenen Ähnlichkeit in bezug auf das Verbot der Substituierung durch individualrechtliche Instrumente) zu keinem anderen Ergebnis führen, da auch § 96a Abs 2 ArbVG auf § 97 Abs 2 ArbVG verweist.

II.2.2 Die BV gem § 4b Abs 2 (Gleitzeitregelung)

Auch zu diesem Regelungsgegenstand gilt, daß er aufgrund der vor der AZG-Novelle 1994 gegebenen Rechtslage eine Angelegenheit darstellte, deren Regelung durch § 97 Abs 1 Z 2 ArbVG der BV vorbehalten war. Gem § 97 Abs 2 ArbVG konnte der Abschluß dieser BV im Wege der Anrufung der Schlichtungsstelle von jedem der beiden Betriebspartner erzwungen und, solange eine diesbezügliche BV nicht vorlag, durch individualrechtliche Regelungsinstrumente substituiert werden. Wenn nunmehr § 4b Abs 2 anordnet, daß die gleitende Arbeitszeit in Betrieben mit einem (errichteten) BR durch BV geregelt werden muß, so wird damit vom Gesetzgeber nicht mehr bewirkt, als daß die Regelung durch individualrechtliche Regelungsinstrumente, wie dies bis zur AZG-Novelle zulässig war, ausgeschlossen wird. Und damit ergibt sich auch in diesem Zusammenhang der Befund, daß man es nunmehr bei der Einführung und Regelung einer betrieblichen Gleitzeit mit einem Mitbestimmungsmodell nach dem Muster der Fälle des § 96a ArbVG zu tun hat. Die BV ist erzwingbar, aber nicht durch individualrechtliche Regelungsinstrumente ersetzbar; letzteres aber dann, wenn kein BR errichtet ist.

Gerade die ausdrückliche Rücksichtnahme auf betriebsratspflichtige Betriebe ohne BR, die in etwas modifizierter Form auch im § 4a Abs 3 Z 2 enthalten ist, zeigt übrigens deutlich, daß der Gesetzgeber der AZG-Novelle, so wie die hL,[15] davon ausgeht, daß eine generell-abstrakte Regelung der Gegenstände der §§ 96 Abs 1 und 96a Abs 1 ArbVG in betriebsratspflichtigen Betrieben ohne BR unzulässig ist.

Eine Regelung der Gleitzeit ist nach wie vor im KollV zulässig, ja eine solche KollV-Regelung beseitigt insoweit die Erzwingbarkeit der BV. Dies ergibt sich auch für die durch § 4b Abs 2 neu gestaltete Gleitzeit-BV aus § 97 Abs 2 ArbVG, der nach wie vor für diesen BV-Typ maßgebend ist. Im übrigen würde eine analoge Anwendung des § 96a ArbVG (wegen der gegebenen Ähnlichkeit in bezug auf das Verbot der Substituierung durch individualrechtliche Instrumente) zu keinem anderen Ergebnis führen, da auch § 96a Abs 2 ArbVG auf § 97 Abs 2 ArbVG verweist.

II.2.3 Die BV gem § 11 Abs 2 (Einführung von Kurzpausen)

Diese Bestimmung, die schon in der Stammfassung des AZG aus dem Jahre 1969 enthalten war, wurde in der Folge mit Inkrafttreten des ArbVG durch die Regelung des § 97 Abs 1 Z 2 ArbVG überlagert. Denn diese weist ausdrücklich die Dauer der Arbeitspausen als Regelungsgegenstand einer bedingt erzwingbaren BV zu, die je nach der Beschaffenheit der vertragsrechtlichen Situation durch individualrechtliche Regelungsinstrumente ersetzt werden kann.[16] Zu einer ausdrücklichen Aufhebung der Bestimmung des § 11 Abs 2 ist es nach dem Inkrafttreten des ArbVG nicht gekommen. Es erhebt sich jedoch die Frage, ob dieser Bestimmung durch die des § 97 Abs 1 Z 2 ArbVG derogiert wurde. Meines Erachtens ist dies deshalb zu verneinen, weil es sich bei der Regelung des § 11 Abs 2 eindeutig um eine andere Art von Mitbestimmung handelt als bei jener nach § 97 Abs 1 Z 2 ArbVG. Der gravierende Unterschied besteht darin, daß die im § 11 Abs 2 vorgesehene Mitbestimmung eine stärkere Intensität der Belegschaftsbeteiligung vorsieht als § 97 Abs 1 Z 2 ArbVG. Dies deshalb, weil § 11 Abs 2

---

[15] Marhold, Arbeitsrecht II, 210; Strasser in ArbVG-Handkommentar, § 96, 97, 3.5. aE; Floretta/Strasser, ArbVG-Kurzkommentar[2], § 96, 1; Holzer, Die zustimmungspflichtige Maßnahme – zur Struktur eines neuen Rechtsinstituts, ZAS 1978, 208; ders, Strukturfragen, 115; für eine differenzierende Betrachtungsweise: Holzer, Mitbestimmung und Betriebe ohne Betriebsrat, in Strasser-FS (1983), 641ff.

[16] Winkler, Arbeitszeit, Betriebsverfassung und Kollektivvertrag, ZAS 1974, 3 ff; Cerny, Probleme des Arbeitszeitrechts, in Weißenberg-FS (1980), 255 ff; Strasser, Mitbestimmung des Betriebsrats bei der Anordnung von Überstunden, Weißenberg-FS, 343 ff; Schrammel, Betriebsvereinbarungen über die Arbeitszeit, in: Tomandl (Hrsg), Probleme des Einsatzes von Betriebsvereinbarungen (1983), 31 ff; Schwarz in Cerny/Haas-Laßnigg/Schwarz, Arbeitsverfassungsrecht III, § 97, Erl 7.

bei Vorhandensein eines BR zweifelsfrei die Substituierung der BR-Zustimmung durch individualrechtliche Regelungen ausschließt. Auf der anderen Seite ist es aber so, daß nach der Rechtslage vor dem ArbVG eine Streitigkeit über die Erteilung oder Nichterteilung der Zustimmung gem § 11 Abs 2 von jedem der beiden Betriebspartner gem § 26 lit a BRG (Streitigkeit aus der Geschäftsführung der Organe der Betriebsvertretung) vor das Einigungsamt gebracht werden konnte.[17] Das Nichteingreifen des Gesetzgebers des ArbVG in die Mitbestimmungsregelung des § 11 Abs 2 kann daher nur vor dem Hintergrund der seinerzeit im Jahre 1969 gegebenen Rechtslage gedeutet werden. Und diese Interpretation ergibt, daß einerseits weiterhin eine Substituierung der Zustimmung des BR durch individualrechtliche Regelungsinstrumente verboten ist, daß aber bei Nichteinigung jeder der beiden Betriebspartner analog zu § 96a Abs 2 ArbVG die Schlichtungsstelle um Entscheidung anrufen kann.

Eine gravierende Abweichung von dieser Art der Mitbestimmung und von dem dieser Belegschaftsbeteiligung zugrundeliegenden BV-Typ ist jedoch in Form einer gewissen Vorwegnahme des im § 3 Abs 2 BPG geregelten BV-Typs betreffend den Beitritt zu einer Pensionskasse gegeben. Der Abschluß dieser Kurzpausen-BV ist zwar erzwingbar und bei Vorhandensein eines Betriebsrates auch nicht durch individualrechtliche Instrumente (Einzelarbeitsvertrag oder Weisung) substituierbar (Parallele zu § 96a Abs 1 ArbVG), er kann aber bei Fehlen eines BR, trotz gegebener BR-Pflicht, durch eine Einzelvereinbarung ersetzt werden (Ähnlichkeit zu § 3 Abs 3 BPG). Für diese Einzelvereinbarung ist aber weder ein verbindlicher behördlicher Mustervertrag noch wie im Fall der Gleitzeiteinzelvereinbarung Schriftlichkeit vorgeschrieben (Abweichung von § 3 Abs 2 BPG und von § 4b Abs 2).

II.2.4 Die BV gem § 26 Abs 4 (Führung von Aufzeichnungen)

§ 26 Abs 2 läßt ausdrücklich und ohne Beschränkung auf bestimmte Arbeitszeitregelungen die Verlagerung der Aufzeichnungspflicht auf den AN im Wege einer Vereinbarung zu. Durch welche Arten von Vereinbarungen (KollV, BV oder Einzelvereinbarung) dies geschehen kann, wird an dieser Stelle des § 26 nicht enthüllt. Bei Vorliegen einer zulässig vereinbarten Gleitzeitregelung muß diese Verlagerung wohl gem § 4b Abs 2 im Wege der diesbezüglichen BV oder im Rahmen eines KollV erfolgen. Für sonstige Verlagerungen dieser Pflicht auf den AN scheint auch die Einzelvereinbarung zur Verfügung zu stehen. Damit wird die Bestimmung des § 26 Abs 4 völlig unverständlich, die für den Personenkreis des Abs 3 ausdrücklich die BV als zulässiges Regelungsinstrument erwähnt. A contrario zu Abs 4 müßte man dann eigentlich annehmen, daß für nicht unter den

---

[17] Vgl Floretta/Strasser, Kommentar zum BRG², 577.

Personenkreis des Abs 3 fallende AN, das sind alle übrigen, die BV als Regelungsinstrument nicht zur Verfügung steht. Das ergibt keinen Sinn und kann auch deshalb nicht sein, weil ja Abs 2 die Gleitzeitregelung, für die eine BV in der Regel ein Muß ist, ausdrücklich als prominenten Beispielsfall anführt. Alles in allem bleibt für den redlichen Rechtsanwender nur der Schluß übrig, daß die Gesetzesformulierer im Zuge ihrer Beratungen ein wenig die Übersicht verloren haben und die Verlagerung der Aufzeichnungspflicht durch KollV, BV oder Einzelvereinbarung zulassen wollten, ausgenommen natürlich die Fälle, wo, wie zB bei Gleitzeitregelungen individualrechtliche Regelungsinstrumente ausgeschlossen sind. Die solcherart durch § 26 zugelassene BV ist nicht erzwingbar (hiefür findet sich nicht der geringste Hinweis, insbesondere besteht keine inhaltliche Überschneidung mit den in § 97 Abs 1 Z 1–6a ArbVG geregelten Tatbeständen). Für die Beendigung dieser BV kommt daher meines Erachtens die Bestimmung des § 32 Abs 1 in Betracht.

III. Zusammenfassung

Eine zusammenfassende Bewertung der im Arbeitszeitrecht nunmehr vorhandenen Rechtsgrundlagen für BVen über Inhaltsnormen zeigt erfreulicherweise, daß sich der Typ der der Mitbestimmung gem § 96a ArbVG zugrundeliegenden, erzwingbaren BV offenbar bei den Experten der Sozialpartner, die ja für die Detailausarbeitung dieser Regelungen letztendlich verantwortlich sind, durchzusetzen scheint. Dabei wird dem begründeten Interesse der AG-Seite an den dieser Mitbestimmung unterliegenden Maßnahmen meist in der Weise Rechnung getragen, daß bei Nichtvorhandensein eines BR eine Substitution der in diesem Fall nicht möglichen BV-Regelung durch individualrechtliche Regelungsinstrumente zugelassen wird. Dem bei objektiver Betrachtung jedenfalls auch gegebenen Interesse der AG-Seite bei sachlich nicht begründeter Weigerung des BR, eine derartige BV abzuschließen, den Abschluß durch Anrufung einer neutralen Stelle zu erzwingen, wird in der Regel (Ausnahme: Kurzpausenregelung) Rechnung getragen.

Dazu muß man noch folgendes positiv anmerken: Das Modell der zwingenden Mitbestimmung, bei dem das Zustandekommen der erforderlichen BV allein vom Konsens der beiden Betriebspartner und wegen des Verbotes anderweitiger Regelung auch vom Vorhandensein eines BR abhängt, entspricht tatsächlich der Interessenlage im Betrieb nur bei Materien, an deren Regelung nur der AG interessiert ist und von denen betriebswirtschaftlich angenommen werden kann, daß sie für keinen Betrieb in keiner Situation lebensnotwendig sind. Dieser Gedanke wurde bei der Schaffung des § 96 Abs 1 auch konsequent durchgehalten. Das Modell der zwingenden Mitbestimmung ist jedoch immer dann fehl am Platze, wenn es sich um Angelegenheiten handelt, deren Regelung durch BV entweder für einen

Betrieb, betriebswirtschaftlich gesehen, notwendig ist, oder auch oder sogar ausschließlich im Interesse der AN-Seite liegt. Bei betriebswirtschaftlich gebotenen Regelungsmaterien muß der AG über eine Möglichkeit verfügen, gegen eine sachlich nicht begründete Unterlassung der Zustimmung durch den BR eine Schiedsstelle anzurufen, und bei Regelungsmaterien, für die ein sachlich begründbares sozialpolitisches Interesse der AN-Seite besteht, wie zB bei einer Gleitzeitregelung, muß dem BR die Möglichkeit eröffnet werden, gegen den Willen des AG die Regelung durch Anrufung einer Schiedsstelle rechtlich zu erzwingen. All dem trägt die AZG-Novelle, wie die Ausführungen zu II. gezeigt haben, im ausreichenden Maße Rechnung. Dieses insgesamt positive Urteil kann der durchaus mißglückte § 26 nicht beeinträchtigen. Aber vielleicht steckt sogar in dieser Regelung ein gewisser Sinn. Er mußte nur dem Rechtsanwender mangels Erläuterungen im Ausschußbericht verborgen bleiben.

Eduard Rabofsky: Zeittafel

Die Unfall- und lawinenkundlichen Arbeiten von Eduard Rabofsky hat Peter Höller im Jahrbuch 1991 des Österreichischen Kuratoriums für Alpine Sicherheit (Österreichischer Bundesverlag, Wien 1991, S 282–286) zusammengestellt. Den ausgewählten Artikeln und Aufsätzen von Eduard Rabofsky (Wider die Restauration. Verlag für Gesellschaftskritik, Wien 1991) ist eine von Alfred J. Noll erarbeitete Bibliographie von Eduard Rabofsky für die Jahre 1946–1991 (S 191–197) beigegeben. Eine neu zusammengestellte und überprüfte Bibliographie wird in der 1996 in Innsbruck erscheinenden Broschüre über Eduard Rabofsky herauskommen.

7. August 1911	Eduard Rabofsky (E.R.) in Wien, Alservorstadt, geboren, Sohn des Eduard Rabofsky, Buchhändlergehilfe, und der Theresia geb. Routil. Beide Elternteile sind um die Jahrhundertwende aus Mähren, wo sie als Fabrikarbeiter tätig waren, nach Wien gekommen.
Juli 1925	Nach dem Besuch von acht Volks- und Bürgerschulklassen beginnt E.R. eine Schlosserlehre, da es die materiellen Verhältnissen seiner Familie nicht erlaubten, eine Mittelschule zu besuchen. E.R. tritt der Sozialistischen Arbeiterjugend (SAJ), Wien Alsergrund, der Freien Gewerkschaftsjugend und der Naturfreunde-Jugend bei.
Juli 1926	Erste Bergtouren. Als Jugendlicher ist E.R. besonders von Émile Zolas „Germinal" beeindruckt.
1927	E.R. besucht Abendkurse der Volkshochschule. Der Kampf der Arbeiterklasse wird für E.R. das große menschliche Erlebnis schlechthin. E.R. übernimmt verschiedene Funktionen in der SAJ, wo er ua Lehrlingsschutzreferent und Leiter der Gruppe Elektrizitätswerk Wien IX wurde. E.R. beginnt die Arbeiten von Marx, Engels und Lenin kennenzulernen, vor allem „Bürgerkrieg in Frankreich", „Der 18. Brumaire

	des Louis Bonaparte", „Lohnarbeit und Kapital", von Lenin „Der Imperialismus als höchstes Stadium des Kapitalismus" und „Staat und Revolution".
Juli 1928	Touren im Dachsteinmassiv und am Hochkönig.
Juli 1929	Touren im Glocknergebiet. Zu seinen alpinistischen Lehrern zählt Otto Pensl aus Steyr, der am 3. Mai 1945 im KZ Mauthausen ermordet wurde. E.R. erlebt Arbeitslosigkeit und entwickelt sich zum „Berufsbergsteiger".
1930	E.R. wird Mitglied einer Bergsteiger-Gilde im Deutsch-Österreichischen Alpenverein, bleibt aber zugleich Mitglied bei den Naturfreunden. Übernahme von verschiedenen Funktionen im Kommunistischen Jugendverband (KJV).
August 1932	Touren im Silvrettagebiet, zT mit dem Schweizer Hochalpinisten Lorenz Saladin, dann von Innsbruck aus mit dem Faltboot auf Inn und Donau Richtung Wien und Schwarzes Meer.
März 1933	Beginn der illegalen Tätigkeit in den österreichischen Bergen. Deutsche Kommunisten und Juden, die vor dem Nazi-Terror flüchten mußten, werden von ihm über unkontrollierte Bergwege geführt. Dieser Hilfsdienst erstreckt sich in der Folge vom Hochkönigmassiv über das Steinerne Meer bis zu den Lechtaler Alpen und dem Bregenzerwald.
12. Februar 1934	E.R. beteiligt sich an den Kämpfen in Döbling.
Juni 1934	E.R. wird erstmals verhaftet.
20. Juli 1934	Flucht aus dem Gefängnis und Fortsetzung der illegalen Tätigkeit mit gefälschtem Paß.
Feb. 1934 bis 1935	Technischer Verantwortlicher von illegalen Konferenzen auf der Rax, in den Rottenmanner Tauern, in der Silvretta und auf dem Eibl bei Türnitz. Im Februar 1935 rettete E.R. bei der Sicherung des illegalen 10. Kongresses des KJV in den Rottenmanner Tauern Ernst Fischer vor dem Erschöpfungstod im Schnee.
Frühjahr 1935	E.R. besucht den Jugendkurs an der Internationalen Lenin-Schule in Moskau. Einer seiner Lehrer ist der Österreicher Arnold Reisberg.

Frühjahr 1936	E.R. setzt seine illegale kommunistische Tätigkeit in Österreich fort. Arbeitslosigkeit. Viele Wochen beschäftigt E.R. sich mit dem Marxschen „Kapital".
Herbst 1936 – März 1937	E.R. beteiligt sich an der Fraktion „Ziel und Weg" innerhalb des KJV mit Christian Broda, Karl Stavaritsch (Stadler), Fritz Schwager, Isaak Weintraub (Franz West) und anderen.
Winter 1936/1937	Organisator in leitender Position beim Übertritt von Spanienkämpfern von Österreich in die Schweiz im hochalpinen Raum der Silvretta und im Rätikon. Dort war ein großes Team von Naturfreunde-Bergsteigern im Einsatz.
März 1938 – September 1939	Nach dem Einmarsch deutscher Truppen in Österreich ist E.R. bis Kriegsbeginn fast andauernd im Einsatz auf der Suche nach Übergängen für Menschen, die vor der Gestapo flüchten mußten.
21. Sept. 1938 – 25. Nov. 1941	Fräser und Einsteller bei den Österreichischen Saurer-Werken AG. Tätigkeit in der Illegalität, enge freundschaftliche Kontakte zu Fritz Hedrich, der am 25. Februar 1944 im Alter von 29 Jahren im Landesgericht I wegen seines aktiven Kampfes für ein freies, unabhängiges Österreich hingerichtet wurde.
7. September 1940	Erste Bekanntschaft mit Irene de Crinis, Pächterin der Kaunergrathütte. Vorsichtige Gespräche ergaben Übereinstimmung in der Ablehnung der deutschen Herrschaft in Österreich. In Wien wurde E.R. durch Christian Broda mit Friedrich Heer bekannt.
30. September 1940	Facharbeiterprüfung als Kraftfahrzeugschlosser vor der Industrie- und Handelskammer in Wien.
September 1941	Die Gruppe „Soldatenrat" (Alfred und Eduard Rabofsky, Elfriede Hartmann, Rudolf Jakl, Fritz Hedrich, Anni Graef, Grete Jost, Walter Kämpf, Rudolf Masl und andere) verfaßt das legendäre Flugblatt *„Hitler hat den Krieg schon verloren!"*
25. Nov. 1941 – 5. Juli 1943	E.R. wird an seinem Arbeitsplatz in den Saurer-Werken verhaftet und ist in der Folge „Schutzhäftling" der Gestapo im Wiener Landgericht II (Schutzhaftbefehl vom 17. 12. 1941: *„... indem E.R. sich für die illegale KPÖ hochverräterisch betätigt"*) In einem erhalten gebliebenen Kassiber von E.R. heißt

es: *„Allerdings ist die Gestapo der Ansicht, daß meine einstige politische Tätigkeit mit der Haltung eines deutschen Menschen nicht in Einklang steht. Man hat mir erklärt, daß ich, auch wenn ich vom Gericht aus frei gehe, das Licht der Freiheit nicht wieder sehen werde."* Dennoch bereitet sich E.R. so wie andere seiner Genossen auf die Externisten-Matura vor. Die Entlassung erfolgte dank der Interventionen von Irene de Crinis, und weil E.R., wie seine Mitgefangenen, trotz Folterungen keine Geständnisse ablegte.

Juli 1943	Aus der Haft wird E.R. zur Wehrmacht überstellt und in der Folge wegen politischer Unzuverläßlichkeit zur Sanität versetzt, wo E.R. als Kraftwagenlenker eingesetzt wird. Dann wird E.R. als Autoschlosser zur Automobilfabrik Steyr in Graz versetzt.
19. September 1944	Hinrichtung des Bruders von E.R., Alfred Rabofsky, in Wien. E.R. hält sich jetzt mit gefälschten Papieren bis Kriegsende in Wien auf und ist in militärischen Widerstandsgruppen tätig. Durch Dr. Fritz Chimani findet E.R. Unterkunft bei den Barmherzigen Brüdern.
Jänner 1945	Bekanntschaft mit seiner späteren Lebensgefährtin Trude Bratschko, Tochter von Irene de Crinis.
14. Mai 1945	Ausweis als Staatspolizist, Referat IV in der Dienststelle Wien I, Herrengasse 13, mit Berechtigung, eine Waffe zu tragen. Unterzeichnet von Generalleutnant Blagodatow und Rudolf Hautmann. Als Staatspolizist unternimmt E.R. unter anderem Erhebungen über die Versuche mit Meerwasser an Häftlingen im KZ Dachau zur Vorbereitung des Nürnberger Ärzteprozesses und entdeckt auch die Druckfahnen von Karl Renners obskurem Buch über den Anschluß und die Sudetendeutschen.
1. August 1945	Nichtschüler-Reifeprüfung (Externisten-Matura) am Staatsrealgymnasium Wien VIII, Albertgasse 18–22.
8. Oktober 1945	Inskription an der rechts- und staatswissenschaftlichen Fakultät der Universität Wien. Aufgrund der politischen Verfolgung werden E.R. drei Hochschulsemester angerechnet. Ohne die politische und berufliche Arbeit zu unterbrechen, absolviert E.R. in

	der Folge sämtliche Prüfungen in kürzestmöglicher Frist.
1. März 1946	Ausscheiden aus der Staatspolizei. E.R. tritt in die Rechtsabteilung der Wiener Arbeiterkammer ein. In der Folge intensiviert E.R. seine Tätigkeit als Referent und Lehrer in Gewerkschaftsschulen und Kursen der Wiener Arbeiterkammer. Dabei unterstützt ihn Leopold Hornik.
4. Februar 1948	Promotion zum Doctor iuris. E.R. lehnt eine Einladung von Alfred Verdross, als Assistent an die Universität Wien zu kommen, ab. Noch 1975 (18. 3.) widmet Verdross seinen Vortrag „Die Würde des Menschen und ihr völkerrechtlicher Schutz" E.R. *„Zur freundlichen Erinnerung an die Ersten Semester nach 1945"* (handschriftlich).
seit 1948	E.R. setzt die bei seinem Universitätslehrer Karl Wolff begonnene wissenschaftliche Arbeit auf dem Gebiet des Landarbeiterrechtes („Über die Entwicklung des Landarbeiterrechtes in Österreich". Typoskript. Ausschnitt in Arbeit und Wirtschaft, NF 1, 9/1948, S 10–11) fort. Diese münden in einer grundsätzlichen Kritik der verfassungsrechtlichen Grundlagen des österreichischen Landarbeiterrechts (Artikelserie in der Österreichischen Juristenzeitung 1957, S 505–509, 533–537, 561–564) und in einem erschöpfenden Gesetzeskommentar des österreichischen Landarbeitsrechts (Das österreichische Landarbeitsrecht. Erläuterte Ausgabe des Landarbeitsgesetzes und sämtlicher Landarbeitsordnungen der Bundesländer samt einschlägigen Verordnungen mit einem Vorwort von Karl Mantler, Wien 1955, VIII und 323 Seiten).
seit 1949	Das Arbeitsrecht rückt immer mehr in den Mittelpunkt von E.R.s wissenschaftlichem Schaffen. Neben der Einschätzung seiner Grundlagen, der sozialrechtlichen Judikatur und der Kritik der bürgerlichen Rechtsdogmatik liefert E.R. zahlreiche Vorschläge zu seiner Ausgestaltung. Am 1. April 1949 erscheint in der Österreichischen Juristen-Zeitung sein Artikel „Sozialrechtliche Bestimmungen und die Grundgesetzgebung des Bundes" (S 169–171). E.R. verfaßt einen den Bedürfnissen der gewerkschaftlichen Pra-

xis sowie der Betriebsräte und Vertrauensmänner entsprechenden Kommentar (ABGB und Arbeitsvertragsrecht. Eine Auswahl der für die Anwendung im Arbeitsrecht in Betracht kommenden Vorschriften des ABGB samt einschlägigen Erlässen. Wien 1953. 95 Seiten), welcher in den folgenden Jahrzehnten in der Wiener Arbeiterkammer unter Mitarbeit von zuletzt Erich Csebrenyak, Walter Geppert und Wolfgang Maßl zu einem umfassenden Kommentar ABGB und Arbeitsvertragsrecht ausgestaltet wird (1984 vierte, wesentlich erweiterte und überarbeitete Auflage). E.R. fand als Arbeitsrechtler bleibende internationale Anerkennung. Noch in den achtziger Jahren suchten ihn japanische Wissenschaftler wie Hisashi Miyajima auf.

24. Februar 1952	Gedenkrede für Fritz Hedrich in der Gedächtnisstätte des Wiener Landesgerichtes.
1955	Hermann Klenner widmet ein Exemplar „Der Marxismus-Leninismus über das Wesen des Rechts" (Berlin) E.R.: *„Meinem revolutionären Freund"* (handschriftlich).
seit 1958	Mit seiner Besprechung des Buches von René Marcic „Vom Gesetzesstaat zum Richterstaat" leitet E.R. seine rechtsphilosophischen Arbeiten ein. E.R. entwickelt seine rechtsphilosophischen Gedanken in Diskussion vor allem mit Wilhelm Raimund Beyer, dann mit Manfred Buhr und Hermann Klenner. In der Diskussion über die Zielsetzungen der Politikwissenschaft, die E.R. mit dem weltoffenen René Marcic führte, kommt es zu freundschaftlichen Kontakten zwischen beiden. E.R. vertrat die Meinung, die Politikwissenschaft und Rechtspolitik müsse vor allem Anleitung zum Handeln sein.
5. April 1960	Gedenkrede für Dr. Kurt Horeischy und Dr. Hans Vollmar im Chemischen Institut Wien: *„... So grauenhaft und sinnlos zugleich dieses Verbrechen auch war, es enthebt uns nicht davor, immer wieder zu betonen, daß nur der Faschismus und der von ihm angezettelte Krieg solche Bedingungen schaffen konnten, unter denen die sinnlose Zerstörung zum Zweck der Wissenschaft und der überlegte Mord zum Auftrag des Lehrers wird."*

15. Juni 1961	Kontroverse mit Franz Bydlinski über dessen Gutachten „Der Gleichheitsgrundsatz im österreichischen Privatrecht" auf dem Ersten Österreichischen Juristentag (Verhandlungen des Ersten Österreichischen Juristentages. Wien 1961, Band II, S 72–77).
1. Oktober 1961	E.R. beginnt mit dem Artikel „Noch viele Rosen für den Staatsanwalt" seine Beitragsserie in der „Volksstimme" und im „Tagebuch" über die NS-Blutjustiz und gegen die Restauration im Recht. Auch setzen seine Arbeiten über die völkerrechtlichen Probleme des Staatsvertrages und der Neutralität Österreichs ein. Insbesondere weist E.R. auf die Wechselbeziehungen zwischen Souveränität und Neutralitätspflichten hin und widerlegt die These, daß der immerwährend neutrale Staat unter Berufung auf seine Souveränität seine übernommenen Pflichten ausschließlich selbst zu bestimmen hat.
seit 1961	Gemeinsam mit Wilhelm R. Beyer beginnt sich E.R. mit der Reinen Rechtslehre Hans Kelsens zu beschäftigen. Zuerst erscheinen im Wiener Tagebuch (September 1961, S 10) seine gemeinsam mit Beyer formulierten kritischen Bemerkungen zum Normativismus aus Anlaß einer Neuauflage von Kelsens „Reiner Rechtslehre". Auf diese Thematik kommt E.R., zT gemeinsam mit Hermann Klenner, immer wieder zurück.
22./24. Juni 1962	Teilnahme an der Tagung der Internationalen Kommission Demokratischer Juristen zum Studium der Wiederverwendung ehemaliger Blut- und Sonderrichter des NS-Staates in Westdeutschland in Berlin. E.R. macht konkrete, von der Vereinigung einhellig angenommene Vorschläge.
Oktober 1962	Das Wiener Tagebuch druckt einen Briefwechsel zwischen Lew Ginsburg und E.R. zum Thema „Was kann der Mensch?" ab.
1964 bis 1966	Im Zuge der vom Justizministerium eingeleiteten Gesamtreform des österreichischen Strafrechts erhält E.R. von der Wiener Arbeiterkammer den Auftrag zur Ausarbeitung entsprechender Gutachten („Österreichischer Arbeiterkammertag. Stellungnahme zum Entwurf des österreichischen Strafgesetzbuches

	1964"). E.R. wird dadurch zu umfangreichen Gutachten auf dem Gebiet des allgemeinen Strafrechts, des Militärstrafrechts, des Strafrechtsverfahrensrechts und des Strafvollzuges veranlaßt und nimmt in Beiträgen zu Einzelproblemen des Strafrechts publizistisch Stellung.
seit 1964	Veröffentlichungen zum Thema der Unfallvorbeugung beim Bergwandern und Schilaufen im Interesse des Schutzes von Leben und Gesundheit der bergsteigenden und schifahrenden Bevölkerung. In der Österreichischen Juristenzeitung erscheint am 30. Juni 1964 sein Artikel „Der Bergführer in der österreichischen Rechtsordnung" (S 337–342).
Mai 1964	Artikel „Richterpersönlichkeit und entartete Staatsmacht" (Das Recht der Arbeit 1964, S 100–104). Der frühere Justizminister und Sektionschef im Justizministerium Hans Kapfer teilt E.R. in diesem Zusammenhang mit, daß sein „mannhaftes Eintreten, sehr geehrter Herr Doktor, für Recht und Ordnung in den Kreisen der Arbeiterkammer sehr hoch geschätzt wird" (8. Juli 1964).
1965	E.R.s Artikel „Das Prinzip der Rechtsstaatlichkeit und die Verjährung der Nazikriegsverbrechen" (Staat und Recht 1965, S 338–351. Selbständiger Nachdruck unter dem Titel: „Verjährung der NS-Kriegsverbrechen – ein Bruch des Völkerrechts. Eine Untersuchung internationaler und innerstaatlicher Rechtsgrundlagen". Hrsg von der Arbeitsgemeinschaft für Rechtsentwicklung) gibt Anlaß, daß sich der Nationalrat mit dem Problem der NS-Kriegsverbrecher befassen mußte.
1966	E.R. nimmt zum KPD-Verbot in der BRD Stellung: *„Statt eines demokratischen Klimas entstand aus den Paragraphen des Grundgesetzes lediglich das verheißungsvolle Bild einer Demokratie, die, als sie zu leben beginnen sollte, den Rückfall in eine Technik zeigte, in der das demokratische Leben, wie so oft in der deutschen Geschichte, juristisch erstickt wird."* Marxistische Blätter 4/1966, S 39.
seit 1966	Lehrauftrag über die sozialen und rechtlichen Probleme des Alpinunfalls an der Universität Salzburg

	auf Antragstellung von René Marcic. In dessen Seminar hält E. R. am 1. 12. 1966 seinen Eröffnungsvortrag „Der alpine Unfall und die Funktion des Rechts". E.R. in den Salzburger Nachrichten – Der Staatsbürger, 2. Mai 1967: „Die offene Tür der Universität Salzburg für das Recht als Gesprächsidee ermöglicht es, dieses Thema über seine zivilrechtliche und öffentlich-rechtliche Einbettung in die österreichische Rechtsordnung hinaus, auch rechtsphilosophisch und rechtspolitisch zu beleuchten". Schon weitgediehene Pläne zwischen E.R. und Marcic, konkrete humanistische Aufgaben an der Salzburger Rechtsfakultät solcher Art interdisziplinär zu fördern, zerbrachen wegen des Todes von Marcic (1971).
1966	Referat auf dem Internationalen Hegel-Kongreß in Prag über „Die Entstellung der Wertphilosophie Hegels durch die westdeutsche bürgerliche Rechtsphilosophie" (erschienen in „Staat und Recht" 1969).
16. August 1967	Ernennung zum Leiter der Rechtsabteilung der Wiener Arbeiterkammer.
9.–13. Sep. 1967	Teilnahme am Weltkongreß der IVR in Mailand bzw. in Gardino (Bericht in DRdA 1967, 298 f).
6./8. Oktober 1967	E.R. installiert mit Unterstützung der Salzburger Arbeiterkammer das „Kapruner Gespräch" als Plattform, wo die alpinen Fachbereiche Bergwandern und Bergsteigen, Gefahren auf gesicherten Wegen und im alpinen Ödland, Lawinen und Verhaltensweisen zur Unfallvorbeugung auf Schipisten aufgezeigt und diskutiert werden.
28. Oktober 1967	Vortrag „Der Alpinismus als soziales Problem" bei der Internationalen Naturfreunde-Bergsteigertagung in Bochum (veröffentlicht in „Die Zukunft" 4/1968).
1967	Gutachten zum Entwurf eines österreichischen Strafgesetzbuches 1964 und Gutachten zum Entwurf eines Bundesgesetzes über die Neugestaltung des österreichischen Strafverfahrensrechtes (Das Recht der Arbeit 1967, S 127–163, 164–166).
27. März 1968	Gutachten über die Sicherheitsverhältnisse auf den Schipisten im Bereich des Kitzsteinhornes.

25./29. März 1969	E.R. nimmt in Moskau an einer Internationalen Konferenz über Verfolgung der Naziverbrecher teil.
April 1970	In der in München herausgegebenen Zeitschrift „Alpinismus" erscheint der Artikel „Lenin als Bergsteiger".
15./19. Juli 1970	Teilnahme am IX. Kongreß der Internationalen Assoziation Demokratischer Juristen in Helsinki.
21./28. August 1970	Referat auf dem VIII. Internationalen Hegel-Kongreß in Berlin: „Hegels Arbeitsbegriff und die bürgerliche Gesellschaft".
21. September 1970	Promotion zum Dr. sc. iuris (Arbeitsrecht und Strafrecht) an der Humboldt-Universität Berlin und Verleihung der Facultas docendi für das Fachgebiet Arbeitsrecht und Strafrecht. Das komplizierte und wissenschaftlich aufwendige Verfahren leitet John Lekschas, Direktor der Sektion Rechtswissenschaft an der Humboldt-Universität, und Rita Schober, Dekanin der Gesellschaftswissenschaftlichen Fakultät der Humboldt-Universität. Die öffentliche Verteidigung seiner Thesen und seinen Vortrag „Lenin über das kapitalistische Arbeitsrecht" hält E.R. am 11. 9. 1970. In der Folge Vorlesungen aus diesem Fachbereich an der Humboldt-Universität.
13. Jänner 1972	Vortrag vor der Evangelischen Akademie Tutzing/Bayern über „Wintertourismus als gesellschaftspolitisches Problem".
18. Februar 1972	Christian Broda bedankt sich bei E.R. *„für die große Hilfe beim Tilgungsgesetz"* (handschriftlich).
8. November 1972	Gutachter im Porzescharte-Prozeß beim Landesgericht Wien.
1972	Bei der Naturfreunde-Generalversammlung wird E.R. in die Funktion des Referenten für alpine Unfallkunde und Unfallverhütung gewählt, in der E.R. bis zuletzt tätig war. E.R. arbeitet, ohne daß ihm ein Büro zur Verfügung gestanden wäre, die Stellungnahmen der Naturfreunde zum Forstgesetz und zu Landesgesetzen betreffend die Ausbildung von Berg- und Schiführern aus und formuliert die Einsprüche wegen Einschränkung des freien Wegerechtes im Bergland. E.R. gründet das „Österreichische

	Kuratorium für Sicherung vor Berggefahren" und wird dessen wissenschaftlicher Leiter.
2./6. Sept. 1974	Auf dem X. Internationalen Hegel-Kongreß in Moskau formuliert E.R.: „*In der Philosophie besteht derzeit die Gefahr, daß komplizierte Komplexe in den Vordergrund gedrängt werden, da manche einfachere sich als so grundlegend erwiesen haben, daß sie für eine wissenschaftliche Anwendung nicht mehr modern genug erscheinen.*"
20. Dezember 1974	Erlassung der von E.R. auf Wunsch der Gemeinde Kaprun für den speziellen Bereich des Schigebietes von Kaprun konzipierten Pistenverordnung durch den Bezirkshauptmann von Zell am See.
22. Oktober 1975	Das Institut für Leibeserziehung der Philosophischen Fakultät der Universität Salzburg dankt E.R. aus Anlaß seines zehnjährigen Bestandes „für hervorragende Mitarbeit".
Oktober 1975	Artikel „‚Kritik des Gothaer Programms' und Gleichheitsphrase der Gegenwart" (Weg und Ziel 1975, S 435–438), vor allem unter Bezugnahme auf Ota Weinberger.
1. Februar 1976	Der Minister für Hoch- und Fachschulwesen der Deutschen Demokratischen Republik ernennt E.R. zum Honorar-Professor für Arbeitsrecht und Strafrecht.
März 1976	Christian Broda übergibt E.R. ein Exemplar seiner Festschrift mit der Widmung: „*Für Edi Rabofsky, dem die Freundschaft immer zuerst kam, auch wenn E.R. es nicht zugeben will – mit allen guten Wünschen für gute Ziele auf guten Wegen – Christian (1931–1976).*"
23./27. August 1976	Teilnahme am XI. Internationalen Hegel-Kongreß in Lissabon mit Vortrag: „Arbeitsverhältnisse als materielle Verhältnisse".
29. September 1976	Überreichung der von Johann J. Hagen, Peter Römer und Wolfgang Seiffert herausgegebenen Festschrift zu seinem 65. Geburtstag „Rechtswissenschaft und Arbeiterbewegung". Im Festsaal der Wiener Arbeiterkammer fand aus diesem Anlaß eine Diskussion „Koexistenz und Meinungsstreit" statt.

15./16. Februar 1977 Konferenz über Ziele der Lawinenforschung, organisiert von E.R. im Auftrag von der Bundesministerin für Wissenschaft Dr. Hertha Firnberg.

28. April/1. Mai 1977 E.R. hält auf dem Hegel-Kongreß „Philosophie der Praxis – Praxis der Philosophie" in Salzburg das Wilhelm Raimund Beyer gewidmete Referat „Zur Theorie und Praxis des antifaschistischen Widerstandes" (Weg und Ziel 1977, S 303–305).

17. Mai 1978 Der Bundespräsident verleiht das Ehrenzeichen für Verdienste um die Befreiung Österreichs.

25./26. Jänner 1979 Teilnahme an einer wissenschaftlichen Konferenz über Verjährung von NS-Kriegsverbrechen in Bonn.

24./27. April 1979 Referat auf der Internationalen Konferenz „Elektronik und Lawinen" in Graz.

1979 Erscheinen des gemeinsam mit Johann J. Hagen verfaßten Artikels „Zur sozialwissenschaftlichen und rechtspolitischen Problematik der Zugehörigkeit naher Familienangehöriger des Arbeitgebers zu den Interessenvertretungen der Arbeitnehmer" (Das Recht der Arbeit 1979, S 276–284).

1981 Hermann Klenner und Annelies Schwarzer widmen ein Exemplar ihrer Edition „Georg Wilhelm Friedrich Hegel: Grundlinien der Philosophie des Rechts oder Naturrecht und Staatswissenschaft im Grundrisse" (Berlin 1981) E.R. *„unserem lieben, alten Freund in Gemeinsamkeit für Hegel, Marx und was darnach kommt"* (handschriftlich).

22. November 1982 Verleihung des Österreichischen Ehrenkreuzes für Wissenschaft und Kunst I. Klasse an E.R.

3. Dezember 1982 Mitorganisator der vom Bundesministerium für Justiz (Bundesminister Dr. Christian Broda) im Zusammenwirken mit dem Österreichischen Kuratorium für alpine Sicherheit im Palais Trautson in Wien veranstalteten Enquete über Lawinenschutz und Recht.

19. November 1983 Teilnahme an der Konferenz der VDJ der BRD über Recht, Justiz, NS Faschismus in Frankfurt.

Mai 1985 Erscheinen des Buches „Verborgene Wurzeln der NS-Justiz. Strafrechtliche Rüstung für zwei Welt-

	kriege" (Wien München Zürich. 262 Seiten; gemeinsam mit Gerhard Oberkofler). In Innsbruck erscheint das von E.R. organisierte und eingeleitete „Lawinenhandbuch", herausgegeben von der Tiroler Landesregierung.
10./12. Mai 1985	Teilnahme an der Konferenz der Friedrich Ebert-Stiftung über „Ziele und Methoden der Forschungen über Nationalsozialismus und Recht" in Freudenstadt/Schwarzwald.
24. Februar 1987	Beteiligung am Festkolloquium Vernunft – Geschichte – Handeln zum 60. Geburtstag von Manfred Buhr in Berlin mit dem Beitrag „Das ‚vernünftige' Handeln des Rechtsphilosophen Hans Kelsen im ersten Weltkrieg. Zum rechtsphilosophischen Handeln von Kelsen" (Berlin 1989, S 55–67).
1987	Erscheinen der Broschüre „Studien zur Geschichte der österreichischen Wissenschaft zwischen Krieg und Frieden" (Wien 1987, 194 Seiten; gemeinsam mit G.O.).
19. September 1988	Franz Berghold widmet seine Habilitationsschrift „Unfallforschung und Unfallverhütung im alpinen Skilauf" (Österreichischer Bundesverlag. Wien 1988) *„meinem großen Lehrer Professor Eduard Rabofsky, dem Begründer und Spiritus Rector der alpinen Unfallkunde"* (gedruckt).
1988	Erscheinen des Buches „Hans Kelsen im Kriegseinsatz der k. u. k. Wehrmacht" (Frankfurt/M, gemeinsam mit G.O.) und der Broschüre „Pflichterfüllung für oder gegen Österreich" (Wien, gemeinsam mit G.O.).
1989	Erscheinen des Buches „Wissenschaft in Österreich (1945–1960). Beiträge zu ihren Problemen" (Frankfurt/M Bern, gemeinsam mit G.O.) und der Broschüre „Bergführer und Rechtsordnung" (Hrsg vom Verband der Österreichischen Berg- und Schiführer, 31 Seiten).
Dezember 1990	Mit Unterstützung von Willi Weinert (wiss. Leiter von Archiv und Bibliothek der Alfred Klahr-Gesellschaft) gibt E.R. die 1938 bis zu den Druckfahnen vorbereitete Broschüre „Die Gründung der Republik Deutschösterreich, der Anschluß und die Sudeten-

	deutschen. Dokumente eines Kampfes ums Recht, herausgegeben, eingeleitet und erläutert von Dr. Karl Renner seinerzeit Präsident der Friedensdelegation von Saint Germain en Laye" mit einer Einführung heraus (Wien 1990).
1990	In dem von Nikolaus Dimmel und Alfred J. Noll herausgegebenen Sammelband „Verfassung. Juristisch-politische und sozialwissenschaftliche Beiträge anläßlich des 70-Jahr-Jubiläums des Bundes-Verfassungsgesetzes" (Wien) erscheint der Artikel „Ver-fassungsloses Österreich. Anmerkungen zu 11 vergessenen Jahren" (S 90 ff), im Jahrbuch des Dokumentationsarchivs des Österreichischen Widerstands (Wien) der Artikel „Zum Umgang mit Grundrechten im NS-Staat" (S 40 ff).
21. Juni 1991	Zum 80. Geburtstag werden ihm in der Wiener Arbeiterkammer „Ausgewählte Artikel und Aufsätze. Wider die Restauration im Recht", herausgegeben von Wolfgang Maßl, Alfred J. Noll und Gerhard Oberkofler, überreicht. Darin würdigt Hermann Klenner E.R. als Rechtswissenschaftler (9–18). Das Jahrbuch „Sicherheit im Bergland" des Österreichischen Kuratoriums für alpine Sicherheit ist E.R. gewidmet und wurde ihm bei den „Kapruner Gesprächen" dieses Jahres (10./12. 10.) übergeben.
9. März 1992	Rücktritt von der Funktion des wissenschaftlichen Leiters des Kuratoriums für alpine Sicherheit.
Frühjahr 1993	E.R. gibt eine Broschüre über den großen österreichischen Völkerrechts- und Strafrechtsgelehrten Heinrich Lammasch heraus (Innsbruck, 86 Seiten; gemeinsam mit G.O.). Schwere Erkrankung.
15. Juni 1994	Tod in Graz.

SpringerRecht

Theo Mayer-Maly
Römisches Privatrecht

1991. XVI, 201 Seiten.
Broschiert öS 345,–, DM 49,–
Hörerpreis: öS 276,–
ISBN 3-211-82311-5
Springers Kurzlehrbücher der Rechtswissenschaft

Mit dem römischen Recht behandelt das Buch jene Rechtsordnung, die alle späteren Rechtsordnungen (auch die heutigen) stärker geprägt hat als jede andere. Gerade diese Weiterwirkung des römischen Rechts bis zur Gegenwart wird vom Verfasser immer wieder herausgestellt.

Das Buch ist gekennzeichnet durch das Bemühen des Verfassers um eine klare, faßliche und einfache Sprache. Die Verwendung lateinischer Wörter ist in einem Buch über römisches Recht unvermeidbar. Sie werden aber vom Verfasser immer übersetzt. Obwohl sich das Buch in erster Linie an Studenten wendet, gehen aus ihm auch viele wissenschaftliche Positionen des Verfassers – zum Teil erstmals – hervor. Das gilt namentlich für die Frage, wie zuverlässig die Überlieferung der Texte zum römischen Recht ist. Das Ziel des Buches besteht darin, das römische Recht Menschen näher zu bringen, die bisher von ihm nichts wußten, und es jenen, die es einmal zu lernen hatten, in neuem Licht zu zeigen.

SpringerWienNewYork

P.O.Box 89, A-1201 Wien • New York, NY 10010, 175 Fifth Avenue
Heidelberger Platz 3, D-14197 Berlin • Tokyo 113, 3-13, Hongo 3-chome, Bunkyo-ku

*Springer-Verlag
und Umwelt*

ALS INTERNATIONALER WISSENSCHAFTLICHER VERLAG sind wir uns unserer besonderen Verpflichtung der Umwelt gegenüber bewußt und beziehen umweltorientierte Grundsätze in Unternehmensentscheidungen mit ein.

VON UNSEREN GESCHÄFTSPARTNERN (DRUCKEREIEN, Papierfabriken, Verpackungsherstellern usw.) verlangen wir, daß sie sowohl beim Herstellungsprozeß selbst als auch beim Einsatz der zur Verwendung kommenden Materialien ökologische Gesichtspunkte berücksichtigen.

DAS FÜR DIESES BUCH VERWENDETE PAPIER IST AUS chlorfrei hergestelltem Zellstoff gefertigt und im pH-Wert neutral.